股市天元

——量价精要

徐子城　著

中国财政经济出版社

图书在版编目（CIP）数据

股市天元——量价精要/徐子城著．—北京：中国财政经济出版社，2007.5

ISBN 978 - 7 - 5005 - 9864 - 0

Ⅰ．股…　Ⅱ．徐…　Ⅲ．股票 - 证券投资 - 基本知识　Ⅳ．F830.91

中国版本图书馆 CIP 数据核字（2007）第 055980 号

中国财政经济出版社出版

URL：http：//www.cfeph.cn

E - mail：cfeph@cfeph.cn

社址：北京市海淀区阜成路甲 28 号　邮政编码：100036

发行处电话：88190406　财经书店电话：64033436

涿州市新华印刷有限公司印刷　各地新华书店经销

787 × 1092 毫米　16 开　19.75 印张　236 000 字

2007 年 6 月第 1 版　2007 年 11 月涿州第 2 次印刷

印数：7 001 — 12 010　　定价：46.00 元

ISBN 978-7-5005-9864-0 / F · 8564

出版说明

《股市天元——骑马十三招》及《股市天元——准确捕捉黑马股》两本股市实战系列书自2005年5月出版以来，由于其独特的理论性与实用性，一直深受广大读者的喜爱，并使大量读者从中受益，走上正确的投资道路，更获得了可观的收益。也因此被广大读者誉为："寻找黑马股的经典技术书籍"。

由于《股市天元——骑马十三招》印数有限，出版不到一年，已在全国各大书店脱销，慕名而来的投资者纷纷致信，要求再版。本次出版的一套三本《股市天元》系列丛书，第一本《股市天元——量价精要》仍保留着老版《股市天元——骑马十三招》的原有格式，但去掉了些浮华，增添了许多新的实际内容，使这本书比原书更具有实用价值；第二本《股市天元——黑马盘口》只保留了原书《股市天元——准确捕捉黑马股》中少量的精华，并增加了大量的实战新解，使其成为一本新书；第三本《股市天元——王者之略》则完全是一本新书，其中内容更是涉及到了投资理念及技术两方面的精华，使其具有独特价值。

以上三本书由于出发点及侧重面不同所具有的价值也不同，但都是以价量关系、盘口技术为主，希望广大投资者能通过以上三本书，对股票的运动规律有一个新的理解，获得好的投资效益。

徐子城

2007年4月

前言

我在股海中拼搏多年，其中有两件事触动最深，让我萌发了想写一本有关股市实际操作书籍的念头。

第一件事，记得在20世纪90年代初期，那时的我已经迷恋上了股市，于是我千方百计的到各个书店去购买有关股市方面的书籍。当时书店里关于这方面的书籍很少，而且大多是一些国外的译本。有一次我为了凑齐一套上下册（共四本）的技术分析书籍，曾先后去了多家书店。一转眼七八年过去了，现在有关这方面的书籍，已不再是奇货可居。可是书的内容却还是千篇一律的老一套，大部分内容讲的还是从国外股市中引进的一些分析理论及技术指标。这些理论和技术指标管不管用暂且不说，但就其几十种高深的理论、复杂的公式、繁琐的法则就够我们背上几天了。

股民买书是为了更好的实战，不是为了欣赏，像这样高深的理论、复杂的公式、繁琐的法则，一般的股民又怎能理解，不能理解又怎能运用自如，何况这些拿来理论也未必适合我国这个特有的股市。

第二件事，每当我走进证券交易所时，总会看到大量的股民站在电脑前，争着抢着去看各种技术指标，尤其是一些赔钱的股民，他们几乎要把被套股票的所有技术指标全部调出来，并试图从中找到被套的原因及解套的方法，但当他们看完所有的技术指标后，脸

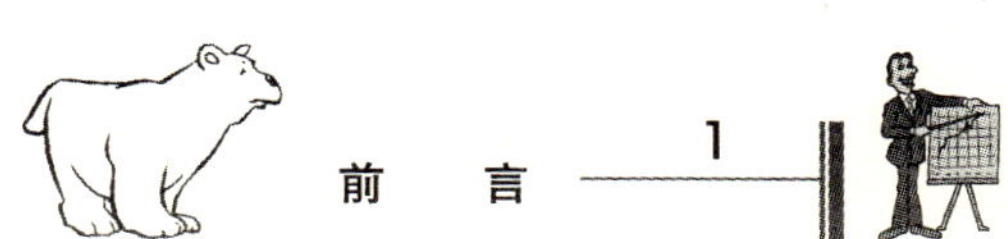

上还是没有一丝的笑容和安慰，其结果可想而知。每当我看到这些情景，心中更是百感交集。

本人在股海中拼搏多年，不敢说有所领悟，却也总结出一些特有的选股方法，例如，“金角、银边、草肚皮”、“两强一准”、“小谢青发”、“影子的故事”、“走壁飞檐”、“底部密码”、“万能理论”等十三套选股方法，并自称为“骑马十三招”。经实践证明，这些选股方法的实用性和准确率还是相当高的。现写出一部分，希望能给广大股民带来新的投资理念。

当大家在看过此书后，千万不要认为此书内容过于简单，实际在股市中越是简单的东西就越实用，越是简单的东西就越准确，越是简单的东西就越接近股市的真谛。我们不要总是去追求那些高深、复杂、繁琐而又不切合实际的问题，究竟它又能给你的实际投资带来多少收益呢？本书虽然内容简单，但从多个不同的角度以最简明、最直接的方式，全面而形象的揭示了庄家建仓、洗盘、拉升及出货等过程，具有极高的实用价值，无论你是在股海中浸淫多年的老股民，或是刚入市的新股民，相信在看完此书后都会认为炒股并不像想象中的那么难。

当我打开电脑，按出股票代码，呈现在我眼前的便是股票的K线、均线、成交量及它们的整体走势。它们之间微妙和谐的组合构成了一幅幅美丽的图画。在我眼里，它们不仅仅是股价走势图，还是不同作者的不同艺术作品，我们可以把它们想象成高山、低谷、花、草、鱼、兽、世间万物。既然说它是艺术作品，那我就把它和同样直观的绘画艺术来做一下比较。

就在今年年初，我与酷爱书画的姑夫谈论书画时，他曾说：艺术成就低的人作画注重所画事物的形态，艺术成就高的人作画更注重所画事物的神态。如果其形态画的太像，一丝一毫都不差的话，就缺少艺术品位了。我问姑夫：“为什么”？他说：“这就是艺术，用简洁的笔法描绘出复杂的事物，并使其焕发出独特的神韵，不朽的生命”。为什么无数的书画赝品在精于此道之人眼中无可遁形，就是因为它们没有名家笔下的神韵。

正因为有了艺术，才有了齐白石笔下的虾，徐悲鸿笔下的马，才有了不同水准的艺术家及不同水准的艺术作品。当然，对于绘画艺术我是个外行，如果让我来评价齐白石、徐悲鸿及他们的艺术作品，那我会说他们是绘画界的超级大庄家，笔和墨则是他们手中的筹码，并且他们已经绝对控盘，对筹码的控制程度已经达到了炉火纯青、收发自如的地步。而其他一些大大小小不同的画家则是一些各不相同的庄家。他们对自己手中的筹码也都有着不同程度的控制，这一点在他们各自作品的不同艺术品位中都会体现出来。

股票也是这样，如果把庄家看成画家，把股票走势图中的**K**线、均线、成交量之间微妙的组合看成是它们的艺术作品，那么，根据每个庄家的实力大小、控盘高低都会使其作品焕发出不同的神韵。这些如表现在**K**线、均线及成交量上就是它们之间微妙而和谐的组合，并且根据每个庄家掌握筹码多少的不同，它们所焕发出来的艺术品位及面目神态也不同，其中有一些是小画家的，有一些是大画家的，更不乏像齐白石、徐悲鸿这些艺术大师的艺术作品。

时下股市低迷，大部分股票在经过深幅下跌后也已失去了往日的风采，广大股民也是损失惨重。我写此文的目的就是想帮助股民朋友找出一些解决问题的根本方法。当前有不少作者把股价的运动规律化、形象化比做各种事物，我也在这样做，这都是为了更好的帮助股民朋友掌握分析股票的各种技能。也许随着这些分析方法的广泛流传，一些庄家会改变常见的操盘手法，一些常见的操盘定式也会失去原有的功效。但你一定要记住无论庄家如何改变操盘手法，某只股票一经庄家控盘后，就会根据庄家所持筹码的多少，在其股价的走势图中表现出不同的神韵。股之神韵是任何庄家也改变不了、

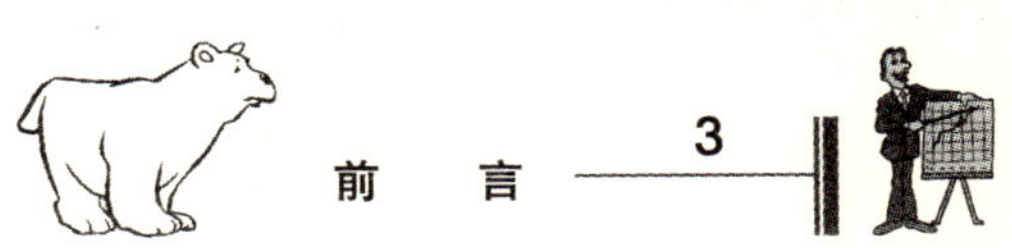

掩饰不住的，相反还会欲盖弥彰。我们应尽快的掌握股之神韵，在实战中以无招胜有招。股价运动有生命、有灵魂是我近几年的一点体会，张、王、李、赵，各有妙炒，以上观点也仅供参考。

就在我写此文之时，窗外是昏天暗地、大雨滂沱。而随着此文尾声的临近，窗外居然雨过天晴，蔚蓝的天空也露出明媚的阳光，鸟儿在树上唧唧喳喳乱叫，儿童在广场上欢笑奔跑，新鲜的空气充满了每一个角落，万物在雨水的冲刷后变得生机勃勃，今夜过后又是美好的明天。亲爱的朋友们，让我们一起共渡难关，切不可因一时的挫折而心灰意冷、失去信心，等庄家的再次运笔，待其作品焕发出浓重的底蕴时我们再行介入，永远要坚信“长风破浪会有时，直挂云帆济沧海”，让我们一起迎接美好的明天吧！

目 录

第一章　金角、银边、草肚皮

“金角、银边、草肚皮”这个名字，咋一听起来让人感到很陌生。本人除了对股市痴迷之外，对各种棋类也是偏爱有加的，尤其是围棋。“金角、银边、草肚皮”就是围棋中的一句谚语。意思是说：在围棋布局占位中，角的位置要比边的位置重要，而边的位置又比中间的位置重要，因此称为“金角、银边、草肚皮”。那么我们把它借用到股市中，用来分析股票，它又有什么样的特殊意义及它的定义又是什么呢？我们知道在我国股市中那些涨得快、涨得高的股票，都是有大资金介入的庄股。我们要想使自己的资金在股市中得到最大的发挥，首先就要发现这些庄股并在适当的时候买入。而庄家要想坐庄炒作某只股票，首先就得在低位收集这些股票筹码（就是我们通常所说的庄家建仓），以后才能大幅拉高，并在高位出货，从而获利。

根据我的归纳，庄家建仓一般有 3 种方式：打压建仓；水平建仓；拉高建仓。接下来我们就对这 3 种建仓方式分别来探讨一下。

第一节 金 角

打压建仓：这种建仓方法是庄家先吸纳少量的筹码，再将股价快速向下打压，然后从低位向上进行大规模的收集。打压收集的好处是能使庄家的收集成本变得很低而且建仓时间也比较短。缺点是这种收集方法必须是在大盘处于弱势之时才能使用，否则会弄巧成拙，庄家打压时所抛出的筹码很可能就收不回来了。

另一方面，由于庄家的收集时间短，所以建仓的程度也不是那么充分（具体打压幅度，由当时市场状况所决定）。

那么，这种收集方法在具体的股价走势图中和成交量上会有什么样的表现呢？请看下面这两幅图，它是华冠科技（600371）在2005年4月~2006年6月的一段股价走势（如图1-1、图1-2所示）。

在图1-1中，华冠科技的股价于2005年6月28日开始加速急跌（如图1-1中A点所示），至7月19日其股价在经过高速大幅的下跌后已有所启稳，并在当日于K线形态上形成较长的下影线（如图1-1中B点所示）。从A点到B点的这段加速急跌就是庄家借助当时大盘走软而有意打压的，通常都是股票在经过漫长下跌通道后的最后一跌。此后该股止跌企稳，并开始放量逐步向上回升，这表明此股已跌无可跌，主力又开始着手于收集工作了，其下方所放出的成交量足以为证。至9月7日其股价已突破了前期加速下滑到A点（如图1-1中C点所示）。华冠科技在从B点到C点的这段上攻过程中，其股价下方形成了巨大的“成交量堆”（如图1-1所示），

日线 向前复权 [1]
前 后 大 小 权 周 坐 案
华冠科技(600371)
KLINE - 5MA 2.75 10MA1 2.92 15MA2 2.97 30MA3 2.91 60MA4 2.68
3.40
3.13
2.86
2.60
2.33
2.06
1.80
1.53
3.34
C
A
金 角
B
1.53
VOL - VOL 18121.00 5MA 15523.60 10MA1 20898.30 15MA2 33132.93
95343.0
47671.5
0
量堆
MACD - DIF -0.01 MACD 0.06 DIF-MACD -0.07
0.17
-0.27
200504
06
07
08
09
10
卖五 13.87 10
卖四 13.86 142
卖三 13.85 425
卖二 13.80 117
卖一 13.79 81
买一 13.75 401
买二 13.74 1
买三 13.71 105
买四 13.70 186
买五 13.65 47
成交 13.76 均价 13.48
涨跌 -0.50 换手 4.57%
幅度 -3.51% 开盘 13.96
总手 29345 最高 14.21
现手 0 最低 12.98
外盘 13776 内盘 15570
14:59 13.74 37↓
15:00 13.75 20↓
15:00 13.75 5↓
15:00 13.79 4↑
15:00 13.76 0↓
15:00 13.79 0↑
15:00 13.76 0↓

图 1－1

日线 向前复权 [1]
前 后 大 小 权 周 坐 案
华冠科技(600371)
KLINE - 5MA 7.55 10MA1 7.62 15MA2 7.56 30MA3 6.84 60MA4 5.08
8.15
7.20
6.26
5.31
4.37
3.42
2.48
1.53
8.15
大幅上涨
金角
彻底清洗
1.53
VOL - VOL 7329.00 5MA 11256.40 10MA1 15199.60 15MA2 22060.07
95343.0
47671.5
0
量堆
MACD - DIF 0.58 MACD 0.71 DIF-MACD -0.12
0.91
-0.27
200506
08
09
10
11
12
200601
03
04
05 06
卖五 13.87 10
卖四 13.86 142
卖三 13.85 425
卖二 13.80 117
卖一 13.79 81
买一 13.75 401
买二 13.74 1
买三 13.71 105
买四 13.70 186
买五 13.65 47
成交 13.76 均价 13.48
涨跌 -0.50 换手 4.57%
幅度 -3.51% 开盘 13.96
总手 29345 最高 14.21
现手 0 最低 12.98
外盘 13776 内盘 15570
14:59 13.74 37↓
15:00 13.75 20↓
15:00 13.75 5↓
15:00 13.79 4↑
15:00 13.76 0↓
15:00 13.79 0↑
15:00 13.76 0↓

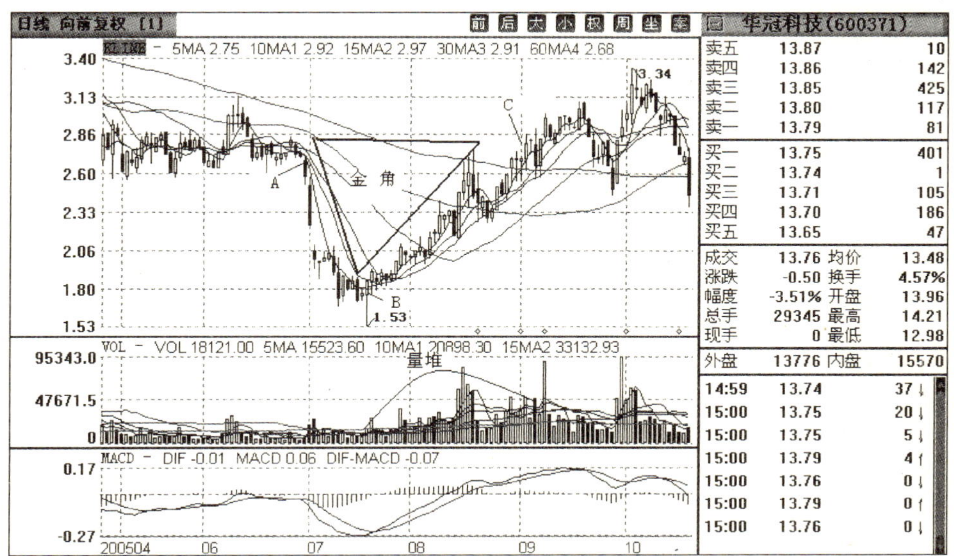

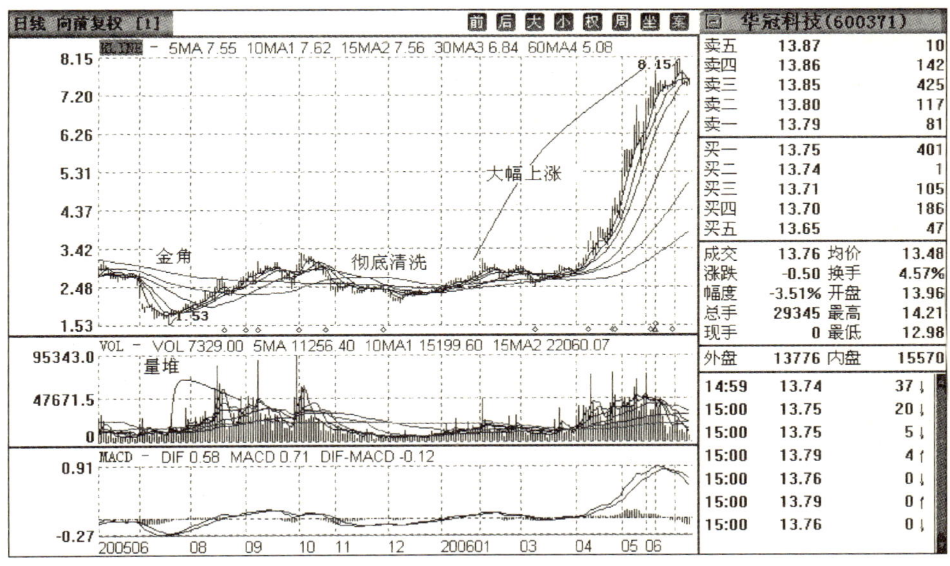

图 1－2

这是由庄家大量建仓所形成的，至此庄家的目的已基本上得到实现并体现。其后该股庄家又对较长时期大量建仓以至股价升高所带来的获利盘及浮筹进行了一次彻底的清洗，最终再度放巨量展开大幅拉升行情（如图1－2所示）。

这种“打压收集”是庄家先把股价向下快速打压，然后在低位大量收集，使股价放量回升。因此在股价的走势中形成了一上一下的过程，这也就在股价的走势图中形成了一个“角”，我们就称这个“角”为“金角”（如图1－1所示），并且，“金角”的后半边通常是带有巨量的。我们就把主力的这种打压建仓方式称为“金角建仓”或“金角收集”。

“金角建仓”优点是：建仓速度快、时间短；缺点是：建仓不充分。

我们以庄家快速向下打压股价的第一根K线为水平点，在股价的走势图上画一条水平直线（如图1－3所示）。不知你发现没有，

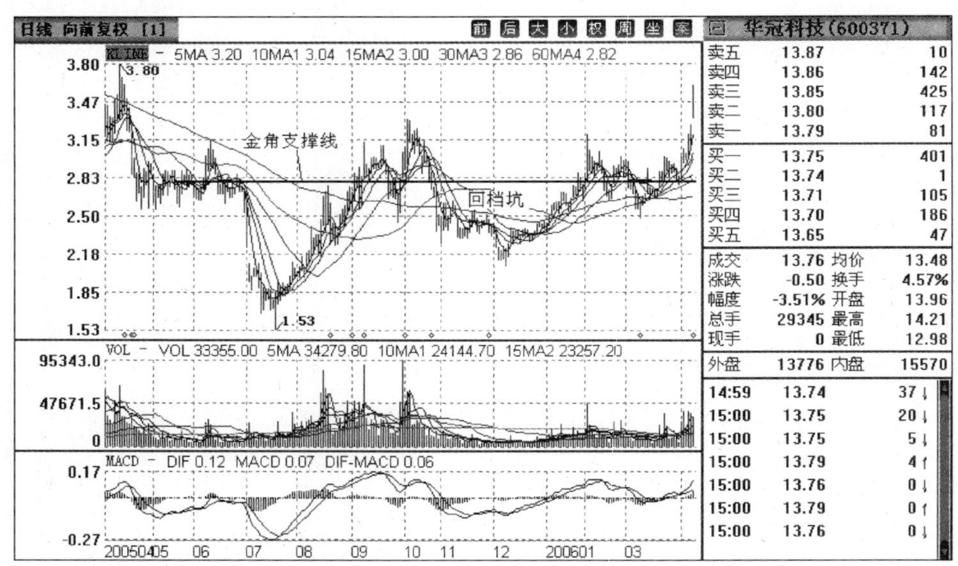

图1－3

华冠科技的股价在突破这条水平直线之后不久，又缩量回落到这条水平直线附近，并在水平直线上下受到支撑，进行缩量整理。这时在股价的走势图上形成一组缩量的“K线坑”，不久之后又再度放量正式向上拉升（如图1－3所示）。

那么华冠科技的股价，为什么会在突破水平直线后，又向下缩量滑落，并在滑落至水平直线附近又获得支撑的呢？为什么股价在形成一组缩量的“K线坑”之后会再度上扬呢？事情是这样的，在庄家建仓完毕之后，正式拉升之前，为了减轻拉升时的压力，要把庄家在建仓时的一些获利筹码和不稳定的筹码都统统清洗下去，所以要向下打压股价，这时在K线组合上就会形成一组缩量的“K线坑”，“K线坑”下面的成交量越小说明浮筹清洗的越彻底，在清洗完浮筹之后，庄家便开始了正式的放量拉升。

我们给庄家清洗浮筹时所形成的“K线坑”起个名字吧，就叫它“回档坑”好了。一个好的“回档坑”与其下方微小的成交量配合，通常给人一种水静河飞的妙感。图1－4就是1999年5.19行情中S＊ST聚友（000693）在建仓完毕之后，正式拉升之前所形成的“回档坑”（如图1－4所示）。

在“回档坑”后，庄家会再次以更大的成交量大幅向上拉升股价，我们可以在“回档坑”处买入股票，这样可以使资金在最短的时间里产生最大的功效，也可在“回档坑”后的放量上扬之中介入。你看S＊ST聚友的股价不就是在其“回档坑”后，放巨量展开一轮飙升行情吗（如图1－4所示）。

至于“回档坑”为什么会在这条水平直线上获得支撑？那是因为这条水平直线是以庄家快速打压股价第一根K线为水平点所画成的。以后庄家会在这条水平直线以下的价位进行建仓，随着庄家建仓完毕，股价又重新突破这条水平直线，并开始震仓洗盘。在清洗浮筹过程中，庄家一般是不会轻易让股价跌回到离这条水平线之下

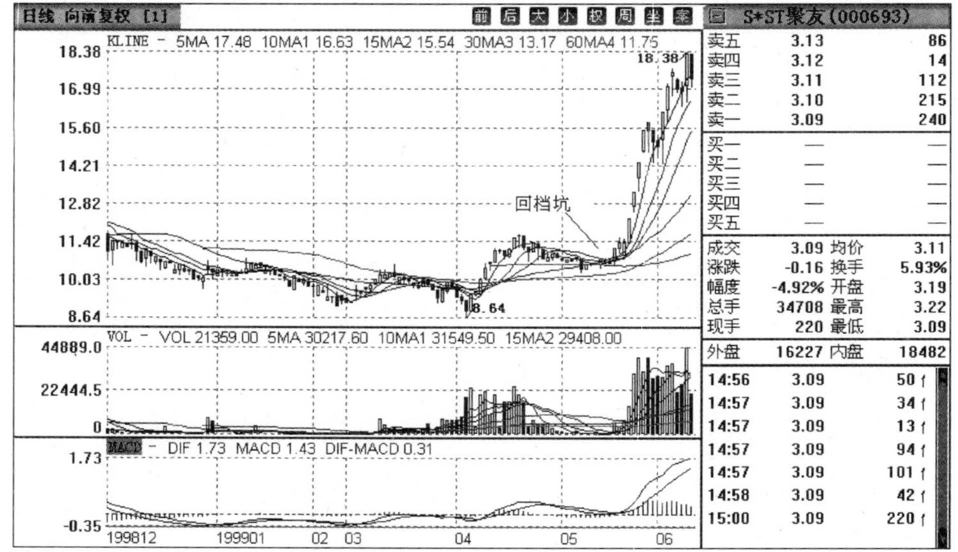

图 1－4

太远的地方，让你和它拥有相同，甚至更低的建仓成本，这也是庄家所不能容忍的。不过我们在“回档坑”处买入，其买入成本也相当接近于庄家的建仓成本。再说，在以后的拉升过程中庄家还要付出更大的代价。我们就根据这条水平直线的特性，把它命名为“金角支撑线”。

通过以上的叙述，我们可以总结出“金角”是实战中的应用法则。

应用法则：如果我们发现某只股票在底部从某天开始快速下跌，又在下跌一段之后放量回升，这时我们可以在该股的走势图中画出金角，并以第一根加速下跌的K线为水平点，画出金角支撑线。在股价突破金角支撑线后，又缩量回落至金角支撑线附近，并受到支撑再次放量上涨时买入，以后该股会再度放量上行。

一、海越股份（600387）

下面这幅图是海越股份（600387）在2005年1月~2006年4月的一段股价走势（如图1-5、图1-6所示）。

在图1-5中，海越股份的股价在经过长期与漫长的下跌后，于2005年6月30日开始加速下跌（如图1-5中A点所示），一直到7月19日股价才形成止跌之势（如图1-5中B点所示），随后开始放量回升。其回升的速率几乎是与下跌时的速率是一样的，并且其股价也迅速的向上穿越了前期股价的加速下跌点A点（如图1-5中C点所示），这时我们可以在海越股份的股价走势图中画出“金角”及“金角支撑线”。在“金角”的下方还有巨大的“成交量堆”（如图1-5所示）。在其股价走出金角冲破“金角支撑线”后又缩量向下回落清洗浮筹，不久后又再度放量上涨，此时也形成了“回档

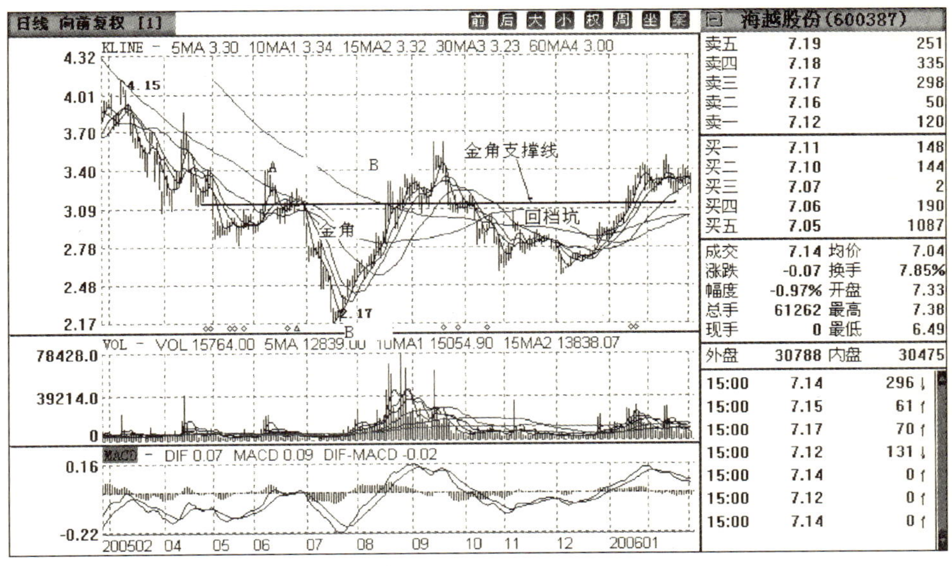

图1-5

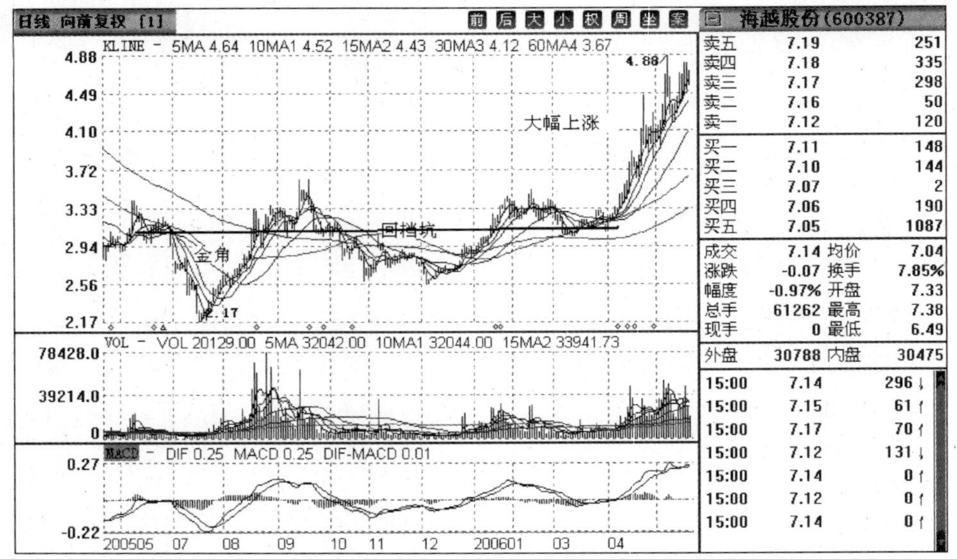

图 1－6

坑”（如图 1－5 所示），自“回档坑”后，海越股份的股价一路凯歌高奏，屡创新高（如图 1－6 所示）。

一般来说，“金角”的“回档坑”多数是会落在其“金角支撑线”上面的，但我们发现海越股份的股价，并没有准确的在“金角支撑线”上方形成“回档坑”，而是在“金角支撑线”下方不远处形成“回档坑”，其后该股又再度放量上扬，这时我们可以买入（这种突破一般都是放量的）。这种情况是允许的，因为影响股价运动的因素有很多，不一定哪幅图都那么标准，有的也可能是在其上方，重要的是我们能理解“金角建仓”的精义。

二、豫光金铅（600531）

下面这 3 幅图是豫光金铅在 2004 年 9 月～2006 年 5 月的一段股价走势（如图 1－7、图 1－8、图 1－9 所示）。

日线 向前复权 [1]
前 后 大 小 权 周 坐 案
豫光金铅(600531)
KLINE - 5MA 3.79 10MA1 3.67 15MA2 3.59 30MA3 3.44 60MA4 3.10
6.26
A
B
C
金角
日 期
20050113
幅 度
-2.49%
开 盘
4.49
最 高
4.49
最 低
4.35
收 盘
4.35
成交量
8603
成交额
541
流通股
13475万
换手率
0.64%
VOL - VOL 20796.00 5MA 30775.00 10MA1 27336.70 15MA2 24427.33
量堆
MACD - DIF 0.17 MACD 0.16 DIF-MACD 0.01
0.18
-0.29
200409 11 12 20050102 03 04 05 06 07 08
卖五 9.15 473
卖四 9.14 292
卖三 9.13 336
卖二 9.12 305
卖一 9.11 26
买一 9.10 107
买二 9.09 91
买三 9.08 53
买四 9.07 49
买五 9.06 141
成交 9.11 均价 8.92
涨跌 +0.24 换手 7.52%
幅度 +2.71% 开盘 8.80
总手 101371 最高 9.18
现手 208 最低 8.50
外盘 52870 内盘 48501
15:00 9.11 10↓
15:00 9.12 7↑
15:00 9.11 10↓
15:00 9.12 30↑
15:00 9.12 3↑
15:00 9.12 119↑
15:00 9.11 208↓

图1-7

日线 向前复权 [1]
前 后 大 小 权 周 坐 案
豫光金铅(600531)
KLINE - 5MA 3.41 10MA1 3.36 15MA2 3.36 30MA3 3.12 60MA4 3.04
5.20
4.80
4.40
3.99
3.59
3.19
2.79
2.39
5.20
2.39
回档坑
金角支撑线
VOL - VOL 16475.00 5MA 18253.80 10MA1 14975.20 15MA2 20173.93
87426.0
43713.0
0
MACD - DIF 0.13 MACD 0.12 DIF-MACD 0.01
0.17
-0.29
200411 20050102 03 04 05 06 07 08 09 10 11
卖五 9.15 473
卖四 9.14 292
卖三 9.13 336
卖二 9.12 305
卖一 9.11 26
买一 9.10 107
买二 9.09 91
买三 9.08 53
买四 9.07 49
买五 9.06 141
成交 9.11 均价 8.92
涨跌 +0.24 换手 7.52%
幅度 +2.71% 开盘 8.80
总手 101371 最高 9.18
现手 208 最低 8.50
外盘 52870 内盘 48501
15:00 9.11 10↓
15:00 9.12 7↑
15:00 9.11 10↓
15:00 9.12 30↑
15:00 9.12 3↑
15:00 9.12 119↑
15:00 9.11 208↓

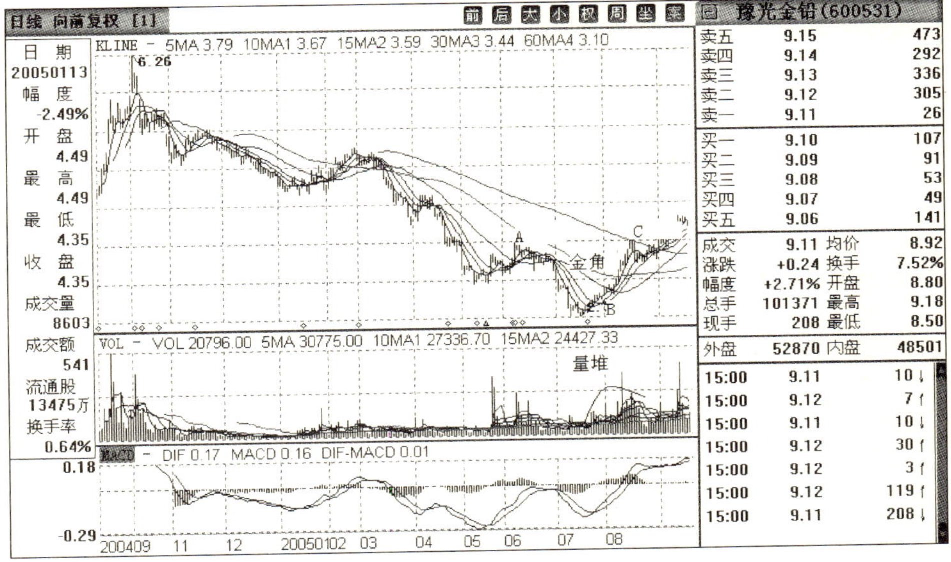

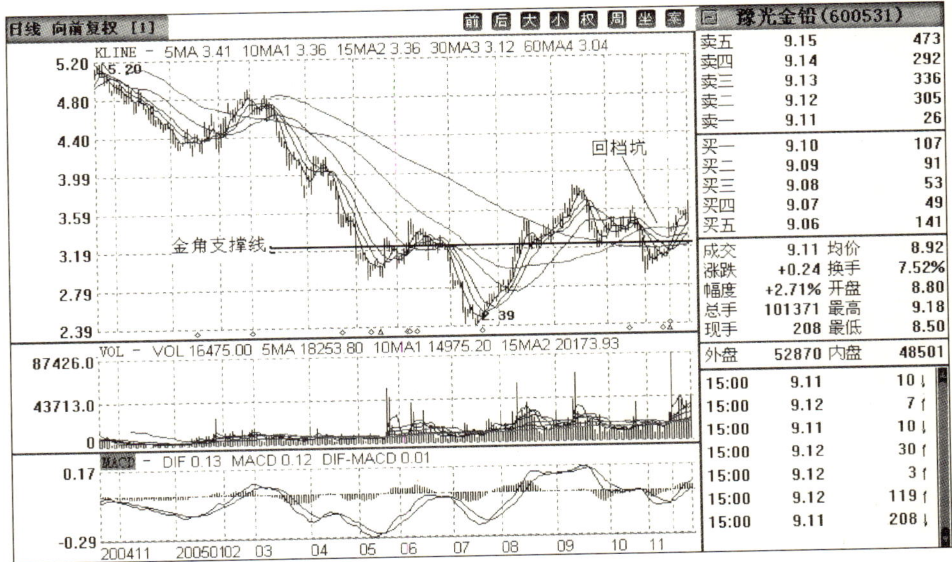

图1-8

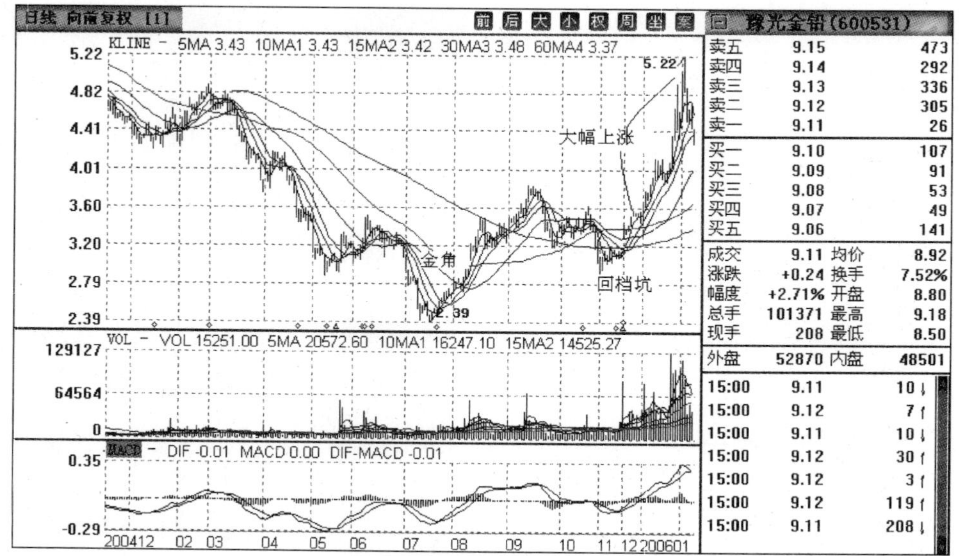

图1－9

豫光金铅的股价在经过连续调整后，于2005年6月30日开始，加速向下滑落（如图1－7中A点所示），于7月19日探底成功（如图1－7中B点所示），并开始带量上涨，经过连续的冲高后，很快的就收复了失地重新占领高点（如图1－7中C点所示），在其走势图中形成标准的“金角”及“成交量堆”（如图1－7所示）。有经验的老股民通过此番价量关系的转换，不难推断出主力利用大幅波动打压并且拉高建仓的真实目的，只要耐心等待“回档坑”及二次放量拉升局面形成即可介入。

不久之后豫光金铅果然在相应高位形成了钝化局面，股价无力再度向上攀升，并逐级缩量下探进行调整。但其股价在下探至“金角支撑线”附近时，好像受到了某种神奇力量的支撑，又形成放量上攻之势，这便形成了“回档坑”（如图1－8所示），我们可于此处考虑介入（如图1－7所示）。

在“回档坑”后豫光金铅的股价开始了新一轮的拉升，结果涨幅不菲（如图 1－9 所示）。

三、稀土高科（600111）

并不是所有的“金角”都会在放量向上突破其“金角支撑线”后形成明显的向下回落洗盘动作，有些股回调的时间可能会很短，只有两三天而已；还有一些可能会表现的更强如“离弦之箭”一去不回，这些都要从当时的市场及个股状况去进行综合判断的。

稀土高科的股价在 2006 年 11 月份左右形成了“金角”，随后其股价在向上突破“金角支撑线”后，几乎未做任何调整，一路势如破竹，屡创新高（如图 1－10 所示）。

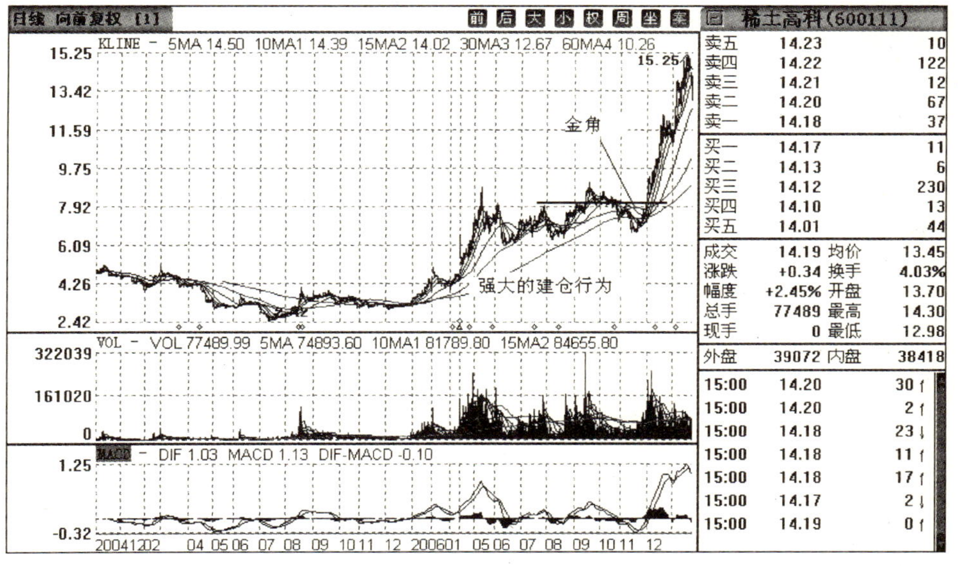

图 1－10

这主要是因为，在此处“金角”形成之前，该股已有了明确而强大的建仓行位，此处的“金角”，只不过是一个更大级别上的“回档坑”。因此，前主力手中握有相当的筹码，足以左右局势的发展，才导致后来股价的势如破竹。

另一方面，由于股市及股价运动是以周期循环的方式向前发展的，大的周期套着小的周期，却又被更大的周期所包裹着，这一级别的“角”也可能恰是另一级别的“坑”，反之也一样。关于这个问题我们会在以后的内容里逐步的进行深入探讨。

四、邯郸钢铁（600001）

下面两幅图是邯郸钢铁在 2005 年 12 月 ~2006 年 7 月的一段股价走势（如图 1－11、图 1－12 所示）。

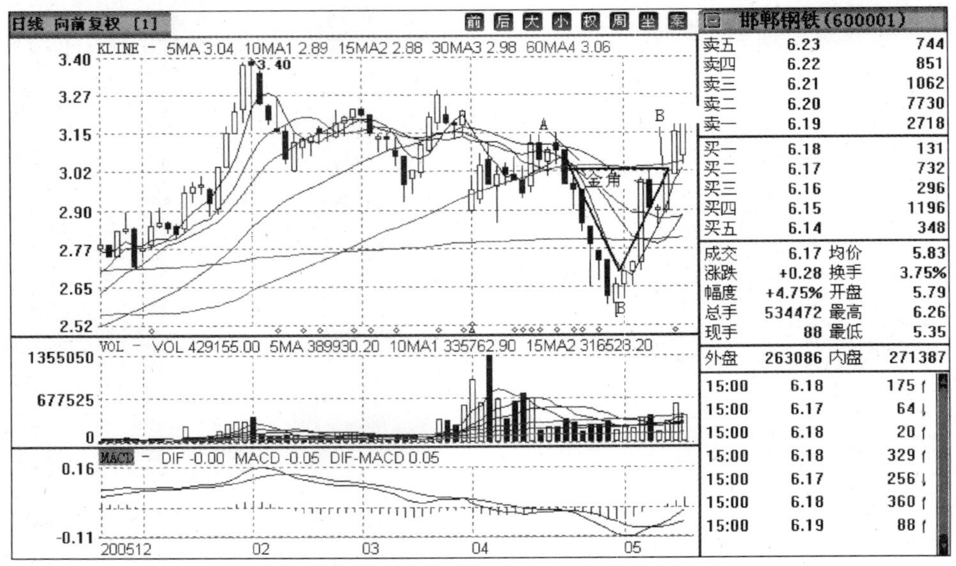

图 1－11

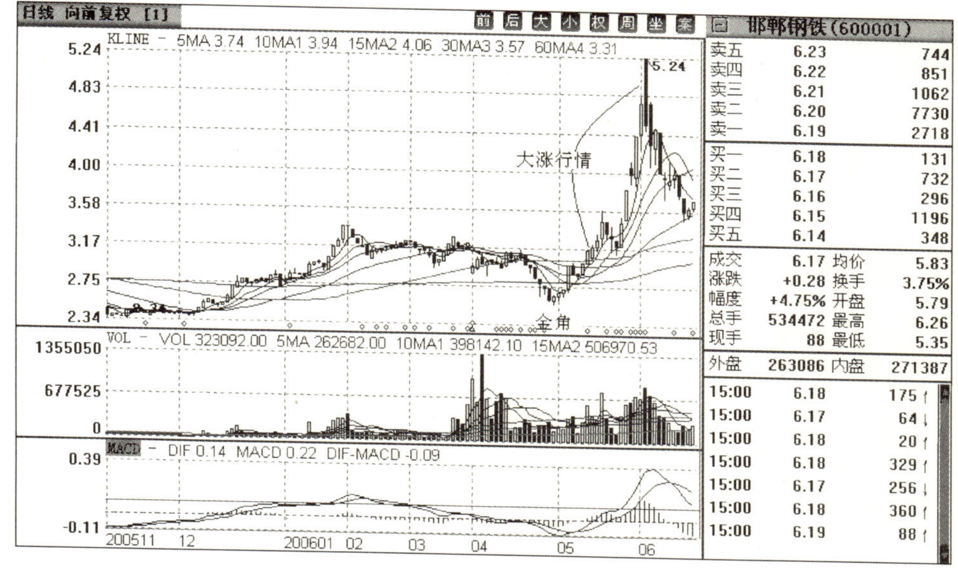

图 1－12

并不是在所有的“角”后股价都会上涨，决定“金角”的成立与否，涨幅大小与否关联到一个很重要的问题，即成交量的问题。前几节中所提到的“金角”中的成交量普遍都是在“金角”的后半部分所放出的，这样的“金角”往往其上涨概率都很高。

还有一种“金角”是双侧放量的，就是在前半部分与后半部分都放量，而且成交量的走势还会跟随着股价而变动，形成价跌量减，价涨量增之势，从表面看上去成交量在“金角”下方也会形成一个“V”字形。这样的走势通常都是在主力已经控制盘面的情况下为达到某种目地所刻意营造出来的，一旦向上突破其准确率更高。

在图 1－11 中，邯郸钢铁的股价从 2006 年 4 月 20 日起开始放量下跌（如图 1－11 中 A 点所示），在经过连续而快速的下探后，于 4 月 28 日开始见底回升（如图 1－11 中 B 点所示），并以同样的速率向上攀升，至 5 月 18 日股价以回升至前期 A 点价位（如图 1－11 中

C 点所示），至此一个完整的“金角”形成（如图 1－11 所示）。仔细看看在整个“金角”的形成过程中其下方的成交量也是随着减、增形成“V”字形的（如图 1－11 所示）。

邯郸钢铁在此“金角”的确出现了一段较为强劲的上涨行情（如图 1－12 所示）。

如果细心观察这样的“金角”在股市里面有很多，东风科技（600081）就曾于 2006 年形成过此种“金角”（如图 1－13 所示）。

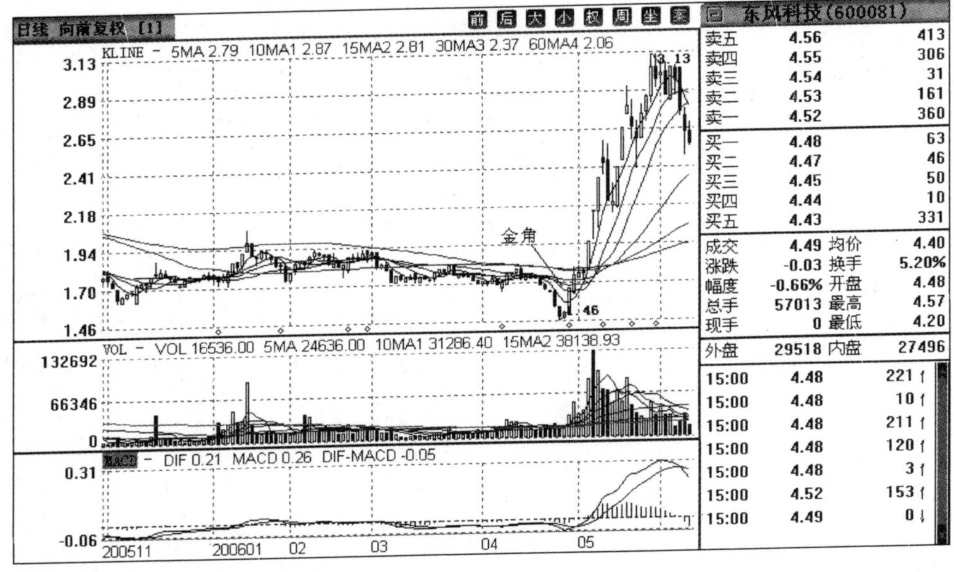

图 1－13

五、长春燃气（600333）

下面两幅图是长春燃气在2005年12月~2006年11月的一段股价走势（如图1－14、图1－15所示）。

长春燃气的股价，在形成“金角”后大幅上涨（如图1－14、图1－15所示）。很多人一定会不明白，一个小小的“金角”怎么会有这么大的威力，让每一只所“经过”它的股价都大幅上涨呢？就算在“金角”的前后侧都有成交量放出，但“金角”的时间周期也不是很长，一般都在1个月以内，在这么短的时间内主力无论如何也是不可能完成建仓任务的。事实上“金角”的成交量的确也存在着一定的吸纳作用，但准确的说大多数都属于一种拉升之前的“增仓”，之所以我们称其为建仓是因为这样叫更亲切、更形象一点。一般来说，绝大多数的个股在形成“金角”之前都会有较为明显的大幅建仓过程，或较好的控盘状态，“金角”只不过是一个斜率较大的“回档坑”（在后面的“坑角互换”中还会介绍）。

长春燃气和长江通信的股价在各自的“金角”之前就都有着较为明显的大幅建仓过程（如图1－15、图1－16、图1－17所示），所以才有了“金角”后的大幅上涨。

希望读者朋友在实盘操作过程中要尽量把握这一原则。

日线 向前复权 [1]
前 后 大 小 权 周 坐 案
长春燃气(600333)
KLINE - 5MA 4.78 10MA1 4.69 15MA2 4.53 30MA3 4.14 60MA4 3.91
大幅建仓
金角
5.15
2.87
VOL - VOL 77428.00 5MA 91386.60 10MA1 97997.20 15MA2 99375.27
MACD - DIF 0.24 MACD 0.24 DIF-MACD 0.00
200511 200601 02 03 04 05
卖五 5.55 2261
卖四 5.54 620
卖三 5.53 502
卖二 5.52 2479
卖一 5.51 396
买一 5.50 1233
买二 5.49 270
买三 5.48 873
买四 5.47 703
买五 5.46 347
成交 5.51 均价 5.42
涨跌 +0.22 换手 14.20%
幅度 +4.16% 开盘 5.36
总手 307775 最高 5.52
现手 899 最低 5.20
外盘 176831 内盘 130945

图 1－14

日线 向前复权 [1]
前 后 大 小 权 周 坐 案
长春燃气(600333)
KLINE - 5MA 3.99 10MA1 3.99 15MA2 4.05 30MA3 4.03 60MA4 3.98
5.15
3.26
VOL - VOL 20975.00 5MA 15260.00 10MA1 16161.60 15MA2 17987.93
MACD - DIF -0.01 MACD 0.00 DIF-MACD -0.01
200604 05 06 07 08 09 10
卖五 5.55 2261
卖四 5.54 620
卖三 5.53 502
卖二 5.52 2479
卖一 5.51 396
买一 5.50 1233
买二 5.49 270
买三 5.48 873
买四 5.47 703
买五 5.46 347
成交 5.51 均价 5.42
涨跌 +0.22 换手 14.20%
幅度 +4.16% 开盘 5.36
总手 307775 最高 5.52
现手 899 最低 5.20
外盘 176831 内盘 130945

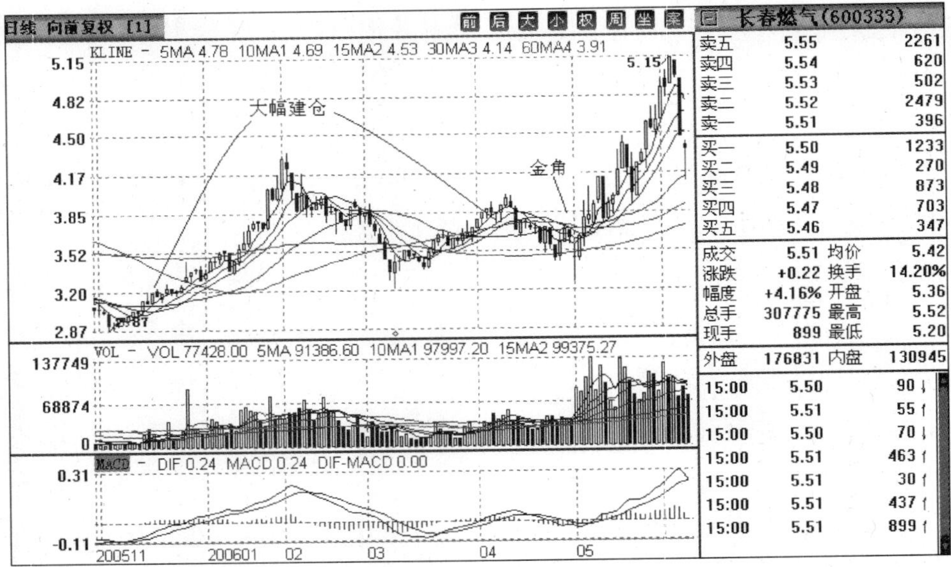

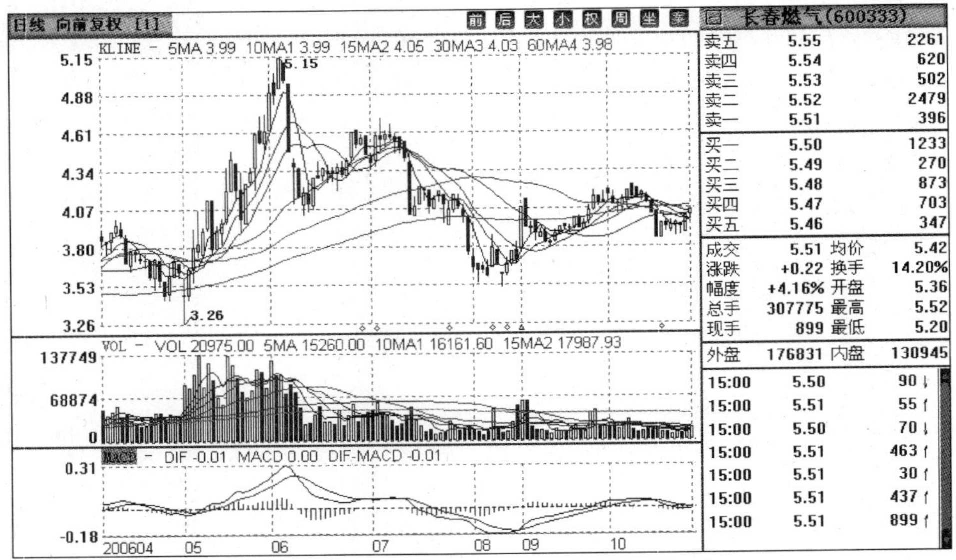

图 1－15

日线 向前复权 [1]
前 后 大 小 权 周 坐 案
长江通信(600345)
KLINE - 5MA 6.63 10MA1 6.76 15MA2 6.73 30MA3 6.74 60MA4 6.30
7.50
4.37
VOL - VOL 17479.00 5MA 18161.60 10MA1 23894.50 15MA2 23391.80
MACD - DIF 0.04 MACD 0.11 DIF-MACD -0.06
200604 05 06 07 08 09 10 11
卖五 8.01 33
卖四 8.00 157
卖三 7.99 119
卖二 7.98 45
卖一 7.96 11
买一 7.95 80
买二 7.94 65
买三 7.93 211
买四 7.92 5
买五 7.91 52
成交 7.97 均价 7.88
涨跌 -0.06 换手 5.19%
幅度 -0.75% 开盘 7.97
总手 39229 最高 8.10
现手 0 最低 7.63
外盘 18841 内盘 20389

图 1－16

日线 向前复权 [1]
前 后 大 小 权 周 坐 案
长江通信(600345)
KLINE - 5MA 5.76 10MA1 6.14 15MA2 6.21 30MA3 5.90 60MA4 5.46
7.07
金角
大幅建仓
3.94
VOL - VOL 7135.00 5MA 9745.80 10MA1 16633.50 15MA2 19806.07
MACD - DIF 0.07 MACD 0.21 DIF-MACD -0.13
200512 200601 02 03 04 05 06
卖五 8.01 33
卖四 8.00 157
卖三 7.99 119
卖二 7.98 45
卖一 7.96 11
买一 7.95 80
买二 7.94 65
买三 7.93 211
买四 7.92 5
买五 7.91 52
成交 7.97 均价 7.88
涨跌 -0.06 换手 5.19%
幅度 -0.75% 开盘 7.97
总手 39229 最高 8.10
现手 0 最低 7.63
外盘 18841 内盘 20389

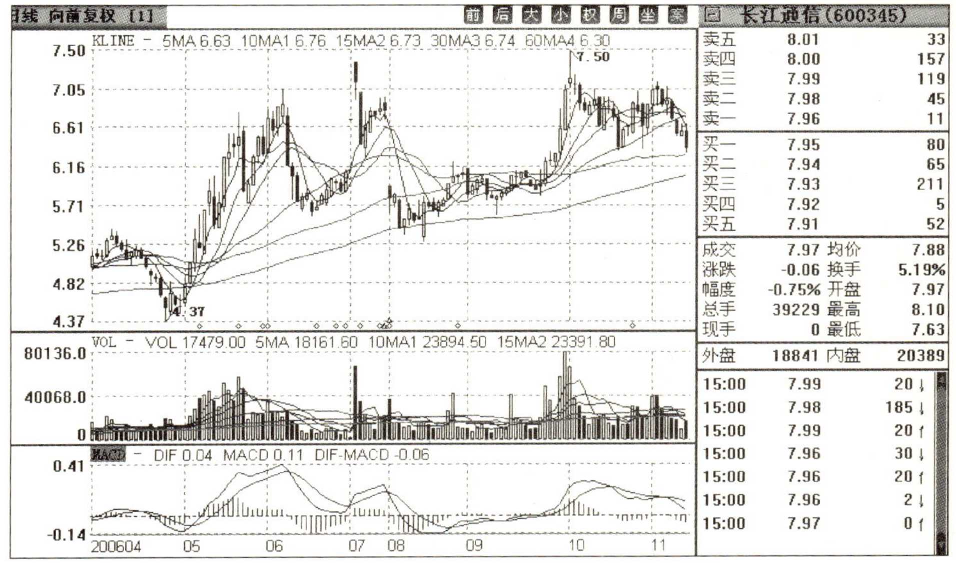

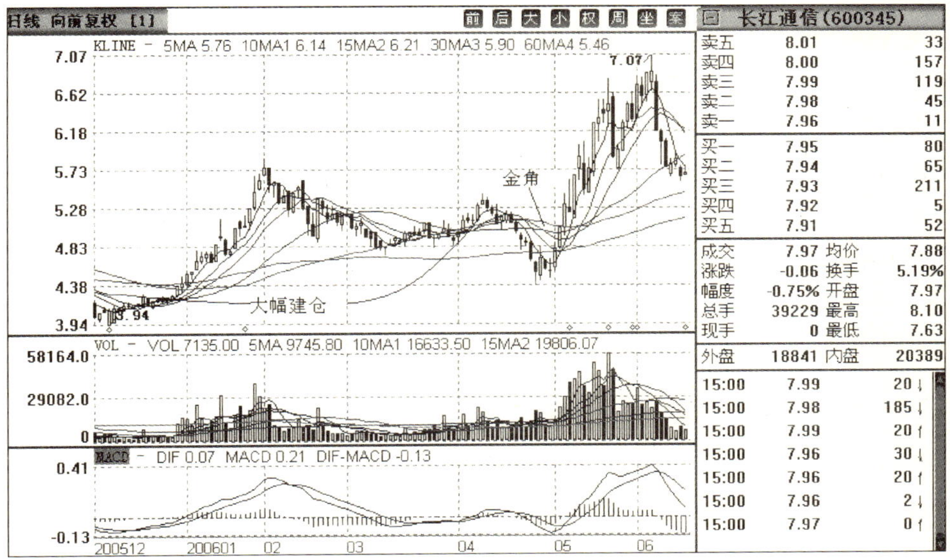

图 1－17

第二节 银 边

水平建仓：这种建仓方法是庄家把股票的价格限制在一个相对较低的水平范围内，然后在这个水平范围内反复的、不断的上下吸纳筹码。这时股价会在股票的走势图上形成一条近似水平的“K线带”，并且“K线带”的下方有庄家收集筹码时形成的“成交量带”。

例如下面的两幅图，它是莱钢股份在1999年12月～2000年10月的一段股价走势图（如图1－18、图1－19所示）。

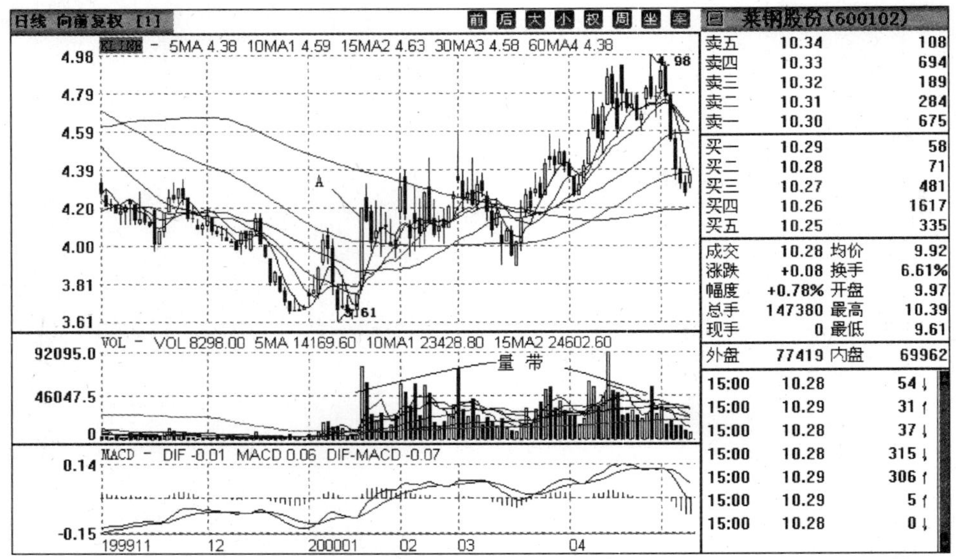

图1－18

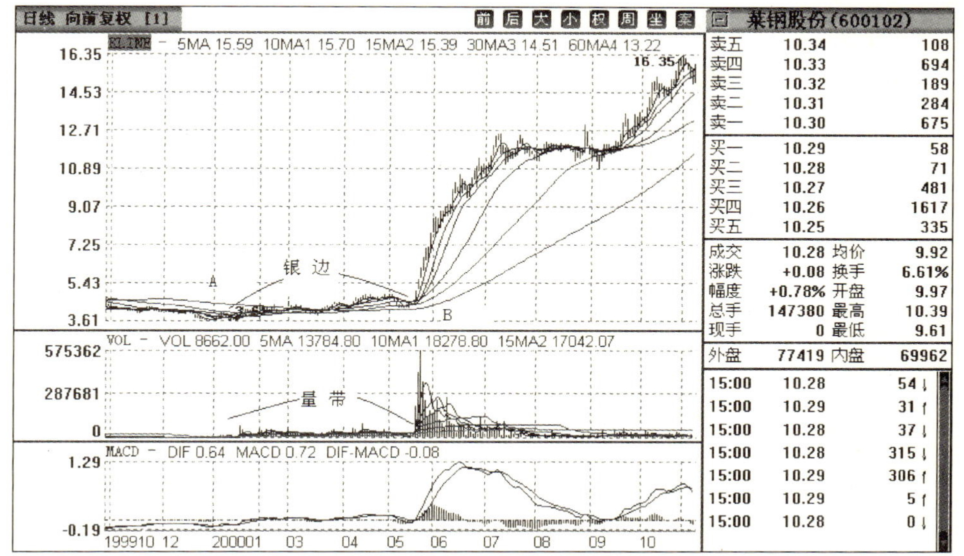

图 1－19

在图 1－18 中，莱钢股份的股价于 2000 年 1 月 19 日，形成一根带有巨量的大阳线（如图 1－19 中 A 点所示），其开盘价是 3.80 元，收盘价是 4.20 元。并于此大阳线前方形成“并列金角”，之后该股庄家便一直在这两个价位上下不远处，略呈倾斜的反复震荡收集，这种收集一直持续到 5 月 8 日（如图 1－19 中 B 点所示）。这时在莱钢股份的走势图中形成“银边”及“银边”下方的“量带”（如图 1－19 所示）。莱钢股份在 B 点之后开始了缩量下行，并在“金角支撑线”上方受到支撑，随后其股价又再度放量上涨以至形成了“回档坑”（如图 1－19 所示）。我们可在莱钢股份再度放量上扬时跟进。

以后，我们把庄家这种水平的建仓方式称为“银边建仓”或“银边收集”。

“银边建仓”的优点是，可以使建仓成本保持在一个相对较低的价位上；缺点是建仓的时间太长。

应用法则：当我们发现某只股票在低位保持很长时间的放量横盘，在横盘末期如果出现小幅回落并再度放量上涨或直接放量上涨时，我们可以买入。

一、冀东水泥（000401）

下面这幅图是冀东水泥在1999年3～6月的一段股价走势图（如图1－20所示）。

在这幅图中，冀东水泥的股价于4月8日形成一根放量的小阳线（如图1－20中A点所示），此后其股价便在这根放量小阳线价位附近展开横向震荡，形成了一条基本的水平“K线带”。在震荡的过程中，其股价下方也不时的形成几处“小量堆”，把这些“小量堆”连在一起，又形成一条“量带”（如图1－20所示）。“量带”加上

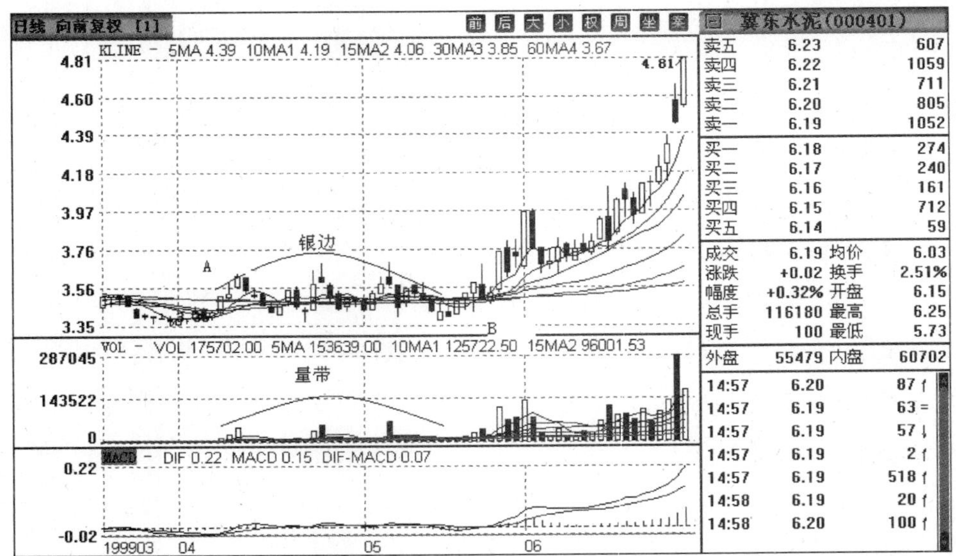

图1－20

水平的“K线带”，这不正是庄家的“银边收集”吗？此时我们应密切注意冀东水泥的未来走势，以便在它出现“回档坑”后或适当的时机买入。庄家这种“银边收集”一直持续到5月下旬，才以带量大阳线的方式向上突破这条水平“K线带”的最高点（如图1－20中B点所示）。冀东水泥的股价在此之前并没有形成明显的“回档坑”，这主要是因为这条“银边”的形态实在太近似于水平了，如果再往下打压股价，就要破掉庄家的建仓成本了。但冀东水泥却在其股价突破水平“K线带”不久，于拉升初期形成“回档坑”（如图1－20所示），且这个“回档坑”下方的成交量也大幅萎缩，这些迹象都表明此“回档坑”是个“强势回档坑”。我们可在此处买入。其后冀东水泥的股价果然再度放量上涨并屡创新高。

当冀东水泥处于“银边收集”时，其强弱指标也在50线上下长期盘整，让人无所适从，不过你通过其水平运行的“K线带”及下方的“成交量带”，就可以知道这是庄家在收集筹码了。

二、桂冠电力（600236）

下面这幅图是桂冠电力在2006年7月～2007年1月的一段走势图（如图1－21所示）。

在股价的运动过程中通常我们所能常见到的“银边”大致上有3大类：一种是基本水平的；一种是倾斜向下的；还有一种是倾斜向上的。在这3种“银边”当中，又以基本水平的与倾斜向上的两种最为常见。如剔除时间周期、历史背景等客观因素，当以倾斜向上的“银边”发展前景最为广阔，其次是水平的及倾斜向下的，因为趋势越是向上，则越表明主力庄家的收集决心越强。

在图1－21中，桂冠电力的股价于2006年8月24日，形成一根光头光脚的放量大阳线（如图1－21中A点所示），从而使其股价达

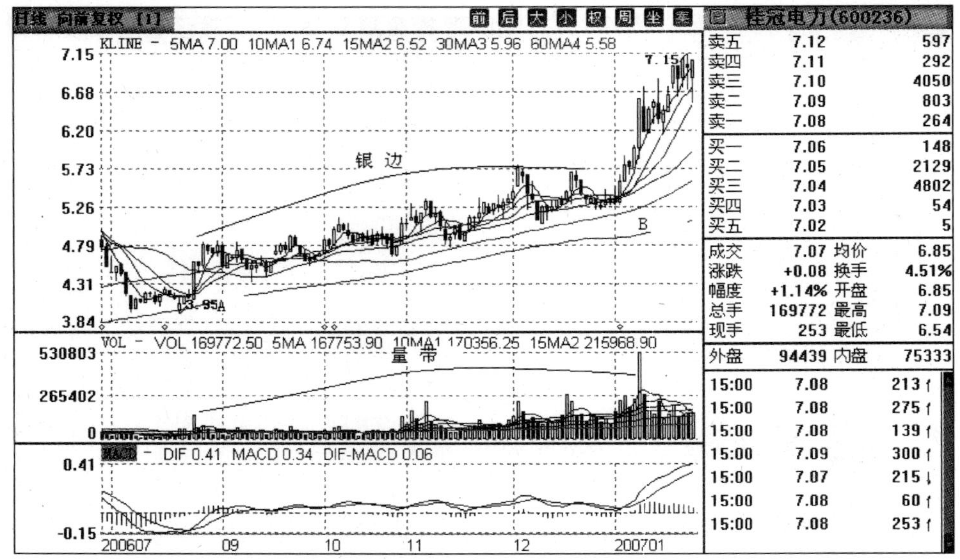

图1－21

到了一个新的高度。此后其股价便在这个新的高度之上略带倾斜的不断放量向上小幅攀升，久而久之，便形成了一条倾斜向上的“银边”及其“银边”下方的“量带”（如图1－21所示）。

随着主力持筹的不断增加，桂冠电力的股价终于在2007年1月11日向上突破，并展开升势（如图1－21中B点所示）。由于本节今日结稿，但凭“强势银边”来推测此股后面还将延续上涨行情。

三、齐鲁石化（600002）

下面这两幅图是齐鲁石化在2002年11月～2003年5月的一段走势图（如图1－22、图1－23所示）。

日线 向前复权 [1]
前 后 大 小 权 周 坐 案
齐鲁石化(600002)
KLINE - 5MA 4.72 10MA1 4.67 15MA2 4.65 30MA3 4.51 60MA4 4.32
4.93
4.72
4.52
4.31
4.11
3.90
3.70
3.49
倾斜银边
A
B
VOL - VOL 121346.00 5MA 122485.00 10MA1 108780.00 15MA2 90712.60
200992
100496
0
量带
MACD - DIF 0.10 MACD 0.11 DIF-MACD -0.01
0.13
-0.04
200301
02
03
04
卖五
卖四
卖三
卖二
卖一
买一
买二
买三
买四
买五
成交 均价 0.00
涨跌 +0.00 换手 0.00%
幅度 开盘 0.00
总手 0 最高
现手 0 最低
外盘 内盘

图1－22

日线 向前复权 [1]
前 后 大 小 权 周 坐 案
齐鲁石化(600002)
KLINE - 5MA 5.70 10MA1 5.71 15MA2 5.51 30MA3 5.07 60MA4 4.67
6.00
5.61
5.22
4.83
4.45
4.06
3.67
3.28
D
6.00
倾斜银边
C
3.28
VOL - VOL 112702.00 5MA 143636.80 10MA1 196940.50 15MA2 231771.80
561945
280972
0
MACD - DIF 0.31 MACD 0.30 DIF-MACD 0.02
0.33
-0.15
200211 12
200301
02
03
04
05
卖五
卖四
卖三
卖二
卖一
买一
买二
买三
买四
买五
成交 均价 0.00
涨跌 +0.00 换手 0.00%
幅度 开盘 0.00
总手 0 最高
现手 0 最低
外盘 内盘

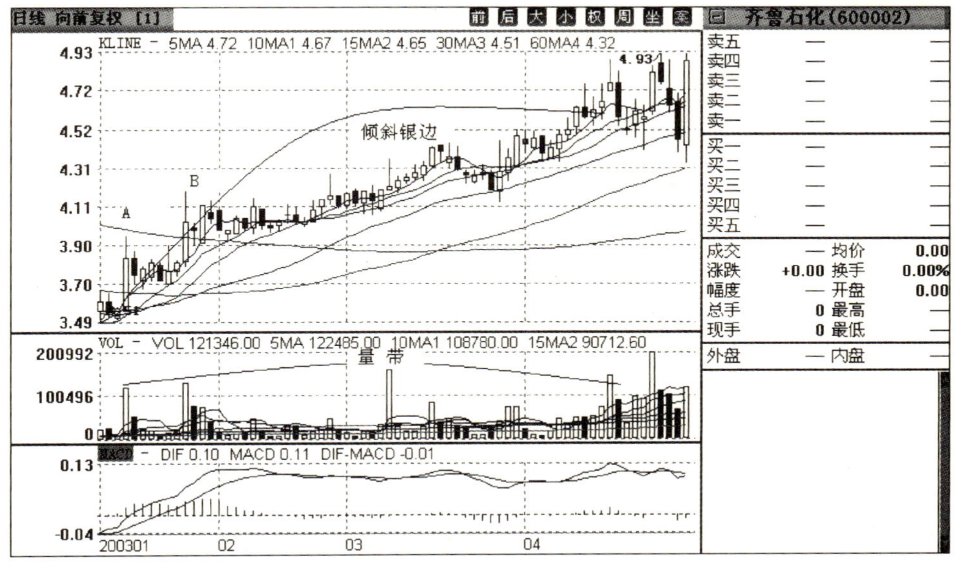

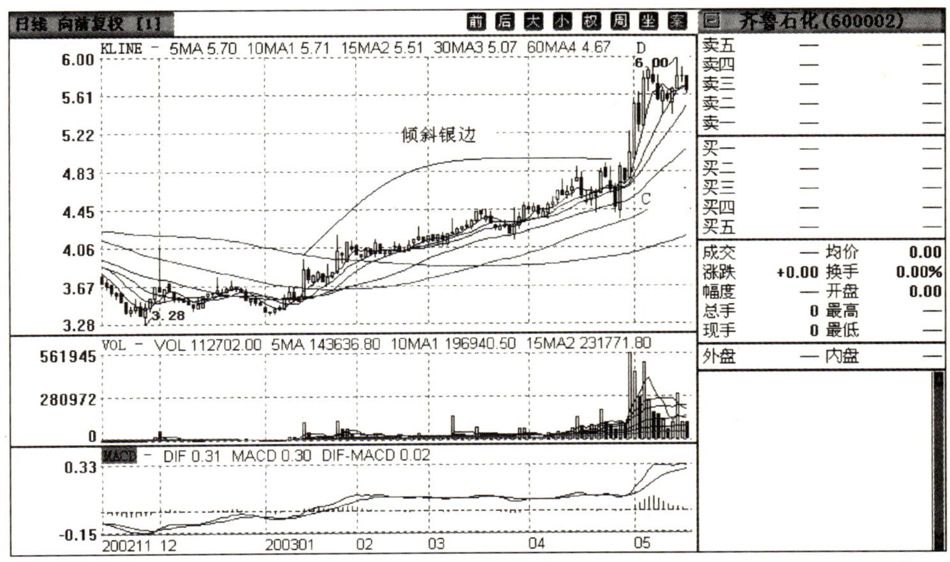

图1－23

在图1－22中，齐鲁石化的股价于11月4日走出一根带有上影线的大阳线（如图1－22中A点所示），并且这根大阳线的下方有相当大的成交量相配合的。这能否预示着某种转机将要来临呢？接下来的几天里该股股价一直都在这根放量大阳线实体的1/2上方以小阴、小阳的方式水平推进。下方的成交量虽然不如先前大阳线的下方的成交量大，但和此前相比也是维持在一个较高的水平上。时隔几日，齐鲁石化又形成一根和先前大阳线实体仿佛大小、成交量也仿佛大小，而且也带有上影线的大阳线（如图1－22中B点所示）。在以后的交易日中，齐鲁石化的股价以小阳、小阳的方式接近水平而又略带倾斜的小幅向上推升。成交量方面也基本维持在一个较高的水平上。从K线图上看这是明显的“银边”加“带量”（如图1－22所示），这是典型的建仓方式。“银边”向上倾斜表明主力实力非凡且吸纳坚定，“倾斜”下方不时放大的成交量则是每次阶段性吸纳的高潮。

齐鲁石化的这种“银边建仓”一直持续到4月中旬才向下进行一次小幅回调（如图1－22中C点所示），这是由庄家刻意打压造成的，目的是清洗浮筹为最后的拉升做准备，此时也是我们买入该股的最佳时机。在图1－23中有C点到D点的这段急速拉升（如图1－23所示），也正是图1－22中那段“银边建仓”结果的体现。

四、＊ST江泥（000789）

下面这幅图是＊ST江泥在2003年11月～2004年3月的一段股价走势（如图1－24所示）。

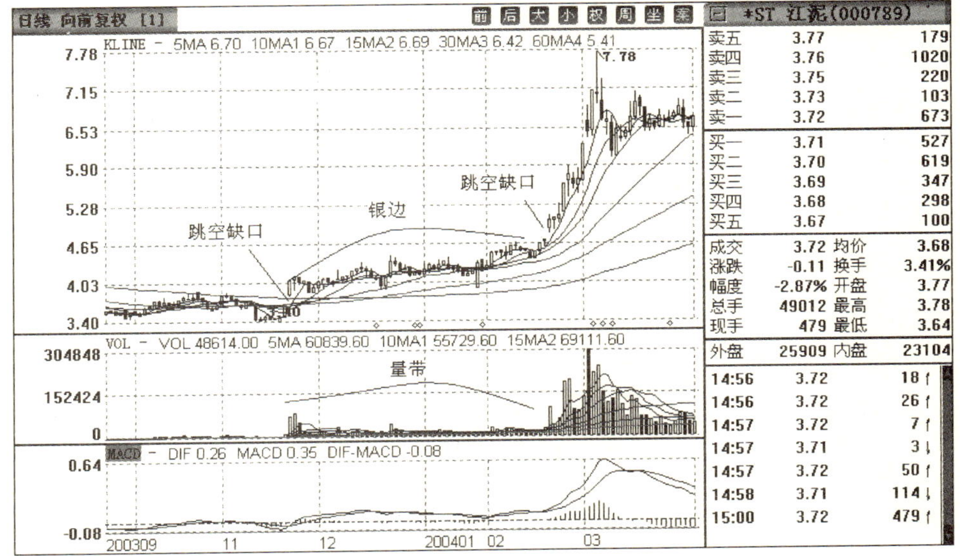

图 1－24

在这幅图中，＊ST 江泥的股价于 2003 年 11 月 20 日形成一根中阳线，第 2 天该股便大幅跳空向上高开，形成一根带有“跳空缺口”并伴有巨大成交量的中阳线（如图 1－24 中 A 点所示）。在此跳空中阳线形成之后，该股股价几乎一直都在此阳线上方以小阴、小阳水平前行，而且该股的收盘价一直未能向下回补此前的“跳空缺口”，向上也更无连续的攻击，形成一条有序的“银边”。“银边”下方的成交量也相应放大形成“量带”。“银边”加“量带”，我们可以判断这是庄家的吸货行为。在不久之后此股必将产生连续的上涨行情。果然该股在 2004 年 2 月 13 日向下缩量回试一下 30 日均线（如图 1－24 中 B 点所示），形成一个小型“回档坑”后便开始大幅上涨。

＊ST 江泥的股价从 B 点的 5. 82 元起步，一路上涨至最高点的 10. 19 元（如图 1－24 中 C 点所示），短短数日股价涨幅如此之迅

猛，其原因何在？我认为某只股票的股价在低位以巨大的成交量大幅向上跳空高开，是一种股价内部能量集中爆发的体现，此后该股大致会形成两种走势：第一种，该股会以强大的动力，不断向上攀升。例如在图 1－24 中，＊ST 江泥在形成“银边”之后向上拉升时所形成的那个“跳空缺口”（如图 1－24 所示）；第二种，可能由于短期内能量消耗过大，其股价也会从此一蹶不振、逐渐走软。要区别以上两种“跳空缺口”，主要还是看在此“跳空缺口”之前，该股庄家的建仓程度及建仓之后是否有其应有的调整等等，如在此之前庄家持仓很少，那么其股价大多会走弱走软。而＊ST 江泥的股价在 A 点形成“跳空缺口”后既没有连续上涨，也没有走弱走软，而是以放量横盘的方式来集结更大的能量，所以，后来才会走出一段令人惊慕的涨升行情。

五、ST 博讯（600083）

下面两幅图是 ST 博讯在 2005 年 10 月～2006 年 11 月的一段股价走势（如图 1－25、图 1－26 所示）。

前几节实例中所介绍的“银边”其形态不是水平的，就是倾斜向上的，都十分容易辨认与把握。但在现实行情中，由于受各种环境所影响，“银边”可能会出现各种各样的变型，这就是实战。最重要的是我们要理解“银边”的内涵与实质。

在图 1－25 中，ST 博讯的股价从 2005 年 12 月起一直在较低的位置上进行整理（如图 1－25 中 A 点所示），这种低位盘整一直持续到了第 2 年的 4 月份（如图 1－25 中 B 点所示），大概有 5 个月左右的时间，并且在这 5 个月的盘整过程中其股价的整体趋势略微的有些倾斜向下，这很容易给人一种疲弱的感觉，不过再一看整个趋势下方的“成交量带”你的想法也许就会完全转变了，一直放大的

日线 向前复权 [1]
前 后 大 小 权 周 坐 案
ST博讯 (600083)
KLINE - 5MA 1.65 10MA1 1.65 15MA2 1.66 30MA3 1.64 60MA4 1.66
2.21
2.11
2.01
1.91
1.80
1.70
1.60
1.50
A
下斜银边
B
VOL - VOL 30253.00 5MA 16612.20 10MA1 15176.30 15MA2 14236.07
58770.0
29385.0
0
量带
MACD - DIF 0.00 MACD -0.00 DIF-MACD 0.01
0.04
-0.07
200510 12 200601 02 03 04
卖五 3.16 386
卖四 3.15 1112
卖三 3.14 1288
卖二 3.13 1277
卖一 3.12 1351
买一 — —
买二 — —
买三 — —
买四 — —
买五 — —
成交 3.12 均价 3.13
涨跌 -0.16 换手 3.11%
幅度 -4.88% 开盘 3.19
总手 42224 最高 3.19
现手 10 最低 3.12
外盘 24822 内盘 17402
14:59 3.12 59
14:59 3.12 54
15:00 3.12 11
15:00 3.12 12
15:00 3.12 94
15:00 3.12 23
15:00 3.12 10

图 1－25

日线 向前复权 [1]
前 后 大 小 权 周 坐 案
ST博讯 (600083)
KLINE - 5MA 3.44 10MA1 3.51 15MA2 3.49 30MA3 3.20 60MA4 2.85
3.78
3.45
3.13
2.80
2.48
2.15
1.83
1.50
大幅上涨
下斜银边
VOL - VOL 69843.00 5MA 35797.80 10MA1 30208.60 15MA2 34835.13
86025.0
43012.5
0
MACD - DIF 0.15 MACD 0.20 DIF-MACD -0.05
0.24
-0.07
200510 12 200601 03 04 05 06 07 08 09
卖五 3.16 386
卖四 3.15 1112
卖三 3.14 1288
卖二 3.13 1277
卖一 3.12 1351
买一 — —
买二 — —
买三 — —
买四 — —
买五 — —
成交 3.12 均价 3.13
涨跌 -0.16 换手 3.11%
幅度 -4.88% 开盘 3.19
总手 42224 最高 3.19
现手 10 最低 3.12
外盘 24822 内盘 17402
14:59 3.12 59
14:59 3.12 54
15:00 3.12 11
15:00 3.12 12
15:00 3.12 94
15:00 3.12 23
15:00 3.12 10

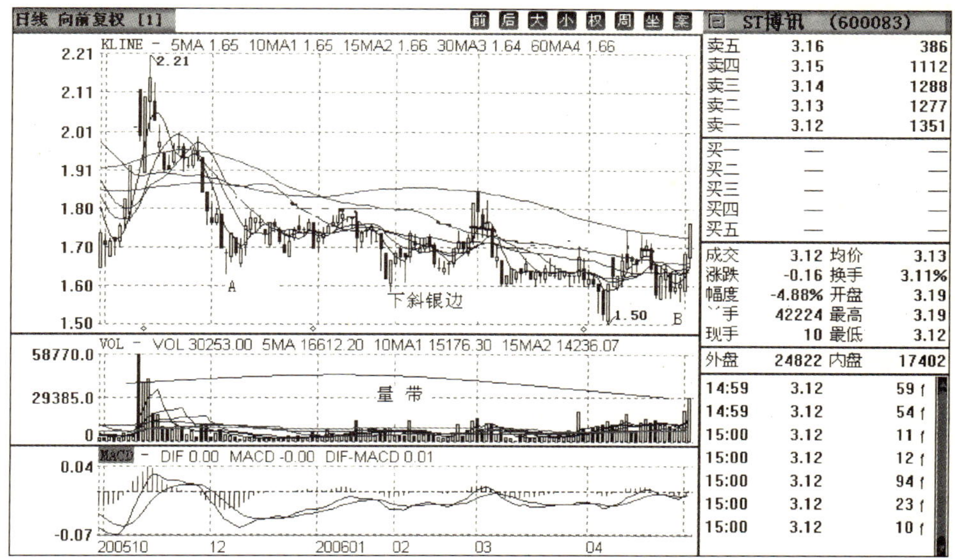

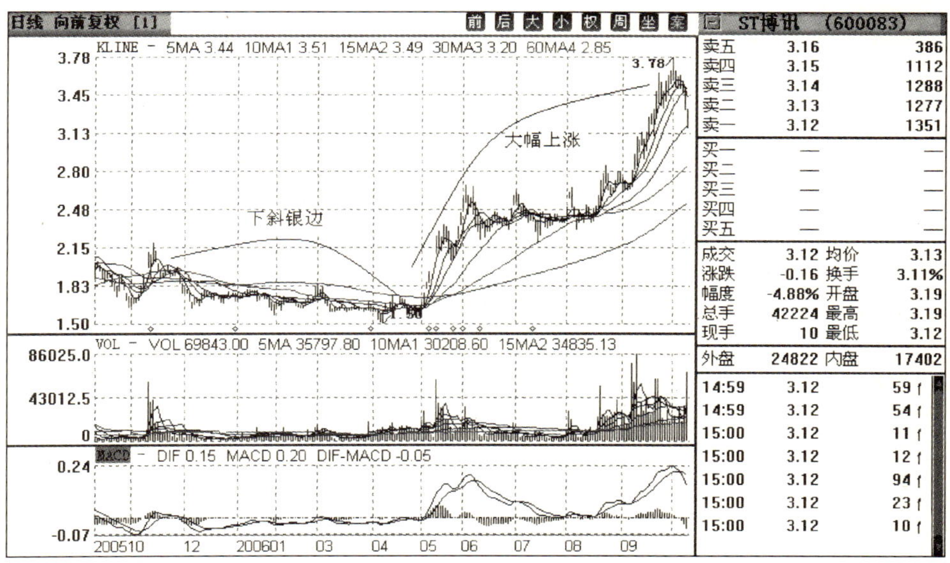

图 1－26

"成交量带"是主力持续长久运作的最好证明（如图1－25所示），也为这5个月的盘整储蓄了足够的能量，这就是此股的实质，如果有朝一日股价能向上突破一定威力无穷。

后来ST博讯的股价在向上突破后一路大涨（如图1－26所示）。

我们炒股不是炒形态，而是炒神态，形态只是一张外壳，重要的是里面要有内容。

例如，阳光股份（600220）的股价在2006年3～4月于小幅上涨后也形成了"银边"走势（如图1－27所示），虽然整个整理过程的K线表面走势并不算平坦，但在整体势态上却保持着相对强势，最重要的是"银边"下方的成交量异常的活跃与充足，事后该股股价在成功突破"银边"后一路飙升（如图1－28所示）。

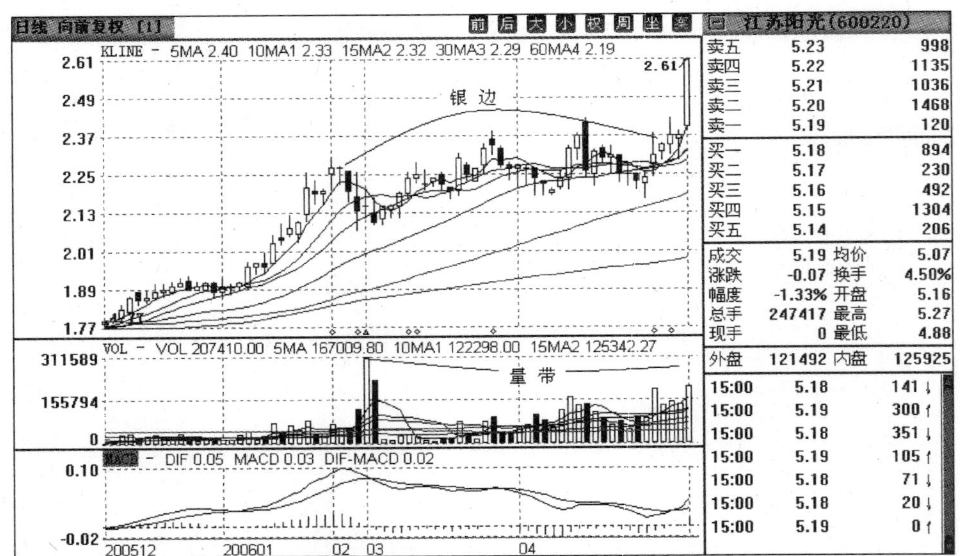

图1－27

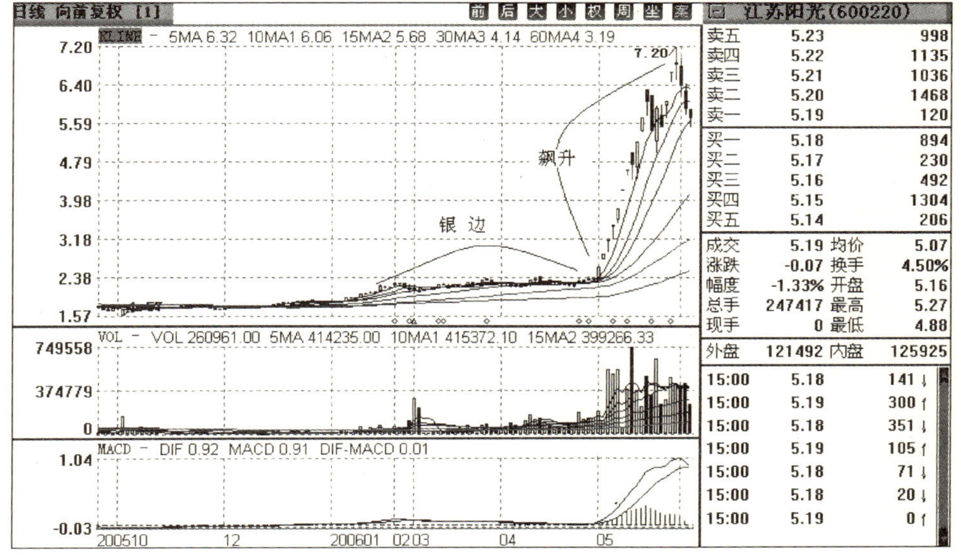

图 1－28

六、长城股份（000596）

下面 3 幅图是长城股份在 2005 年 4 月～2006 年 5 月的一段股价走势（如图 1－29、图 1－30、图 1－31 所示）。

在图 1－29 中，长城股份的股价在 2006 年 2 月 27 日小幅向上冲高（如图 1－29 中 A 点所示），此后便一直围绕着这一价位进行横向盘整形成“银边”，直至 4 月 6 日才以巨量阳线的方式向上突破“银边（如图 1－29 中 B 点所示），并且“银边”下方的成交量也十分的活跃（如图 1－29 所示）。这条“银边”的时间跨度并不长，从头到尾也不过 1 个多月，可是自“银边”突破后该股竟有了 300% 左右的涨幅，十分惊人（如图 1－30 所示）。

日线 向前复权 [1]
前 后 大 小 权 周 坐 案
长城股份(000569)
KLINE - 5MA 1.58 10MA1 1.55 15MA2 1.54 30MA3 1.52 60MA4 1.44
1.71
银 边
A
B
1.25
VOL - VOL 139924.00 5MA 48441.40 10MA1 37149.50 15MA2 30583.07
量带
MACD - DIF 0.03 MACD 0.03 DIF-MACD 0.01
200512
200601
02
03
卖五 3.69 516
卖四 3.68 556
卖三 3.67 998
卖二 3.66 1561
卖一 3.65 1689
买一 3.64 939
买二 3.63 507
买三 3.62 903
买四 3.61 2219
买五 3.60 1694
成交 3.64 均价 3.60
涨跌 -0.14 换手 8.61%
幅度 -3.70% 开盘 3.65
总手 178278 最高 3.74
现手 63 最低 3.48
外盘 84418 内盘 93861
14:57 3.63 35
14:57 3.64 38
14:57 3.65 55
14:57 3.64 10
14:58 3.64 150
14:58 3.64 120
14:58 3.65 63

图 1－29

日线 向前复权 [1]
前 后 大 小 权 周 坐 案
长城股份(000569)
KLINE - 5MA 3.64 10MA1 3.86 15MA2 3.81 30MA3 3.04 60MA4 2.27
4.91
巨幅上涨
银边
VOL - VOL 96339.00 5MA 123334.40 10MA1 140575.60 15MA2 142102.40
MACD - DIF 0.40 MACD 0.47 DIF-MACD -0.07
200511
12
200601
02
03
04
05
卖五 3.69 516
卖四 3.68 556
卖三 3.67 998
卖二 3.66 1561
卖一 3.65 1689
买一 3.64 939
买二 3.63 507
买三 3.62 903
买四 3.61 2219
买五 3.60 1694
成交 3.64 均价 3.60
涨跌 -0.14 换手 8.61%
幅度 -3.70% 开盘 3.65
总手 178278 最高 3.74
现手 63 最低 3.48
外盘 84418 内盘 93861
14:57 3.63 35
14:57 3.64 38
14:57 3.65 55
14:57 3.64 10
14:58 3.64 150
14:58 3.64 120
14:58 3.65 63

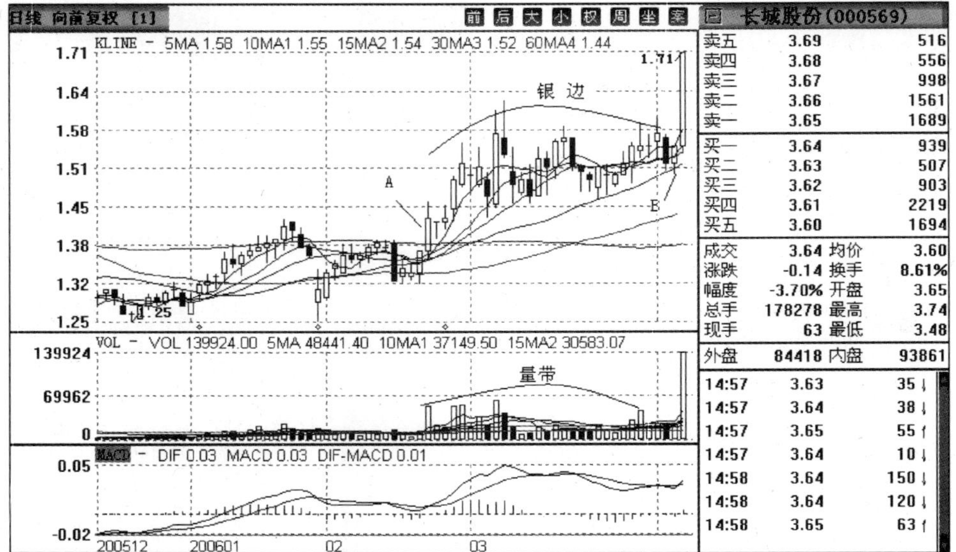

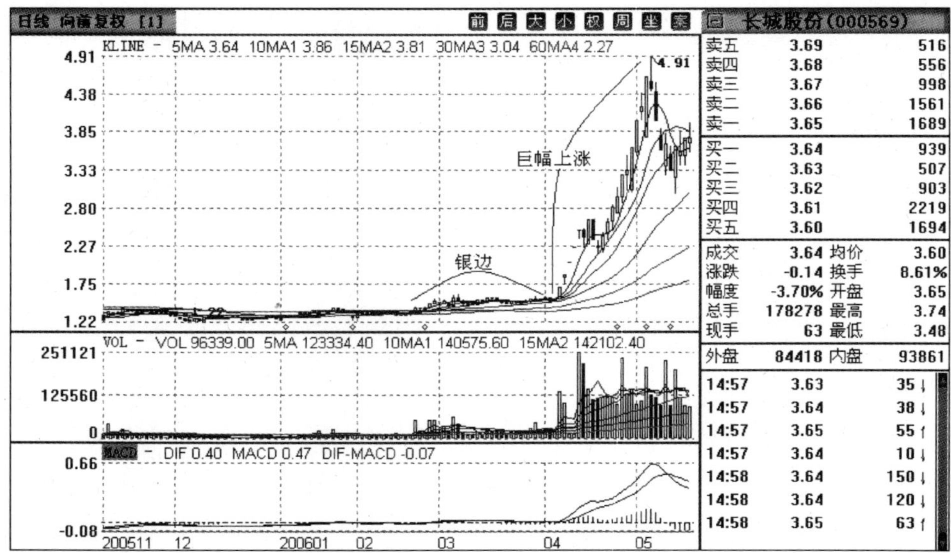

图 1－30

在多数情况下“银边”的性质和“金角”没什么太大的区别，都是主力在大幅拉升股票之前的一种“增仓”手段，只不过“银边增仓”与“金角增仓”相比更显厚重而已。但是在多数“银边”的前方也多数会有主力大规模建仓的迹象，长城股份就是这样（如图1－31所示）。

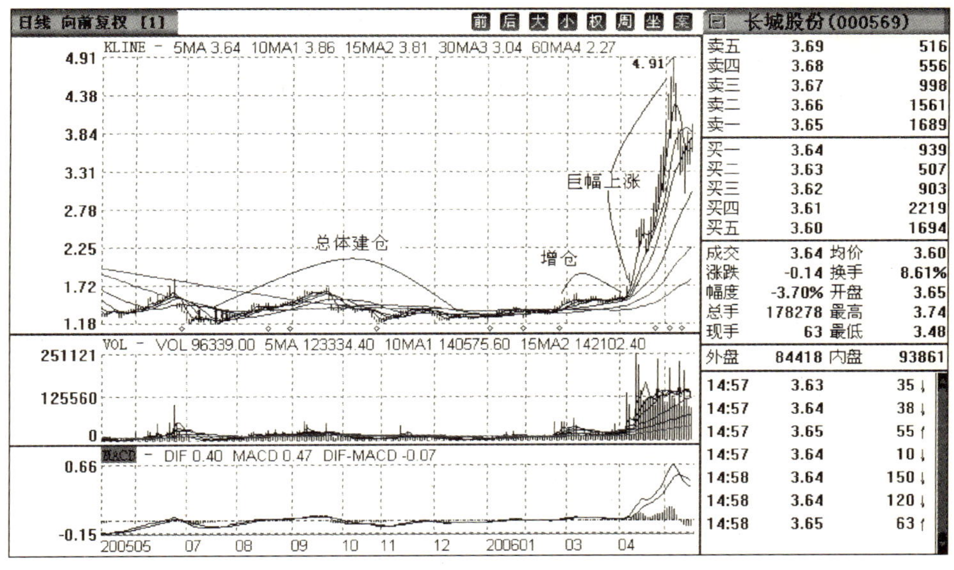

图1－31

第三节　草　肚　皮

拉高建仓：拉高建仓是说某些股票由于突发的利好，潜在的题材或其他一些原因，迫使庄家不得不在短时间内向上拉升股价完成

建仓。当庄家完成建仓之后，为了减轻拉升压力还会向下打压股价进行震仓洗盘。股价从拉高建仓到打压洗盘，在其股票走势图中看上去很像一个凸起的“肚皮”。

例如下面的这副图，它是桂东电力（600310）在 2005 年 11 月～2006 年 5 月的一段股价走势（如图 1－32 所示）。这幅图为我们展示了庄家从建仓到洗盘及洗盘结束后的拉升等全过程。桂东电力的股价从 A 点开始放量上涨（如图 1－32 所示），经过连续的上涨后，其股价于相应高位形成短期高点（如图 1－32 中 B 点所示），随后便开始向下回落，且在回落过成中成交量也迅速缩减，但股价回落未深便受到支撑形成止跌（如图 1－32 中 C 点所示），开始缩量横向整理，不久之后桂东电力的股价又以更大的成交量展开新一轮强劲的上涨行情。

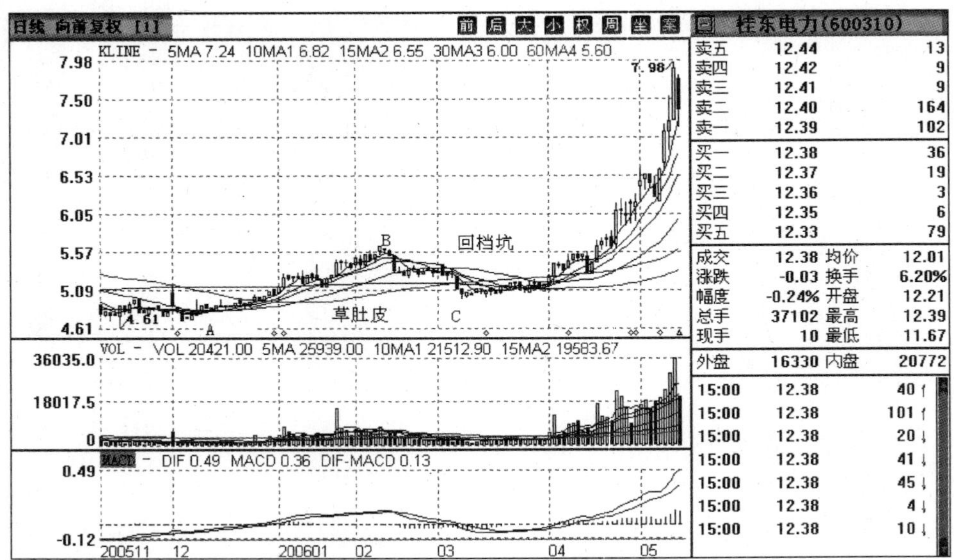

图 1－32

现在我们在回过头来看看桂东电力的庄家是怎样建仓的。在图1－32中，桂东电力从A点到B点的这段涨幅虽然不大，但在其股价下方却形成了巨大的“成交量堆”（如图1－32所示），这主要是由庄家大量吸筹所至。在从A点到B点的这段区间内庄家基本上完成了建仓，随后其股价又从B点向下滑落至C点并受到支撑，这主要是庄家在建完仓后清洗浮筹所致，并在其股价再度上涨时形成“回档坑”（如图1－32所示）。

你看庄家从A点的放量收集到B点的冲高回落，再到C点的缩量止跌，在桂东电力的股价走势图中像不像一个突起的“肚皮”，以后我们就把庄家的这种建仓方式称为“草肚皮建仓”或“草肚皮收集”，把这种形态叫“草肚皮”。

“草肚皮建仓”的优点是建仓时间短，建仓量大；缺点是建仓成本太高。

“草肚皮建仓”说的是庄家在拉高建仓后，再向下打压股价进行震仓洗盘的过程，所以在股价走势形成“草肚皮”形态时，一般的技术指标都会从高位向下回落，使我们很容易做出卖出股票的决定。所以我们一定要从“草肚皮”的巨量及“回档坑”的微量来分析股票，不要轻易卖出。

应用法则：如果我们发现某只股票，形成类似“肚皮”的中间凸起走势，并且“肚皮”下方有充沛的成交量，我们可在它缩量回档并再度向上突破时买入。

一、振华港机（600320）

下面这两幅图是振华港机在2005年4月～2006年5月的一段股价走势（如图1－33、图1－34所示）。

日线 向前复权 [1]
振华港机(600320)
KLINE - 5MA 3.78 10MA1 3.72 15MA2 3.58 30MA3 3.33 60MA4 3.19
B
回档坑
草肚皮
C
1.96
A
4.08
VOL - VOL 153272.00 5MA 91528.80 10MA1 117479.10 15MA2 104915.27
量堆
MACD - DIF 0.19 MACD 0.16 DIF-MACD 0.03
200501 03 04 05 06 07 08 09 10 11 12

图 1－33

日线 向前复权 [1]
振华港机(600320)
KLINE - 5MA 9.13 10MA1 8.60 15MA2 8.21 30MA3 7.33 60MA4 5.63
10.28
草肚皮
回档坑
VOL - VOL 249482.00 5MA 233611.40 10MA1 191196.30 15MA2 191908.60
量堆
MACD - DIF 0.90 MACD 0.83 DIF-MACD 0.07
200503 05 06 07 08 09 10 11 12 200601 03

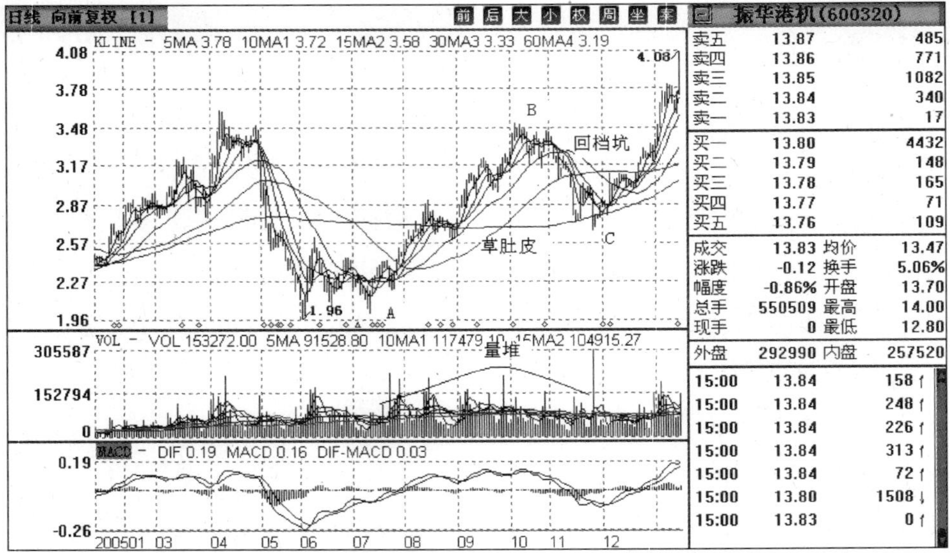

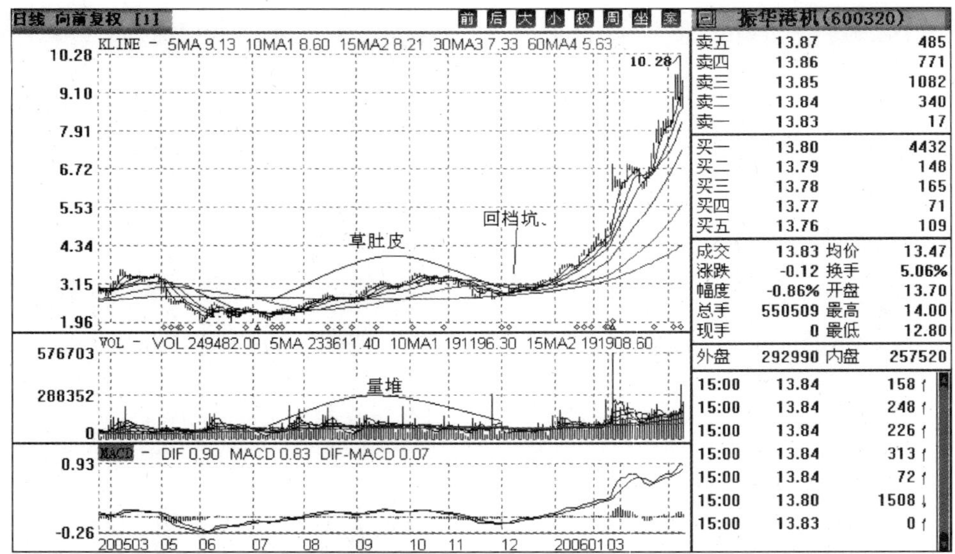

图 1－34

在图1－33中，振华港机的股价于2005年7月12日开始放量上涨（如图1－33中A点所示）。放量上涨的主要原因是庄家为了尽快的建仓，而大力收集筹码所致。这种放量上涨一直持续到同年的10月12日（如图1－33中B点所示）。在从A点到B点这一区间庄家已基本上完成了建仓，在其股价下方也形成巨大的“成交量堆”（如图1－33所示）。随后该股股价又从B点缩量向下回落，到11月28日其股价基本上形成止跌（如图1－33中C点所示），而且C点下方的成交量更是严重萎缩。从B点到C点的这段回落，主要是庄家为了清洗建仓时的获利筹码而向下打压股价所形成的。此时在振华港机的股价走势图中，形成一个完整的“草肚皮”（如图1－33所示）。在C点之后该股股价又再度放量上涨，至此，在其股价走势图中又出现了“回档坑”（如图1－33所示）。我们可以在“回档坑”后面的再度放量上涨时买入。它在“回档坑”后的上涨也是相当强劲的（如图1－34所示）。

我粗略的统计了一下，在股票市场中差不多有90%以上的黑马股都来自“草肚皮”这一模式。

例如，2006年的民生银行（600016）、重庆啤酒（600132）及凤凰光学（600071）等（如图1－35、图1－36、图1－37所示）。

日线 向前复权 [1]
前 后 大 小 权 周 坐 案
民生银行(600016)
KLINE - 5MA 11.56 10MA1 10.81 15MA2 10.49 30MA3 9.85 60MA4 8.35
12.84
11.28
9.72
8.16
6.60
5.04
3.48
1.92
草肚皮
VOL - VOL 2585727.04 5MA 2686500.61 10MA1 2155517.89
4293836
2146918
0
MACD - DIF 0.81 MACD 0.66 DIF-MACD 0.15
0.81
-0.08
200412 03 04 05 06 07 08 09 10 12 200601 04 05 06 07 08 09 10 11 12
卖五 — —
卖四 — —
卖三 — —
卖二 — —
卖一 — —
买一 12.84 150391
买二 12.83 1130
买三 12.82 162
买四 12.81 152
买五 12.80 813
成交 12.84 均价 12.18
涨跌 +1.17 换手 4.23%
幅度 +10.03% 开盘 11.62
总手 2585727 最高 12.84
现手 30 最低 11.50
外盘 1491495 内盘 1094232
15:00 12.84 31↓
15:00 12.84 233↓
15:00 12.84 31↓
15:00 12.84 72↓
15:00 12.84 1080↓
15:00 12.84 10↓
15:00 12.84 30↓

图1－35

日线 向前复权 [1]
前 后 大 小 权 周 坐 案
重庆啤酒(600132)
KLINE - 5MA 16.37 10MA1 17.40 15MA2 17.75 30MA3 15.40 60MA4 13.36
21.62
19.17
16.72
14.27
11.83
9.38
6.93
4.48
草肚皮
VOL - VOL 15472.00 5MA 24208.40 10MA1 28469.90 15MA2 31127.60
72677.0
36338.5
0
MACD - DIF 0.92 MACD 1.28 DIF-MACD -0.36
1.93
-0.39
200505 07 08 09 10 11 12 200601 03 04
卖五 33.18 67
卖四 33.16 10
卖三 33.15 22
卖二 33.10 63
卖一 33.07 36
买一 33.05 53
买二 33.02 1
买三 33.01 10
买四 33.00 1
买五 32.99 14
成交 33.08 均价 32.32
涨跌 +1.10 换手 2.56%
幅度 +3.44% 开盘 31.45
总手 27621 最高 33.40
现手 0 最低 31.00
外盘 14217 内盘 13404
15:00 32.94 2↑
15:00 32.99 10↑
15:00 33.08 50↑
15:00 33.10 80↑
15:00 33.05 10↓
15:00 33.07 4↑
15:00 33.08 0↑

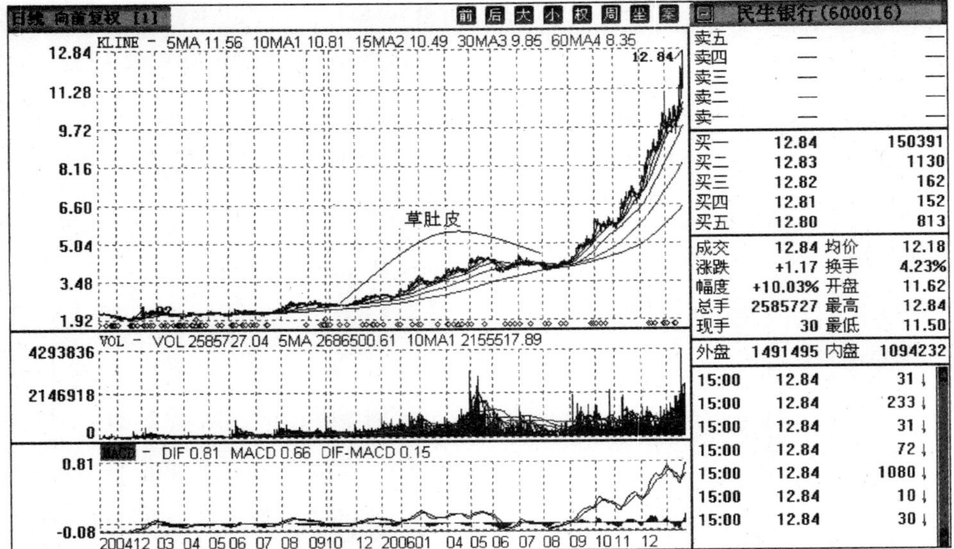

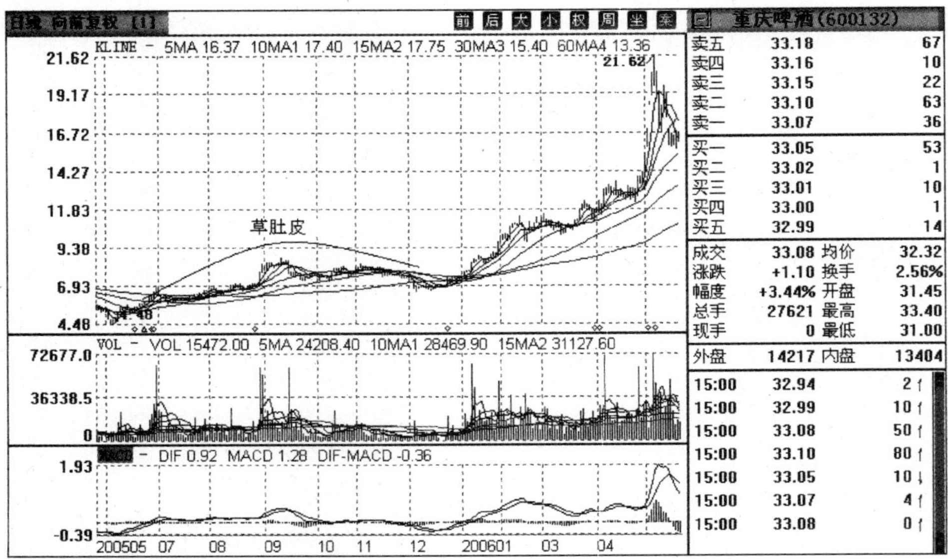

图1－36

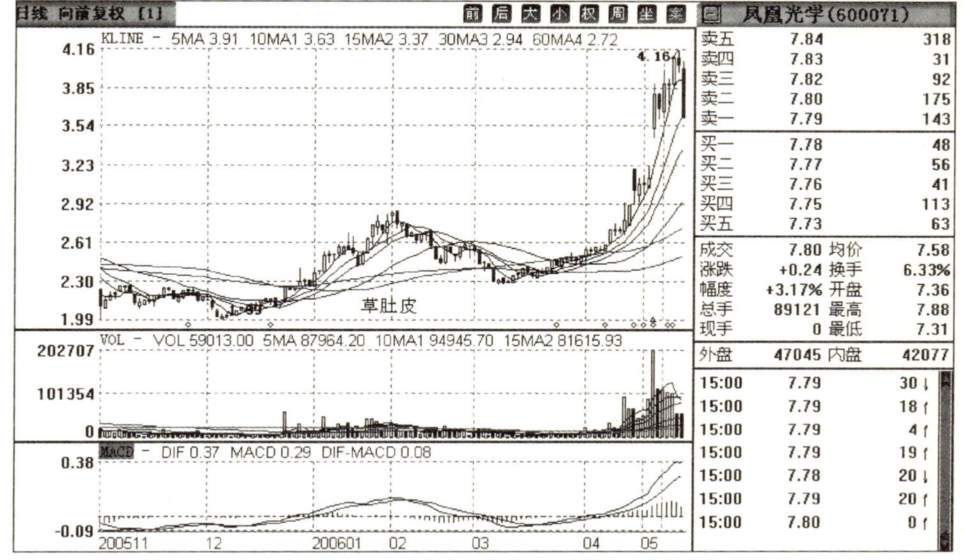

图 1-37

二、夏新电子（600057）

下面这几幅图是夏新电子在 2001 年 11 月～2004 年 3 月的一段股价走势（如图1-38、图 1-39、图 1-40、图 1-41 所示）。

凭借着夏新电子在 2001～2004 年的这一段长达 3 年之久的股价走势图，我想把“草肚皮”这种最常见的建仓方式再详细介绍一下。

在图 1-38 中，夏新电子的股价从 2002 年 1 月 10 日起开始放量上涨（如图 1-38 中 A 点所示），此后该股股价在成交量持续放大的配合下不断向上攀升，并于 2002 年的 4 月 16 日到达最高点（如图 1-38中 B 点所示）。就在其股价到达 B 点后，又从 B 点开始向下滑落，且在滑落过程中成交量也相应的减少，直到同年 6 月 6 日才有所启稳。至此成交量也萎缩至极，并于此处在其成交量迅速放大的背景下反身上攻（如图 1-38 中 C 点所示）。

日线 向前复权 [1]
夏新电子(600057)
KLINE - 5MA 4.07 10MA1 4.08 15MA2 4.06 30MA3 4.00 60MA4 4.06
大型回档坑
大型草肚皮
大量堆
VOL - VOL 2830.00 5MA 5039.60 10MA1 4492.40 15MA2 4115.33
MACD - DIF 0.02 MACD 0.02 DIF-MACD 0.00
卖五 4.63 160
卖四 4.62 474
卖三 4.61 244
卖二 4.60 1291
卖一 4.59 415
买一 4.57 785
买二 4.56 308
买三 4.55 427
买四 4.54 144
买五 4.53 583
成交 4.58 均价 4.49
涨跌 -0.08 换手 4.60%
幅度 -1.72% 开盘 4.54
总手 107228 最高 4.64
现手 87 最低 4.32
外盘 47366 内盘 59862

图 1－38

日线 向前复权 [1]
夏新电子(600057)
KLINE - 5MA 7.82 10MA1 8.05 15MA2 8.14 30MA3 8.66 60MA4 9.2
10.97
大型草肚皮
VOL - VOL 15225.00 5MA 15785.00 10MA1 13809.90 15MA2 11983.27
MACD - DIF -0.41 MACD -0.37 DIF-MACD -0.04
卖五 4.63 160
卖四 4.62 474
卖三 4.61 244
卖二 4.60 1291
卖一 4.59 415
买一 4.57 785
买二 4.56 308
买三 4.55 427
买四 4.54 144
买五 4.53 583
成交 4.58 均价 4.49
涨跌 -0.08 换手 4.60%
幅度 -1.72% 开盘 4.54
总手 107228 最高 4.64
现手 87 最低 4.32
外盘 47366 内盘 59862

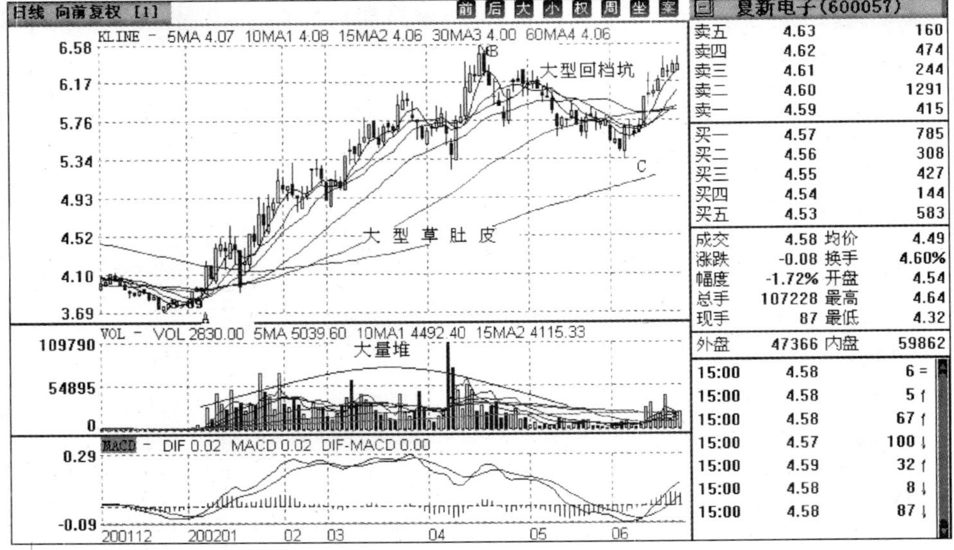

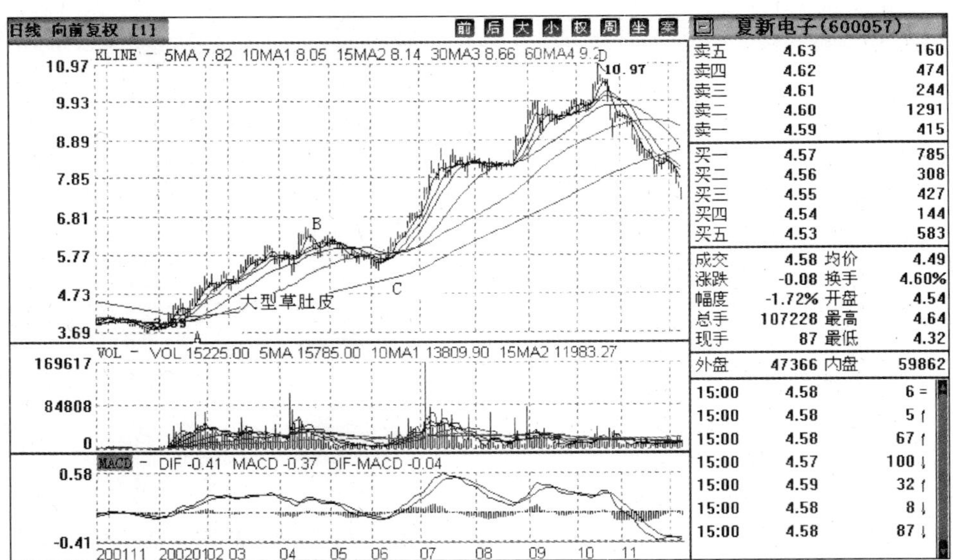

图 1－39

日线 向前复权 [1]
前 后 大 小 权 周 坐 案
KLINE - 5MA 12.02 10MA1 11.58 15MA2 10.88 30MA3 9.67 60MA4 9.02
12.59
D
小草肚皮
C
大草肚皮
VOL - VOL 47646.00 5MA 81114.40 10MA1 91665.50 15MA2 99580.93
MACD - DIF 0.91 MACD 0.74 DIF-MACD 0.17
200201 04 05 06 07 08 09 10 11 12 200301 04 05 06 07 08 09 10 11 12
夏新电子(600057)
卖五 4.63 160
卖四 4.62 474
卖三 4.61 244
卖二 4.60 1291
卖一 4.59 415
买一 4.57 785
买二 4.56 308
买三 4.55 427
买四 4.54 144
买五 4.53 583
成交 4.58 均价 4.49
涨跌 -0.08 换手 4.60%
幅度 -1.72% 开盘 4.54
总手 107228 最高 4.64
现手 87 最低 4.32
外盘 47366 内盘 59862

图 1－40

日线 向前复权 [1]
前 后 大 小 权 周 坐 案
KLINE - 5MA 12.02 10MA1 11.58 15MA2 10.88 30MA3 9.67 60MA4 9.02
12.59
小草肚皮
回档坑
VOL - VOL 47646.00 5MA 81114.40 10MA1 91665.50 15MA2 99580.93
MACD - DIF 0.91 MACD 0.74 DIF-MACD 0.17
200310 11 12 200401
夏新电子(600057)
外盘 47366 内盘 59862

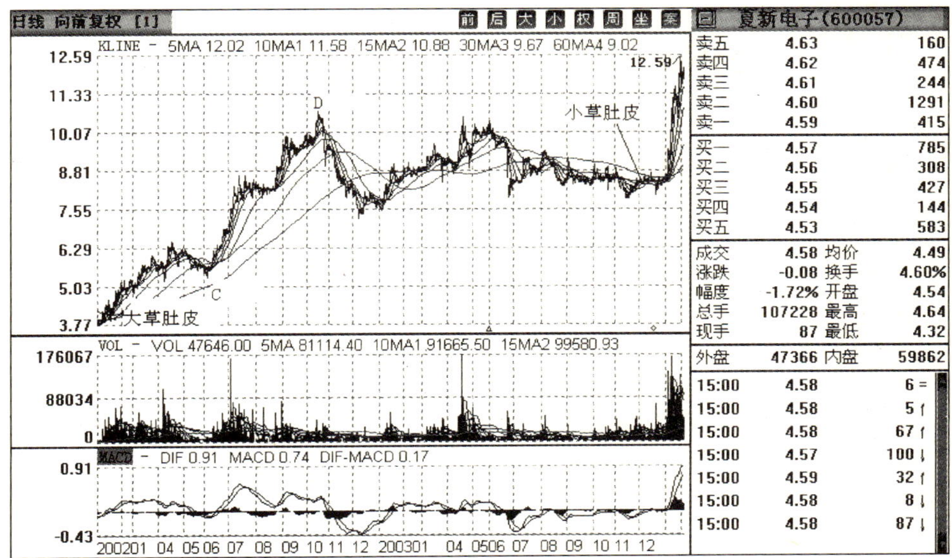

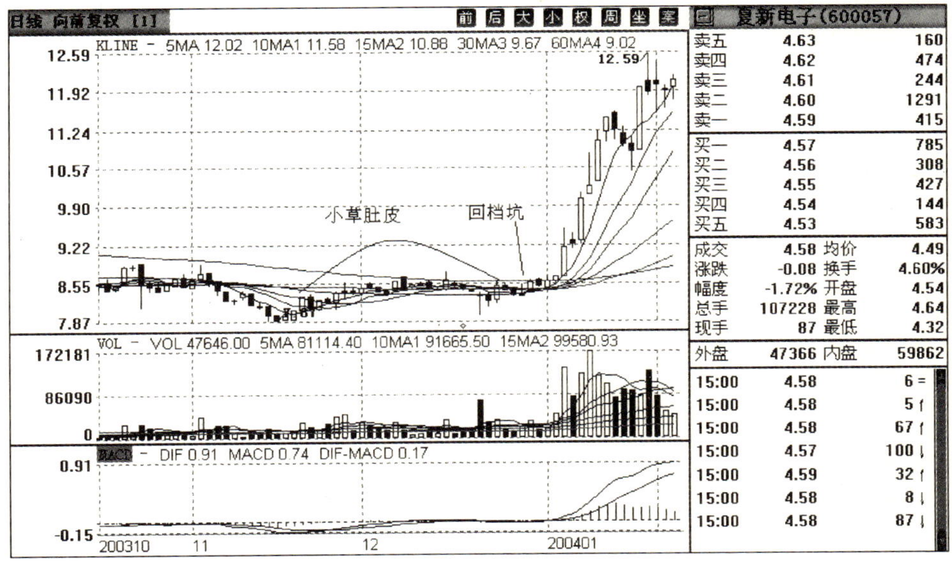

图 1－41

夏新电子的股价从A点启动到最高点B点，又从B点滑落至C点，在这历时半年之久的股价走势中，形成一个十分巨大的“草肚皮”（如图1－38所示）。且其草肚皮下方的成交量也是十分强大的，形成一个。“大型草肚皮”、“超级量堆”，这说明主力在这半年之中已拿到该股大部分的筹码。从其股价在C点处所形成回档坑下方极为稀少的成交量与回档坑两侧极其强大的成交量就可看出主力已高度控盘了。

在图1－39中，夏新电子的股价自“回档坑”C点处反转以来一路向上扬升（如图1－39所示），中间虽有震荡，但始终都受到30日均线的支撑反复向上攀升，并于2002年10月21日到达最高点D点（如图1－39所示）。当初夏新电子在“回档坑”C点处的股价是9.59元，而在经拉升后最高点的价位是18.54元，自“大型草肚皮”形成以来，其股价从C点到D点已接近翻翻。一个长达半年之久的“草肚皮”，竟能使其股价翻倍，可见“草肚皮”之大小及其下方成交量之大小，对股价的上涨空间起了多么大的作用啊！

写到这里有人会问：在你前面所介绍的“草肚皮建仓”中，有的股票其股价所形成“草肚皮”的时间跨度也不是很大，而其股价在“草肚皮”之后的涨幅却很大，这是为什么呢？

这里还涉及到另外一个概念——“增仓”。何为“增仓”？庄家在刚开始收集筹码的时候是无声无息的，是很难被人发现的。既使是在较大规模的总体收集过程中能被我们所发现，但其股价走势的形态结构也是十分复杂的，加之在没有经过充分洗盘之前，主力也是不会大幅向上拉升的。而当庄家把筹码收集的差不多时，会在大幅拉升之前或大盘向好之时，又会再来一段更为集中的收集，以调整股价的形态结构，增加手中的低廉筹码，这就是“增仓”。

由于此前庄家手中已握有大量筹码，所以这种由主力“增仓”

所形成的“草肚皮”其时间跨度自然也不会太长，而在其“增仓”过程中所形成的“草肚皮”之后的股价升幅却是很快、很高的。主力的“增仓”行为是多种多样的，有的是在主力完成大部分建仓之后，待时机来临之时，大幅拉高之前的“增仓”；有的是在股价经过长期下跌之后，庄家无法出局，而在适当的时机为制造反弹，所形成的“增仓”；还有的是因为主力将股价大幅炒高之后，大量筹码无法顺利派发，加之该股基本面不错，又逢大势转好，主力想借此再拉一波时的“增仓”。

夏新电子在图 1－40 中，有一段从 E 点到 F 点的升幅（如图 1－40 所示），在这段涨升之前还有一个“小草肚皮”（如图 1－40 所示），现在我们把这个“小草肚皮”放大观察（如图 1－41 所示）。在放大之后，我们发现这个小草肚皮从起点到终点仅有一个月左右，但其“草肚皮”形态却十分清晰，而且在“小草肚皮”后还有一个较为明显的小“回档坑”（如图 1－41 所示）。但就是这样一个小小的“草肚皮”，却引发了一段凌厉的上攻行情。这主要是因为夏新电子在经过一个长达半年之久的“大草肚皮”后，股价也从 C 点到 D 点有了大幅的上涨，再加上大盘的一些原因以至主力无法在高位顺利出局，夏新电子的股价虽经除权，但其整体跌幅并不算大，大部分筹码仍在其主力手中。同时该股基本面良好，主力这才凭借如此之“小草肚皮”实现“增仓”，再续一段升势。

同理所至，有些时间跨度比较短的“银边”及“金角”也能走出大幅上涨行情，也正是因为以上的道理，例如前面所介绍的部分股票，这些内容我们会在后面的第八章中作详细的介绍。

三、S 深宝安 A（000009）

下面这幅图是 S 深宝安 A 在 20003 年 9 月～2004 年 3 月份的一

段股价走势图（如图 1－42 所示）。

前面几节所介绍的“草肚皮”形态都是比较理想的，而本节的 S 深宝安 A 在现实走势中所形成的“草肚皮”则有点复杂了。首先它是由连在一起的两个“小草肚皮”所组成的一个“大草肚皮”（如图 1－42 所示），并且这两个“小草肚皮”的时间跨度都不是很长，更主要的是这两个“小草肚皮”的形态也是相当完美的。通常来说，在这两个“小草肚皮”当中，无论任何一个如单独出现，其未来的涨升空间都不会是很大的。而 S 深宝安 A 的建仓过程是由两个这样的“小草肚皮”所组成的，也就是说该股庄家对其进行了两次小规模的建仓，合起来形成一次比较大规模的建仓。也形成了一个较大规模的“大草肚皮”（如图 1－42 所示）。这样做庄家也是有实惠的，他可以降低收集成本，也会让收集工作变得更彻底。

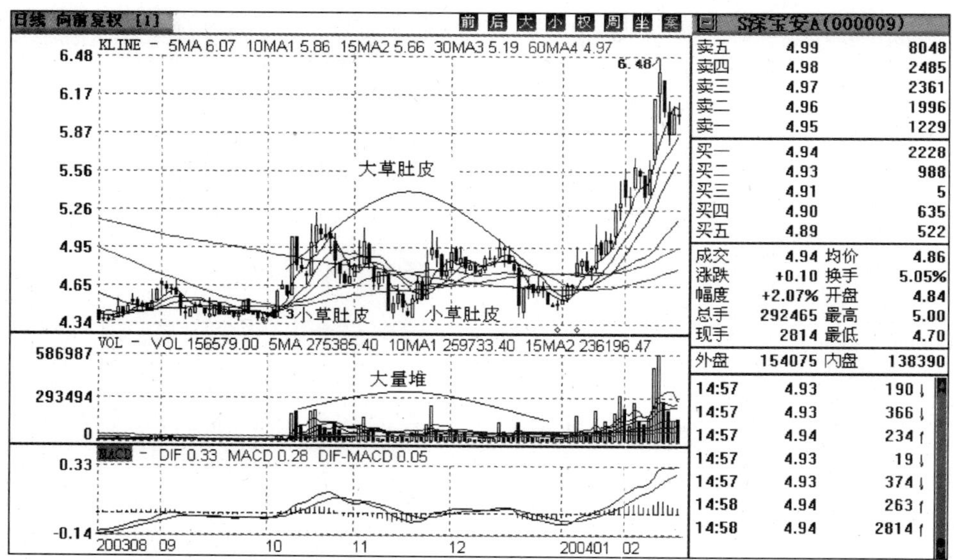

图 1－42

一般来说形成这种形态的原因主要有两种：一是庄家刻意借助当时的市场环境，为了吸取更多的廉价筹码而有意打压所形成的；二是庄家为了控制形态以便协调结构而精心设计的。不论属于那种“草肚皮”，其下方都应有实实在在的成交量才行。只有实实在在的成交量才是“草肚皮”能否成立的重要判定标准，尤其在股市低迷之时更是这样。S 深宝安 A 下方的成交量就比较充沛（如图 1－42 所示），所以后来它的涨升幅度也是比较理想的。

由于股价运动经常会受到各种外部条件所干扰，因此也经常会出现各种各样的变异，但这些并不影响我们对它后市发展的判断。例如，皖维高新（600063）、古越龙山（600059）、歌华有线（600037）等个股都是在其“复合草肚皮”后放量大涨的（如图 1－43、图 1－44、图 1－45 所示）。

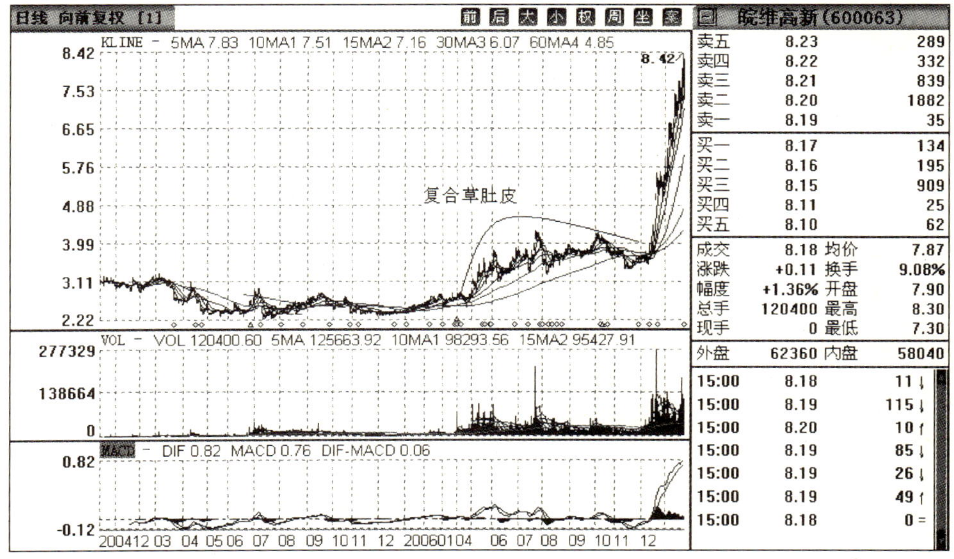

图 1－43

日线 向前复权 [1]
前 后 大 小 权 周 坐 案
古越龙山(600059)
KLINE - 5MA 24.89 10MA1 24.81 15MA2 23.50 30MA3 19.43 60MA4 14.99
复合草肚皮
VOL - VOL 66158.88 5MA 49378.98 10MA1 55349.29 15MA2 54794.99
MACD - DIF 2.77 MACD 2.78 DIF-MACD -0.01
200412 03 04 05 06 07 08 09 10 11 12 200601 05 06 07 08 09 10 11 12
卖五 — —
卖四 — —
卖三 — —
卖二 — —
卖一 — —
买一 26.40 3714
买二 26.03 11
买三 26.00 151
买四 25.88 20
买五 25.83 3
成交 26.40 均价 25.17
涨跌 +2.40 换手 4.78%
幅度 +10.00% 开盘 23.96
总手 66158 最高 26.40
现手 10 最低 23.60
外盘 39684 内盘 26474
15:00 26.40 10↓
15:00 26.40 5↓
15:00 26.40 6↓
15:00 26.40 5↓
15:00 26.40 12↓
15:00 26.40 36↓
15:00 26.40 10↓

图 1－44

日线 向前复权 [1]
前 后 大 小 权 周 坐 案
歌华有线(600037)
KLINE - 5MA 33.13 10MA1 30.34 15MA2 28.39 30MA3 25.52 60MA4 22.11
复合草肚皮
VOL - VOL 54985.96 5MA 65141.59 10MA1 58247.30 15MA2 55679.73
MACD - DIF 2.98 MACD 2.37 DIF-MACD 0.61
200412 03 04 05 06 07 08 09 10 11 12 200601 05 06 07 08 09 10 11 12
卖五 32.63 5
卖四 32.62 2
卖三 32.60 252
卖二 32.59 18
卖一 32.58 9
买一 32.53 1
买二 32.50 200
买三 32.46 2
买四 32.40 10
买五 32.11 100
成交 32.29 均价 32.51
涨跌 -0.62 换手 1.58%
幅度 -1.88% 开盘 32.70
总手 54985 最高 33.00
现手 0 最低 31.40
外盘 30452 内盘 24534
15:00 32.50 9↑
15:00 32.56 3↑
15:00 32.10 450↓
15:00 32.50 14↓
15:00 32.50 1↑
15:00 32.58 18↑
15:00 32.29 0↓

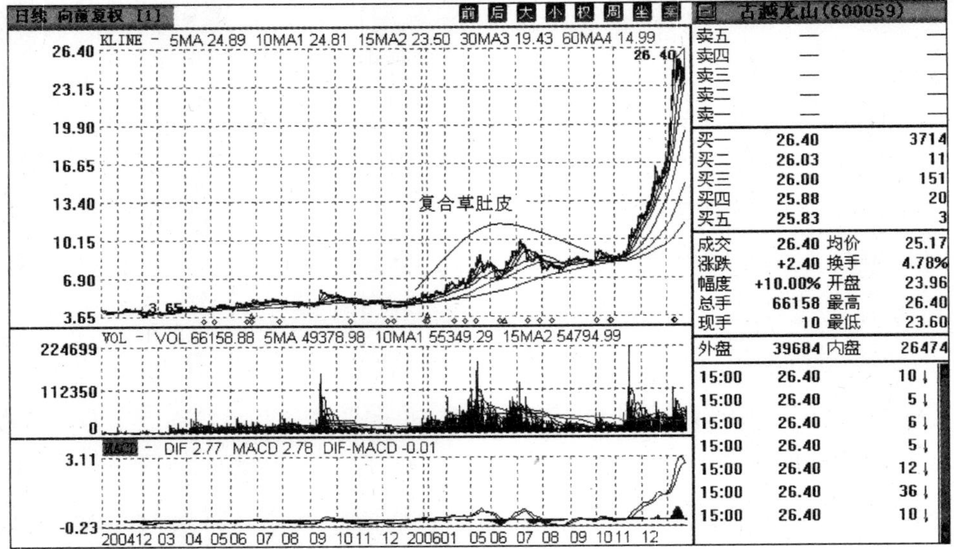

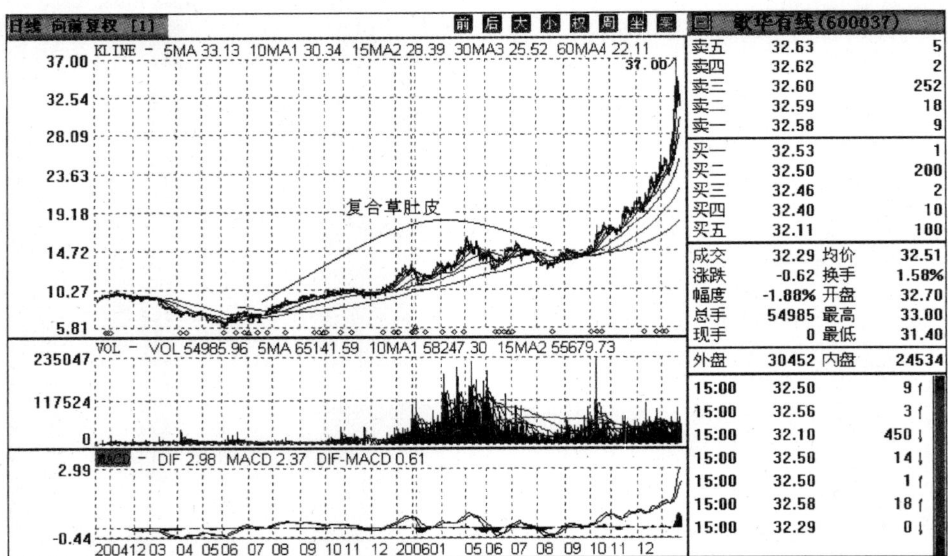

图 1－45

四、东风汽车（600006）

下面两幅图是东风汽车在2005年11月～2006年6月的一段股价走势（如图1－46、图1－47所示）。

股价在形成“草肚皮”后，未来的涨幅大小与其均线系统也有着较大的关系。一般来说，在“草肚皮”后“回档坑”处所汇集的均线越重要，条数越多，其股价在未来的上涨空间也就越大。股票的均线是用来揭示某一段时期的平均持股成本的，那么，均线群越集中则越说明大家的持股成本越趋于一致，持股成本越趋于一致则越易产生共鸣，也越利于庄家控制。

在图1－46中，东风汽车的股价于2005年12月～2006年4月形成“草肚皮”，并在“草肚皮”后的“回档坑”处其5日、10日、30日、60日与120日均线较为密集的扭在一起（如图1－46所示），

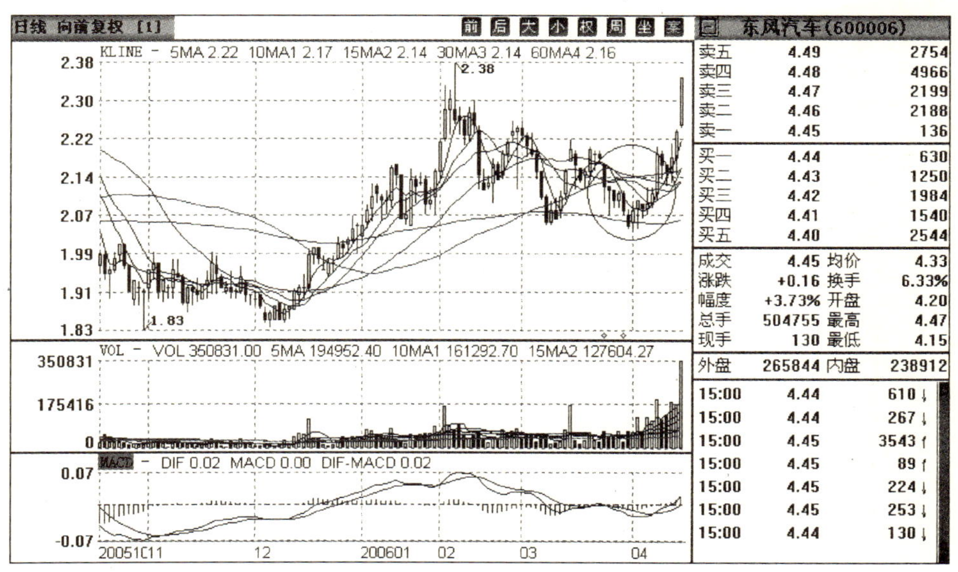

图1－46

这种扭合越为密切越好，越说明筹码集中，越利于将来股价上涨。

东风汽车的均线系统在其“回档坑”处扭合的就较为紧密，所以其股价在其“草肚皮”之后的大幅上涨也就没什么稀奇的了（如图 1－47 所示）。

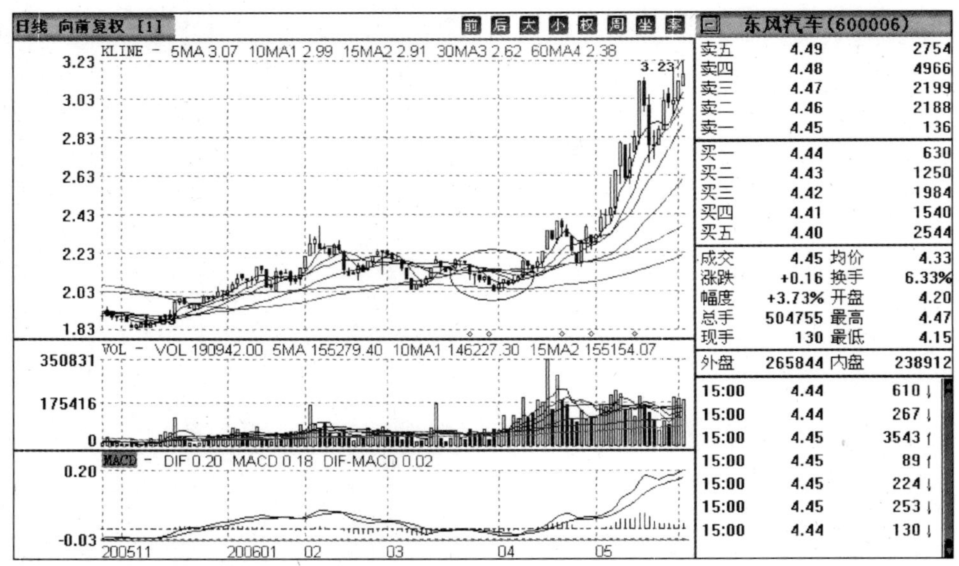

图 1－47

很多大牛股都是于其“草肚皮”后这样大幅上涨的。

例如，中信证券（600030）的股价就是在 2006 年 4 月形成“草肚皮”后“回档坑”与均线群的紧密结合处大幅上涨的（如图 1－48 所示）。

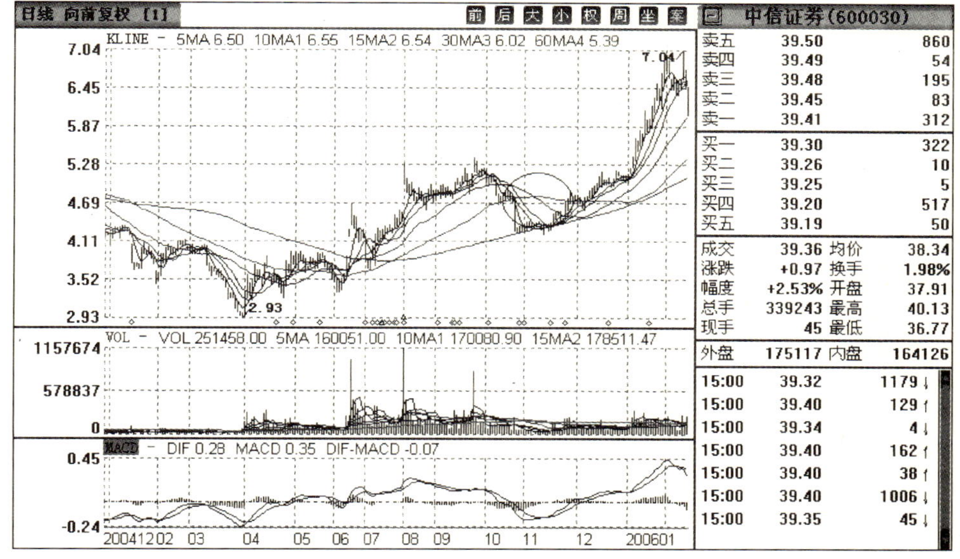

图 1－48

五、航天动力（600343）

下面两幅图是航天动力在 2005 年 11 月～2006 年 5 月的一段股价走势（如图 1－49、图 1－50 所示）。

还有一种辨别“草肚皮”强弱的方法既实用又简单，更便于掌握，就是去观察“草肚皮”表面的工整度，寻找那些形态清晰、走势流畅，K 线与 K 线之间震幅较小的“草肚皮”。“草肚皮”的形态清晰、走势流畅，K 线与 K 线之间震幅较小说明主力手中筹码较多，对盘面的把控能力较强，反之则说明庄家实力很弱。

在图 1－49 中，航天动力的股价在 2005 年 12 月～2006 年 3 月形成了一个形态十分清晰的“草肚皮”（如图 1－49 所示），结果在突破后该股大幅向上飙升（如图 1－50 所示），这都是高度控盘的最终反映。

日线 向前复权 [1]
航天动力(600343)
KLINE - 5MA 2.83 10MA1 2.81 15MA2 2.80 30MA3 2.81 60MA4 3.00
3.67
2.59
表面顺滑草肚皮
VOL - VOL 10197.00 5MA 7761.20 10MA1 9624.50 15MA2 11724.07
MACD - DIF -0.02 MACD -0.04 DIF-MACD 0.02
200511 12 200601 02 03
卖五 14.34 6
卖四 14.33 61
卖三 14.32 10
卖二 14.30 214
卖一 14.29 73
买一 14.25 10
买二 14.24 43
买三 14.23 98
买四 14.22 58
买五 14.21 64
成交 14.28 均价 13.70
涨跌 +0.99 换手 9.83%
幅度 +7.45% 开盘 13.00
总手 82428 最高 14.47
现手 0 最低 12.80
外盘 53987 内盘 28441

图 1－49

日线 向前复权 [1]
航天动力(600343)
KLINE - 5MA 8.41 10MA1 7.93 15MA2 7.89 30MA3 5.84 60MA4 4.56
10.20
表面顺滑草肚皮
VOL - VOL 131383.00 5MA 101032.60 10MA1 98856.70 15MA2 115445.20
MACD - DIF 1.18 MACD 1.09 DIF-MACD 0.08
20051011 12 200601 02 03 04 05
卖五 14.34 6
卖四 14.33 61
卖三 14.32 10
卖二 14.30 214
卖一 14.29 73
买一 14.25 10
买二 14.24 43
买三 14.23 98
买四 14.22 58
买五 14.21 64
成交 14.28 均价 13.70
涨跌 +0.99 换手 9.83%
幅度 +7.45% 开盘 13.00
总手 82428 最高 14.47
现手 0 最低 12.80
外盘 53987 内盘 28441

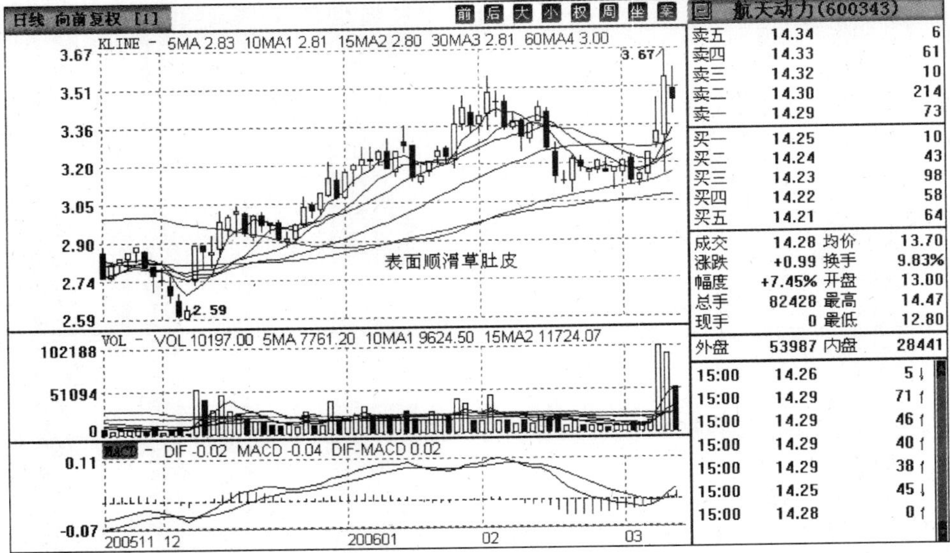

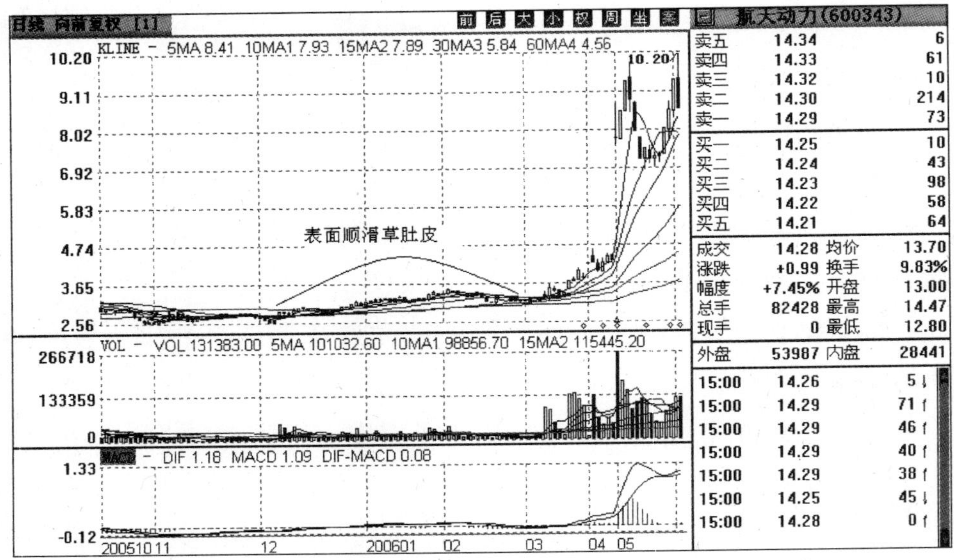

图 1－50

而S佳通（600182）和海信电器（600060）各自在2005～2006年所形成的“草肚皮”其表面震幅就比较大，所以后来股价的上涨也不是那么利落（如图1－51、图1－52所示）。

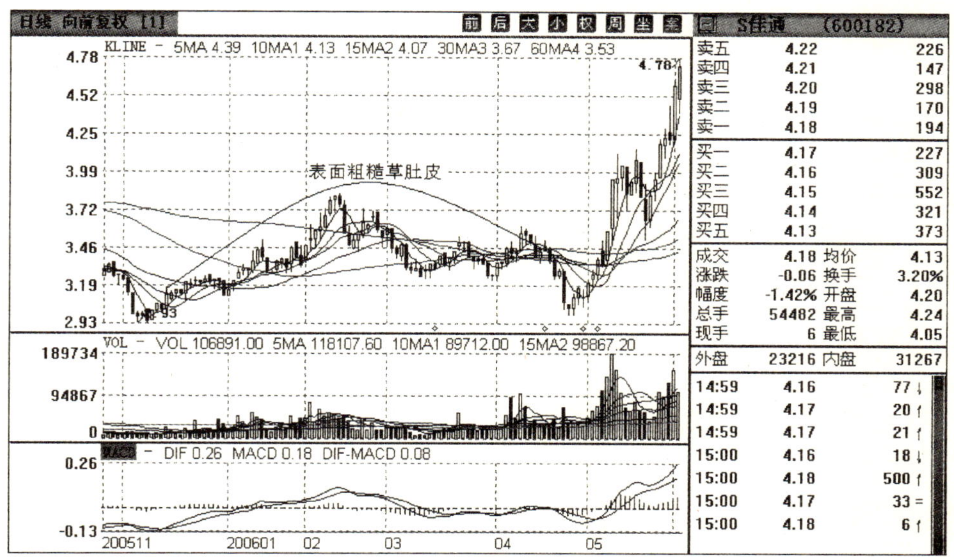

图1－51

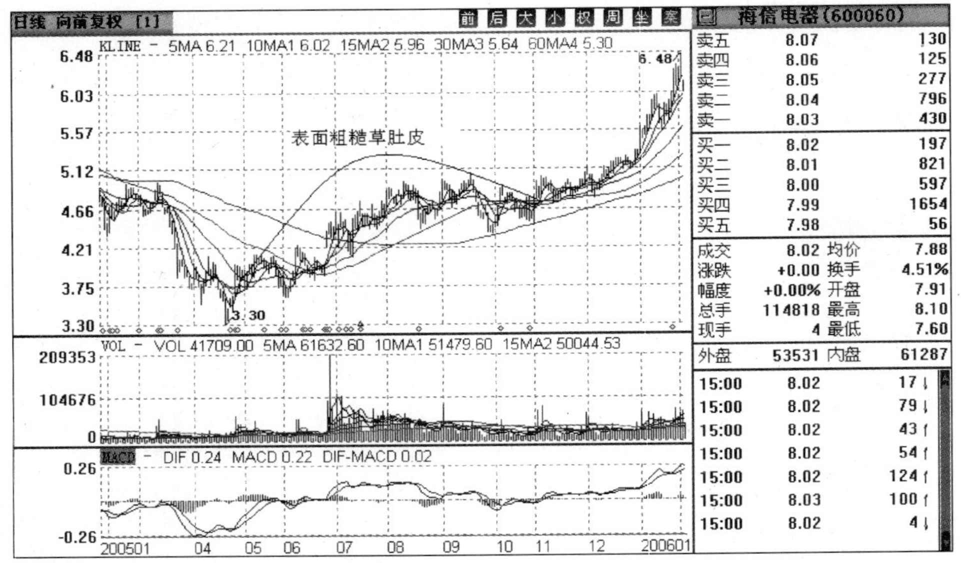

图 1－52

第四节　金角、银边和草肚皮的综合运用

前几节我们讲了“金角建仓”、“银边建仓”及“草肚皮建仓”并介绍了它们各自的优点与缺点。比如“金角建仓”的优点是，建仓成本低，时间短，缺点是建仓不充分；“草肚皮”是建仓量大，但建仓成本过高；“银边建仓”时间又太长。可能是由于以上 3 种建仓方式各自的缺点所致，在实际的庄家建仓过程中，这 3 种单纯的建仓方式并不多见而更多的是以一种组合的方式出现，这就是我们本节讲的“金角”与“银边”和“草肚皮”的综合运用。这样可能是为了相互弥补它们的不足，也是市场进化出来的合理选择。

请看下面的这个例子，这是 2005 年 4 月～2006 年 6 月铁龙物流

（600125）的两幅股价走势图（如图 1－53、图 1－54 所示）。

在图 1－53 中，铁龙物流的股价于 2005 年 5 月 28 日开始快速向下滑落（如图 1－53 中 A 点所示），至同年 7 月 15 日其股价已止跌企稳（如图 1－53 中 B 点所示），此后该股逐步放量上攻，盘面显示有庄家在吸筹，经过多日的攀升终于突破了前期加速下滑的 A 点（如图 1－53 中 C 点所示）。这时我们可在铁龙物流的股价走势图中画出“金角”及“金角的支撑线”（如图 1－53 所示），而铁龙物流的股价并没有在“金角支撑线”上缩量回落形成“回档坑”，而是在继续稳步攀升，不断的进行“强势运动”，以收取更多的筹码。由于收集的力度过大及周期过长进而“金角”便逐渐演化成“草肚皮”及形成“成交量堆”（如图 1－53 所示）。最后等“草肚皮收集”完毕形成“回档坑”后才发起总攻行情，铁龙物流的股价走势就是这样（如图 1－54 所示）。

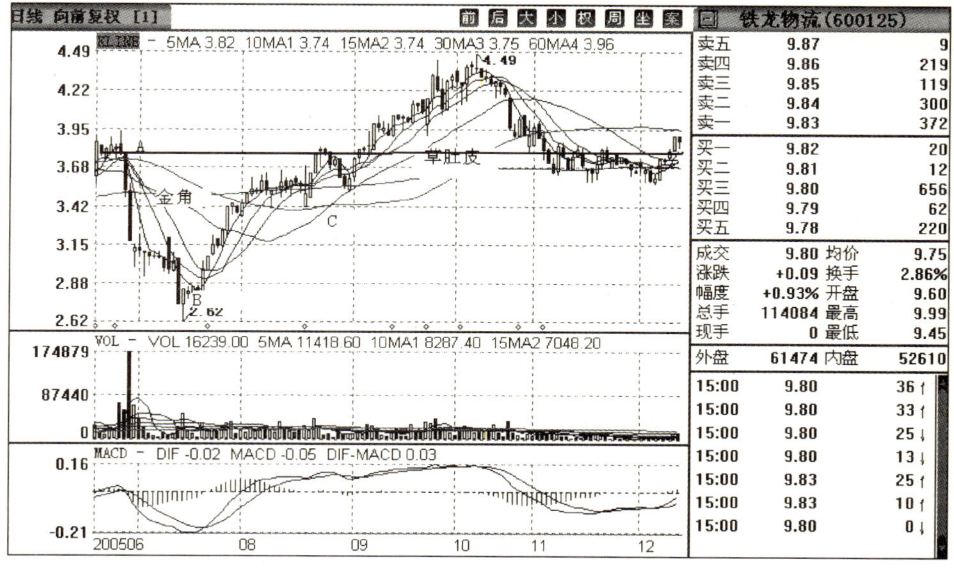

图 1－53

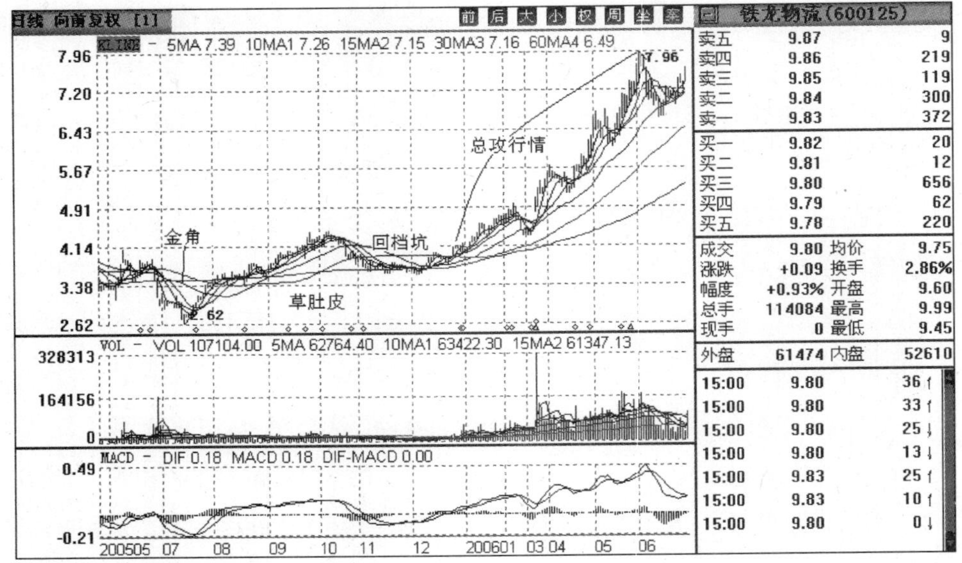

图 1-54

通过上面的介绍可以看出，“金角”时期的收集周期过长就有可能形成“草肚皮”，最后二者融为一起，发起总攻。铁龙物流的建仓过程是由“金角”和“草肚皮”两个部分组合而成的。

“金角”不单可以和“草肚皮”组合，也可以和“银边”组合。

这两幅图是海印股份（000861）在 1999 年 12 月 ~2000 年 5 月的一段股价走势（如图 1-55、图 1-56 所示）。

海印股份的庄家是采用“金角”和“银边”的组合来完成建仓的。在图 1-55 中有两个“角”，其中第一个“角”只在触及“金角支撑线”时才放出成交量（如图 1-55 所示），所以这个“角”是“虚角”，是庄家为了下一步更顺利的吸筹而设计的，它显示庄家已有所准备了。随后该股再次探底并且放量回升，最终以一根巨量大阳线一举突破“金角支撑线形”成了第二个“金角”（如图 1-55 所示）。这个“角”与上次的“角”有所不同，是个带量的“实角”，其后该股便在“金角支撑线”上方展开“银边收集”。这个

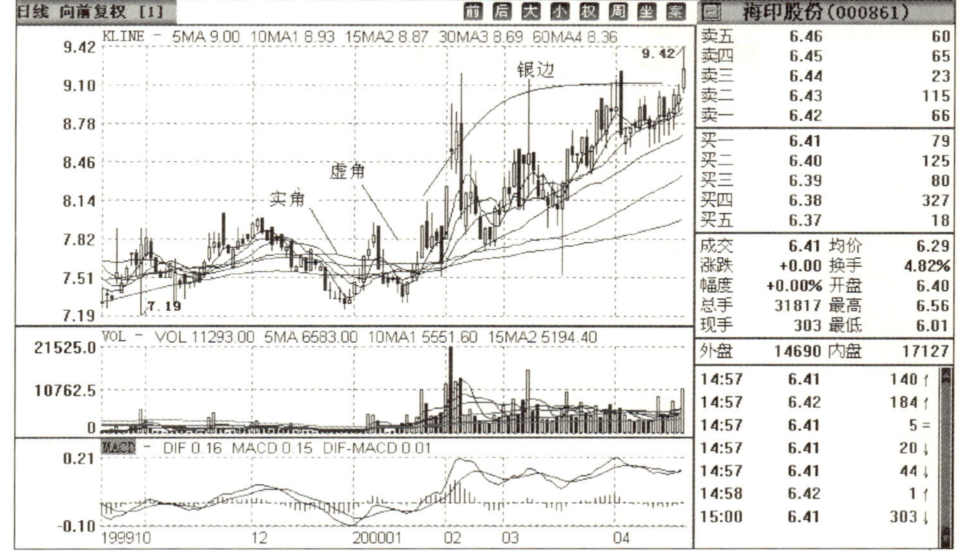

图 1 – 55

“银边”不是紧贴着“金角支撑线”前行的，而是略为向上倾斜，这说明庄家收集的力度和决心都很大，并且“银边”下方有明显的“量带”。当该庄家建仓完毕之时采取了近似直接放量突破的方式展开了一轮上涨行情，其股价最终也接近翻番（如图 1 – 56 所示）。

当时我就是用“金角、银边、草肚皮”选股法捕捉到这只黑马的，但由于某些原因没有买入，时至今日也是后悔万分。

庄家采用“金角”与“银边”及“金角”与“草肚皮”的这种组合方式建仓，对我们来讲是件好事，因为有了“金角”，便有了“金角支撑线”，有了“金角支撑线”就为我们提供了在最低点买入的依据。对于“金角”与“银边”或“草肚皮”的组合中的“金角”，除了在“金角建仓”中我们所做的解释外，我对它还有另外的一种理解，你想庄家在建仓时怎样才能让中小散户心甘情愿的抛出手中的筹码呢？我们不妨替庄家设想一下：

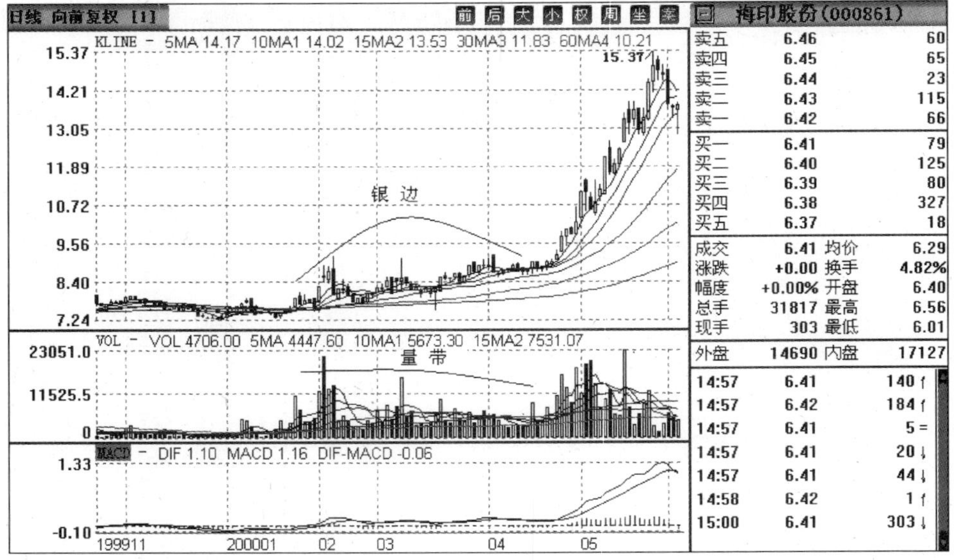

图 1－56

（1）股价连续上涨，这样散户决不会抛出手中的股票，这样做不行，收集成本也太高。

（2）股价连续下跌，散户心想既然赔了这么多，索性不卖了，迟早会有反弹出现，他也不会抛出，再说又要股票下跌又要收集，这样做难度很大，也收集不到多少。

（3）股价长期横盘不涨不跌、波澜不惊，散户心想反正也跌不下去了干脆捂着算了，说不定哪天回涨起来，这样做也是收集不到多少筹码。

（4）股价下跌一段再来一个反弹。呀！这样做效果很好，既能降低收集成本又可收集到大量筹码。

这是因为经历了套牢的股民最渴望解套，你先把他套牢，再让他解套，他一定会高兴的抛出手中的筹码，就好像黑暗中的人最渴望光明一样。这就是我对“金角”与“银边”或“草肚皮”综合运用中“金角”的理解。正是所谓的“打压吸货”，许多先知先觉的庄家都愿意这样做，不过必须发生在股价长期下跌或长期横盘的底部区域。

在股价的现实走势中会出现很多“金角”、“银边”、“草肚皮”或它们的组合，不过有的成功，有的失败，这就说明有的是形神兼备，有的是只有其形而无其神。我们在运用“金角”、“银边”、“草肚皮”的时候一定要抓住他们的要点，比如说“金角”、“银边”、“草肚皮”的下方一定要有“量堆”或“量带”，而“金角”必须是庄家在短期内有意快速向下打压股价又放量向上拉升所形成的，且“回档坑”的下方也是缩量的。

下面我们就把“金角、银边、草肚皮”选股法结合到实战中捕捉几只黑马。

一、韶钢松山（000717）

下面这幅图是韶钢松山在2002年11月~2003年4月的一段股价走势图（如图1－57所示）。

我们已经分析了“金角”与“银边”的组合；“金角”与“草肚皮”的组合；接下来再看一看“草肚皮”与“银边”的组合。

在下面这幅图中，韶钢松山的股价于2003年1月6日开始以大阳线的方式放量向上突破其30日均线（如图1－57中A点所示），突破以后，该继续放量上行，并在相对高位形成一根带有长长上影线的小阴线。在小阴线之后韶钢松山的股价开始震荡回落，在回落过程中在其30日均线上方受到支撑。韶钢松山的股价在这一上一下的过程中，于其走势图中形成一个“小草肚皮”（如图1－57所示）。在“小草肚皮”形成之后韶钢松山的股价便在其30日均线上方，以小阴、小阳的方式展开横向运动形成“银边”。在横向运动过

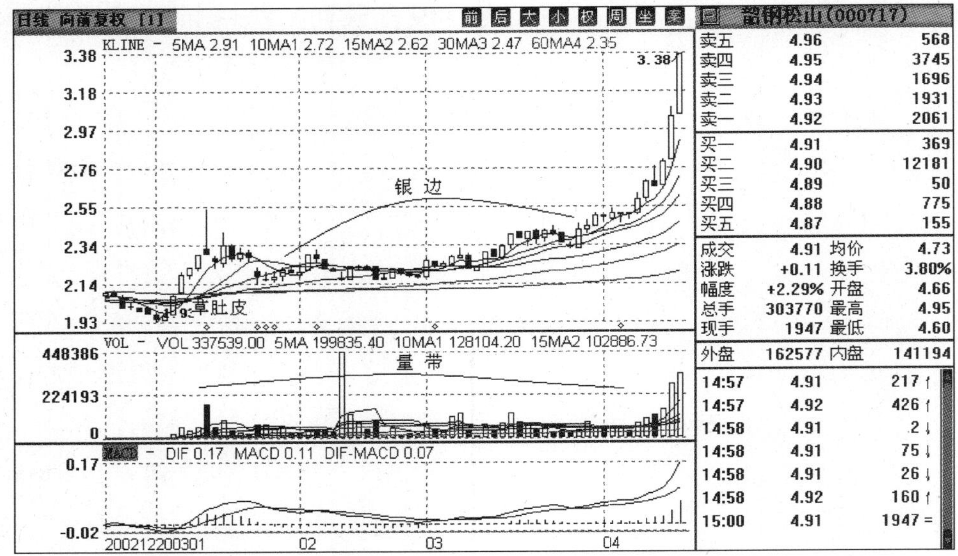

图1－57

程中，其股价下方的成交量，一直都保持在一个较高的水平上，并和前期“小草肚皮”下方的成交量共同形成一个较长的“量带”（如图1－57所示）。大家可别小看这个“量带”，我们只有通过这个“量带”才能确定韶钢松山的股价走势是一个“草肚皮”与“银边”的组合建仓过程，因此才有了韶钢松山在“草肚皮”与“银边”之后的那段涨升行情（如图1－57所示）。

而长航凤凰（000520）也是在其30日均线上方形成了“草肚皮”与“银边”的经典组合（如图1－58所示）。

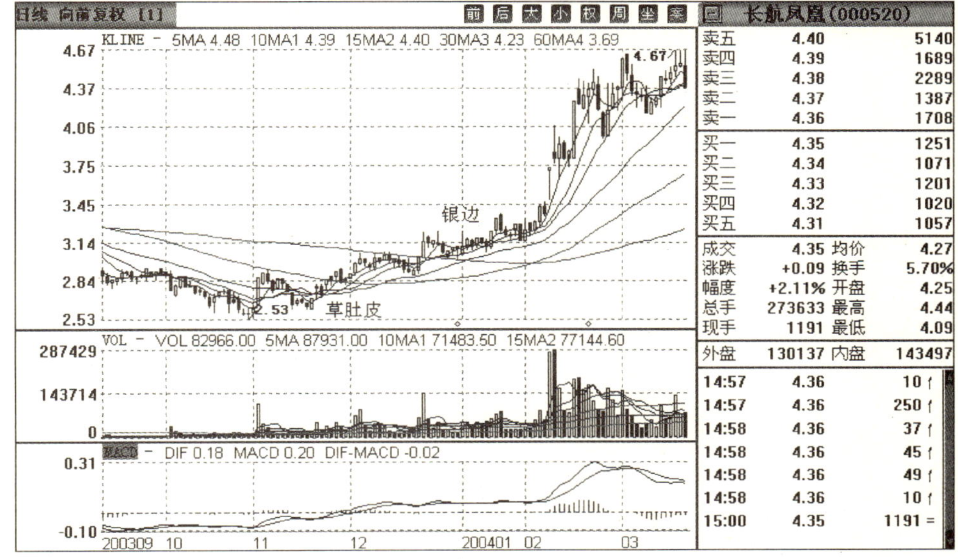

图 1－58

二、有研硅股（600206）

下面是有研硅股在 2005 年 1 月～2007 年 1 月份的一段股价走势（如图 1－59 所示）。

在不到一年的时间里有研硅股的股价从 2 元多涨到了 18 元多，涨幅近 10 倍（如图 1－59 所示），这都是由 2005 年 7 月份所开始的“牛市”，及其自身庄家炒作所带来的结果。有研硅股的股价在从 2 元多到 18 元多的过程中也不是一帆风顺的，其中也包括了几个重要的环节，下面我们就逐一展开，看看能否发现。

第一个环节是由 2005 年的 5～12 月，有研硅股的股价在经过长期下跌之后，于下跌末期形成了“金角”，由于“金角建仓”周期过长又演变为“草肚皮”及“回档坑”（如图 1－60 所示），才有了后面的第一波急速拉升行情（如图 1－61 所示），因此这段利润我们是完全有可能获取的。

日线 向前复权 [1]
前 后 大 小 权 周 坐 案
有研硅股(600206)
KLINE - 5MA 17.14 10MA1 16.00 15MA2 14.97 30MA3 12.42 60MA4 10.30
18.00
15.79
13.57
11.36
9.14
6.93
4.71
2.50
18.00
银边
草肚皮
VOL - VOL 26439.81 5MA 29336.36 10MA1 30114.38 15MA2 35874.59
120548
60274
0
MACD - DIF 1.93 MACD 1.70 DIF-MACD 0.23
1.94
-0.36
200412 03 04 05 06 07 08 09 10 11 12 200601 04 06 07 08 09 10 11 12
卖五 18.60 4
卖四 18.58 20
卖三 18.56 3
卖二 18.50 20
卖一 17.00 82
买一 16.60 264
买二 16.55 56
买三 16.53 51
买四 16.52 18
买五 16.51 181
成交 17.18 均价 16.10
涨跌 +0.20 换手 3.01%
幅度 +1.18% 开盘 16.85
总手 26439 最高 18.00
现手 0 最低 15.28
外盘 14197 内盘 12243
15:00 16.60 3↓
15:00 16.60 2↓
15:00 18.00 781↑
15:00 18.00 2↑
15:00 18.00 17↓
15:00 16.60 2↓
15:00 17.18 0↑

图 1－59

日线 向前复权 [1]
前 后 大 小 权 周 坐 案
有研硅股(600206)
KLINE - 5MA 3.94 10MA1 3.74 15MA2 3.60 30MA3 3.40 60MA4 3.31
5.51
5.08
4.65
4.22
3.79
3.36
2.93
2.50
5.51
回档坑
金角
草肚皮
2.50
VOL - VOL 73751.00 5MA 41212.40 10MA1 27117.70 15MA2 20101.27
100590
50295
0
MACD - DIF 0.20 MACD 0.12 DIF-MACD 0.08
0.20
-0.27
200501 03 04 05 06 07 08 09 10 11 12
卖五 18.60 4
卖四 18.58 20
卖三 18.56 3
卖二 18.50 20
卖一 17.00 82
买一 16.60 264
买二 16.55 56
买三 16.53 51
买四 16.52 18
买五 16.51 181
成交 17.18 均价 16.10
涨跌 +0.20 换手 3.01%
幅度 +1.18% 开盘 16.85
总手 26439 最高 18.00
现手 0 最低 15.28
外盘 14197 内盘 12243
15:00 16.60 3↓
15:00 16.60 2↓
15:00 18.00 781↑
15:00 18.00 2↑
15:00 18.00 17↓
15:00 16.60 2↓
15:00 17.18 0↑

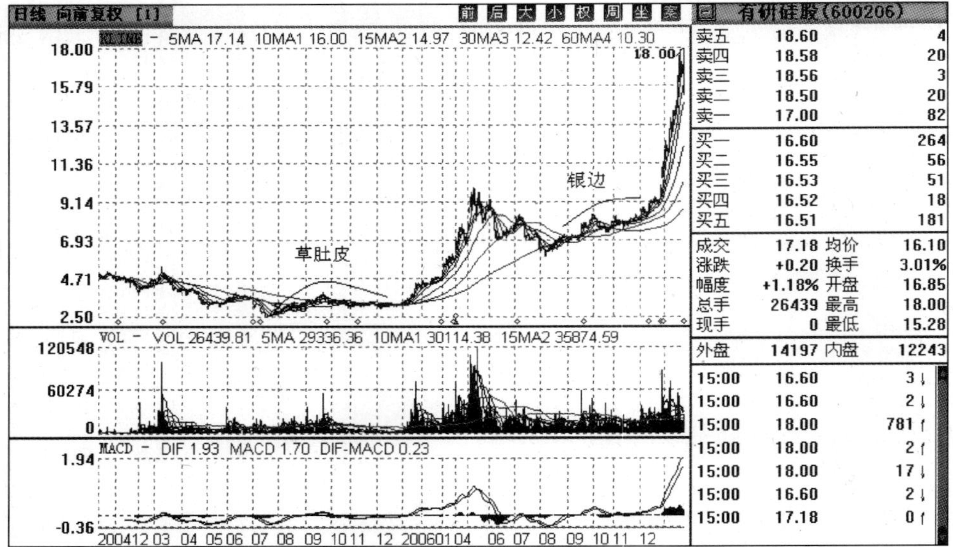

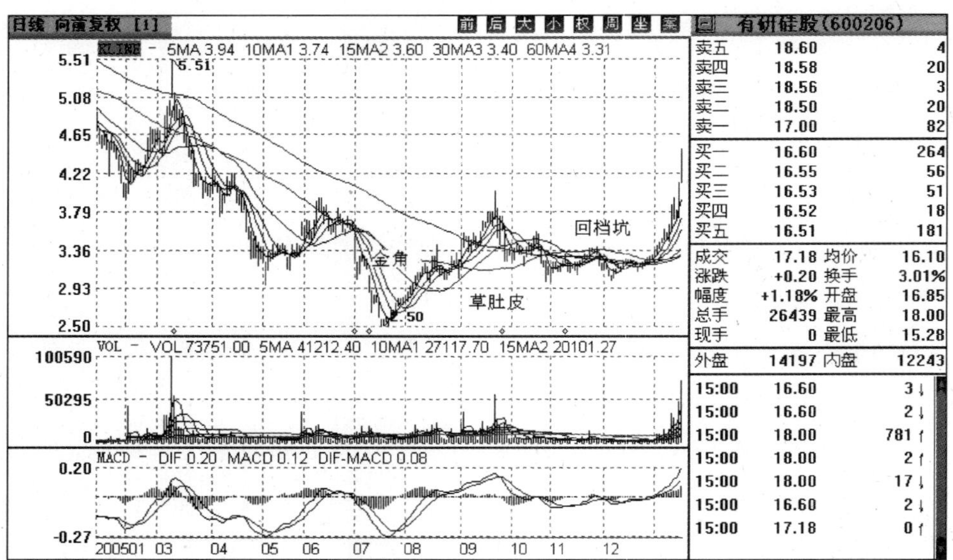

图 1－60

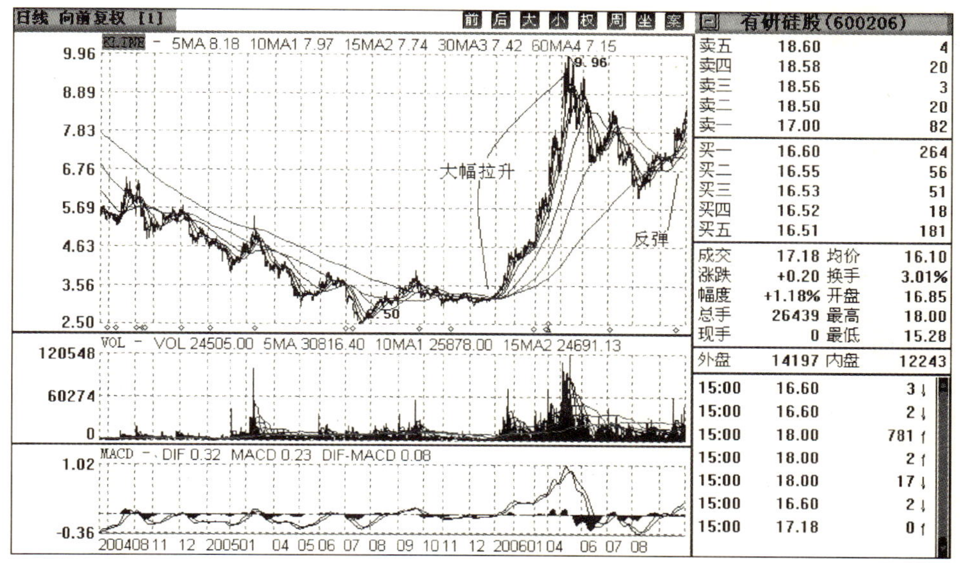

图 1－61

当第一波急拉行情结束后，有研硅股的股价也在高位形成了大幅回落，并于不久后形成反弹之势，但由于该股前期涨幅过高、过快有见顶之嫌，即使反弹我们也无任何理由在介入此股，只可对其观详（如图 1－61 所示）。大约 3 个月后该股形势发生转变，以先前反弹过程中的一根大阳线为起点，形成一条带量"银边"，并于末期放量突破（如图 1－62 所示）。

像有研硅股这样的股票由于前期涨幅过高、过快，一到高位获利盘涌出，人心涣散，如主力没有相当手段，短期内是很难再续升势的，有研硅股的高位"银边"恰好解决了这一问题，又遇当时股市向好，所以这次"银边"突破我们也是可以参与的，在"银边"后有研硅股的股价也又拉一程（如图 1－62 所示）。

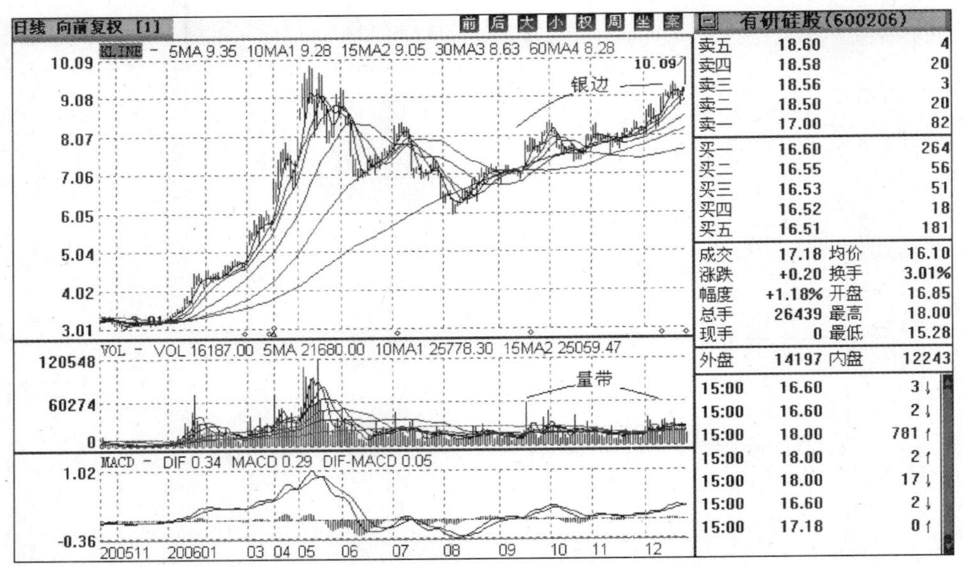

图 1－62

三、招商银行（600036）

下面这两幅图是招商银行在 2005～2007 年的一段股价走势图（如图 1－63、图 1－64 所示）。

有很多时间周期过长、上涨幅度过大的黑马股都是通过“大型草肚皮”来建仓，然后再于高位经过彻底洗盘后再用银边来收集大量涌出的筹码，来稳定涣散的人心的。

招商银行的股价于 2005 年 6～11 月在低位形成“大型草肚皮”，随后在“回档坑”后形成一轮上涨行情（如图 1－63 所示）。但此刻的高点远没有达到主力的要求，大量的获利盘也纷纷的涌出，于是主力也就在此价位附近上下的不断吸筹，久而久之，就形成“银边”与“量带”，这样的“银边”一旦向上突破上涨空间极其巨大。

招商银行的走势就足以证明这一点（如图 1－64 所示）。

日线 向前复权 [1]
招商银行(600036)
KLINE - 5MA 9.03 10MA1 8.85 15MA2 8.66 30MA3 8.20 60MA4 7.78
银边
回档坑
草肚皮
VOL - VOL 563374.00 5MA 488567.20 10MA1 459276.50 15MA2 437834.73
MACD - DIF 0.37 MACD 0.33 DIF-MACD 0.04
200407 10 11 12 200501 04 05 06 07 08 09 10 11 12 02 04 05 06 07 08
卖五 19.27 128
卖四 19.26 298
卖三 19.25 1672
卖二 19.24 203
卖一 19.23 8
买一 19.22 1017
买二 19.21 916
买三 19.20 518
买四 19.19 2
买五 19.18 45
成交 19.24 均价 18.45
涨跌 +1.19 换手 2.09%
幅度 +6.59% 开盘 17.92
总手 985268 最高 19.51
现手 18 最低 17.60
外盘 499005 内盘 486263

图 1－63

日线 向前复权 [1]
招商银行(600036)
KLINE - 5MA 18.35 10MA1 17.42 15MA2 17.03 30MA3 16.03 60MA4 14.30
银边
草肚皮
VOL - VOL 985268.00 5MA 1101069.79 10MA1 962425.20 15MA2 910822.74
量带
MACD - DIF 1.03 MACD 0.88 DIF-MACD 0.15
200411 02 04 05 06 07 08 09 10 11 12 02 04 05 06 07 08 09 10 11 12

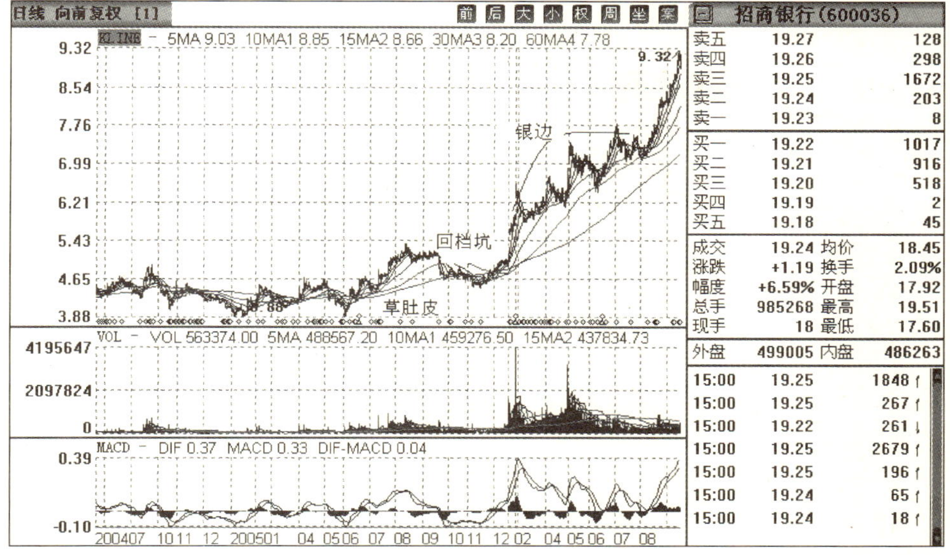

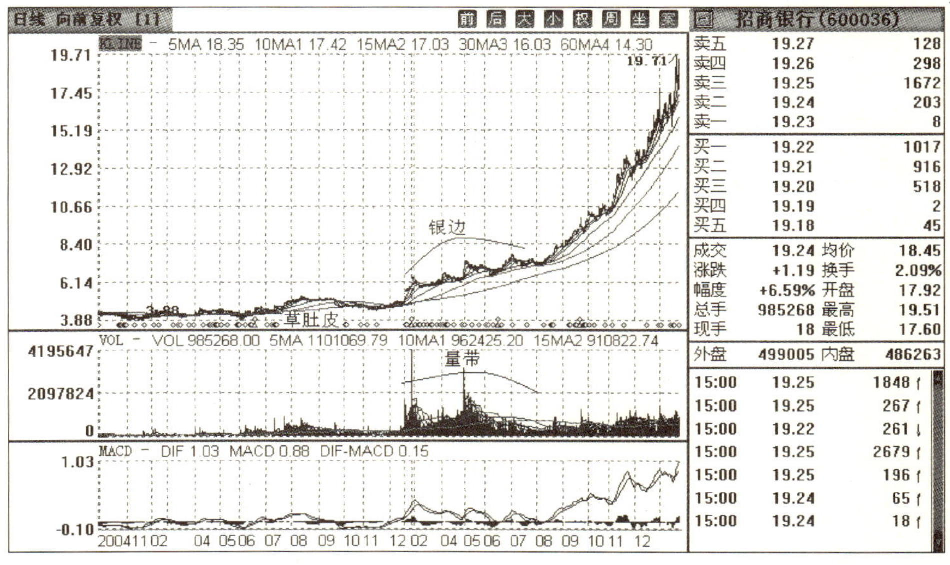

图 1－64

另外，在“草肚皮建仓”洗盘后也有相当多的个股是用“小草肚皮”来凝聚人气、收集筹码的。天坛生物（600161）就是这样的例子（如图1－65所示）。

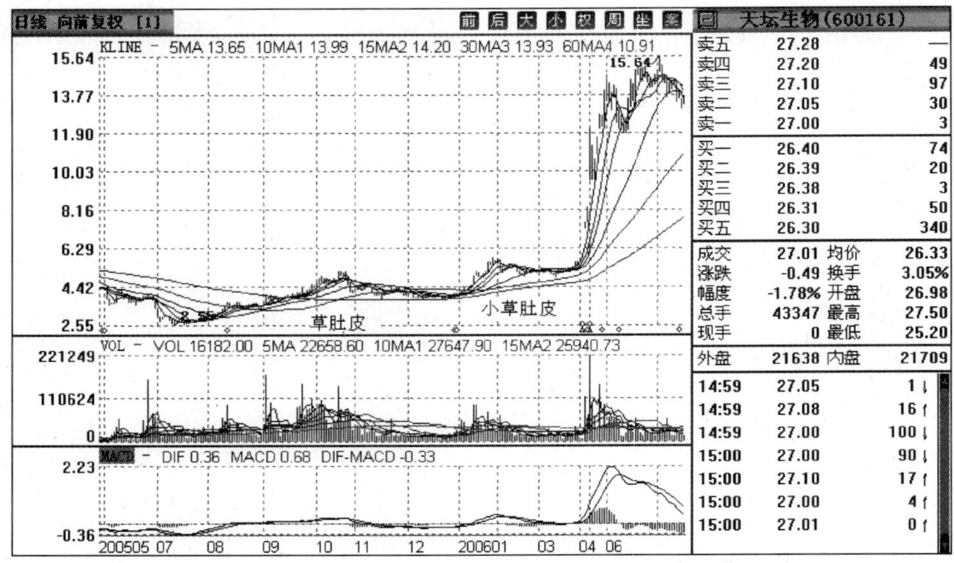

图1－65

第二章　两强一准

第一章的“金角、银边、草肚皮”选股法，我们主要研究的是庄家如何在低位建仓。谈到了庄家在建仓完毕之后正式拉升之前为清洗浮筹会向下打压股价，在股价的走势图中形成“回档坑”。“回档坑”下还要有微小的成交量相配合，并指出如果在“回档坑”附近买入，可以使资金在最短的时间里得到最大的发挥。

相信读者一定会问，既然你说在“回档坑”附近买入股票可以使资金在最短的时间里得到最大的发挥，那么，我们为什么不直接研究股票的“回档坑”，并在此处买入呢？这样做不是会节省大量的时间和精力吗？

还有庄家不仅仅在建仓完毕之后，该股正式拉升之前会向下打压股价，在走势图中留下“回档坑”，而在拉升过程中为清洗获利筹码减轻拉抬压力，也会向下打压股价留下“回档坑”，这就是我们平常所说的“中途回档”。在“中途回档”时买入股票也可以使资金在最短的时间里得到最大的发挥。

那么，我们能不能只观察股票的“回档坑”，并从中研究出一种能使股民在“回档坑”附近买入股票的选股方法呢？

为解决这一难题，我在多年的炒股实践中总结出了“两强一准”

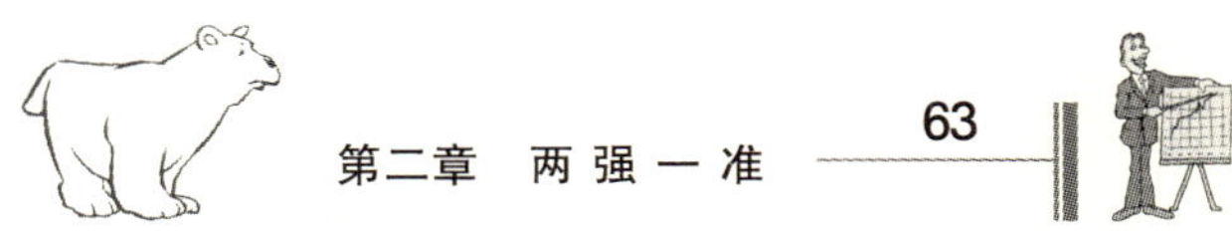

选股法。

什么叫“两强一准”选股法？这里所谓的“两强”指的是哪两强？“一准”又是指哪一准？我们还是用S＊ST聚友在1999年2～6月份的这幅股价走势图（如图2－1所示）来说明一下吧。

大家看，在S＊ST聚友的股价走势图中有一个“回档坑”（如图2－1所示）。记的上次介绍“回档坑”的时候也是用的S＊ST聚友的股价走势图，也是介绍的这个“回档坑”。并说一个好的“回档坑”与其下方微小的成交量相配合，通常会给人以一种水静河飞的妙感。您看S＊ST聚友的“回档坑”下几乎看不出有成交量的存在，真是妙极了。再看，“回档坑”的两侧是不是有两堆强大的成交量，我们就把这两堆强大的成交量称为“两强”。“两强”我们知道了，那“一准”又怎么解释呢？您再来看S＊ST聚友的股价走势图中是不是有一轮飙升行情，如果在股票的“回档坑”两侧出现“两强”，那么这只股票在“回档坑”之后一般都有一轮上涨行情，而

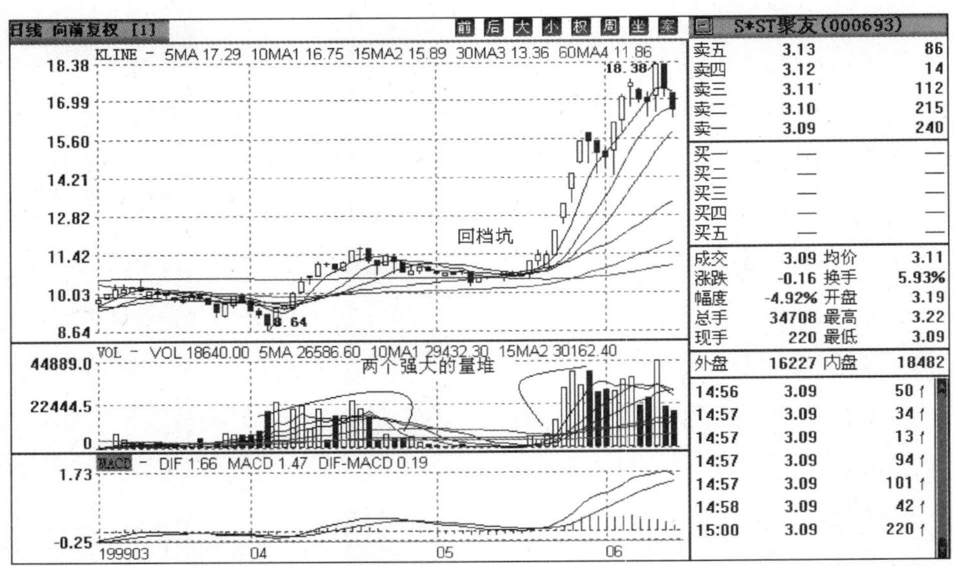

图2－1

且准确简直达到了令人叹为观止的地步，所以称为“一准”，这样我们就得到了“两强一准”这个名词。

“两强一准”的出现一般说来有两种情况：一种是庄家在底部建仓完毕之后、正式拉升之前为了清洗盘中浮筹而向下打压股价时所形成的，因其位置在股价的底部我们称之为“底部两强一准”；另一种是庄家在拉升过程中为了驱逐获利盘减轻拉升压力而向下震仓所形成的，因其位置在股价的“中部”（腰部），故我们称之为“腰部两强一准”。

由于这两种“两强一准”所处位置的不同，它们的市场意义、形态结构和判研法则也有所不同，下面我们就对它们分别介绍一下。

第一节　底部两强一准

“底部两强一准”说的是庄家在建仓完毕之后，正式拉升之前，为清洗盘中浮筹而向下打压股价，所形成的“回档坑”及“回档坑”两侧的成交量。

这“第一强”的“量堆”是由庄家建仓时集中收集筹码所形成的，虽然庄家已经集中收集，但毕竟不能收集的那么彻底，总会有一部分筹码还留在股民手中，加上庄家为清洗浮筹而向下打压股价形成“回档坑”时还要损失一部分筹码。所以，在庄家正式拉升之时会以更大的力度，更加集中的方式进行第二次更为集中的收集。这时也就形成了“两强”中的“第二强”（这时庄家的收集成本依然很低）。

从形态结构上来讲，一般“第二强”应大于“第一强”，至少也应该是“两强”相当。而“第二强”的股价在突破“第一强”股

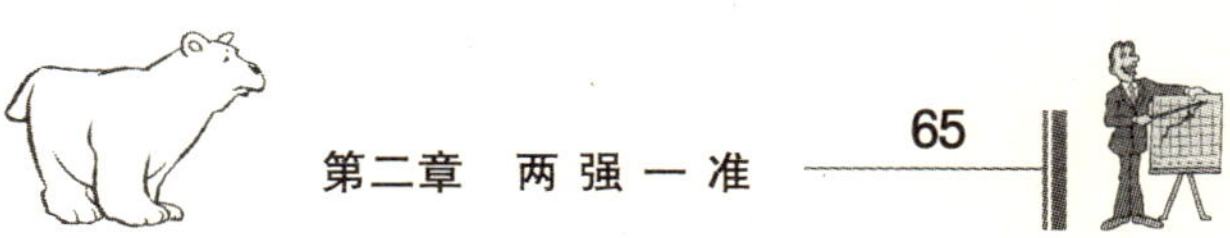

价的高点时，一般都以反复震荡、放量突破为主（也有连续突破的）。“回档坑”的时间跨度一般都在一个月左右。

下面的这两幅图是S东北高（600003）在2005年12月～2006年6月份走出的“底部两强一准”（如图2－2、图2－3所示）。

在图2－2中，S东北高的股价在2005年12月6日以2.47元的价格开始放量上涨（如图2－2中A点所示），到2006年2月4日其股价最高点已达到2.89元（如图2－2中B点所示），随后便开始缩量回落，至2006年3月9日已回落到2.53元的价位（如图2－2中C点所示），并在此价位附近形成止跌，股价也开始横向盘整，盘整区域下方的成交量也极其微小。此时，在S东北高的成交量中形成了第一个强大的“量堆”（如图2－2所示）。S东北高在C点附近的缩量盘整一直延续到这一年的4月25日才形成了连续放量上攻局面。这时也就在其走势图中形成了“第二强”，并且“第二强”的成交量要明显大于“第一强”。

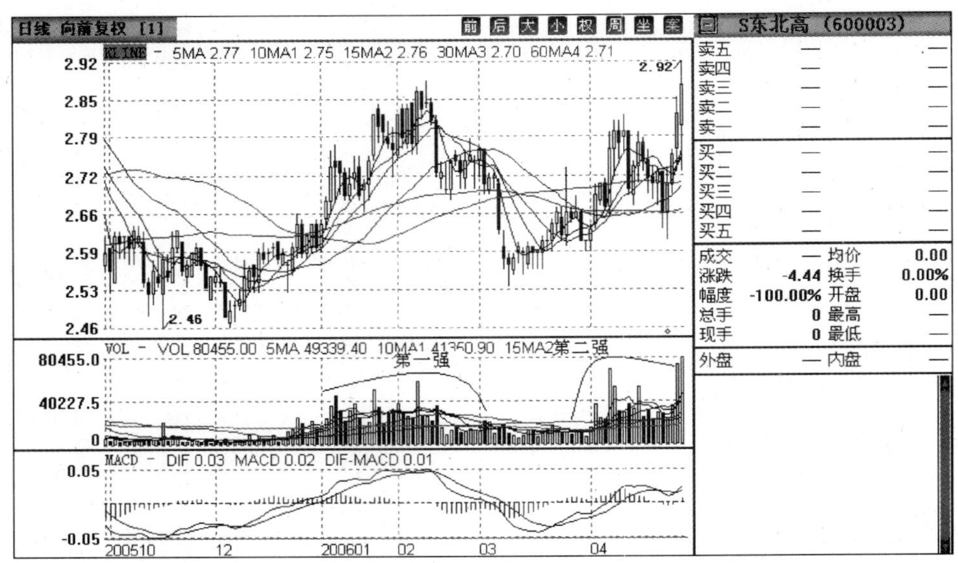

图2－2

这时，我们可以断定此处是 S 东北高的底部区域。我们可以果断买入并大胆持有。果然 S 东北高的股价在突破之后有一轮大涨（如图 2 –3 所示）。

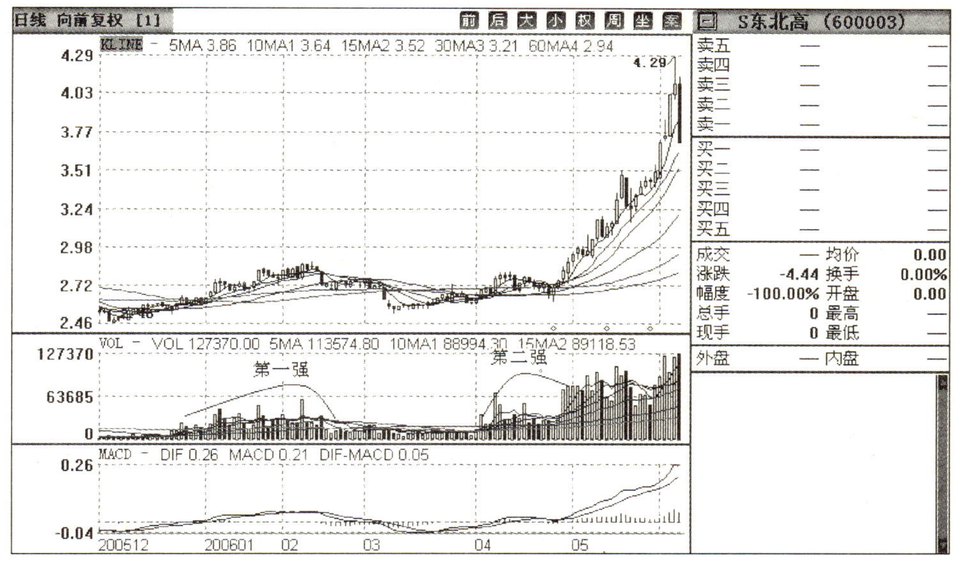

图 2 –3

应用法则：如果我们发现某只股票在“回档坑”两侧出现两堆强大的成交量，其中“第二强”明显大于“第一强”或“两强相当”，而“第二强”的股价在突破“第一强”股价的高点时是以反复震荡的方式来完成的，并且“回档坑”的时间跨度比较长。这时我们可以判断该股正处于股价的底部区域且面临着即将大幅拉升，可以果断买入，大胆持有。

一、中国国贸（600007）

下面这 3 幅图是中国国贸在 2005 年 1 月 ~2005 年 11 月的一段股价走势（如图 2 –4、图 2 –5、图 2 –6 所示）。

日线 向前复权 [1]
前 后 大 小 权 周 坐 案
中国国贸(600007)
KLINE - 5MA 3.95 10MA1 4.08 15MA2 4.12 30MA3 4.06 60MA4 3.78
4.51
VOL - VOL 35778.00 5MA 40441.40 10MA1 3703 第一强 A2 34895.73
MACD - DIF 0.02 MACD 0.07 DIF-MACD -0.05
200511 12 200601 02 03
卖五 14.43 23
卖四 14.42 144
卖三 14.41 10
卖二 14.40 840
卖一 14.39 109
买一 14.38 43
买二 14.37 138
买三 14.36 90
买四 14.35 555
买五 14.34 30
成交 14.38 均价 13.61
涨跌 +0.79 换手 6.07%
幅度 +5.81% 开盘 13.40
总手 121338 最高 14.54
现手 15 最低 12.88
外盘 59752 内盘 61587

图 2－4

日线 向前复权 [1]
前 后 大 小 权 周 坐 案
中国国贸(600007)
KLINE - 5MA 4.10 10MA1 4.07 15MA2 4.14 30MA3 4.09 60MA4 3.84
4.70
VOL - VOL 193491.00 5MA 82828.80 10MA1 63389.90 15MA2 52337.07
第一强
第二强
MACD - DIF 0.05 MACD 0.05 DIF-MACD 0.00
200511 200601 02 03
卖五 14.43 23
卖四 14.42 144
卖三 14.41 10
卖二 14.40 840
卖一 14.39 109
买一 14.38 43
买二 14.37 138
买三 14.36 90
买四 14.35 555
买五 14.34 30
成交 14.38 均价 13.61
涨跌 +0.79 换手 6.07%
幅度 +5.81% 开盘 13.40
总手 121338 最高 14.54
现手 15 最低 12.88
外盘 59752 内盘 61587

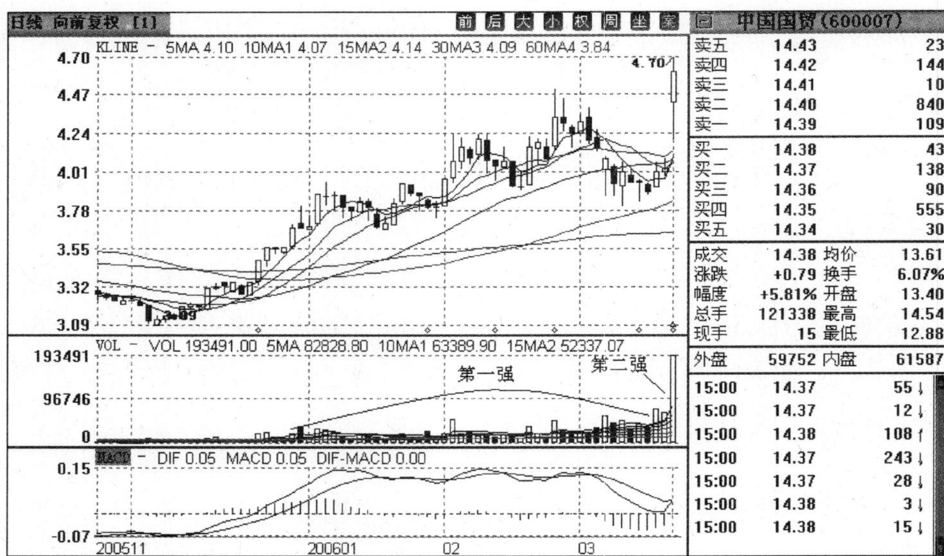

图 2－5

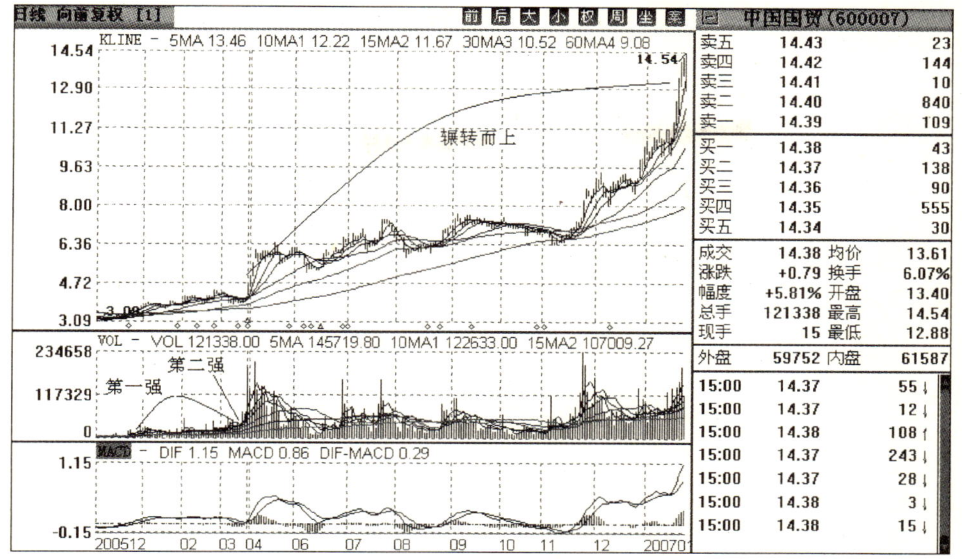

图 2 -6

在图 2 -4 中，中国国贸的股价在形成“草肚皮”走势后，于其“草肚皮”下方形成了第一个强大的“量堆”（如图 2 -4 所示）。此后该股在回调后于低位震荡数日，便在以“回档坑”末期强大的成交量及跳空缺口的方式向上突破，注意观察一下其突破时的单日成交量差不多是前期“草肚皮”内任意一个交易日内成交量的 2 ~3 倍（如图 2 -5 所示）。

我认为成交量是在一定的程度上说明了主力的意图与决心，尤其出现在类似本例的这种突破关口，则更说明主力大量投入坚决做多的决心。

由此不难判断中国国贸的股价此刻正处于由底部向上突破之际，可以大胆介入坚决做多，最终中国国贸的股价辗转而上升幅高达数倍（如图 2 -6 所示）。

二、葛洲坝（600068）

下面的两幅图是葛洲坝在2005年11月～2006年7月份的一段股价走势（如图2－7、图2－8所示）。

在图2－7中，葛洲坝的股价也于其“草肚皮”走势下形成了“第一强”的“量堆”（如图2－7所示）。“草肚皮”后是缩量的回调整理，又再度放量上涨，此时，在其股价走势图中形成“回档坑”，并且“回档坑”下方是严重缩量的（如图2－7所示）。当葛洲坝的股价在走出“回档坑”后，向上突破前面“草肚皮”股价的高点时是采取进二退一、反复震荡的方式来完成的（如图2－7所示），这样做的主要目的是尽可能的来消化前期的套牢盘也顺手获取更多的筹码。在震荡突破过程中其股价下方也持续的放出了较大

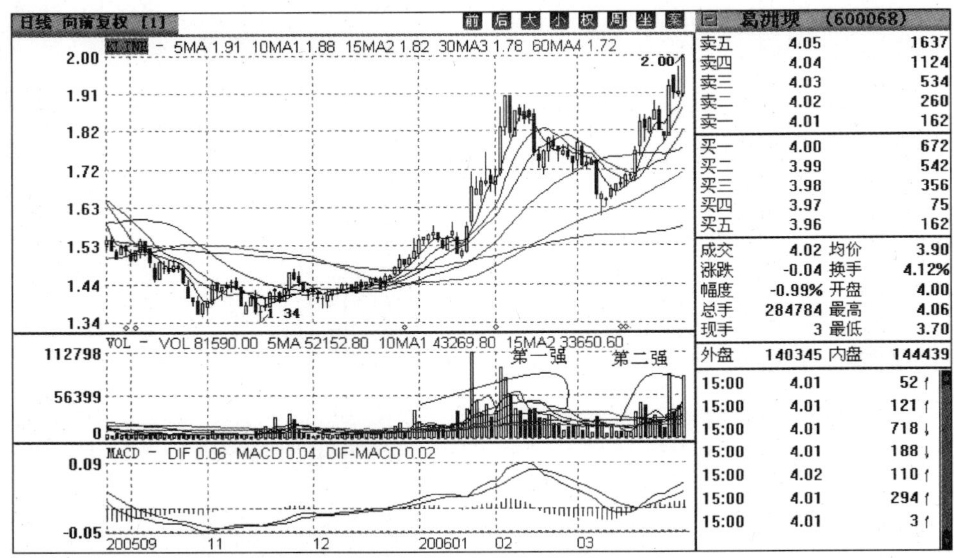

图2－7

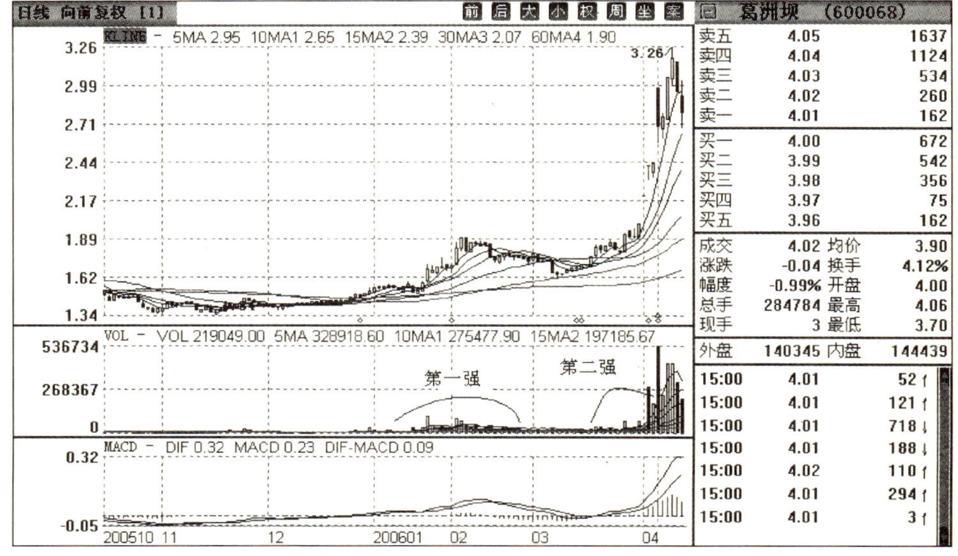

图 2－8

的成交量，这便形成了“第二强”，“第二强”的“成交量堆”看上去和“第一强”的差不多大小（如图 2－7 所示）。

差不多大小的两组“成交量堆”，反复震荡的突破方式，综合其特性，可以判断出此股正在启动初期，应及时介入。事后葛洲坝的股价也升幅不菲（如图 2－8 所示）。

三、国阳新能（600348）

下面这两幅图是国阳新能在 2003 年 8 月 ~2004 年 2 月份的一段股价走势（如图 2－9、图 2－10 所示）。

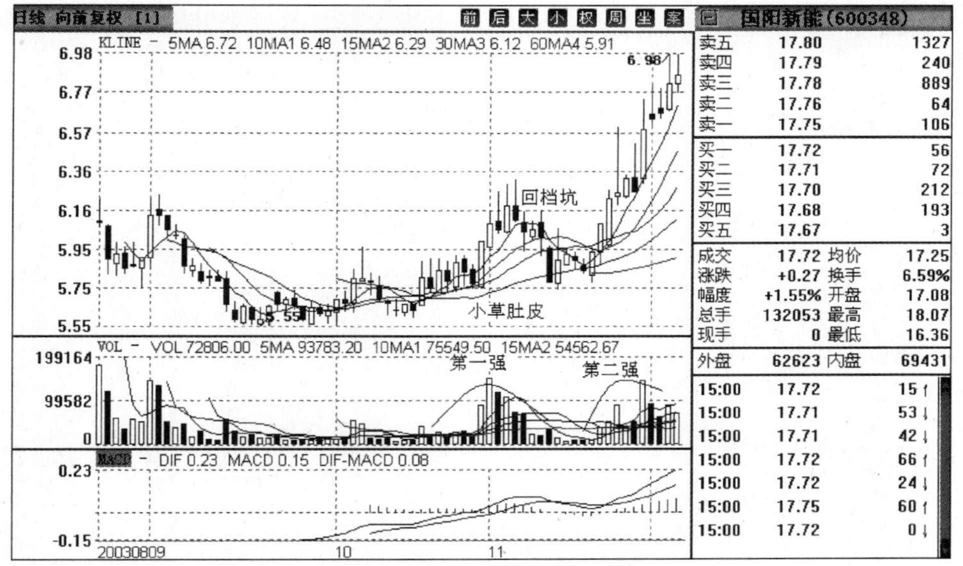

图2-9

在图2-9中，国阳新能的股价是不是走出一个，下方带有“巨大成交量堆”的“小草肚皮”（如图2-9所示）。“草肚皮”虽小，而其下方的成交量却不小。在“草肚皮”形成之后其股价便在30日均线上方缩量止跌（如图2-9中A点所示），并反复放量上攻。在这一下一上的过程中，国阳新能的股价便在A点的上方形成一个缩量的“回档坑”（如图2-9所示）。请大家再仔细看，在“回档坑”的两侧，股价的下方是否有两堆巨大的而且强弱基本相当的“成交量堆”呢（如图2-9所示）？并且“第二强”的股价是以反复震荡的方式向上突破“第一强”股价的高点的。这些特点有些符合我们在前面所说的“底部两强一准”的特点，因此，可以判定国阳新能的股价此时已形成了“两强一准”，此后不久，该股应该会有一段涨升行情。

“底部两强一准”这种形态曾经造就出多少风光无限的大黑马呀！然而“光景蹉跎，人物消磨”。大盘自从2001年中期形成下跌趋势以来至2005年，像国阳新能这种能在底部走出“两强相当”的股票已实不多见，且国阳新能还是刚刚上市不久的次新股，其股价定位偏低也未经大幅炒作，也正是因为国阳新能是刚刚上市不久的次新股，所以其“草肚皮”所形成的时间跨度也不算太久。这是因为该股的大部分筹码主力早在上市之初或首日已经拿的差不多了，由此可以判断国阳新能的“两强一准”处于底部。再看图2－10是国阳新能在底部形成“两强一准”之后的一段涨升行情，是不是没有让大家失望（如图2－10所示）。

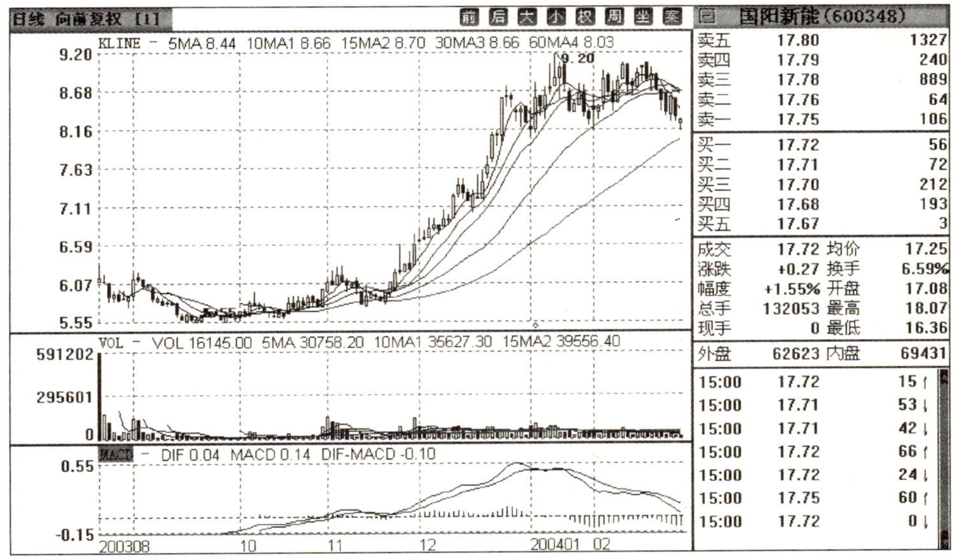

图2－10

四、上海汽车（600104）

下面这幅图是上海汽车在2002年4月～2003年6月份的一段股价走势（如图2－11所示）。

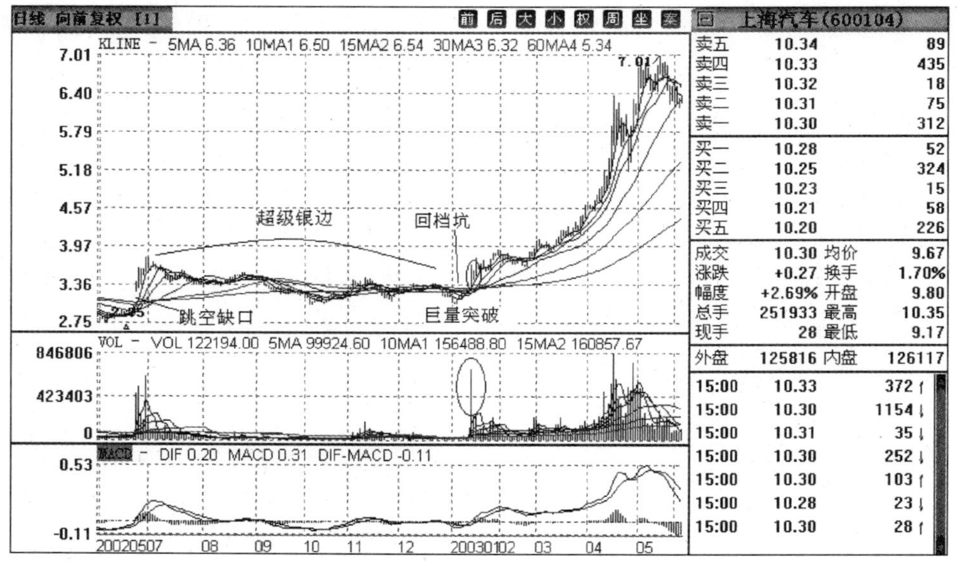

图 2－11

随着价值投资理念的不断深化，炒作题材的大力挖掘，像上海汽车这样质地优良的大盘蓝筹股，也受到了各界投资人士的大力追捧，使其成为2003年的大牛股之一。

不可否认上海汽车的不断走牛与其优秀的基本面有着密不可分的关系，可以说优秀的基本面是它的“精神力量”，而完美的技术面则是它的“物质力量”。

在图2－11中，上海汽车的股价于2002年6月24日以巨大的成交量大幅向上跳空高开，直至收盘也未能回补，在K线图上留下“跳空缺口”（如图2－11所示）。在随后的两三天里，上海汽车连连拉出巨量阳线，其后该股股价便一直在这个以巨量支撑的“跳空缺口”上方缩量前行大约半年之久，始终也未能向下回补这个“缺口”，在其走势图中形成“超级银边”（如图2－11所示）。这与当时不断下滑的大盘形成鲜明的对比。流通市值庞大的上海汽车能在那样低迷的市场背景下表现的如此顽强，必定是有强庄在暗中吸纳。直至2003年11月14日它才以更大的成交量，伙同其他大盘蓝筹股共同发力，掀起一股价值投资浪潮。

我们再回过头来看看上海汽车的这段股价走势都有哪些技术特点。首先，它是在放巨量形成向上的“跳空缺口”后形成一条“巨大的银边”的，在“银边”的末端有“回档坑”（如图2－11所示）。然后是巨量突破，紧接着便是拉升行情。

我们先来重点研究一下它的突破吧，在市场中，多数的“银边”都是在庄家把股价拉起到一定的高度后，沿水平前行进行收集的。拉升至一定的高度是为了引诱出更多的筹码，水平前行是为了始终保持强劲的收集力度，又不致于造成过高的收集成本，一般庄家都是在市场偏弱的情况下采用“银边”进行收集的。由于市场偏弱，在最开始拉起的部分会引起巨大的抛盘，所以一般“银边”最大的成交量往往都集中在开始的地方。随着抛盘的逐步减少，加之主力有计划的操作，“银边”中部的成交量会表现的十分温和，或有规律。而“银边”最终的突破最为理想的形态就是形成“底部的两强一准”，即突破时的最高成交量要大于“银边”的成交量。由于“银边”的成交量比较分散，不像“草肚皮”那样集中，所以我们都是取“银边”最开始拉起时那几天的成交量与突破时最大的成交量相比较的，如果突破时的成交量大于前方拉起时的成交量，这种突破最有技术意义，它可以确认“银边”的有效性，也预示着机会的来临。当然在突破以后也要有适当的成交量配合持续向上拉升。上海汽车的突破就属于这种突破，这是“底部两强一准”在“银边”里的一种表现形式。

五、楚天高速（600035）

下面3幅图是楚天高速在2005年11月~2006年5月的一段股价走势（如图2-12、图2-13、图2-14所示）。

通过前几节的介绍大家一定也看得出在很多的情况下“两强一准”总是与“草肚皮”同时出现的。“两强一准”主要是介绍股票的成交量的，“草肚皮”主要是用来形容股价运动的形态的，这就说明一只将来能大幅上涨的股票不仅要具备好的形态，同时也要有理想的成交量相配合，这就是所谓的“价量关系”。

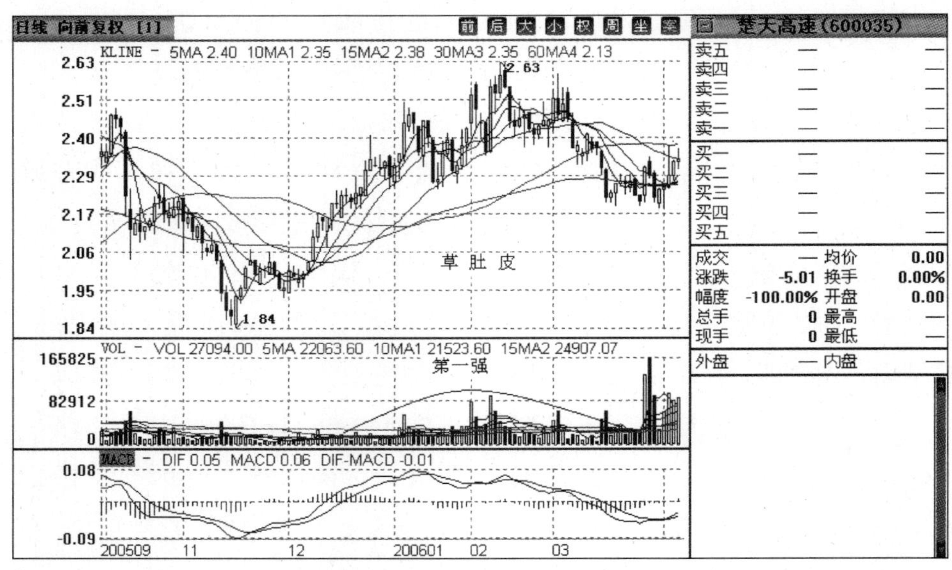

图2-12

日线 向前复权 [1]
前 后 大 小 权 周 坐 案
楚天高速(600035)
KLINE - 5MA 2.57 10MA1 2.47 15MA2 2.40 30MA3 2.35 60MA4 2.40
2.70
1.84
VOL - VOL 121785.00 5MA 118742.80 10MA1 109118.20 15MA2 105180.20
第一强
第二强
MACD - DIF 0.06 MACD 0.02 DIF-MACD 0.04
卖五
卖四
卖三
卖二
卖一
买一
买二
买三
买四
买五
成交 均价 0.00
涨跌 -5.01 换手 0.00%
幅度 -100.00% 开盘 0.00
总手 0 最高
现手 0 最低
外盘 内盘

图 2-13

日线 向前复权 [1]
前 后 大 小 权 周 坐 案
楚天高速(600035)
KLINE - 5MA 3.77 10MA1 3.68 15MA2 3.61 30MA3 3.26 60MA4 2.81
4.20
草肚皮
VOL - VOL 115162.00
15MA2 114962.93
第一强
第二强
MACD - DIF 0.25 MACD 0.26 DIF-MACD -0.01
卖五
卖四
卖三
卖二
卖一
买一
买二
买三
买四
买五
成交 均价 0.00
涨跌 -5.01 换手 0.00%
幅度 -100.00% 开盘 0.00
总手 0 最高
现手 0 最低
外盘 内盘

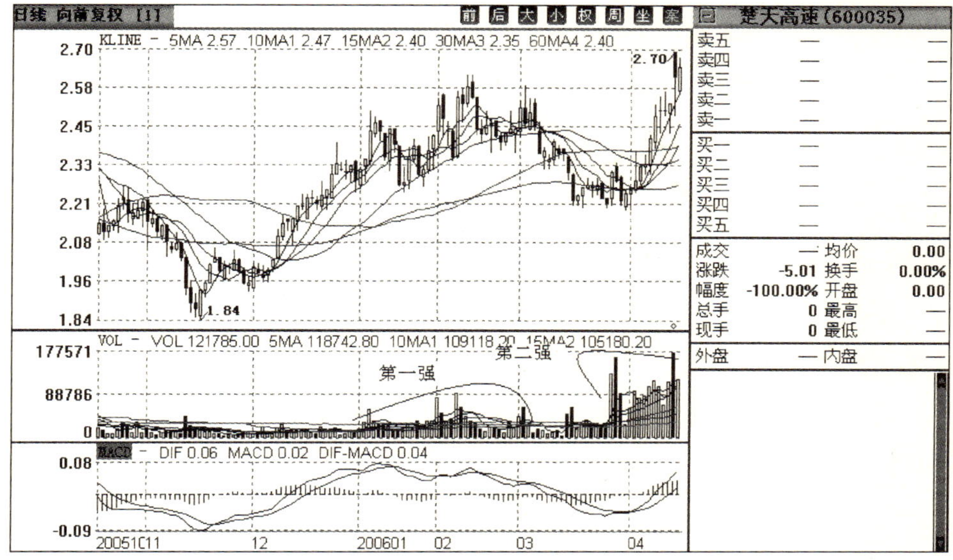

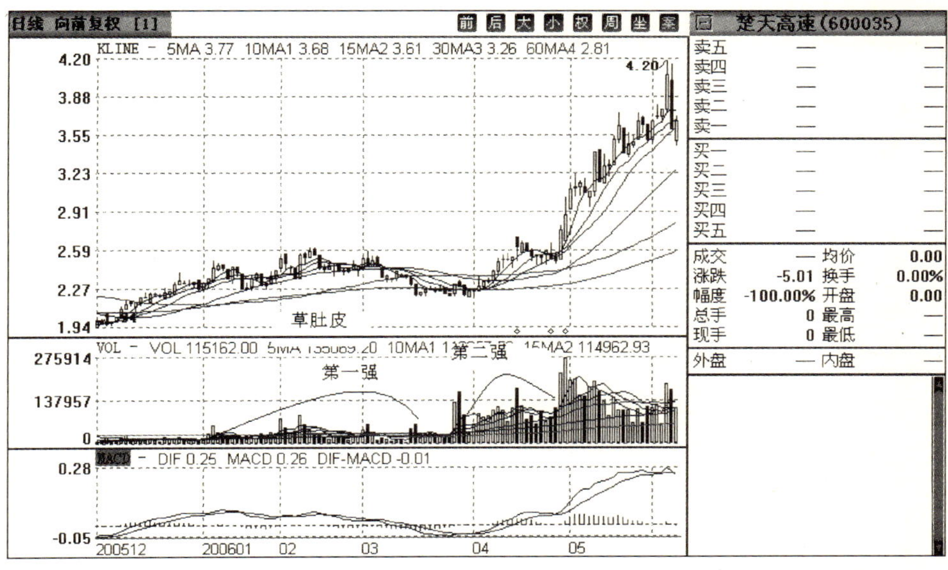

图 2-14

在图 2－12 中，楚天高速的股价于 2005 年 12 月～2006 年 3 月形成标准的"草肚皮"，及"草肚皮"下方明显的"成交量堆"（如图 2－12 所示）。在"草肚皮"后方的"回档坑"处楚天高速的股价形成放量突破的局面，由于股价突破时的成交量明显大于前方"草肚皮"下的"成交量堆"，可以确认这是标准的"两强一准"（如图2－13所示）。

这就是价与量的完美结合，事后楚天高速的股价无论在涨幅上还是涨速上来讲都是相当不错的（如图 2－14 所示）。

六、济南钢铁（600022）

下面 3 幅图是济南钢铁在 2005 年 11 月～2007 年 1 月的一段股价走势（如图 2－15、图 2－16、图 2－17 所示）。

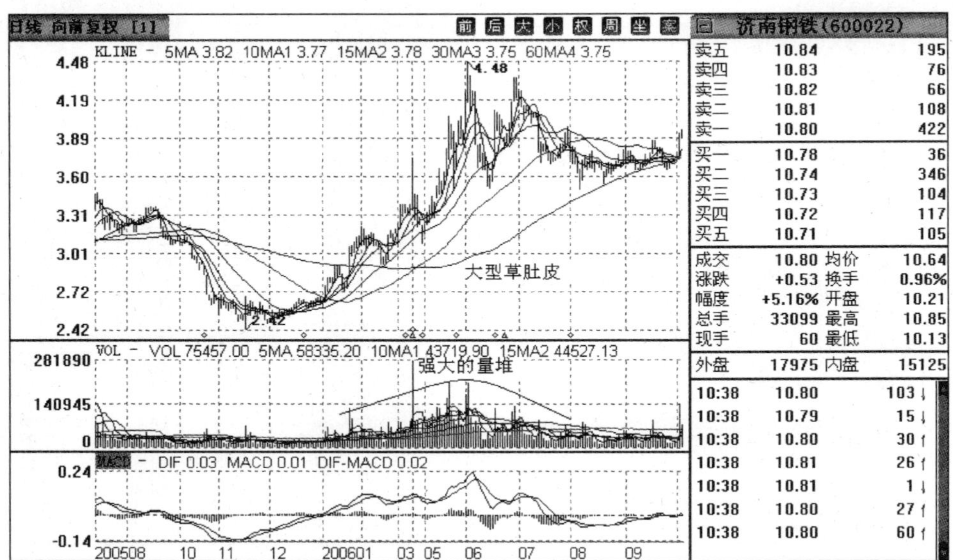

图 2－15

日线 向前复权 [1]
前 后 大 小 权 周 坐 案
济南钢铁(600022)
KLINE - 5MA 4.18 10MA1 3.95 15MA2 3.89 30MA3 3.81 60MA4 3.77
日 期
20060922
幅 度
-1.84%
开 盘
3.81
最 高
3.83
最 低
3.70
收 盘
3.73
成交量
43706
成交额
1633
流通股
34320万
换手率
1.27%
4.64
2.42
大型草肚皮
巨量突破
VOL - VOL 252137.00 5MA 222906.00 10MA1 121850.50 15MA2 92818.53
强大的量堆
MACD - DIF 0.12 MACD 0.05 DIF-MACD 0.07
0.24
-0.14
200508 10 11 12 200601 03 05 06 07 08 09
卖五 10.74 25
卖四 10.70 150
卖三 10.69 29
卖二 10.65 223
卖一 10.64 150
买一 10.57 1
买二 10.51 8
买三 10.50 80
买四 10.49 10
买五 10.45 145
成交 10.57 均价 10.65
涨跌 +0.30 换手 1.46%
幅度 +2.92% 开盘 10.21
总手 50090 最高 10.85
现手 2 最低 10.13
外盘 24449 内盘 25642
10:52 10.56 15
10:53 10.65 56
10:53 10.52 20
10:53 10.50 26
10:53 10.65 432
10:53 10.51 2
10:54 10.57 2

图 2－16

日线 向前复权 [1]
前 后 大 小 权 周 坐 案
济南钢铁(600022)
KLINE - 5MA 10.24 10MA1 9.74 15MA2 9.50 30MA3 8.39 60MA4 7.27
11.13
9.90
8.66
7.43
6.19
4.96
3.73
2.49
大型草肚皮
巨量突破
VOL - VOL 76085.00 5MA 116377.00 10MA1 103207.70 15MA2 92414.53
470735
235368
0
强大的量堆
MACD - DIF 0.80 MACD 0.75 DIF-MACD 0.05
0.84
-0.08
200512200601 03 05 06 07 08 09 10 11 12 200701
卖五 10.65 95
卖四 10.64 60
卖三 10.63 108
卖二 10.62 54
卖一 10.60 35
买一 10.55 11
买二 10.52 310
买三 10.51 447
买四 10.50 249
买五 10.49 28
成交 10.60 均价 10.65
涨跌 +0.33 换手 1.51%
幅度 +3.21% 开盘 10.21
总手 51860 最高 10.85
现手 57 最低 10.13
外盘 25688 内盘 26173
10:57 10.50 2
10:57 10.60 65
10:57 10.62 72
10:58 10.60 2
10:58 10.62 12
10:58 10.60 45
10:58 10.60 57

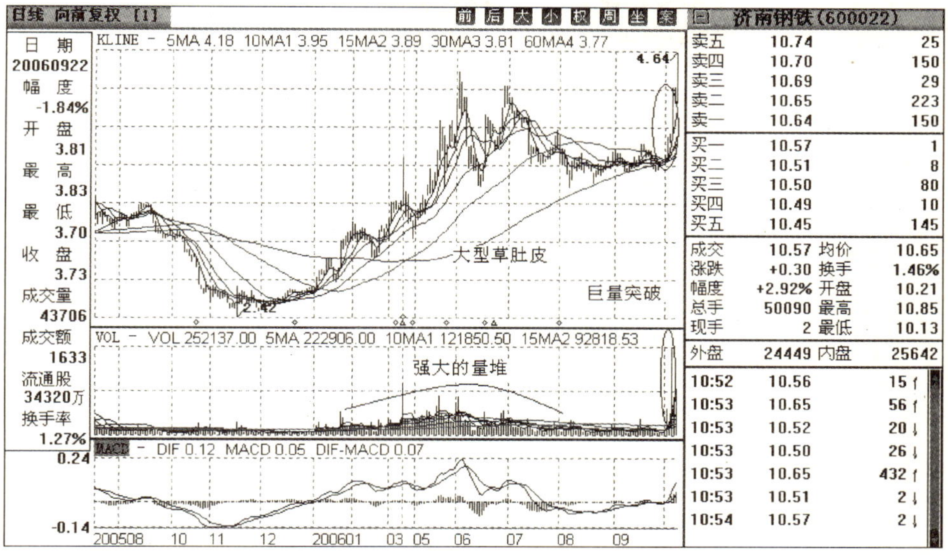

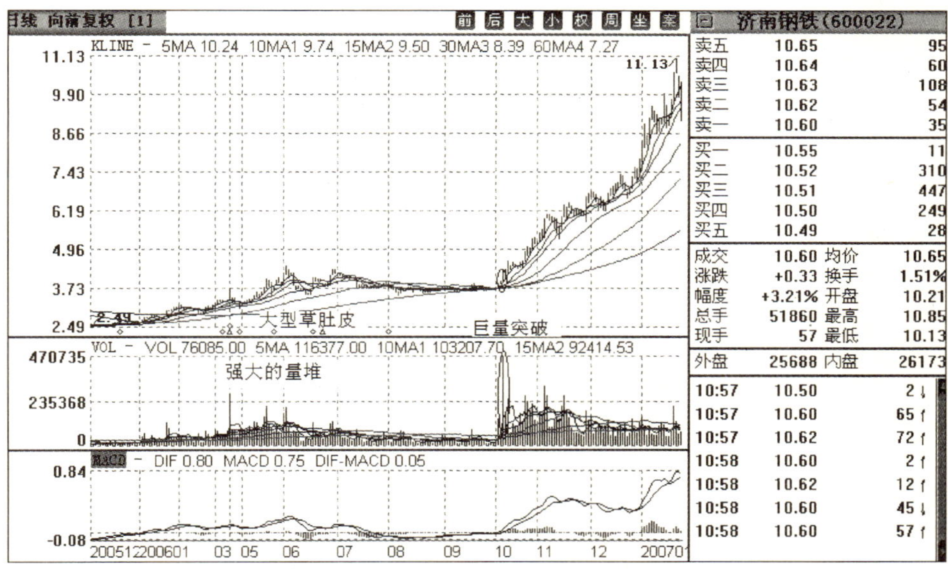

图 2－17

一般来说，形态庞大的“草肚皮”都是主力强烈看多、坚定吸纳的结果，经充分调整后一旦以巨大成交量向上突破，其将来的发展前途是很难限量的。

济南钢铁的股价在2005年12月~2006年10月形成“大型草肚皮”，“大型草肚皮”下方的“成交量堆”也是极其充足的（如图2－15所示），这虽符合建仓原理，但股市中诡诈多变决不能轻易介入，尤其是像济南钢铁这样看上去并不让人十分满意的“草肚皮”。

经过充分调整后济南钢铁的股价终于按耐不住由来已久的压抑在“草肚皮”的末端以巨量长阳向上突破前期“草肚皮”最高价，在突破当天所放出的成交量大概是先前“草肚皮”内任意一根的2~3倍（如图2－16所示），此刻才是我们的介入良机。告诉大家一个小窍门，股票在有一定基础的情况下，其突破上涨时所放成交量的大小是至关重要的，一般来说如果大到前期建仓时任意一根的2~3倍，并且换手率达到流通盘的8%~10%，那么其将来成为“超级黑马股”的概率也是极大的。

济南钢铁在这段时期的股价运动符合以上几条，因此，它也就成为了未来的“超级黑马股”（如图2－17所示）。

古越龙山（600059）的股价也在2006年的11月份形成了与济南钢铁相似的“底部两强一准”（如图2－18所示）。

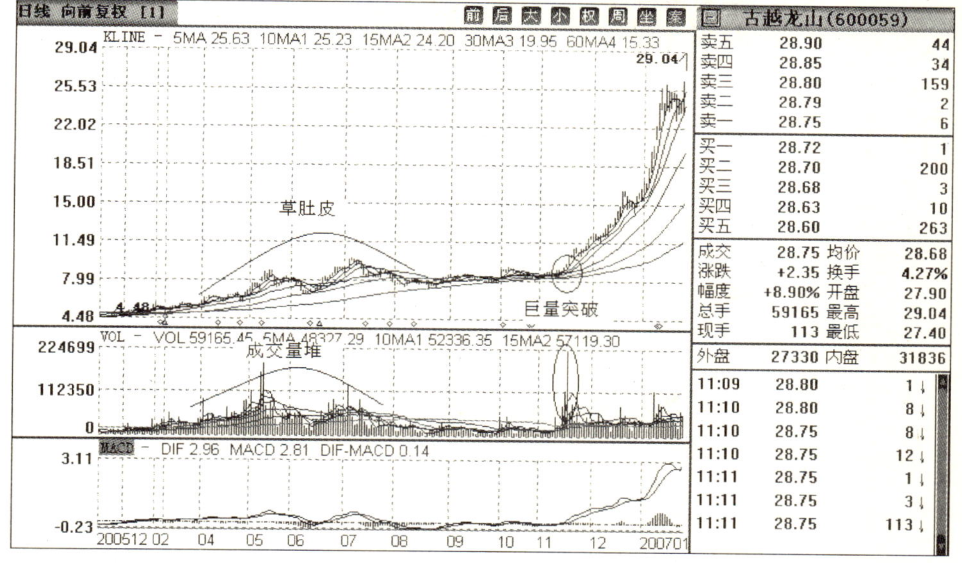

图 2－18

七、中国联通（600050）

下面 3 幅图是中国联通在 2005 年 1 月 ~2007 年 1 月的一段股价走势（如图 2－19、图 2－20、图 2－21 所示）。

有些价量配合良好的股票在“回档坑”后以连续而巨大的成交量向上突破，我们本以为是抓住了一只“超级黑马股”，可没上涨多久却又陷入绵绵调整之中，迫使你当初的决心动摇。如我们遇到这种情况时应保持冷静，不要轻易摇摆，主力介入如此之深一般是绝不会轻易放弃的，等雨过天晴之后又是大幅的拉升。

中国联通的股价在 2006 年 6 月于其标准“草肚皮”后方突破之即形成“底部两强一准”，其“第二强”的成交量要比“第一强”大上数倍，可就在该股股价突破前期“草肚皮”股价高点不久便陷入调整之中（如图 2－19 所示），此时我们最好的操作策略就是逢高

日线 向前复权 [1]
前 后 大 小 权 周 坐 案
中国联通(600050)
KLINE - 5MA 2.34 10MA1 2.33 15MA2 2.33 30MA3 2.30 60MA4 2.33
2.53
2.43
2.34
2.24
2.14
2.05
1.95
1.86
2.53
1.86
草肚皮
VOL - VOL 394434.00 5MA 606584.39 10MA1 618300.89 15MA2 570446.73
1.18E+07
5.90E+06
0
第一强
第二强
MACD - DIF 0.01 MACD 0.01 DIF-MACD 0.00
0.08
-0.04
200508 10 11 12 200601 03 04 06 07 08
卖五 4.87 15076
卖四 4.86 16849
卖三 4.85 29680
卖二 4.84 8681
卖一 4.83 3789
买一 4.82 337
买二 4.81 5576
买三 4.80 25176
买四 4.79 8234
买五 4.78 11410
成交 4.82 均价 4.84
涨跌 +0.27 换手 4.65%
幅度 +5.93% 开盘 4.70
总手 3871489 最高 4.92
现手 147 最低 4.70
外盘 2060570 内盘 1810919
11:30 4.81 892↓
11:30 4.82 318↑
11:30 4.82 64↑
11:30 4.81 139↓
11:30 4.82 149↑
11:30 4.82 624↑
11:30 4.82 147↑

图 2－19

日线 向前复权 [1]
前 后 大 小 权 周 坐 案
中国联通(600050)
KLINE - 5MA 2.50 10MA1 2.49 15MA2 2.48 30MA3 2.41 60MA4 2.35
2.71
2.59
2.47
2.34
2.22
2.10
1.98
1.86
2.71
二次突破
1.86
VOL - VOL 3612296.96 5MA 1589690.40 10MA1 1456006.99 60MA4 994191.96
1.18E+07
5.90E+06
0
第一强
第二强
MACD - DIF 0.05 MACD 0.04 DIF-MACD 0.01
0.08
-0.04
200508 10 11 12 200601 03 04 06 07 08 09
卖五 4.87 15076
卖四 4.86 16849
卖三 4.85 29680
卖二 4.84 8681
卖一 4.83 3789
买一 4.82 337
买二 4.81 5576
买三 4.80 25176
买四 4.79 8234
买五 4.78 11410
成交 4.82 均价 4.84
涨跌 +0.27 换手 4.65%
幅度 +5.93% 开盘 4.70
总手 3871489 最高 4.92
现手 147 最低 4.70
外盘 2060570 内盘 1810919
11:30 4.81 892↓
11:30 4.82 318↑
11:30 4.82 64↑
11:30 4.81 139↓
11:30 4.82 149↑
11:30 4.82 624↑
11:30 4.82 147↑

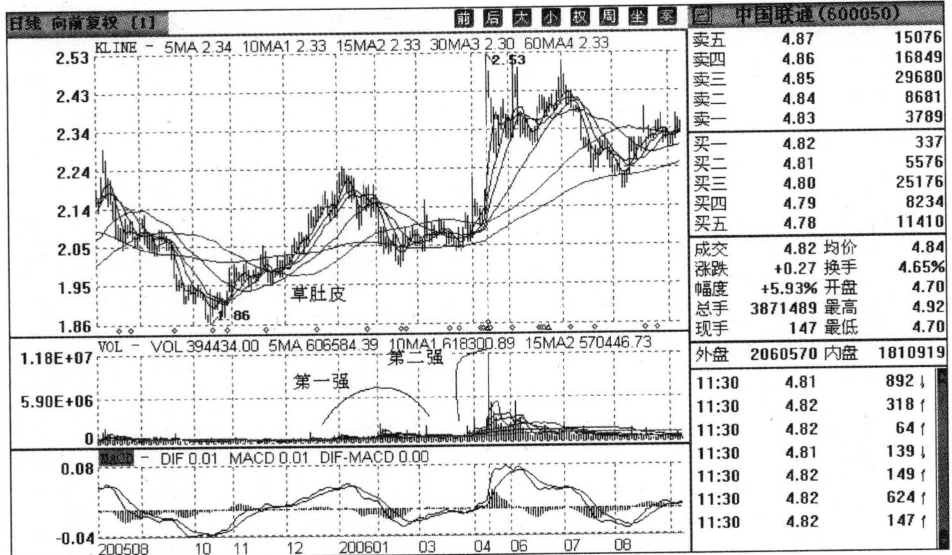

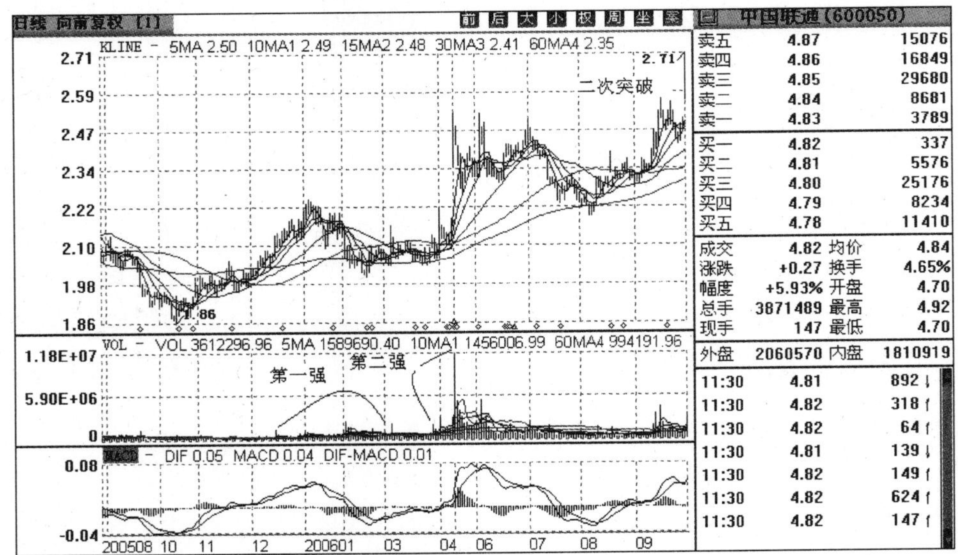

图 2－20

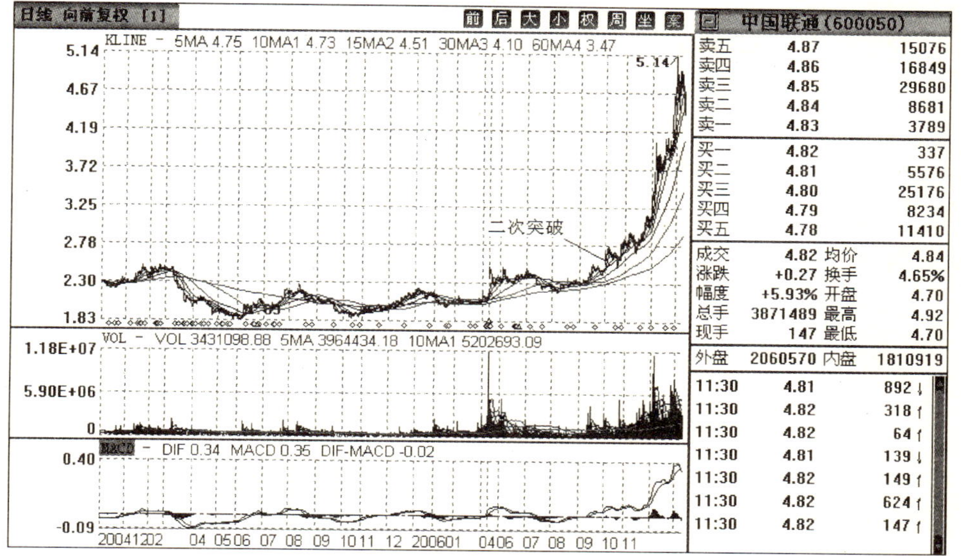

图 2-21

卖出，等调整结束，并在连涨时介入。

至2006年9月29日中国联通又一次以巨量长阳向上突破，为我们提供了第2次买点（如图2-20所示）。此后，该股屡创新高涨幅巨大（如图2-21所示）。

第二节 腰部“两强一准”

庄家不仅要在建仓完毕之后，正式拉升之前会向下打压股价清洗浮筹形成“回档坑”，而在拉升过程中为了驱赶获利筹码、减轻拉抬压力，也会向下打压股价，而在股价的走势图上留下“回档坑”。

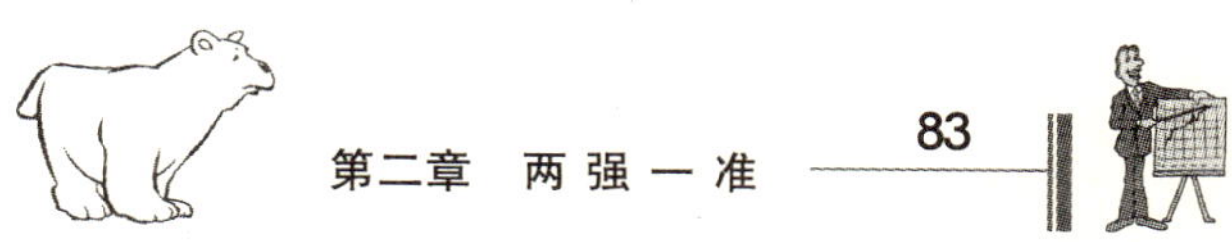

这时的“两强”中的“第一强”是指庄家在正式拉升时放出的巨大量堆，也就是“底部两强一准”中的“第二强”。而这里的“第二强”是指庄家在震仓完毕之后，第二轮拉抬时所放出的成交量。因为是第二轮拉升，所以庄家不可能以更高的价格、更大的力度去进行第三次收集，再说此时市场上的浮动筹码已经很少了。因此在形态结构上，“腰部两强一准”的“第二强量堆”要小于“第一强”的，顶多也只是“两强相当”，不过“第二强”的股价往往都以强大而有力的大阳线连惯的突破“第一强”的高点，这连贯而强有力的大阳线可以弥补“第二强”成交量的不足，因此，也可以称得上是“两强一准”了。另外“腰部两强一准”的“回档坑”时间跨度都比较短，一般都在 10 天左右。

下面这两幅图是民生银行（600016）在 2006 年 1 月～2007 年 7 月形成的“腰部两强一准”（如图 2－22、图 2－23 所示）。

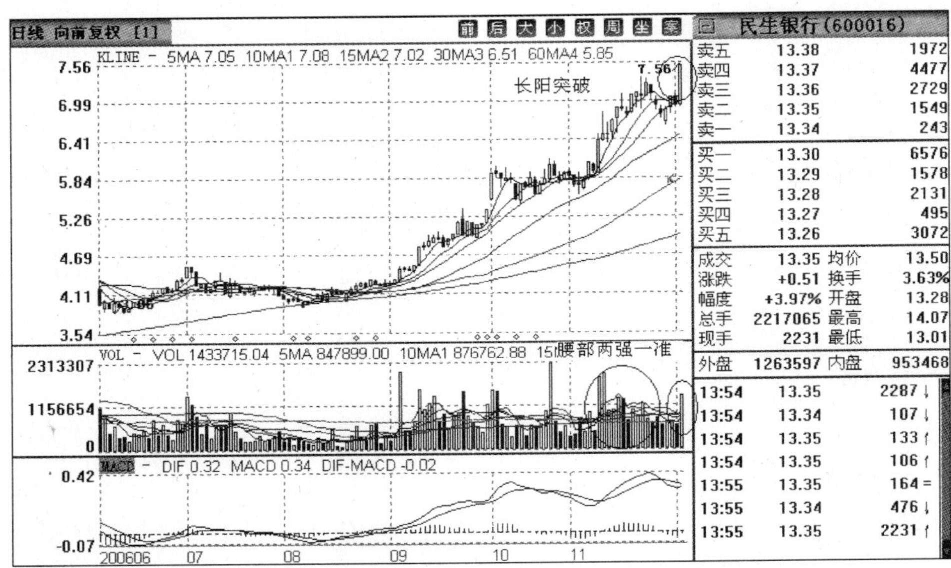

图 2－22

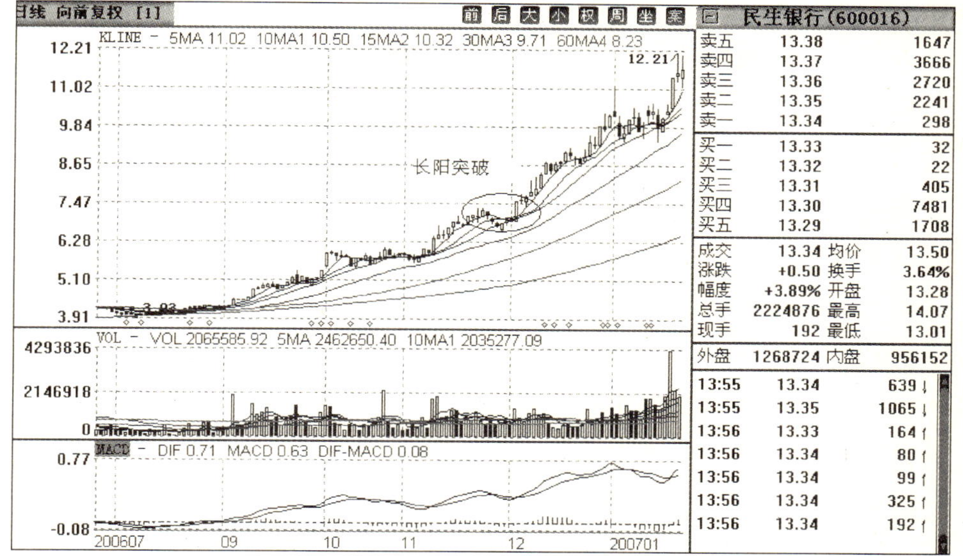

图 2－23

民生银行的股价在其“草肚皮”后经过一轮放量上涨，开始缩量回落，该股股价在经过数日的小幅缩量回落后，又于次低点形成了第二轮放量上涨，但在当其股价突破前期高点时成交量却没有明显的放大，但其突破的方式却十分利落，是以一根长阳直接突破的（如图 2－22 所示）。此时我们可以看到“第二强”要小于“第一强”，并且股价在突破“第一强”高点时是以连贯而有力的大阳线顺利突破的，“回档坑”的时间跨度也比较短。这些明显是“腰部两强一准”的特征。

果然民生银行的股价在形成突破之后还有一段升幅（如图 2－23 所示）。

应用法则：如果我们发现某只股票在“回档坑”两侧出现两堆强大的成交量，其中“第二强”小于“第一强”，而“第二强”的股价在突破“第一强”高点时，是以强有力的大阳线连贯性的突破，并且其“回档坑”的时间跨度比较短，我们可以判断这里是该股的腰部。

一、宇通客车（600066）

下面这两幅图是宇通客车在2005年1月～2007年1月的一段股价走势（如图2－24、图2－25所示）。

在图2－24中，宇通客车的股价经过累计上升后已有了巨大的升幅，并且在上升过程中也于其股价下方形成了巨大的“成交量堆”（如图2－24所示）。但其股价在到达相应的高位后并没有因涨幅过大而迅速回落，而是在一个相应的价位内缩量长期盘整（如图2－24所示），这段3个月左右的盘整看似平常实则化解掉了许多做空力量。在盘整末期宇通客车的股价又以连惯而有力的大阳线不断的向上攻击，而且成交量也有了明显的放大，但与之先前相比却有所不足（如图2－24所示）。

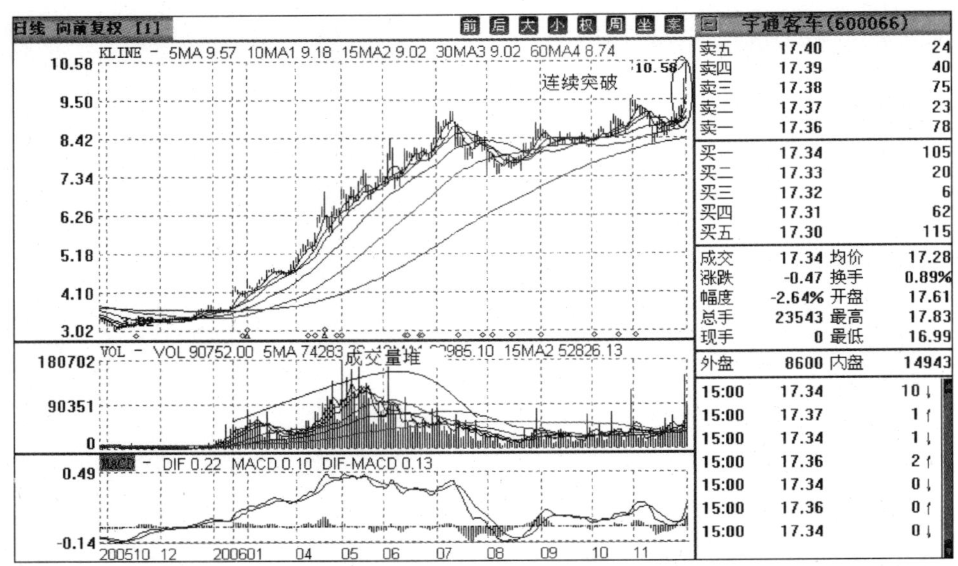

图2－24

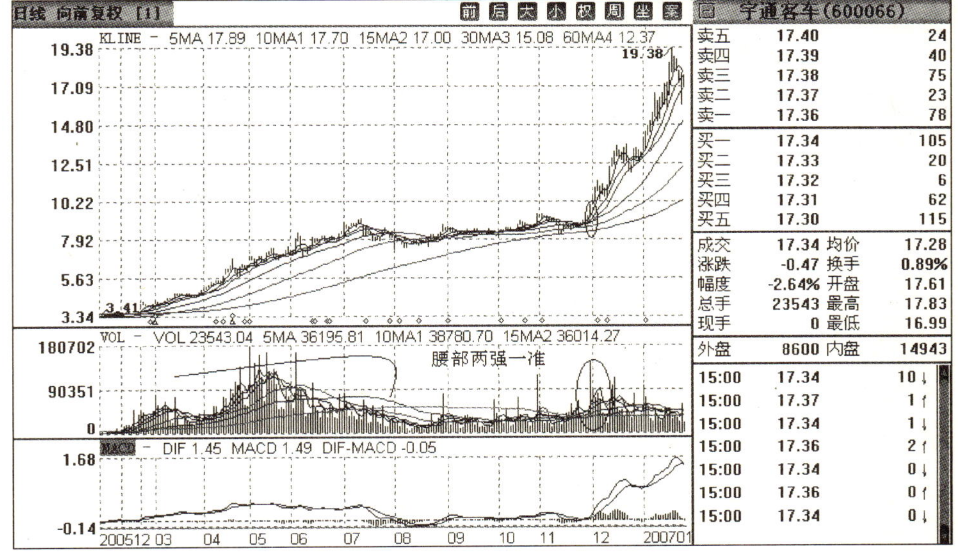

图 2－25

根据以上特性，我们可以判断出宇通客车的股价目前处于“腰部”后面应还有一段涨幅，可以搭段顺风车，结果也正是这样（如图 2－25 所示）。

二、西宁特钢（600117）

下面这两幅图是西宁特钢在 2005 年 9 月～2006 年 7 月的一段股价走势（如图 2－26、图 2－27 所示）。

西宁特钢的股价从 2006 年 1 月 17 日于其“银边”后从 2. 09 元开始连续上涨（如图 2－26 中 A 点所示），至同年 4 月 10 日股价最高已到达于 3. 91 元，涨幅近 100%，并于相应高位形成较长上影线（如图 2－26 中 A 点所示）。随后股价小幅走软，缩量回落，经过十几个交易日的调整后，又一次轻松的穿越了前期高点，且成交量有所放大，但与前期上攻时相比还是逊色许多，不难判断出此处是西

宁特钢的“腰部两强一准”（如图 2－26 所示）。

后来西宁特钢的股价也又向上涨升了一段（如图 2－27 所示）。

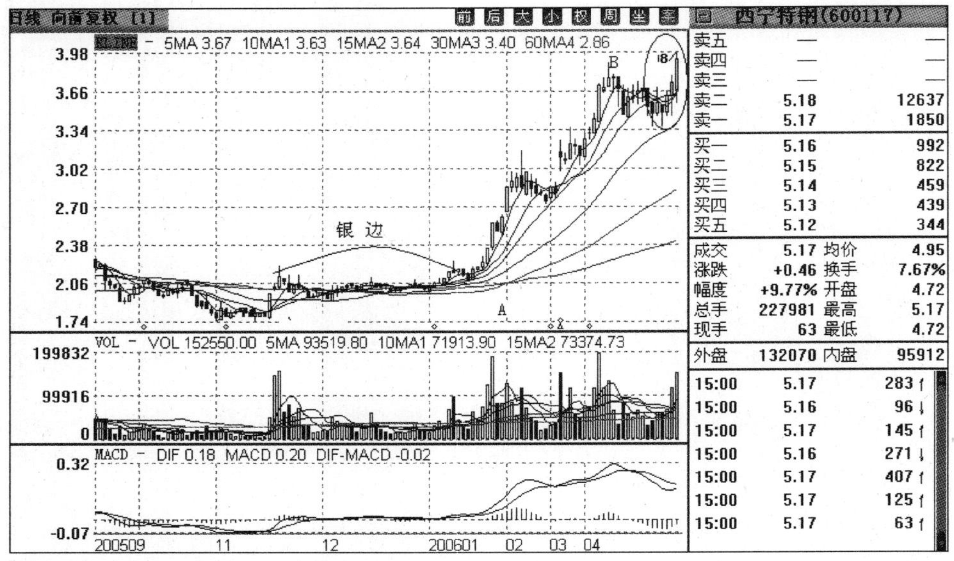

图 2－26

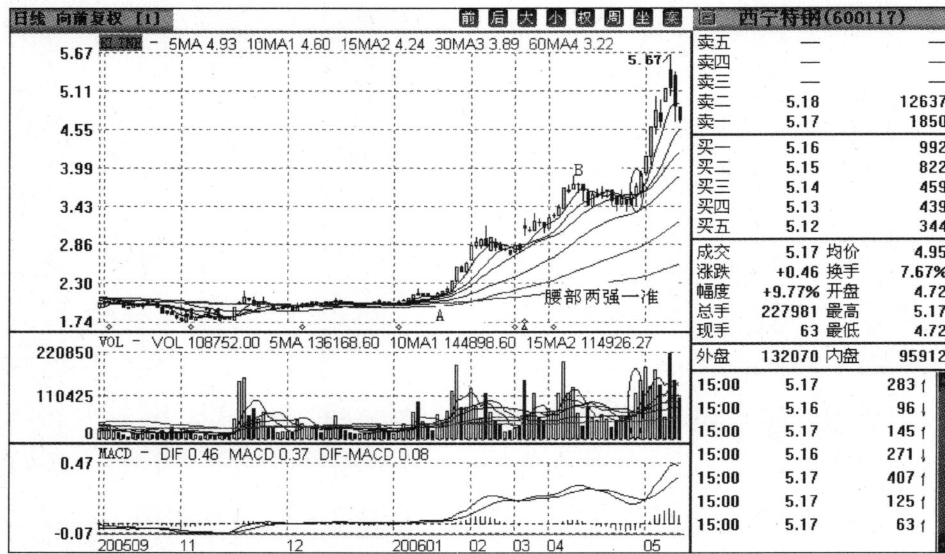

图 2－27

三、中青旅（600138）

下面这两幅图是中青旅在 2005 年 12 月～2007 年 1 月的一段股价走势（如图 2－28、图 2－29 所示）。

一般的“腰部两强一准”其调整周期都不会太长，约在 10～20 天左右，不过要遇到较大级别的上涨周期可就应该另当别论。

例如，在从 2005 年 7 月份开始一至延续到 2007 年还没有结束的大牛市中，许多个股在上涨中途都经过充分的调整才导致股价增涨数倍的结果。中青旅就是其中之一，其股价从 2005 年 12 月开始连续不断的向上攀升（如图 2－28 中 A 点所示），至 2006 年的 9 月已累计了相当大的涨幅（如图 2－28 中 A 点所示），中间虽有调整但也不够彻底。自 A 点后中青旅的股价便开始不断的小幅向下滑落，而且在下滑的过程中股价下方的成交量也出现了明显的萎缩（如图2－28

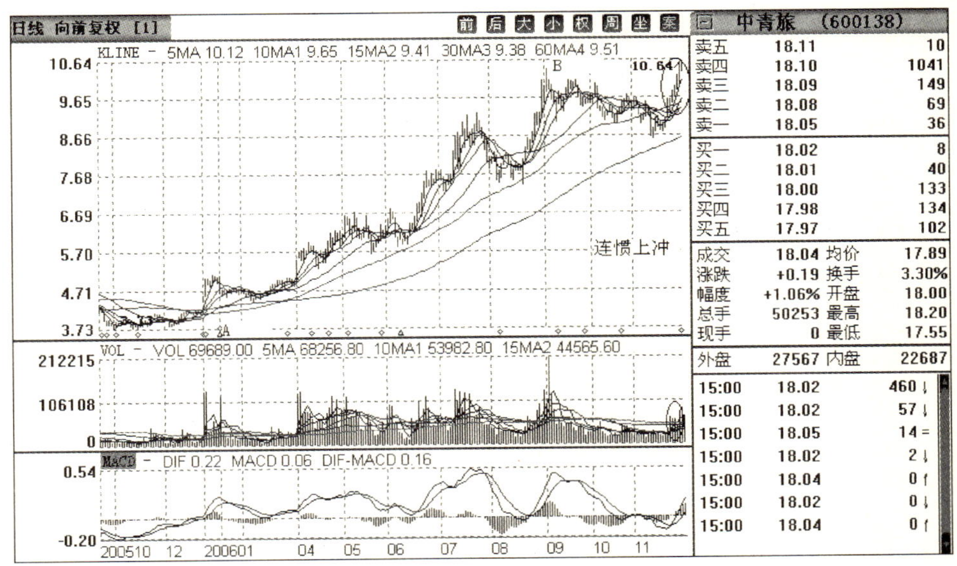

图 2－28

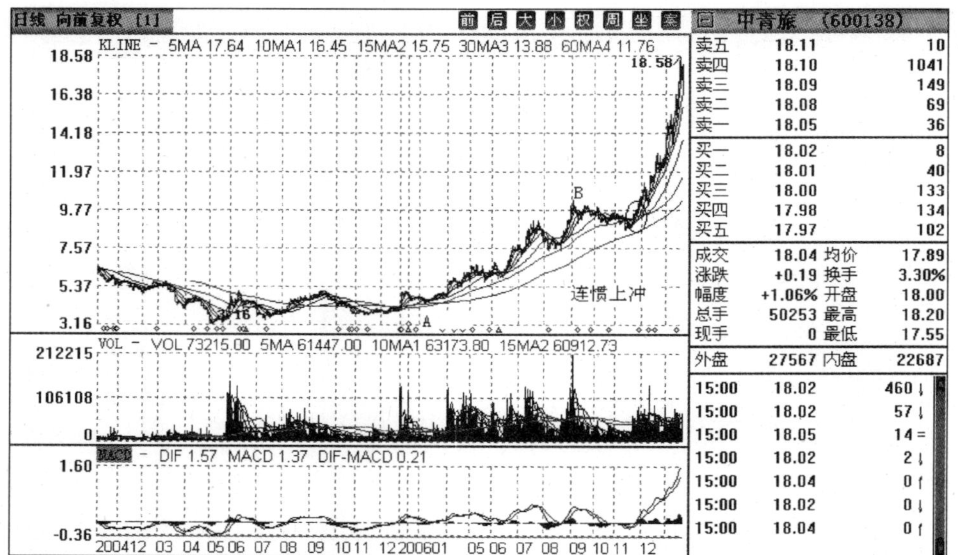

图 2－29

所示），这种调整从 9 月初一直持续到 11 月末，将近 3 个多月，应该算得上是一次充分的中期调整了。在调整末期该股又以连续的阳线，连贯的成交量向上突破，为我们提供了买点，但此处的放量与前期相比却明显不足（如图 2－28 所示）。可以判断为是中青旅的“腰部两强一准”，后面还应有一段上涨空间，事实上也是如此（如图 2－29 所示）。

中青旅的股价在第一轮上涨过程中也出现多次调整，为什么我会把这次调整定义为“腰部两强一准”并敢于买入呢？这其中还是有一定规律可循的：（1）这次调整的周期较长，足够消化前期大涨的压力；（2）调整过程中成交量迅速萎缩，说明清洗彻底；（3）上涨动作连贯，说明主力操作有序。

首旅股份（600258）也曾于 2006 年出现过类似的“腰部两强一准”（如图 2－30 所示）。

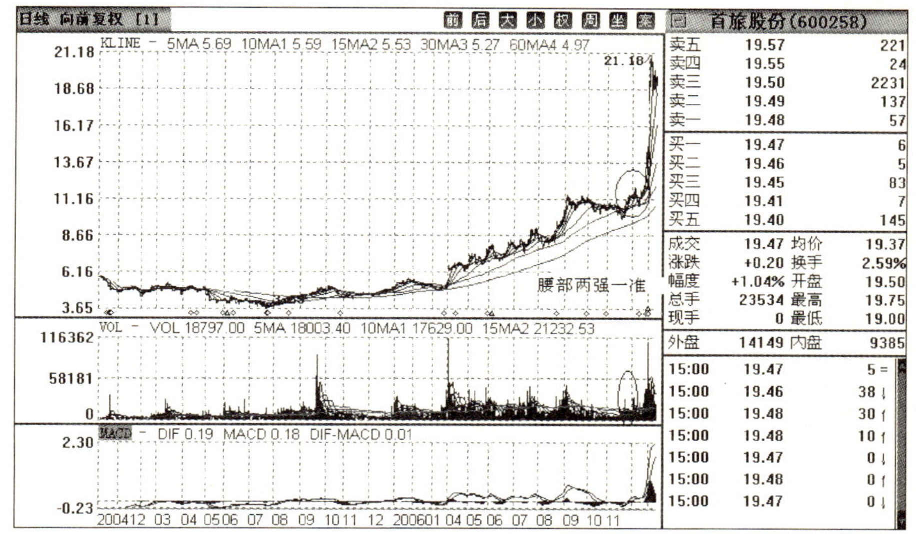

图 2－30

四、五粮液（000858）

下面这两幅图是五粮液在 2005 年 9 月～2007 年 1 月的一段股价走势（如图 2－31、图 2－32 所示）。

五粮液的股价从 2005 年 11 月～2006 年 5 月已有了近 3 倍的升幅，但在 5 月以后便陷入漫长的调整之中，此轮调整大概持续了半年左右，值得庆幸的是此轮调整并没有形成深幅下挫局面（如图 2－31 所示），由此可以看出主力并未完全出局，其大部分仓位还在其中，只是不知下一步有何打算，如还看好又准备何时做多。

就在 2006 年 11 月初此股发生了转机，在关键的技术点位连续的向上攻击，并创出新高（如图 2－31 所示），虽然成交量不能和前期同日而语，但结合前期此处放量突破意义重大，更何况此股形态巨大，一旦打开上涨空间，必将又是一轮大涨。此日好友正在我处，商议后重仓杀入，获利丰厚。

日线 向前复权 [1]
前 后 大 小 权 周 坐 案
五粮液(000858)
KLINE - 5MA 15.19 10MA1 14.93 15MA2 14.51 30MA3 13.54 60MA4 13.18
16.50
14.92
13.33
11.75
10.17
8.59
7.00
5.42
腰部两强一准
VOL - VOL 401381.00 5MA 225452.40 10MA1 251267.30 15MA2 289495.60
842166
421083
0
MACD - DIF 0.67 MACD 0.53 DIF-MACD 0.14
1.76
-0.42
200510 12 200601 04 05 06 07 08 09 10 11
卖五 — —
卖四 — —
卖三 — —
卖二 — —
卖一 28.15 1642
买一 28.14 992
买二 — —
买三 — —
买四 — —
买五 — —
成交 28.15 均价 28.49
涨跌 +0.02 换手 2.87%
幅度 +0.07% 开盘 28.16
总手 256104 最高 29.53
现手 261 最低 27.80
外盘 114886 内盘 141219
13:25 28.26 121↓
13:25 28.26 26↓
13:25 28.26 22↓
13:25 28.27 6↑
13:26 28.27 13↓
13:26 28.27 38↓
13:26 28.27 261↓

图 2 - 31

日线 向前复权 [1]
前 后 大 小 权 周 坐 案
五粮液(000858)
KLINE - 5MA 30.17 10MA1 28.89 15MA2 27.10 30MA3 23.08 60MA4 18.73
33.18
29.19
25.21
21.22
17.24
13.25
9.27
5.28
腰部两强一准
VOL - VOL 322226.00 5MA 341668.80 10MA1 305651.40 15MA2 303927.73
842166
421083
0
MACD - DIF 3.18 MACD 2.96 DIF-MACD 0.22
3.41
-0.42
20041102 04 05 06 07 08 09 10 11 12 200601 05 06 07 08 09 10 11 12
卖五 — —
卖四 — —
卖三 — —
卖二 — —
卖一 28.15 1642
买一 28.14 992
买二 — —
买三 — —
买四 — —
买五 — —
成交 28.15 均价 28.49
涨跌 +0.02 换手 2.87%
幅度 +0.07% 开盘 28.16
总手 256104 最高 29.53
现手 261 最低 27.80
外盘 114886 内盘 141219
13:25 28.26 121↓
13:25 28.26 26↓
13:25 28.26 22↓
13:25 28.27 6↑
13:26 28.27 13↓
13:26 28.27 38↓
13:26 28.27 261↓

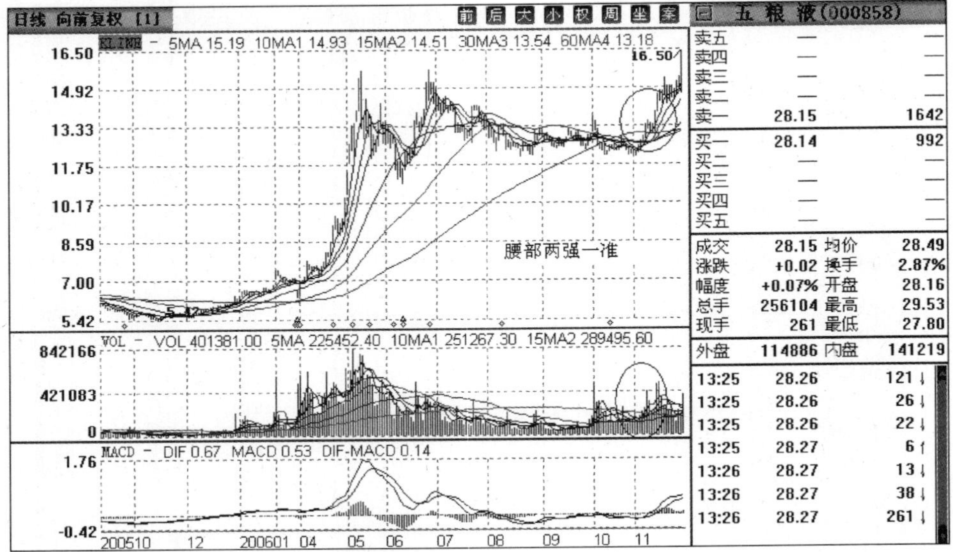

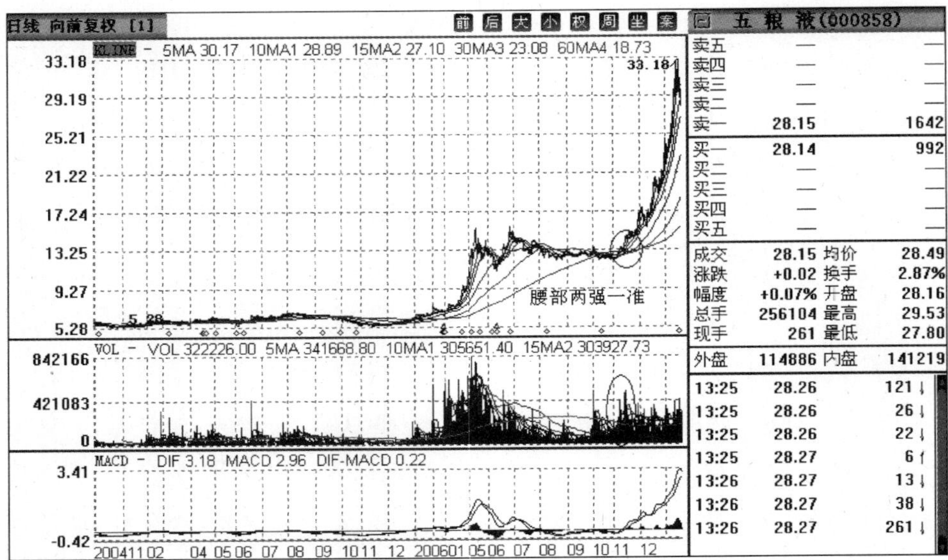

图 2 - 32

后来五粮液的股价又在此基础上再翻一番（如图 2－32 所示）。

五、上海贝岭（600171）

下面这两幅图是上海贝岭在 2001 年 1 月～2004 年 4 月的一段股价走势（如图 2－33、图 2－34 所示）。

我们在前面所介绍的“底部两强一准”，一般所指的是某只股票在低位由庄家充分建完仓，再经过回调洗盘后，股价在底部所形成的向上突破。它在突破形式上多以放量向上确立攻击之势为主，在未突破之时盘整的时间上也会稍长一些。而“腰部两强一准”则是股票在上涨过程中股价行至中途由庄家向下打压清洗获利筹码后再度向上拉升所形成的。它的特点是回调周期短，突破速度快，在成交量上要求也不那么严格。

随着大牛市的结束，熊市的来临，许多股票都由高处向下回落。

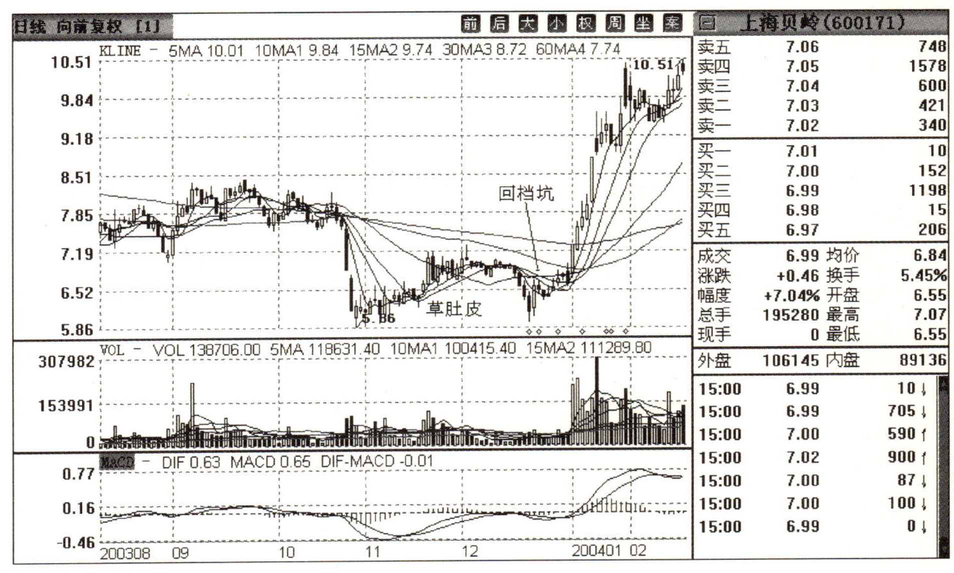

图 2－33

主力都在忙着出货，没有庄家肯在这样的股票中建仓，但这样的股票也会在长期下跌过程中产生强烈的反弹，于是一种新的介于“底部两强一准”和“腰部两强一准”之间的形态就产生了。它具备“底部两强一准”的高大涨幅，也具备“腰部两强一准”的快捷迅猛，是股票运动过程中的经典之作。

例如图2－33中的上海贝岭，在这幅图中上海贝岭的股价于低位形成“小型草肚皮”后（如图2－33所示），便在较短的时间里以快捷的速度及强大的成交量迅猛的突破“回档坑”向上攻击（如图2－33所示），股价也从“回档坑”后的9元多涨到了13元多，短期升幅相当之大。如单从其“草肚皮”后回档的时间和初涨的速度来看，这里的“两强一准”应属于“腰部两强一准”。若从其涨幅和成交量上来分析却又像是“底部两强一准”，但上海贝岭的“草肚皮”过小又不像是庄家建仓。上海贝岭之所以走出这种介于两者之间的“两强一准”是有其独特的市场背景的。

图2－34

请看图2－34中上海贝岭的股价走势，在图中上海贝岭的股价始终运行在一个长期下降通道之中（如图2－34所示），从起初的19元多跌到“小草肚皮”处的7元多，跌幅甚为巨大。它在下跌过程中有过若干次的小反弹，也形成了若干次的“小量堆”。凭我对盘面的理解，是这样认为的：如果是中短期的下跌，我们在去做反弹时，要去做那些跌得多、跌得快且在下跌途中很少有反弹和成交量放出的股票，因为反弹和成交量多，获利盘和套牢盘也多，这样的股票反弹起来力度和速度都不如前者。但对于长期处在下降通道中，又严重超跌的股票就要具体情况具体分析了。非常时期的放量有可能是主力吸货造成的。例如像上海贝岭，它在经过长期的下跌后，股价处于严重超跌状态，并在低位形成形态标准的“草肚皮”结构，那么在这个“草肚皮”之前的若干次放量是主力建仓的可能性就非常之大，如在“草肚皮”后又出现放量上攻就几乎可以肯定了。上海贝岭的“草肚皮”小但涨幅大，是因为在“草肚皮”前庄家早有建仓或还剩有原来的“货底”，而“小草肚皮”只不过是用来小量增仓和协调结构的手段。所以在这个“小草肚皮”后所形成的“两强一准”才会有“底部两强一准”的强劲，“腰部两强一准”的快捷。那么它究竟属于哪一种呢？说到这里已经不重要了，每种股票的分析方法都是没有明确的界限的，每个时期主力的操做手法也不尽相同，重要的是我们结合当时的市场去分析，更重要的是它会涨。再高明的庄家在操作过程中也会露出蛛丝马迹的，因为主力的建仓、洗盘、拉升等过程都要遵守一定的客观规律。

2003年和2004年这两年有很多股票由于本身及市场的原因都曾形成过这种短小精悍的走势，如图2－35中的一致药业（000028），就是在经过长期下跌后形成了这种模棱两可的“两强一准”（如图2－35所示）。

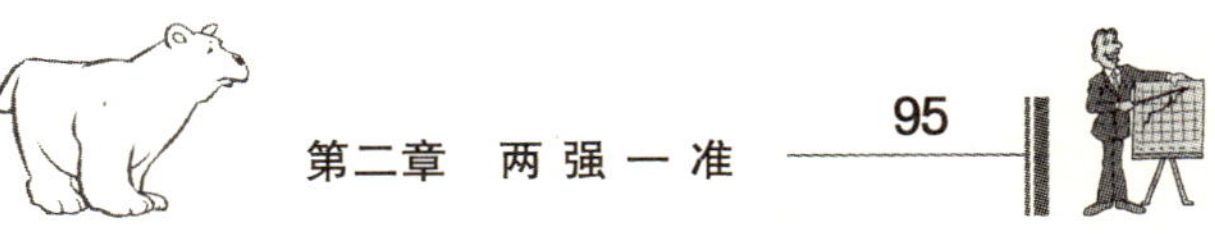

日线 向前复权 [1]
前 后 大 小 权 周 坐 案
KLINE - 5MA 5.73 10MA1 5.78 15MA2 5.82 30MA3 5.79 60MA4 4.69
6.57
6.06
5.54
5.02
4.50
3.99
3.47
2.95
长期下跌
草肚皮
VOL - VOL 11384.00 5MA 9631.60 10MA1 17797.40 15MA2 19770.13
133895
66948
0
MACD - DIF 0.18 MACD 0.27 DIF-MACD -0.09
0.72
0.24
-0.24
200404 07 08 09 1011 12 200501 04 0506 07 08 09 1011 12 20060104
一致药业(000028)
卖五 9.87 5
卖四 9.86 323
卖三 9.85 85
卖二 9.84 212
卖一 9.83 11
买一 9.79 112
买二 9.78 494
买三 9.77 298
买四 9.76 132
买五 9.75 69
成交 9.79 均价 9.78
涨跌 +0.10 换手 2.91%
幅度 +1.03% 开盘 9.77
总手 20771 最高 9.97
现手 293 最低 9.65
外盘 10440 内盘 10332
14:56 9.75 3↓
14:56 9.78 22↑
14:56 9.78 4↓
14:57 9.79 16↑
14:57 9.79 4↑
14:57 9.78 1↓
15:00 9.79 293↑

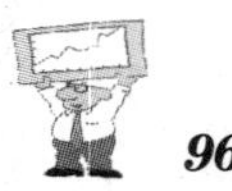

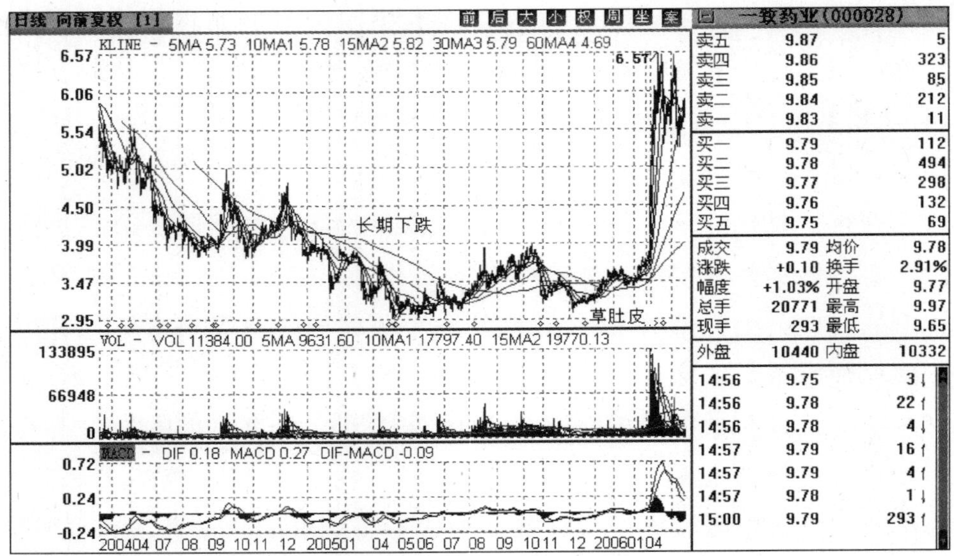

图 2－35

第三章　小谢青发

阅读诗歌可以陶冶人的情操，抒发人的情感。尤其像我们这种炒股票的人，或在喜悦之时，或在绝望之时，更需要借诗歌来抒发情感。我本人就非常喜欢诗歌，尤其喜爱唐代诗人李白的诗歌，他的诗妙绝古今，不仅是简单意义上的豪放，并于豪放当中含着婉约，具有极强的感染力，每字每句都透露着天才诗人特有的天分。记得诗人李白写的《宣州谢眺楼饯别校书叔云》中是这样写的：

弃我去者，昨日之日不可留。
乱我心者，今日之日多烦忧。
长风万里送秋雁，对此可以酣高楼。
蓬莱文章建安骨，中间小谢又青发。
俱怀逸兴壮思飞，欲上青天览日月。
抽刀断水水更流，举杯销愁愁更愁。
人生在世不称意，明朝散发弄扁舟。

全诗忧郁、奔放，是我们抒发情怀的好作品，尤其是头几句更是我们炒作股票过程中迎来送往复杂心情的真实写照。其中“中间

小谢又青发”的意思是说：晋代诗人谢惠连专以写山水风景而见长，他的诗清新、秀雅与众不同，每每焕发出一种脱俗的新意。

在众多的技术指标中，我对某些指标的功效不敢苟同，但对移动平均线（MA）却十分青睐，因为移动平均线的形成比较客观，不像其他的技术指标那样容易被人为的操纵。今天我就借用李白的这句“小谢青发”对移动平均线来探讨一下。传统的均线理论是这样的，如果我们只观察一条平均线时：

（1）移动平均线从下降走平或转为上升，而股价又从平均线的下方向上突破平均线，为买入信号。

（2）移动平均线持续上升，而股价快速向下跌穿平均线又快速回升到平均线之上，为买入信号。

（3）股价在移动平均线上，突然下跌但未跌穿平均线又再度勾头向上，为买入信号。

（4）股价在移动平均线下爆跌，远离平均线，很可能会出现反弹，为买入信号。

（5）移动平均线由上升逐渐走平，而股价则从平均线上方向下跌穿平均线，为卖出信号。

（6）当股价在移动平均线上并远离平均线，此时股价很可能出现回落，为卖出信号。

（7）股价在移动平均线下展开反弹，但未能突破平均线便告回落，为卖出信号。

（8）移动平均线持续下行，而股价却向上突破平均线，但不久又回落到平均线之下，为卖出信号。

（9）移动平均线向上，表示趋势向上；移动平均线向下，表示趋势向下。

而对短、中、长多条平均线同时存在是这样解释的：当短期移动平均线向上突破中期移动平均线和长期移动平均线，而中期移动平均线又向上突破长期移动平均线时形成的交叉叫“黄金交叉”，此时的均线排列称为多头排列，市场也叫多头市场。

反之，短期移动平均线向下跌破中期和长期移动平均线，中期移动平均线又向下跌破长期移动平均线时形成的交叉叫“死亡交叉”，此时的均线排列称为空头排列，市场也叫空头市场。

此外移动平均线还具有揭示市场平均成本、对股价具有支撑和阻力等作用。

移动平均线的功能我们基本上介绍完了，那我们又能在它的基础上结合实际使它焕发出什么样的新意呢？

第一节 最强之音

传统的均线理论，更多的是研究均线与股价的位置关系，而忽略了成交量的变化。要知道成交量是股价运动的元气，不同位置的成交量能真实的反映出庄家的不同用意。如果将成交量、股价、均线三者有机的结合到一起使用，就会收到意想不到的效果。

在操作过程中，我们经常会遇到这种情况：某只股票在放量切断并突破某条均线后，它的上涨并非一帆风顺，在上涨途中会出现多次的回档，而每次回落到这条均线上时，都会受到它的支撑，并最终都能在这条均线上展开一轮飙升行情，我们就把这条能多次支撑住股价并使它展开飙升行情的均线叫股价的“最强之音”。

请看下面这幅 K 线图，它是特变电工（600089）在 1999 年 3 ~ 7 月的一段股价走势（如图 3 – 1 所示）。

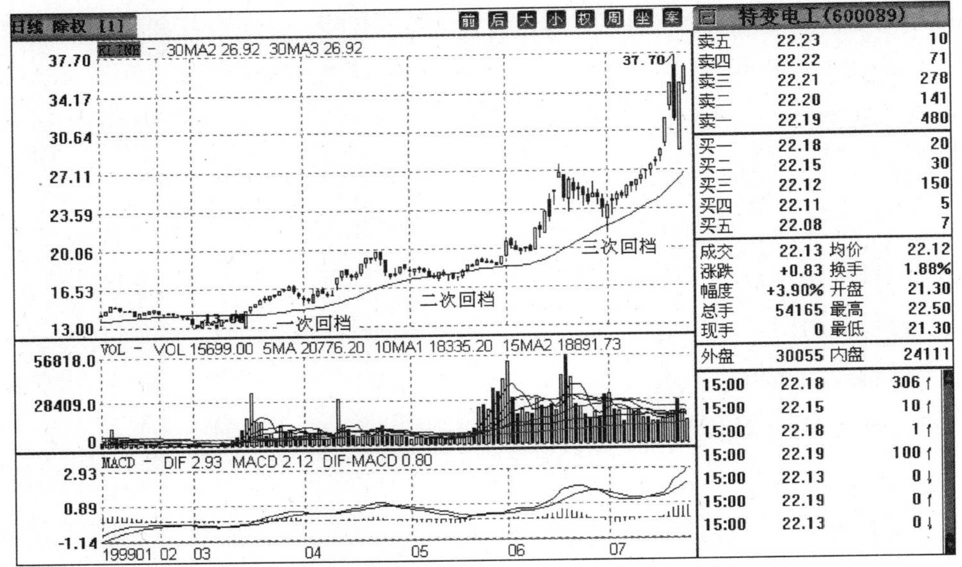

图 3－1

在这幅图中，特变电工的股价于 3 月 16 日放巨量走出一根大阳线（如图 3－1 中 A 点所示），这条大阳线成功的突破并切断了特变电工的 30 日均线，并且是带量突破，此后特变电工的股价便在 30 日均线之上逐波上行，在上行途中其股价出现了 3 次回档（如图 3－1 所示），这 3 次回档都在其 30 日均线处受到了支撑（回档过程中如果有缩小成交量相配合则更为理想）。这 3 次回档都是我们的买入良机，直至出现飙升行情为止，其中特变电工在第 3 次回档之后展开了一轮飙升行情（如图 3－1 所示）。这幅图中曾 3 次支撑住特变电工的股价并使其展开飙升行情的 30 日均线，就是特变电工的“最强之音”。

在现实的行情中，当股价在底部形成一根带量大阳线时，不可能只切断并突破一条平均线，而是很可能同时切断并突破股价的数条平均线，这也正是我们所要求的。那么在这数条平均线当中，哪一条才是我们所要找的“最强之音“呢？我有一个很简单的方法能找出这条最强之音，我把这个方法起名叫做“首次回档跌穿排除确立法”，简称“排除确立法”，名字很长，但很容易理解。“排除确立法”，顾名思义，就是在股价出现一根放量大阳线同时切断并突破数条平均线后，股价在上涨过程中首次出现回档时所跌穿的那些平均线都不是股价的最强之音，只有最后那条恰好能支撑住股价的平均线才是我们所要找的最强之音。

例如下面的例子，它是莱钢股份（600102）在 1999 年 10 月 ~ 2000 年 7 月的一段股价走势（如图 3 –2、图 3 –3 所示）。

在图 3 –2 中，有 3 条平均线，它们分别是 5 日均线、10 日均线和 30 日均线。莱钢股份的股价于 2000 年 1 月 19 日形成一根带有巨量的大阳线（如图 3 –2 中 A 点所示），这条大阳线同时切断并突破了这 3 条平均线，此后其股价在这 3 条均线之上运行一段时间后便开始出现首次回档，回档时莱钢股份的股价连连跌破了这3条平均

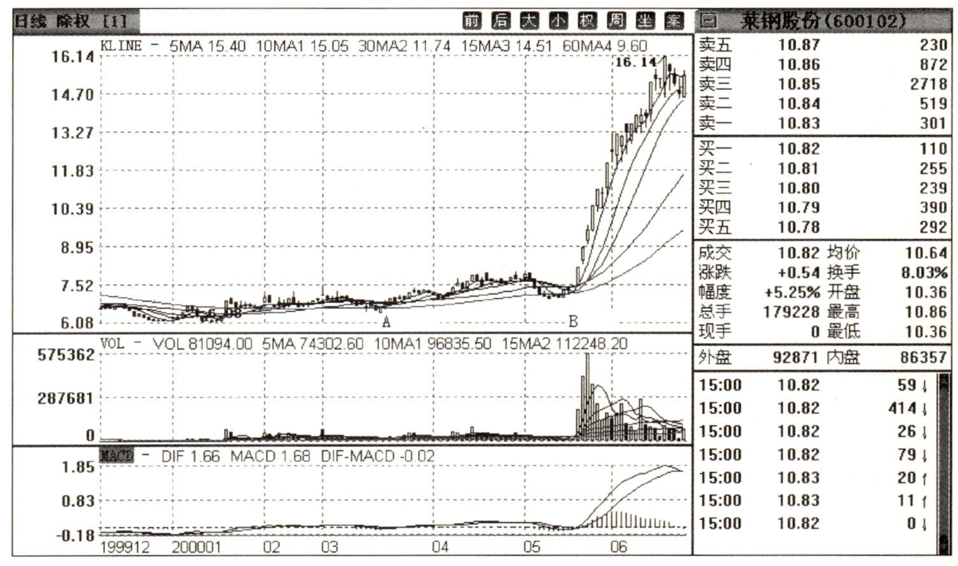

图 3 –2

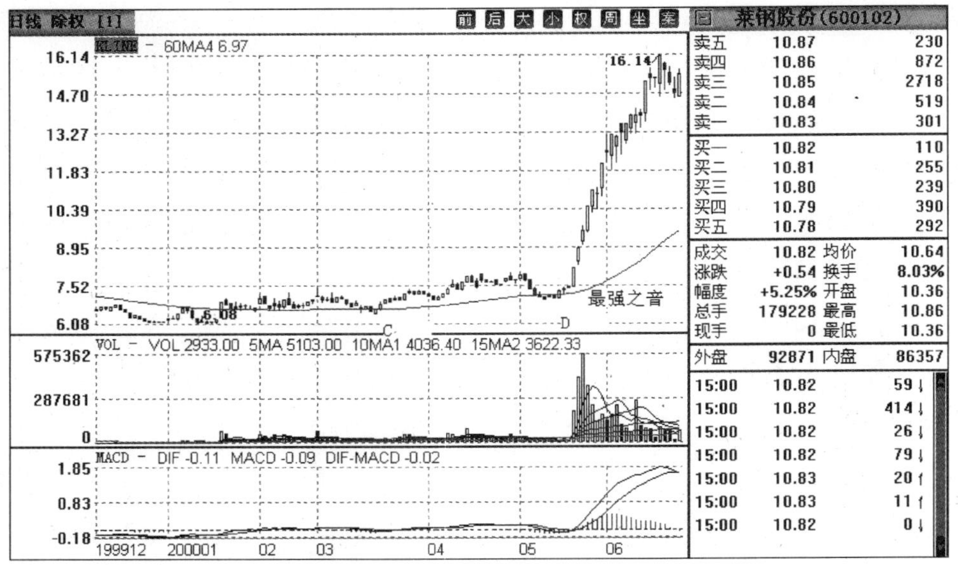

图 3－3

线（如图 3－2 中 B 点所示），此时可以排除这 3 条平均线都不是莱钢股份的“最强之音”。这时我们可以打开电脑，在分析软件上重新设置莱钢股份的均线系统。现在的科技太发达了，可以在电脑上随意设置股价的均线系统。在改变均线的同时你会发现，被这 3 条带量大阳线切断并突破的不仅仅是 5 日均线、10 日均线和 30 日均线、还有 40 日均线、60 日均线和 70 日均线等等。不过能恰好支撑住这次回档的只有 60 日均线（如图 3－3 中 C 点所示），这时我们可以确立 60 日均线就是莱钢股份的“最强之音”。现在我们可以等待莱钢股份的股价在下一次触及 60 日均线时买进，直至出现飙升行情为止。其后莱钢股份的股价又在 60 日均线之上运行了一段时间后，再次向下回落并受到了 60 日均线的支撑（如图 3－3 中 D 点所示），在这里我们可以加码买入莱钢股份，在这次受到了“最强之音”的支撑后，莱钢股份便开始放量展开飙升行情了（如图 3－3 所示）。

应用法则：我们如果发现某只股票在底部放量形成一根大阳线，这条大阳线又同时切断并突破了这只股票的数条平均线，我们就用“排除确立法”找出这只股票的“最强之音”，并在其每次回落到“最强之音”时买入，直至出现飙升行情为止。

一、中核科技（000777）

下面这幅图是中核科技在2000年1～6月的一段股价走势（如图3－4所示）。

在这幅图中，中核科技的股价于2月28日形成一根带量大阳线（如图3－4中A点所示）。这根大阳线同时切断并突破了中核科技的5日均线、10日均线和30日均线。随后不久，中核科技的股价便在这3条均线之上出现了首次回档，在回档至30日均线时受到了支撑，并再次勾头向上（如图3－4中B点所示）。这时我们可以确定

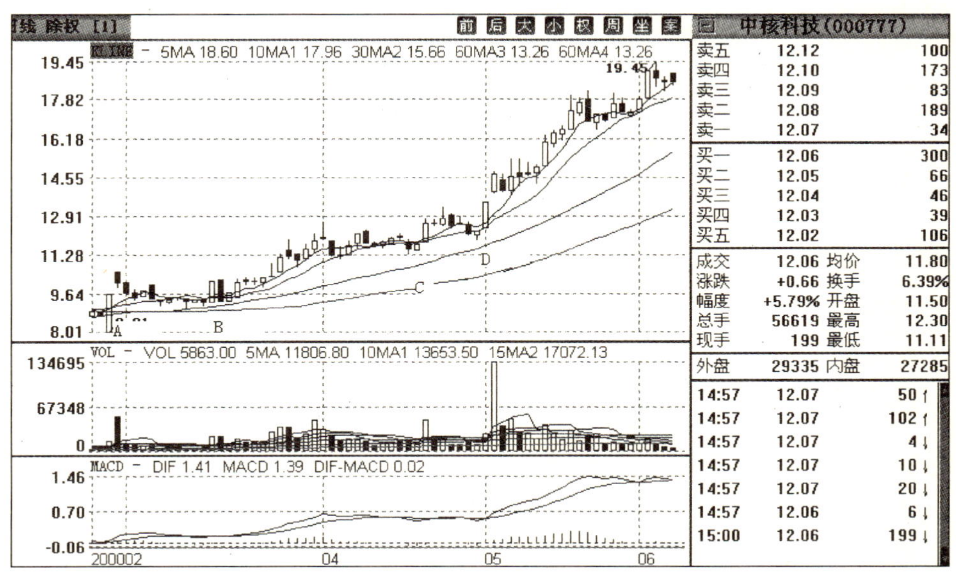

图3－4

30日均线就是它的“最强之音”，并等下次股价再向30日均线靠拢时买入。在中核科技的股价自B点以后上扬一段日子，又于4月18日、4月28日两次向30日均线靠拢（如图3-4中C点、D点所示），不过这两次都没有触及到30日均线，这说明该股走势很强更应加码买入。而此时它的强弱指标却在C点、D点两次下穿50线发出卖出信号（如图3-4所示），中核科技的股价在第3次向“最强之音”靠拢后一路走高。

可能当时我在分析中核科技首次回档时过于保守，实际20日均线才是它的“最强之音”。不过这样做也很好，股市中不是常说：“小心驶得万年船”吗。

二、上港集团（600018）

下面这两幅图是上港集团在2003年10月~2004年1月的一段股价走势（如图3-5、图3-6所示）。

在图3-5中，上港集团的股价于2003年的10月22日形成一根带有巨量的大阳线（如图3-5中A点所示），而这根巨量大阳线的实体同时切断了上港集团的5日、10日、30日和60日4条均线，由此可见此大阳线威力甚大。在随后的几个交易日里该股股价放量震荡向上攀升，在到达相应的高点后（如图3-5中B点所示），又开始缩量回调，且在其30日均线处止跌回升（如图3-5中C点所示），并再次向上攀升。这时我们可以通过前面所介绍的方法找出上港集团的“最强之音”就是30日均线，并在其股价下次回落到“最强之音”时买入该股。果不出所料，没过多久上港集团的股价在放量上涨一段时间后又缩量回落至30日均线上方（如图3-5中D点所示），以小阴、小阳整理数日后又再度发力上攻。我们从图3-5中可以看出上港集团的股价，在每次回落并脱离最强之音上方时都

日线 除权 [1]
前 后 大 小 权 周 坐 案
上港集团(600018)
KLINE - 5MA 15.72 10MA1 15.48 30MA2 14.45 60MA3 13.79
16.34
15.70
15.05
14.41
13.76
13.12
12.47
11.83
A
B
C
D
VOL - VOL 71460.00 5MA 72031.20 10MA1 102462.90 15MA2 87698.20
201761
100880
0
MACD - DIF 0.55 MACD 0.50 DIF-MACD 0.05
0.57
0.19
-0.18
200310
11
12
200401
卖五 8.42 4968
卖四 8.41 4580
卖三 8.40 31330
卖二 8.39 8654
卖一 8.38 3460
买一 8.37 2740
买二 8.36 3116
买三 8.35 4919
买四 8.34 4143
买五 8.33 3925
成交 8.37 均价 8.34
涨跌 +0.13 换手 5.14%
幅度 +1.58% 开盘 8.24
总手 1244237 最高 8.50
现手 0 最低 8.16
外盘 666923 内盘 577314
15:00 8.37 554
15:00 8.38 683
15:00 8.37 4911
15:00 8.38 246
15:00 8.37 0
15:00 8.38 0
15:00 8.37 0

图 3－5

日线 除权 [1]
前 后 大 小 权 周 坐 案
上港集团(600018)
KLINE - 30MA2 14.45
16.34
15.70
15.05
14.41
13.76
13.12
12.47
11.83
A
B
C
D
最强之音
VOL - VOL 71460.00 5MA 72031.20 10MA1 102462.90 15MA2 87698.20
201761
100880
0
MACD - DIF 0.55 MACD 0.50 DIF-MACD 0.05
0.57
0.19
-0.18
200310
11
12
200401
卖五 8.42 4968
卖四 8.41 4580
卖三 8.40 31330
卖二 8.39 8654
卖一 8.38 3460
买一 8.37 2740
买二 8.36 3116
买三 8.35 4919
买四 8.34 4143
买五 8.33 3925
成交 8.37 均价 8.34
涨跌 +0.13 换手 5.14%
幅度 +1.58% 开盘 8.24
总手 1244237 最高 8.50
现手 0 最低 8.16
外盘 666923 内盘 577314
15:00 8.37 554
15:00 8.38 683
15:00 8.37 4911
15:00 8.38 246
15:00 8.37 0
15:00 8.38 0
15:00 8.37 0

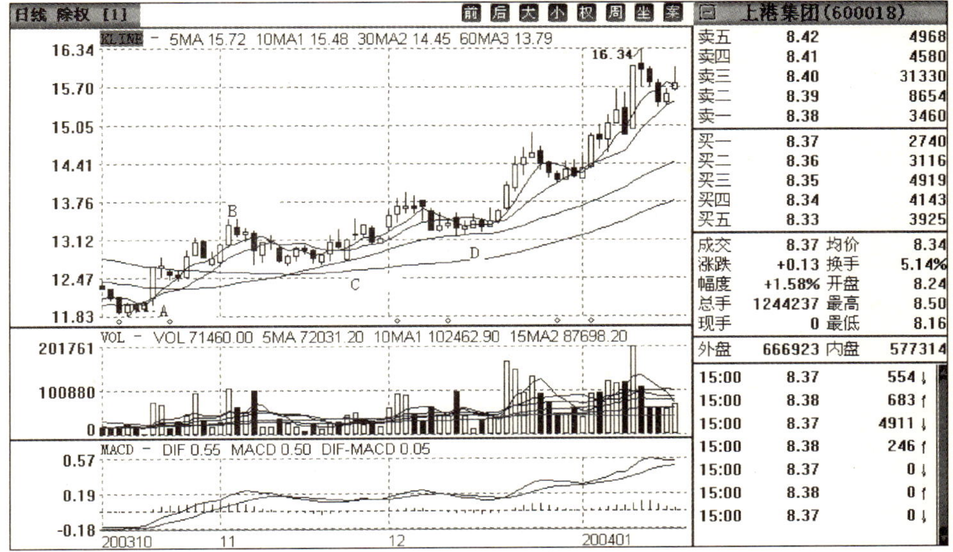

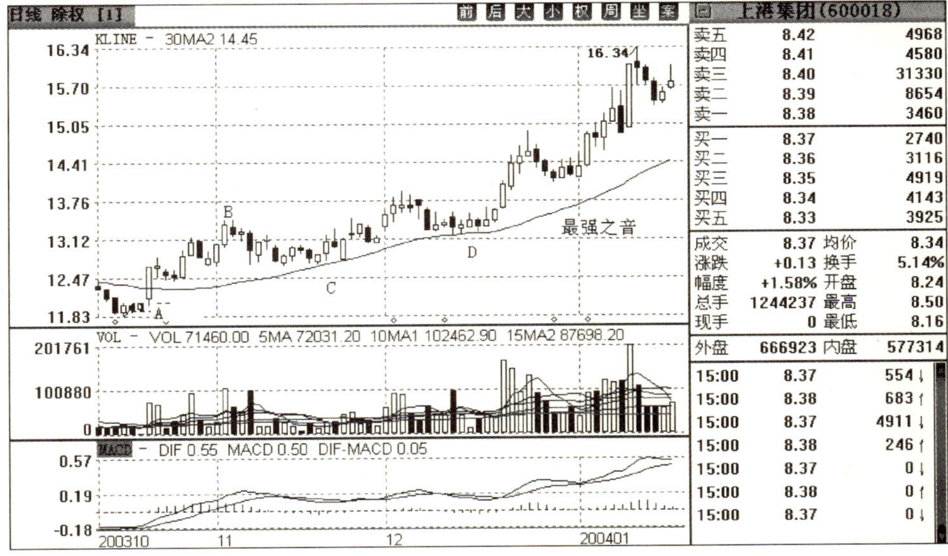

图 3－6

有缩小或放大的成交量相配合。这是非常理想的运作模式，所以其股价在最后一次触及到“最强之音”后其上涨幅度也是很大的。

为了让大家更清楚的看到“最强之音”对股价的支撑作用，特意节选图 3 -6 供大家参考。

三、综艺股份（600770）

下面这幅图是综艺股份在 1999 年 11 月 ~2000 年 2 月的一段股价走势（如图 3 -7 所示）。

在这幅图中我直接选出了综艺股份的“最强之音”，它就是 30 日均线（如图 3 -7 所示）。综艺股份的股价于 1999 年 11 月 18 日形成一根带有巨量的跳空小阳线（如图 3 -7 中 A 点所示）。这根巨量小阳线虽然没有成功的切断并突破 30 日均线，但紧随它其后的两根 K 线并没有放出太大的成交量就突破了 30 日均线，而且这两根小 K

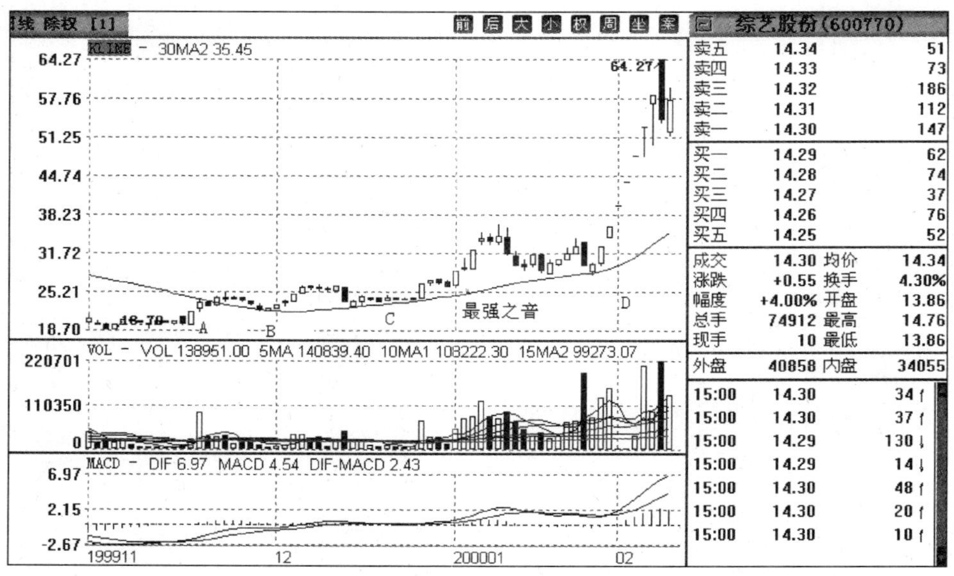

图 3 -7

线和那根巨量小阳线基本上是并列存在的，理论上可以看成是一根带量小阳线，因此也算放量突破。在综艺股份的股价突破其30日均线后的上涨途中，有3次向下触及“最强之音”，并且都受到了支撑（如图3－7中B、C、D三点所示），在这3次回档到30日均线时我们都可买入，而在第3次触及“最强之音”后综艺股份的股价形成一轮飙升行情。

四、招商银行（600036）

下面3幅图是招商银行在2005年8月～2006年11月的一段股价走势（如图3－8、图3－9、图3－10所示）。

实际行情与教科书最大的区别就是：实际行情会因外部环境的改变而发生变形，而教科书不会；人脑与电脑的最大区别就是：人脑懂得随机应变，而电脑不会。“最强之音”在最初形成的时候是由

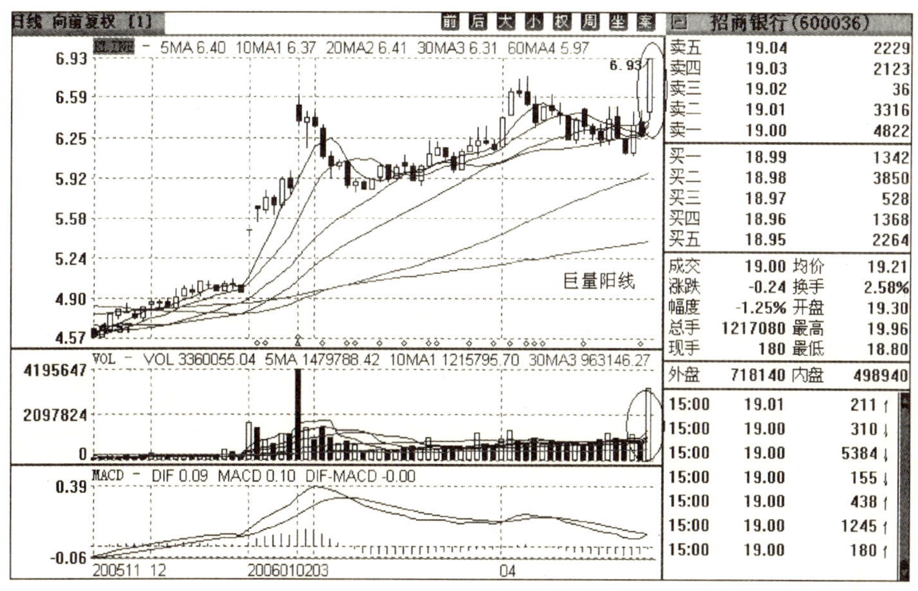

图3－8

日线 向前复权 [1]
前 后 大 小 权 周 坐 案
招商银行(600036)
KLINE - 5MA 9.74 10MA1 9.59 20MA2 9.22 30MA3 8.88 60MA4 8.13
10.48
巨量阳线
受60日均线支撑
VOL - VOL 958943.04 5MA 732213.82 10MA1 737765.91 15MA2 654699.67
MACD - DIF 0.46 MACD 0.40 DIF-MACD 0.05
200604 05 06 07 08 09
卖五 19.04 2229
卖四 19.03 2123
卖三 19.02 36
卖二 19.01 3316
卖一 19.00 4822
买一 18.99 1342
买二 18.98 3850
买三 18.97 528
买四 18.96 1368
买五 18.95 2264
成交 19.00 均价 19.21
涨跌 -0.24 换手 2.58%
幅度 -1.25% 开盘 19.30
总手 1217080 最高 19.96
现手 180 最低 18.80
外盘 718140 内盘 498940

图 3－9

日线 向前复权 [1]
前 后 大 小 权 周 坐 案
招商银行(600036)
KLINE - 5MA 18.65 10MA1 17.65 20MA2 16.88 30MA3 16.20 60MA4 14.44
19.96
4.81
受60日均线支撑
VOL - VOL 1217080.00 5MA 1127451.79 10MA1 1014606.10 15MA2 927888.34
MACD - DIF 1.09 MACD 0.92 DIF-MACD 0.17
200512 04 05 06 07 08 09 10 11 12 200701
卖五 19.04 2229
卖四 19.03 2123
卖三 19.02 36
卖二 19.01 3316
卖一 19.00 4822
买一 18.99 1342
买二 18.98 3850
买三 18.97 528
买四 18.96 1368
买五 18.95 2264
成交 19.00 均价 19.21
涨跌 -0.24 换手 2.58%
幅度 -1.25% 开盘 19.30
总手 1217080 最高 19.96
现手 180 最低 18.80
外盘 718140 内盘 498940

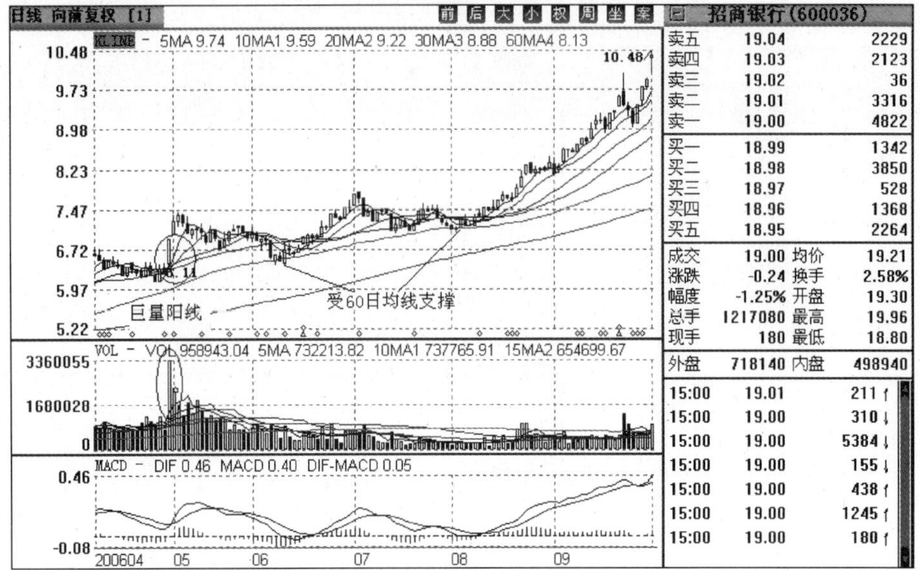

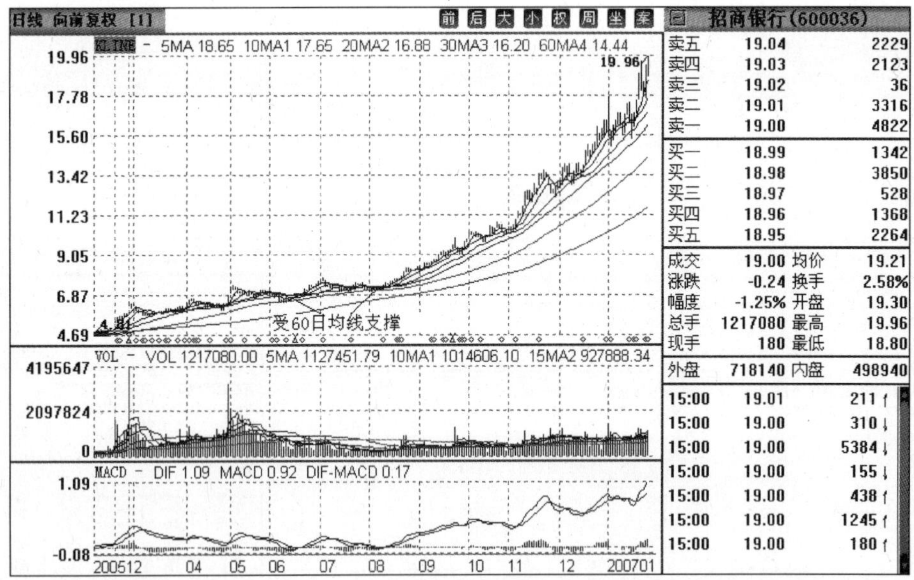

图 3－10

一根放量大阳线同时切断并突破合拢在一起的数条均线，但在实际行情中这种标准的技术形态有可能会在周围环境的影响下而发生变异，不是切断的位置过于偏上，就是过于偏下。

在图3－8中，招商银行的股价于2006年4月28日在其均线群上方不远出，拉出一根带有巨量的大阳线，形成突破之势（如图3－8所示），但突破之后这种上升趋势并没有得到很好的延续，不久后股价便开始不断的下滑，但当其股价在下滑至60日均线时受到了有力的支撑，重拾升势再创新高（如图3－9所示）。在招商银行的股价第二次创出新高不久后又开始了新的回落，有了上次的教训及“最强之音”的理论基础，我们可以事先设置好买点，准备在其股价第二次触及到60日均线时买入。

后来招商银行也的确为我们提供了两次这样的机会，再后来便一路攀升而上（如图3－10所示）。

曾有人对我的“最强之音”提出过质疑，说我这样优化均线不太合理，也许他们只是断章取义，并没有理解我的本意。“最强之音”的确在一些毫无章法、走势混乱的个股中容易出现失误，但你在实战操盘过程中能去选择这样的股票来作为操作对象吗？是不可能的！我们所选择的股票怎么也得在大体上有点眉目对吧，因此，“最强之音”在对一些有一定的建仓行为或强势个股的应用中还是很准的，而且启发意义也很大。

国能集团（600077）的股价在2005年12月8日放量向上突破并切断其60日均线（如图3－11中A点所示），后来又在2006年2月6日于其60日均线上方不远处放巨量上涨，此后该股在多次回调过程中均受到其60日均线的有力支撑，引发大幅上涨行情（如图3－11所示）。

俗话说的好：“空穴来风”，“最强之音”之所以能在国能集团的身上体现的这么生动也完全得益于此前该股主力有过明显的建仓过程（如图3－12所示）。

日线 向前复权 [1]
前 后 大 小 权 周 坐 案
国能集团(600077)
KLINE - 60MA2 3.02
4.80
4.40
4.00
3.60
3.19
2.79
2.39
1.98
放量切断
三次受支撑
VOL - VOL 17382.00 5MA 23629.60 10MA1 25437.70 15MA2 26576.53
88558.0
44279.0
0
MACD - DIF 0.37 MACD 0.31 DIF-MACD 0.06
0.37
-0.05
200511 200601 02 03 04 05
卖五 6.45 807
卖四 6.44 189
卖三 6.43 245
卖二 6.42 347
卖一 6.41 261
买一 6.40 333
买二 6.39 1274
买三 6.38 1250
买四 6.37 1060
买五 6.36 1321
成交 6.41 均价 6.30
涨跌 +0.22 换手 5.65%
幅度 +3.55% 开盘 6.25
总手 44571 最高 6.45
现手 26 最低 6.00
外盘 25722 内盘 18850
15:00 6.41 2
15:00 6.41 31
15:00 6.41 30
15:00 6.41 10
15:00 6.40 7
15:00 6.40 10
15:00 6.41 26

图 3-11

日线 向前复权 [1]
前 后 大 小 权 周 坐 案
国能集团(600077)
KLINE - 60MA2 3.02
4.80
4.37
3.93
3.49
3.05
2.61
2.17
1.73
建仓行为
放量切断
三次受支撑
VOL - VOL 17382.00 5MA 23629.60 10MA1 25437.70 15MA2 26576.53
92636.0
46318.0
0
MACD - DIF 0.37 MACD 0.31 DIF-MACD 0.06
0.37
-0.08
200505 07 08 09 10 11 12 200601 03 04 05
卖五 6.45 807
卖四 6.44 189
卖三 6.43 245
卖二 6.42 347
卖一 6.41 261
买一 6.40 333
买二 6.39 1274
买三 6.38 1250
买四 6.37 1060
买五 6.36 1321
成交 6.41 均价 6.30
涨跌 +0.22 换手 5.65%
幅度 +3.55% 开盘 6.25
总手 44571 最高 6.45
现手 26 最低 6.00
外盘 25722 内盘 18850
15:00 6.41 2
15:00 6.41 31
15:00 6.41 30
15:00 6.41 10
15:00 6.40 7
15:00 6.40 10
15:00 6.41 26

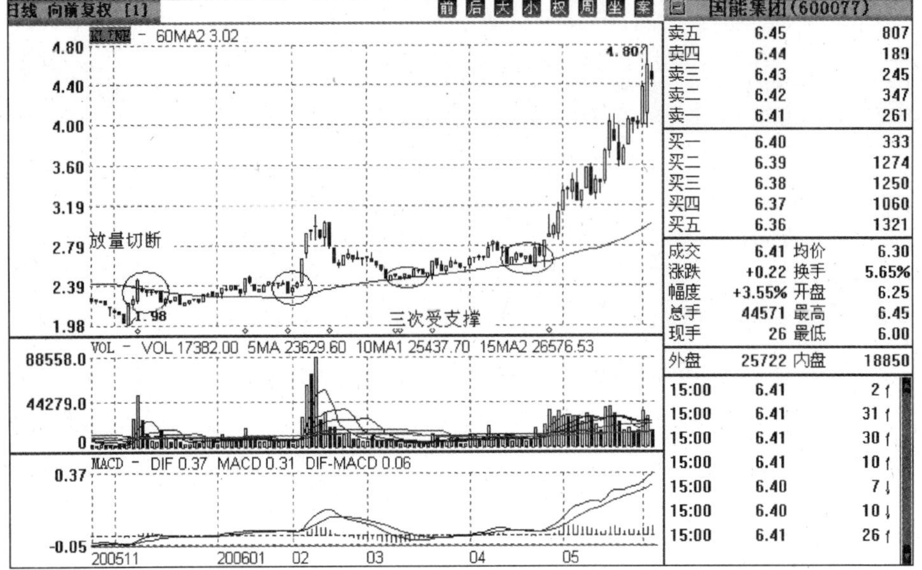

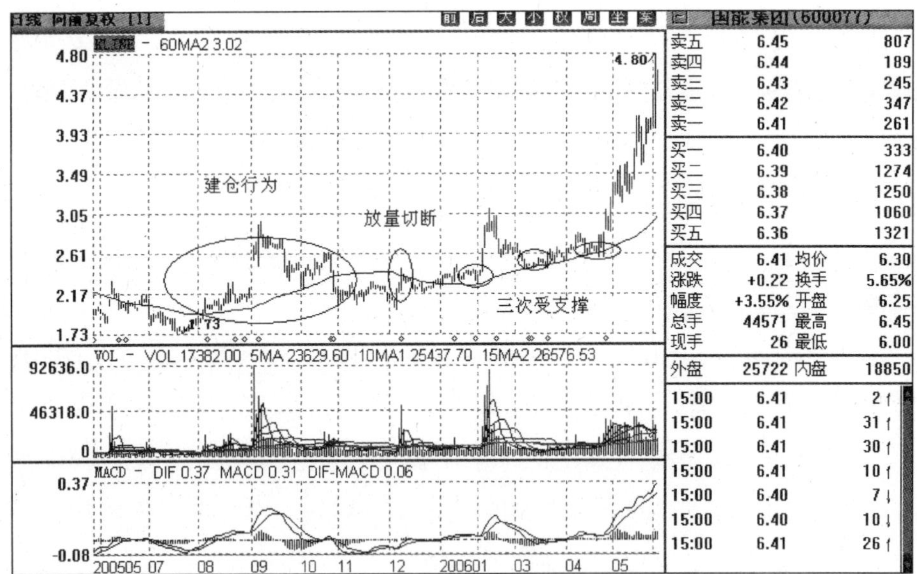

图 3-12

第二节　三线托底

在我国股市中，一般一只股票的上涨周期都比较短，尤其像一些我们所说的一些黑马股，它们上涨周期大都在10～30天左右。所以在观察这些股票时都重点观察它们的中短期均线系统，也就是5日均线、10日均线和30日均线，尤其是30日均线我认为它是中短期均线系统和中长期均线系统的结合点。一只股票无论是短期上涨还是长期上涨，观察它往往能得到重要的启示。

在股票市场里我们经常可以看到这样的股票，它们的庄家早已建仓完毕，但由于大市不好没有马上拉升，庄家只好长期隐藏于其中，等待时机的到来。这些股票通常隐藏的很好，一般都在其中短期均线系统下缓慢下行，给人一种疲弱的感觉。但时机一到它们又放量大涨，有着惊人的表现。你还会经常听到股民这样报怨："这只股票说涨就涨，谁能看出来?"，其实你若仔细观察它们的中短期均线系统，是可以找到蛛丝马迹的。我专门发明了这样一招用来寻找这样的股票，我把它叫作"三线托底"。

"三线托底"中的三线指的是股价的5日均线、10日均线和30日均线。当某只股票的股价长期缓慢下行时，它的股价走势和中短期均线系统会呈现空头排列，由上至下依次是：30日均线、10日均线、5日均线和股价走势，如果这只股票要想展开上涨行情，那它就必须在行情的伊始改变它的均线系统，使其股价、5日均线、10日均线分别上穿30日均线。若有强庄隐藏其中，这种上穿必定是有力的而且是放量的。由于上穿过于凶猛有力，在股价、5日均线和10

日均线上穿30日均线后势必会出现小幅回落，庄家也要借此机会清洗浮筹。如果庄家控盘良好，回落时通常都会明显缩量。而股价、5日均线、10日均线在回落至30日均线附近处会受到支撑。这时在股价的走势图中就会出现5日均线、10日均线、30日均线基本上粘合在一起托住股价的态势，这就是我所说的“三线托底”。由于“三线托底”是发生在股价的低部区域，所以这时的30日均线基本上都保持在水平状态，未来的行情能否展开，关键就是看30日均线能否托住底部。在“三线托底”成功之后，股价会再度放巨量大幅上涨。为了安全起见，可以在放量上攻时买入。

下面这幅图就是中视传媒（600088）在2005年11月~2006年6月所形成的“三线托底”走势（如图3－13所示）。

中视传媒的股价自2006年2月7日到达阶段性高点后便一路小幅下跌（如图3－13中A点所示），其股价和均线系统逐渐形成“空头排列”，直到同年4月4日才开始放量上攻（如图3－13中B

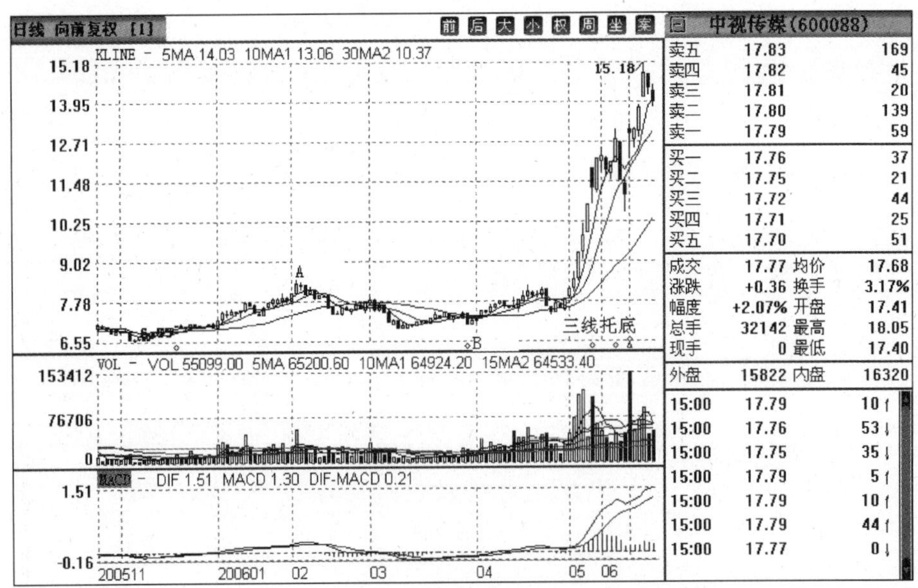

图3－13

点所示）。经过数天的放量上攻，其股价、5 日均线、10 日均线都上穿了 30 日均线形成“多头排列”。由于升势强劲，股价突破后又开始回落，在回落至 30 日均线处受到支撑，此时的 3 条均线也基本上粘合在一起。几日之后，中视传媒的股价又 30 日均线处再度放量上涨，此时托底成功，我们可大胆买入，随后中视传媒的股价又再度放量向上大幅飙升。

应用法则：如果我们发现某只经由主力控盘的股票，在底部长期缓慢的小幅下跌后，我们可以在它放量扭转其中短期均线系统后出现缩量回调，在多条均线粘合处受到支撑并再度放量上涨时买入。

一、金发科技（600143）

下面这两幅图是金发科技在 2005 年 10 月 ~2006 年 7 月的一段股价走势（如图 3 - 14、图 3 - 15 所示）。

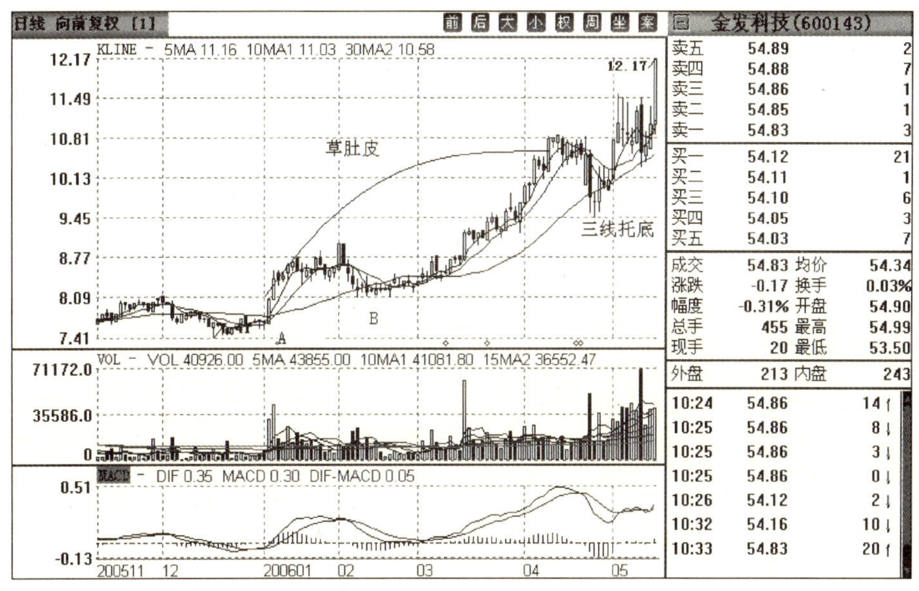

图 3 - 14

金发科技的股价在经过放量突破其短期均线其均线系统后一路放量的强势运行（如图 3－14 中 A 点所示），其间虽略有跌破其 30 日均线现象但又很快收回（如图 3－14 中 B 点所示），并不影响其整体的“草肚皮”形态（如图 3－14 所示）。我们可以看到其“草肚皮”下方的成交量是十分的饱满充盈的，庄家也一定在此处拿了不少的筹码。在“草肚皮”之上金发科技的均线系统基本上形成“空头排列”（如图 3－14 所示），但在“草肚皮”末期的回档部分其股价与 5 日均线及 10 日均线一起由上至下向其 30 均线靠拢，最终受到了其下方 30 日均线的支撑，并再度放量上涨，而此时的 3 条均线也粘结在一起，从而形成“三线托底”之势。

在“三线托底”之后金发科技的股价还有着巨大的上涨空间（如图 3－15 所示）。

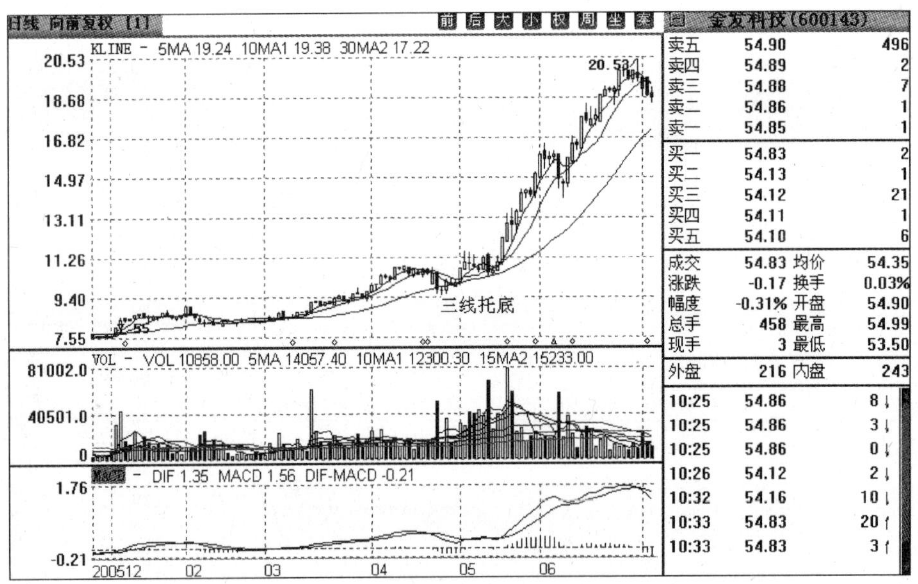

图 3－15

二、工大首创（600857）

下面这两副图是工大首创在 1999 年 9 月 ~2000 年 4 月的一段股价走势（如图 3 – 16、图 3 – 17 所示）。

在图 3 – 16 中，工大首创的股价也是处于长期不断的小幅下跌之中，其股价也与它的均线系统形成“空头排列”。但在 2000 年 1 月 4 日首创科技形成一根带量大阳线（如图 3 – 16 中 A 点所示），这根大阳线同时切断并突破了 3 条均线。在以后的几天里工大首创继续带量上攻，这时已扭转了其短期均线系统，股价、5 日均线、10 日均线依次上穿了 30 日均线形成“多头排列”。在快速上攻之后，由于能量消耗过大，加之庄家洗盘需要，其股价又开始缩量回档，在回落至 30 日均线处便受到了支撑。股价下方的成交量更是极度萎

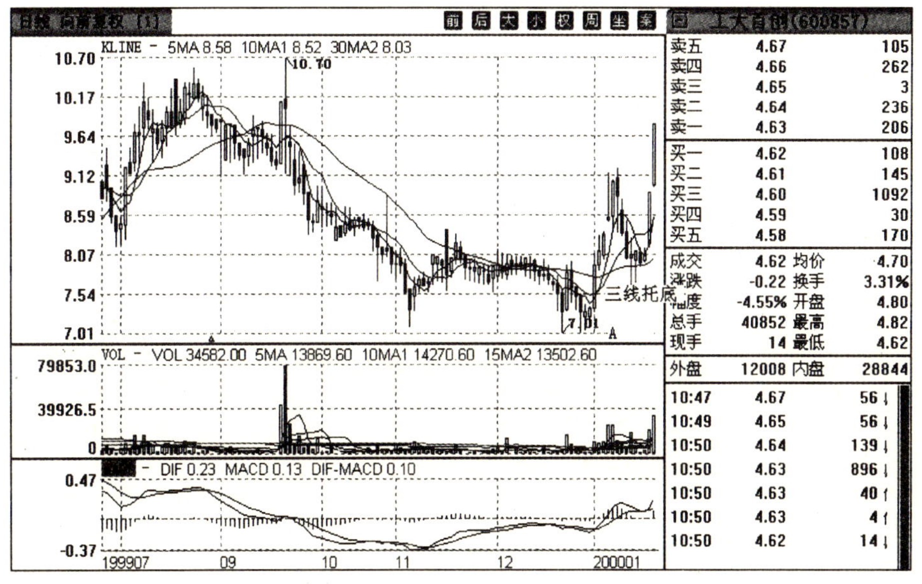

图 3 – 16

缩（如图3－16所示），就凭这点我们就该毫不犹豫的买入此股。此时的3条均线也粘合在一起，形成“三线托底”（如图3－16所示）。两三天后工大首创的股价放巨量以大阳线向上攻击，表明托底成功。为了安全起见，我们在这根大阳线以后的几个交易日里买入也是可以的。

工大首创在扭转其均线系统时，是由一根带量大阳线同时切断并突破了3条均线，并在首次回档时受到了30日均线的支撑，这也就确立了30日均线是工大首创的“最强之音”。你看工大首创在“三线托底”成功后，经一轮拉升行情后又向下回落，但在触及“最强之音”时又受到了支撑，形成二次飙升行情（如图3－17所示）。

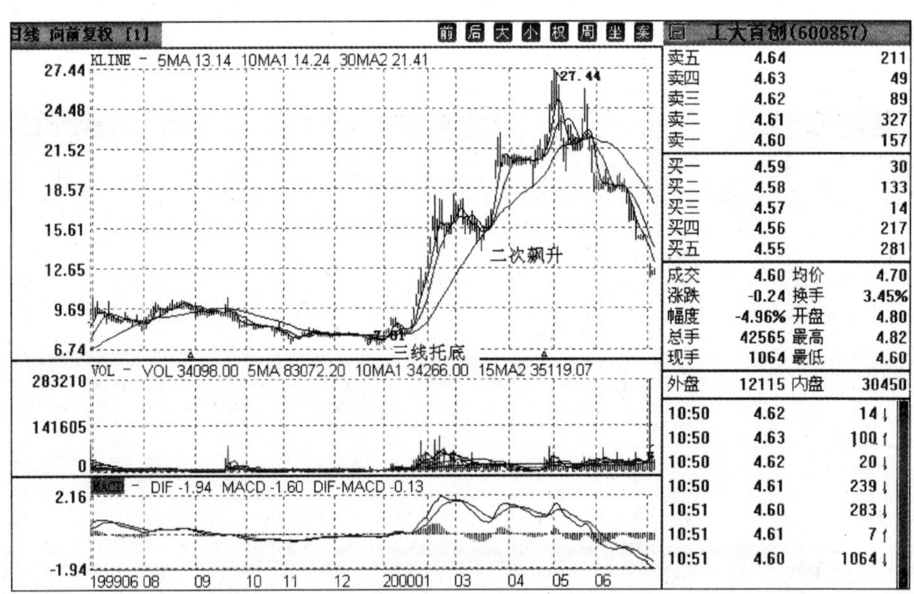

图3－17

三、辽河油田（000817）

下面这幅图是辽河油田在2002年11月~2003年2月的一段股价走势（如图3－18所示）。

在这幅图中，辽河油田的股价于2002年12月30日，在其30日均线下方开始放量向上攀升（如图3－18中A点所示），随后其股价迅速上穿并站稳在30日均线上方，且在30日均线上方形成一个非常标准的“小草肚皮”（如图3－18所示）。在辽河油田形成“草肚皮”之后，其股价又回落到30日均线上方，在受到支撑后又再度放量上行。

而此时辽河油田的30日均线基本上处于水平状态，因此，该股形成了“三线托底”。因为三线托的是底，所以，辽河油田其后的涨升空间也是不小的。

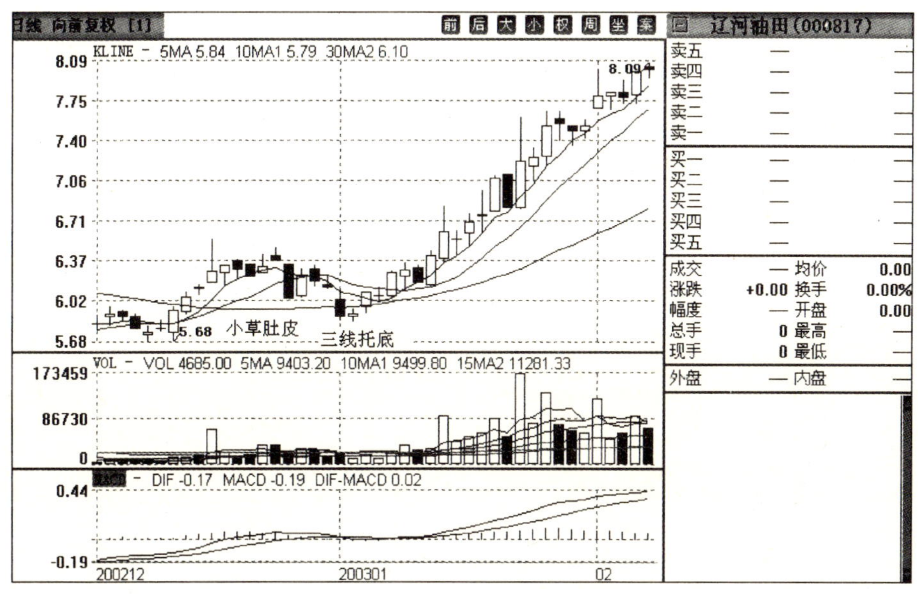

图3－18

四、宝钢股份（600019）

下面这两幅图是宝钢股份在2006年2月~2007年1月的一段股价走势（如图3－19、图3－20所示）。

有些黑马股因其具备“草肚皮”或“银边”等大形态，及在“草肚皮”或“银边”后也常有“三线托底”现象，故其并不难于被发觉，宇通客车就是这样的例子（如图3－21所示）。但有另外一些黑马股其庄家早以握有足够的筹码，没有什么明显的大形态或大形态不明确，平日里又伪装的极好，令多数股民难以察觉，可一旦上涨又空间巨大。对于这样的股票我们就要根据其特性从细微处下手，而30日均线略带稳定，又不失灵活恰巧可以解决这一问题。

宝钢股份的股价从2005年的11月~2006年的6月于其股价下方形成了巨大的“成交量堆”，但“成交量堆”上方的股价大形态

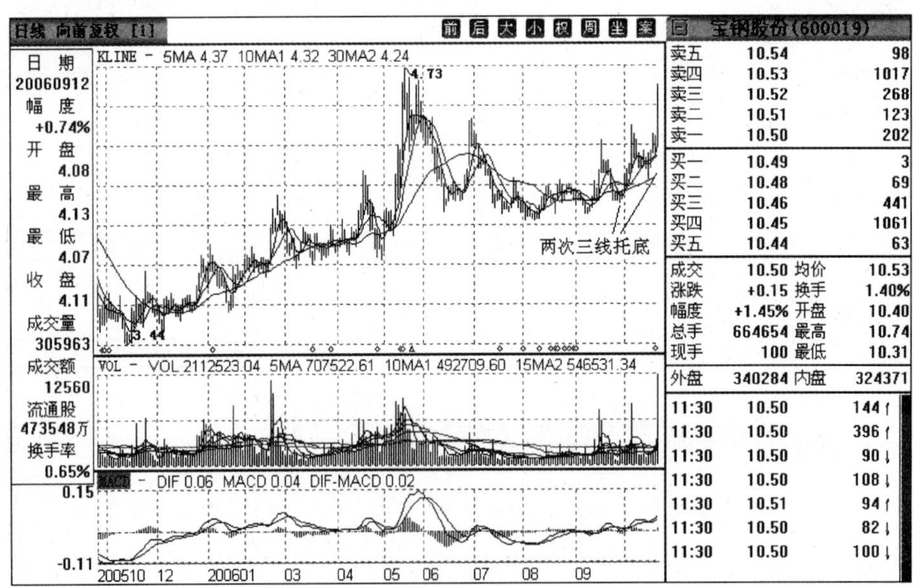

图3－19

日线 向前复权 [1]
前 后 大 小 权 周 坐 案
宝钢股份(600019)
KLINE - 5MA 9.08 10MA1 8.46 30MA2 7.57
9.64
8.78
7.91
7.05
6.18
5.32
4.45
3.59
两次三线托底
VOL - VOL 1235576.00 5MA 1224634.82 10MA1 1057499.31 15MA2 960486.07
2132207
1066104
0
MACD - DIF 0.67 MACD 0.56 DIF-MACD 0.10
0.67
-0.06
200601 03 04 05 06 07 08 09 10 11 12
卖五 10.54 98
卖四 10.53 1017
卖三 10.52 268
卖二 10.51 123
卖一 10.50 202
买一 10.49 3
买二 10.48 69
买三 10.46 441
买四 10.45 1061
买五 10.44 63
成交 10.50 均价 10.53
涨跌 +0.15 换手 1.40%
幅度 +1.45% 开盘 10.40
总手 664654 最高 10.74
现手 100 最低 10.31
外盘 340284 内盘 324371
11:30 10.50 144↑
11:30 10.50 396↑
11:30 10.50 90↓
11:30 10.50 108↓
11:30 10.51 94↑
11:30 10.50 82↓
11:30 10.50 100↓

图 3-20

日线 向前复权 [1]
前 后 大 小 权 周 坐 案
宇通客车(600066)
KLINE - 5MA 18.17 10MA1 17.20 30MA2 14.53
19.38
17.08
14.79
12.49
10.19
7.90
5.60
3.31
三线托底
草 肚 皮
VOL - VOL 32337.00 5MA 38407.80 10MA1 37482.80 15MA2 43814.73
180702
90351
0
MACD - DIF 1.68 MACD 1.46 DIF-MACD 0.22
1.68
-0.14
20051202 04 05 06 07 08 09 10 11 12
卖五 17.00 428
卖四 16.99 55
卖三 16.98 19
卖二 16.97 5
卖一 16.82 318
买一 16.80 18
买二 16.77 68
买三 16.75 10
买四 16.74 14
买五 16.73 29
成交 16.80 均价 16.98
涨跌 -0.54 换手 0.61%
幅度 -3.11% 开盘 17.36
总手 16114 最高 17.49
现手 9 最低 16.64
外盘 5735 内盘 10380
11:30 16.77 4↑
11:30 16.77 86↑
11:30 16.77 115↑
11:30 16.77 6↓
11:30 16.77 4↓
11:30 16.80 6↑
11:30 16.80 9↑

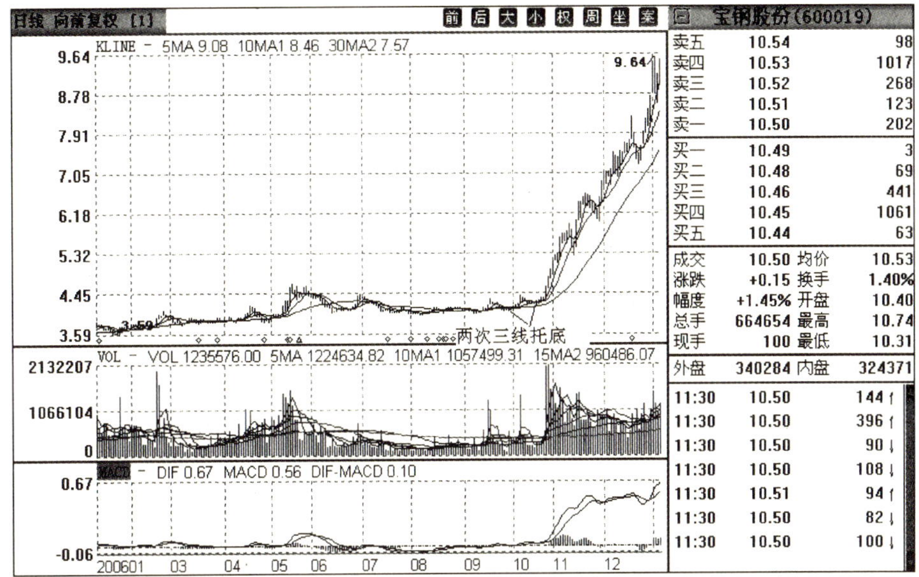

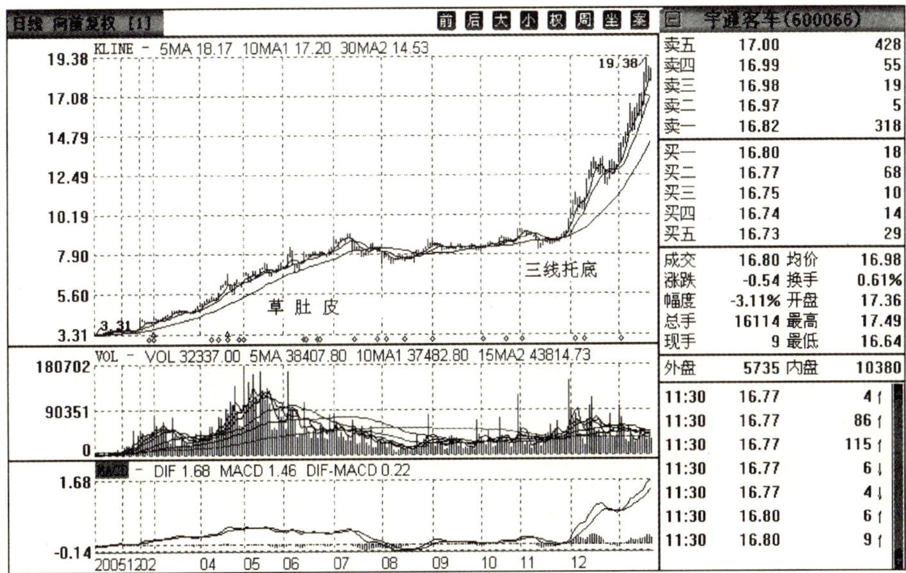

图 3-21

却十分杂乱，无一定规律可循（如图3－19所示）。在杂乱的大形态后期其股价也形成了缩量的回调现象，并且跌破了其短期均线系统。大约经过了3个月的缩量整理宝钢股份的股价终于向压在上放的30均线发起冲击，第一次放量突破后不久，便因浮筹太多向下回落，但却轻松的受到了30均线的支撑形成“三线托底”，不久后又再次向下回落，也再次受到了30均线的支撑，又再次形成“三线托底”（如图3－19所示）。纵观两次“三线托底”，一次比一次轻盈有力，一次比一次价量配合良好，这些都是主力高度控盘并跃跃欲试的表现，特别是在第二次“三线托底”之后股价又以巨量向上突破，此股的未来上涨空间一定巨大。

图3－20就是宝钢股份在日后的表现。

当时的武钢股份（600005）也形成了这样的走势（如图3－22中所示）。

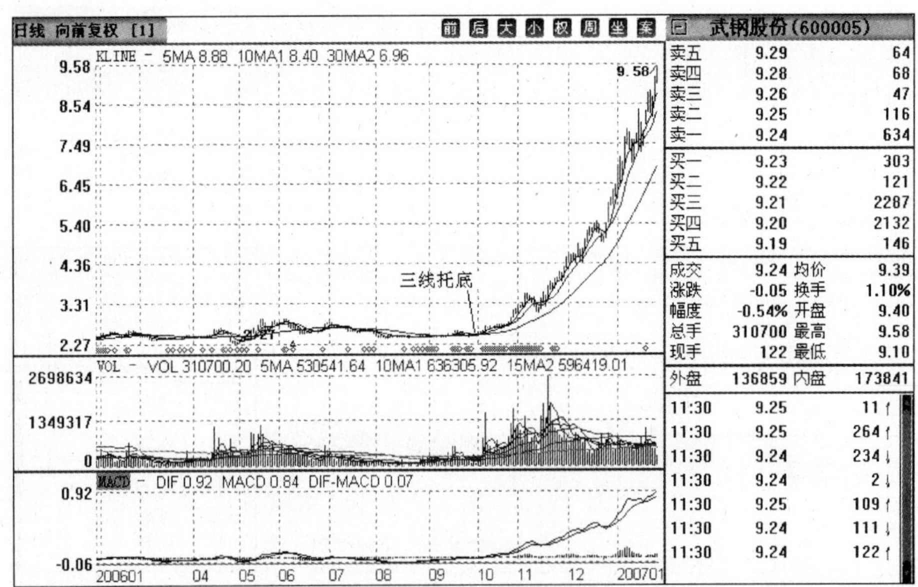

图3－22

五、民生银行（600016）

下面两幅图是民生银行在 2005 年 1 月 ~2007 年 1 月份的一段股价走势（如图 3 –23 所示）。

我们这里所讲的“三线托底”，一般是指某只股票在一定的成交量配合下，股价由低位向上突破其 5 日、10 日和 30 均线后又缩量向下回调，并在 30 均线处获得支撑又再次发力上攻，从而形成“三线托底”之势。一般来说某只股票的股价若呈现出一定的形态、一定的规律并在其 30 日均线处获得支撑，那么这只股票的短期走势应该说还是偏强的，短期之内应该有一定的涨升空间。

那么，还有一种托底形式也应该引起我们的高度重视，请看图 3 –23，民生银行的股价在有一定的成交量相配合下，成功的突破

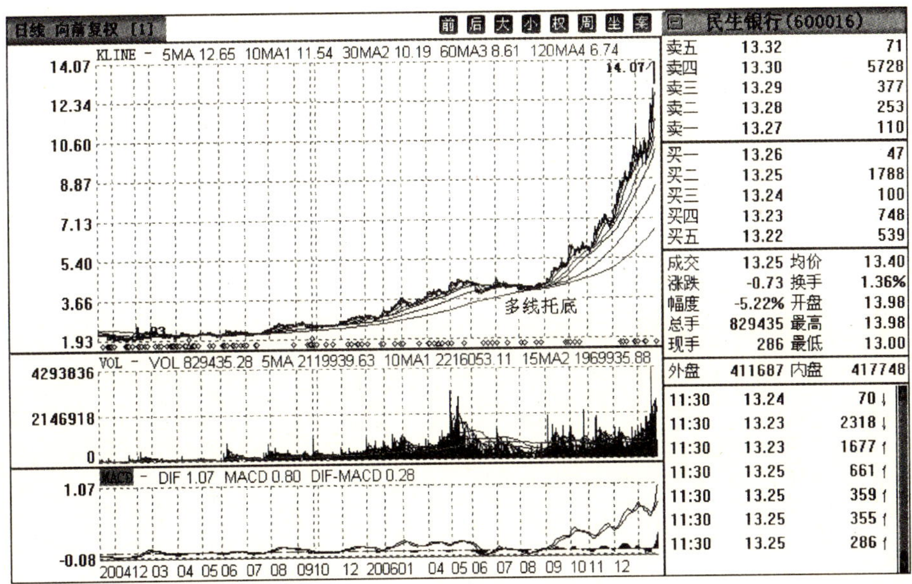

图 3 –23

了其5日、10日和30日均线，并在均线上方运行一段时间后开始回落，在其股价跌到30日均线后又再次放量上攻。于是在民生银行的走势图中呈现出“草肚皮”和“三线托底”（如图3－23所示）。我们再仔细看看民生银行的股价在托底之时不仅有5日、10日和30日均线，另外还有60日和120日均线。多条均线同时在“回档坑”处粘合托住股价，这是一种很特殊的托底方式。这说明此处是很多股民在不同时期买入该股的平均成本处，在这里会有很多人能达成共识。如果股价若在这里形成某种趋势的话，会引起很多人的共鸣，很多人的响应，通常主力也是愿意在此处拉升股价的。因此，在这样的多线联合托底处买入股票，就要比在简单的“三线托底”处安全和可靠多了。特别是像民生银行这样在托底之前又有理想的技术形态相配合，成功率就更高了。

事实上有很多庄家都是利用均线的这个特点进行操作的。这样的例子在股市中还有很多，如图3－24中的济南钢铁（600022）就是在主力建完仓后，找了一个可以引起更多投资人共鸣之处作为发力点，形成托底之势时才开始向上拉升的（如图3－24所示）。

“三线托底”是一些长期在底部隐藏的庄股，在上涨前所表现出的一种形式，它的存在是必然的。

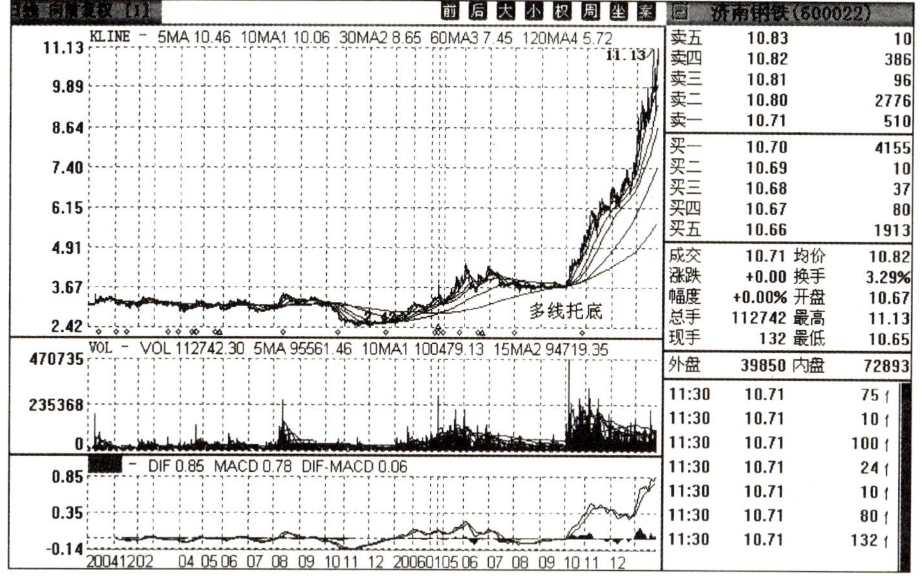

图 3－24

第三节　三 线 见 腰

这也是一个关于“回档坑”的话题，我认为投资者只有在“回档坑”买入股票才能真正体会到炒股的乐趣，所以，我对股票的“回档坑”也就特别的留意。老子曾说：“不识道不足以成志者”。而对于我们股民来讲，则是不在“回档坑”处买入股票不足以成志者。

在股票市场中，有些股票的表现总是默默无闻的，它们既没有明显的建仓过程，也没有明显的启动迹象，更无巨大的成交量相配合。这种股票往往上涨缓慢，似涨非涨，非涨又涨，给人一种神不知鬼不觉的感觉，当你发现它们时已经涨的很高了。这种股票在上涨途中也会出现“三线托底”，但有所不同的是它们的“三线托底”

一般都是出现在股价上涨的中途，并且出现“三线托底”时其30日均线都是倾斜向上的，而“三线托底”中的30日均线一般都是基本水平的。

还有一种情况是股价正常放量上涨时的中途回档，一般的股票在中途回档时往往也是以“三线托底”的形式来完成的，因此，我称这种形成在上涨途中的“三线托底”为“三线见腰”。

下面这幅图是皖通高速（600012）在2006年8月~2007年8月的一段股价走势（如图3-25所示）。

皖通高速的股价于2006年10月25日前后扭转了其均线系统，使之形成“多头排列”（如图3-25中A点所示），注意在扭转均线的过程中并没有明显的巨额成交量放出，在扭转之后它的股价似涨非涨、非涨又涨，小幅拉升，使人很难察觉。经过一段时期的运作后，其股价开始向下回落，其间两次回落到30日均线处受到支

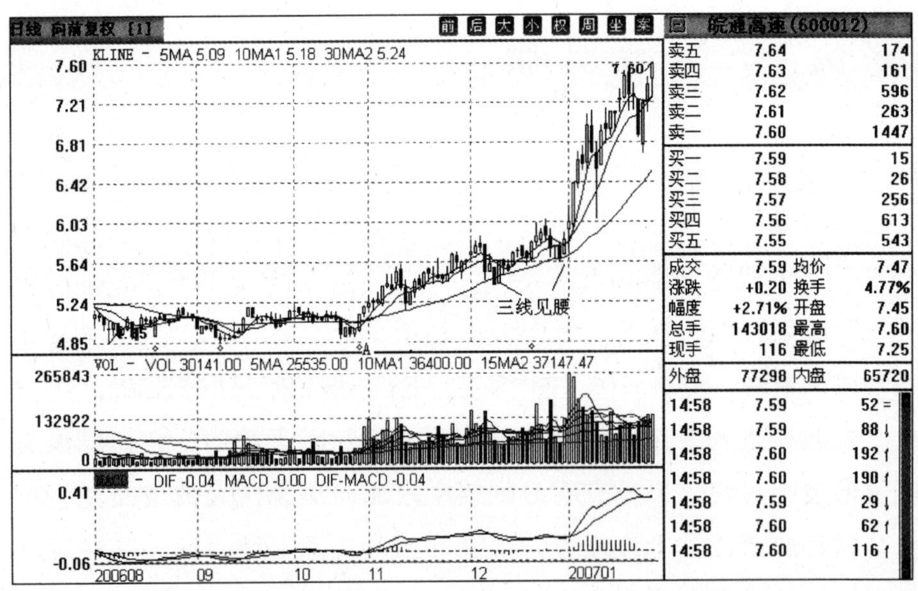

图3-25

撑（如图 3 – 25 所示），此时它的 30 日均线也正处于向上倾斜的状态。随后其股价便又再度勾头向上展开升势，显然 30 日均线已托住股价，此时它们的 3 条均线也基本上粘合在一起，形成“三线见腰”（如图 3 – 25 所示）。

对于“三线见腰”，我们一定要在当它的股价再次勾头向上时买入，最好在勾头向上时有放大的成交量相配合，否则将十分危险，很可能被套。皖通高速的再度上扬就有放大的成交量相配合，因此我们可以买入，在它出现“三线见腰”后也的确形成一波上涨行情。

应用法则：如果我们发现某只股票在向上攀升的回档过程中，其股价、5 日均线和 10 日均线在由上至下回落到 30 均线处受到支撑并再度放量上涨时，我们可以买入。

一、华能国际（600011）

下面这幅图是华能国际在 2006 年 8 月 ~2007 年 1 月的一段股价走势（如图 3 – 26 所示）。

华能国际的股价也于上涨的回档过程中形成过两次“三线见腰”，不过它是属于有明显的成交量相配合的那一类。大家看华能国际的股价于 2006 年 9 月 15 日形成一根大阳线，其后它的均线系统便形成了明显的“多头排列”（如图 3 – 26 中 A 点所示），随后它的股价便在 30 日均线上方，以 10 日均线为依托，沿 5 日均线缓慢放量上行。经过一段时间的上涨后，股价于相应高位向下滑落，在回落过程中成交量明显减少，不久其股价便跌到 30 日均线处并受到支撑（如图 3 – 26 中 B 点所示），此时的 30 日均线已是倾斜向上了，且在 30 日均线处华能国际的成交量也呈萎缩状，此时的 3 条均线也基本粘合一处（如图 3 – 26 所示）。当华能国际的股价受到 30 日均线支撑开始勾头向上，并且成交量也伴随放大时表明托底成功，我

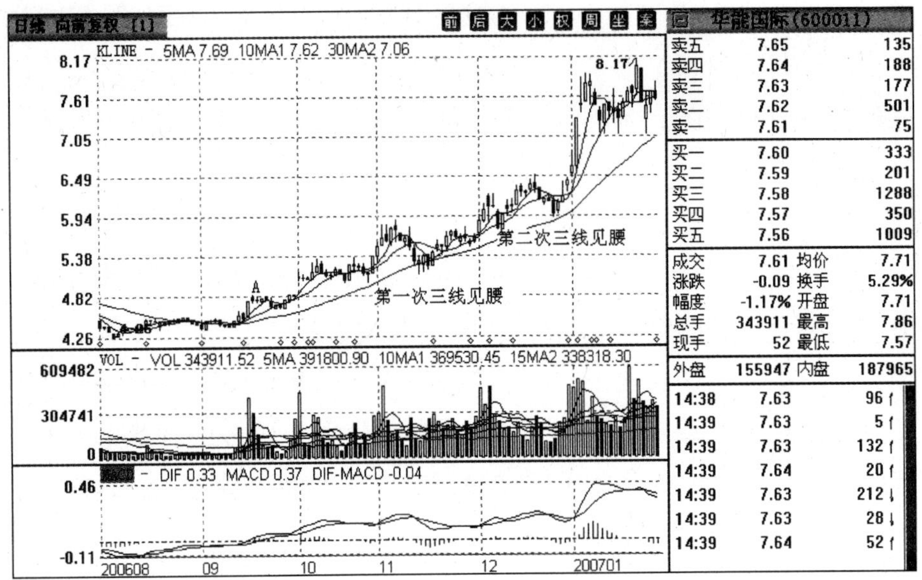

图 3－26

们可以马上买入。

华能国际的股价在形成第一次“三线见腰”后，在上涨到一定高度时由于上涨动能不足，有一次出现了调整便形成了第二次“三线见腰”（如图 3－26 所示）。

二、中远航运（600428）

下面这两幅图是中远航运在 2006 年 8 月～2007 年 1 月的一段股价走势（如图 3－27、图 3－28 所示）。

在图 3－27 中，中远航运股价经过累计的攀升后有了较大的升幅，其以 30 日均线为首的短期均线系统，早已被压在身下。中远航运的股价在这段上涨过程中不是不顾一切的疯涨，而是边上涨边调整，边上涨边放量，这样的上涨可为有心的主力蓄集更多的能量，一旦经过适当调整多数都会有连续的冲刺（如图 3－27 所示）。中远

日线 向前复权 [1]
中远航运(600428)
5MA 10.49 10MA1 10.44 30MA2 10.16
11.30
大阳线
三线见腰
VOL 184636.00 5MA 136550.60 10MA1 124812.70 15MA2 128955.80
MACD DIF 0.34 MACD 0.36 DIF-MACD -0.02
200609 10 11 12

图 3－27

日线 向前复权 [1]
中远航运(600428)
5MA 16.68 10MA1 16.90 30MA2 13.63
17.88
三线见腰
VOL 81661.15 5MA 96356.63 10MA1 102386.71 15MA2 119566.94
MACD DIF 1.55 MACD 1.60 DIF-MACD -0.05
200608 09 10 11 12 200701

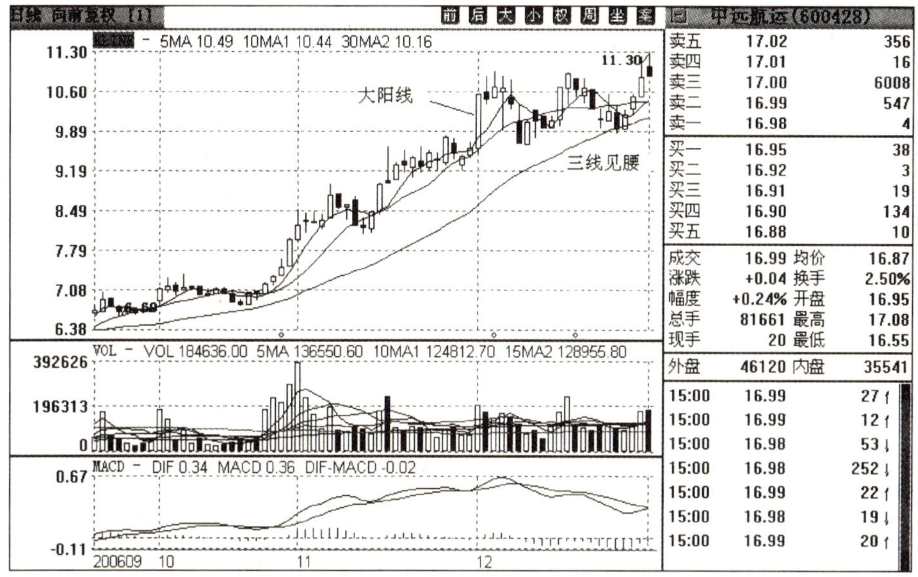

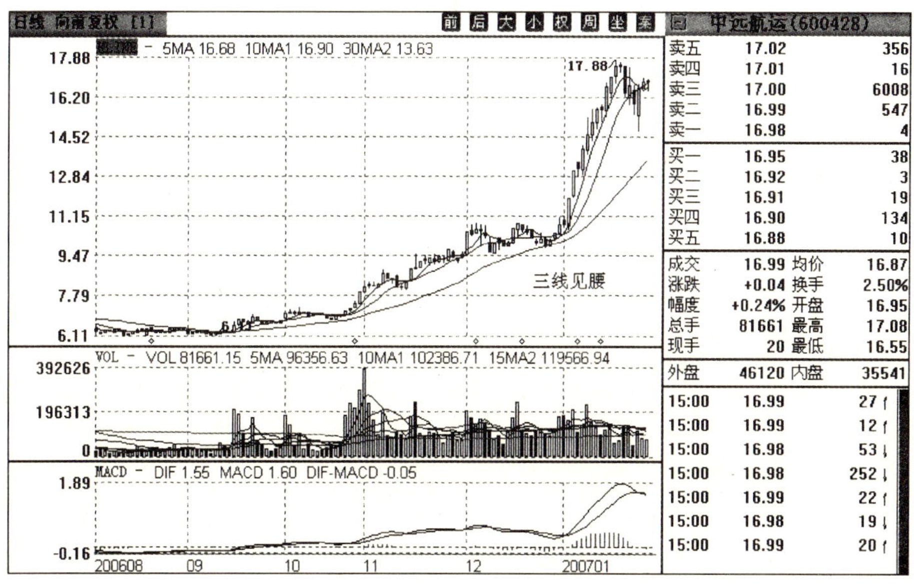

图 3－28

航运股价在2006年12月1日拉出一根大阳线后股价基本上就停滞不前了，反复在这个价位上下进行整理，但也不深跌，每次跌到一定深度都能自动收回，成交量方面也没出现太明显的变化，这说明该股主力控盘很高，而且也并无出货之意，盘面也很轻，这就是经验。轻盈的盘面一旦受力弹起就是我们介入的最佳时期。不久后中远航运股价在一次下落过程中受到斜线上升的30日均线相撞受力弹起，为我们提供了买入良机，也形成了“三线见腰”（如图3－27所示）。

在“三线见腰”后中远航运股价开始了加速上涨（如图3－28所示）。

股价的30日均线是强势均线，越是强劲的黑马股就越少不了它的托衬。洪都航空这只“超级黑马股”就曾于冲刺前出现过“三线见腰”现象（如图3－29所示）。

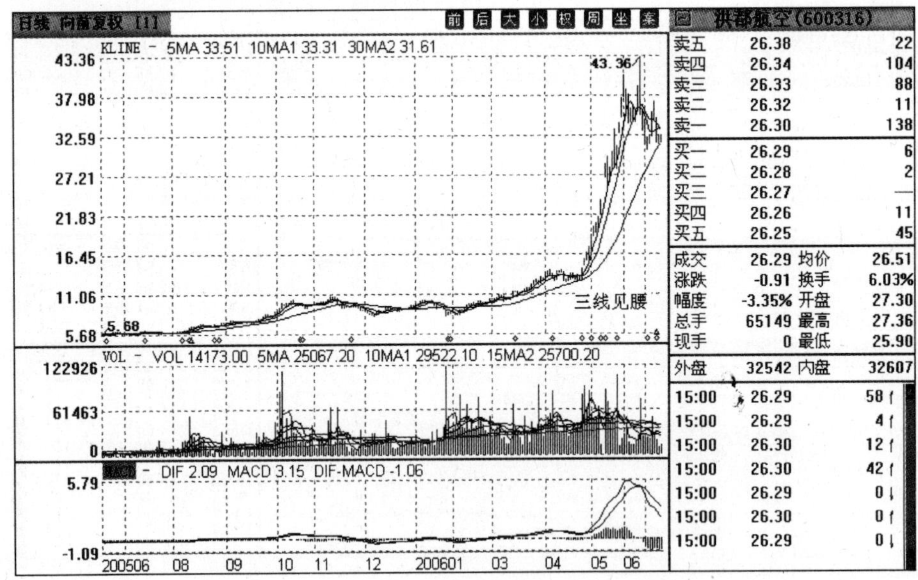

图3－29

三、三一重工（600031）

下面这两幅图是三一重工在2006年2月～2007年1月的一段股价走势（如图3－30、图3－31所示）。

三一重工的股价自以巨大的“成交量堆”推起后也是累计涨幅巨大（如图3－30所示），巨大的“成交量堆”说明主力介入极深，同时也累计了相当多的获利盘，如主力想继续做多必须要进行一次彻底的洗盘，于是盘中也就出现了一次幅度较深、时间较长的回落，不幸的是这次回调跌破了其下方的30日均线（如图3－30所示）。

这次大规模的调整结束之后，三一重工的股价又重新转入了上升通道，并创出了新高，但于不久后其股价有产生了乏力现象开始向下寻求支撑。好的股票在上涨过程中应越走越强，不好的股票只

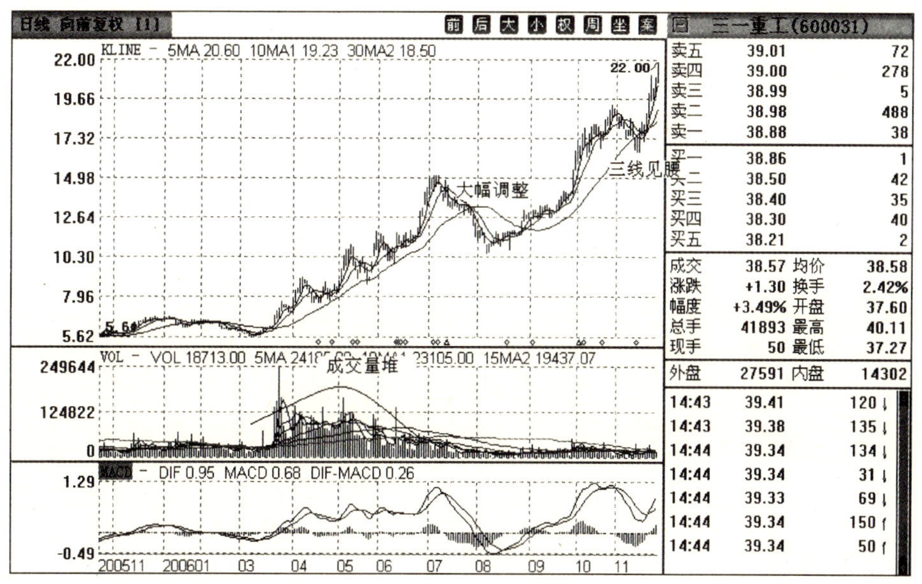

图3－30

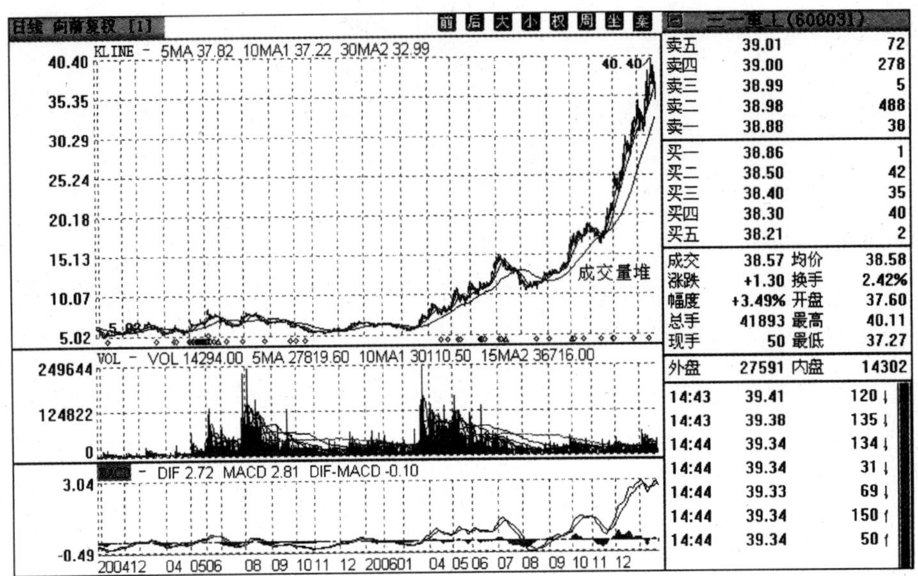

图 3－31

会越走越弱，上一次三一重工的股价在向下寻求支撑时其 30 日均线没有起到任何作用，如这次还不能，那么这只股票日后也不会有什么太好的表现，如能受到其 30 日均线的有力支撑，加上其前面良好的“物质基础”，此股将来一定会脱颖而出的。

后来三一重工的股价的确在其 30 日均线处形成“三线见腰”，并脱颖而出（如图 3－31 所示）。

大家请看下面的两幅图，它们分别是大冶特钢（000708）和唐山陶瓷（000856）在 2000 年上半年的一段股价走势（如图 3－32、图 3－33 所示）。这两只股票在开始的时候都有一段涨升行情，在经过涨升行情后，它们开始出现回调了，在回档至 30 日均线时并没有受到支撑形成“三线见腰”，而是跌穿了 30 日均线继续下行。这样的股票其未来的走势一般都很弱，我们最好不要去碰。唐山陶瓷的上涨最多也只能算是反弹，大冶特钢的走势虽然比反弹强些，但它的买入点却又难以把握。

日线 向前复权 [1]
前 后 大 小 权 周 坐 案
大冶特钢(000708)
KLINE - 5MA 5.73 10MA1 5.84 30MA2 5.44
6.87
6.54
6.21
5.88
5.55
5.22
4.89
4.57
6.87
4.57
托底失败
VOL - VOL 45937.00 5MA 33176.80 10MA1 81866.60 15MA2 73169.27
251374
125687
0
MACD - DIF 0.13 MACD 0.14 DIF-MACD -0.00
0.21
-0.17
199912 200001 02 03 04 05 06
卖五 8.61 30
卖四 8.60 563
卖三 8.59 176
卖二 8.58 120
卖一 8.57 31
买一 8.56 103
买二 8.55 660
买三 8.54 648
买四 8.53 100
买五 8.52 1036
成交 8.56 均价 8.62
涨跌 -0.25 换手 4.70%
幅度 -2.84% 开盘 8.83
总手 78478 最高 8.90
现手 1951 最低 8.50
外盘 32029 内盘 46449
14:57 8.55 210↓
14:57 8.54 137↓
14:57 8.54 9↓
14:57 8.55 53↑
14:58 8.58 232↑
14:58 8.54 1330↓
15:00 8.56 1951 =

图 3－32

日线 向前复权 [1]
前 后 大 小 权 周 坐 案
唐山陶瓷(000856)
KLINE - 5MA 5.63 10MA1 5.64 30MA2 5.51
6.17
5.91
5.65
5.39
5.13
4.87
4.60
4.34
6.17
4.34
托底失败
VOL - VOL 5913.00 5MA 8443.00 10MA1 9780.40 15MA2 10099.53
71473.0
35736.5
0
MACD - DIF 0.04 MACD 0.04 DIF-MACD 0.00
0.26
-0.11
199911 200001 02 03 04 05 06
卖五 3.83 1347
卖四 3.82 796
卖三 3.81 372
卖二 3.80 1981
卖一 3.79 809
买一 3.78 11352
买二 3.77 1196
买三 3.76 1108
买四 3.75 1477
买五 3.74 548
成交 3.79 均价 3.76
涨跌 +0.08 换手 7.20%
幅度 +2.16% 开盘 3.71
总手 84206 最高 3.84
现手 915 最低 3.68
外盘 42477 内盘 41730
14:57 3.79 40 =
14:57 3.79 20↑
14:57 3.79 40↑
14:57 3.78 20↓
14:58 3.79 10↑
14:58 3.79 20↑
15:00 3.79 915 =

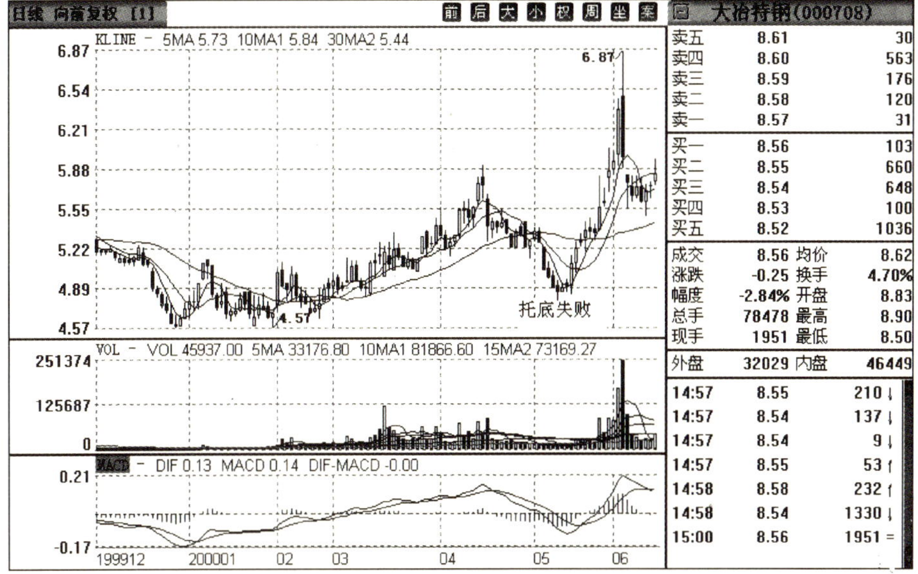

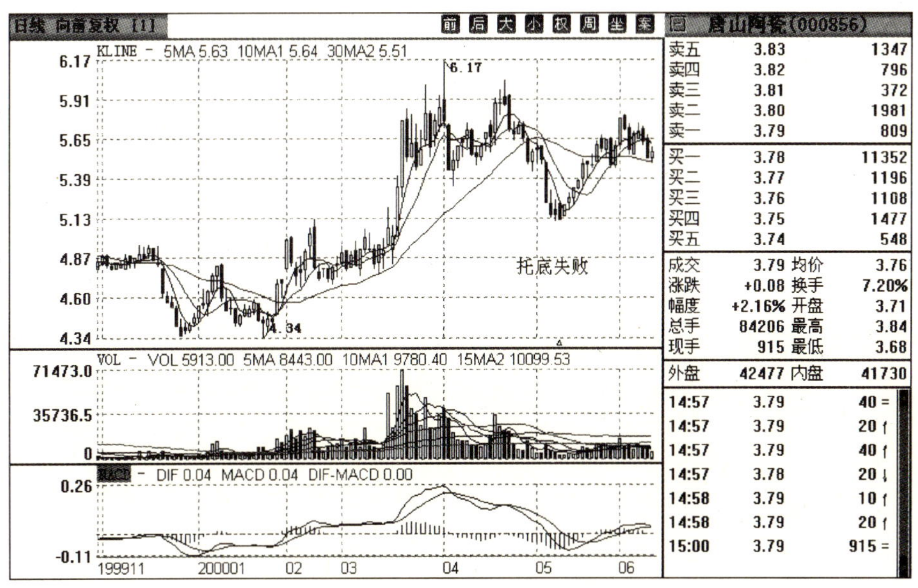

图 3－33

第四节 三线并发

无论是“三线托底”还是“三线见腰”，如果它们存在的时间过长，在股价走势图中就会形成这种现象：5日均线、10日均线、30日均线和股价长期粘合在一起，单根K线一根挨着一根，站成一排窄幅震荡，形成一条极其水平的“K线带”，这条“水平K线带”又同时由3条均线把它们穿在一起（它与“银边”最大的区别是“银边”大多形成在底部，而且都是带量的）。

这种特殊的走势可不是一般的股票所能做到的，它走势独立，不随大盘的变化而波动，其中必定有强庄控盘。此类股票一旦放量上涨，其爆发力是相当惊人的，此时它的3条均线同时向上发散，我称股价的这种上涨方式为“三线并发”。

沙隆达A（000553）在2000年11月~2001年6月就形成了“三线并发”的上涨行情（如图3-34、图3-35所示）。

在图3-34中，沙隆达A的股价长期在底部横盘，几乎每根K线都一根挨着一根站在那里，由3条均线把它们穿在一起，这串K线下方的成交量也是极其短小，看来庄家没费多少力气就能把股价控制在这种状态，主力的控盘程度可想而知。到2001年1月3日沙隆达A的股价突然放量上涨，此时的3条均线也开始向上发散，形成“三线并发”之势（如图3-34所示），上涨行情一直持续到2月6日（如图3-34中A点所示），由于当时大盘走势极其恶劣，庄家便借此机会大幅向下打压股价震仓洗盘，直到3月7日大盘略有转机，沙隆达A的庄家又开始了第二轮拉升（如图3-35所示）。

5MA 9.85 10MA1 9.98 30MA2 9.42
10.73
10.40
10.08
9.75
9.42
9.10
8.77
8.44
三线并发
VOL 33757.00 5MA 45367.40 10MA1 55134.90 15MA2 44724.00
91857.0
45928.5
0
MACD DIF 0.20 MACD 0.28 DIF-MACD -0.08
0.39
-0.19
20001011
12
200101
02
卖五 5.85 536
卖四 5.83 143
卖三 5.82 52
卖二 5.81 219
卖一 5.80 111
买一 5.79 52
买二 5.78 377
买三 5.77 146
买四 5.76 316
买五 5.75 55
成交 5.80 均价 5.94
涨跌 -0.24 换手 4.22%
幅度 -3.97% 开盘 6.01
总手 50006 最高 6.10
现手 537 最低 5.69
外盘 18423 内盘 31583
14:57 5.79 151
14:57 5.79 10
14:57 5.79 72
14:58 5.79 5
14:58 5.79 40
14:58 5.80 75
15:00 5.80 537

图 3－34

5MA 13.40 10MA1 13.58 30MA2 12.50
14.18
13.32
12.46
11.60
10.74
9.88
9.02
8.15
三线并发
第二轮拉升
VOL 24614.00 5MA 17862.60 10MA1 23628.70 15MA2 25192.13
91857.0
45928.5
0
MACD DIF 0.62 MACD 0.75 DIF-MACD -0.13
0.91
-0.30
200012
200101
02
03
04
05
06
卖五 5.85 536
卖四 5.83 143
卖三 5.82 52
卖二 5.81 219
卖一 5.80 111
买一 5.79 52
买二 5.78 377
买三 5.77 146
买四 5.76 316
买五 5.75 55
成交 5.80 均价 5.94
涨跌 -0.24 换手 4.22%
幅度 -3.97% 开盘 6.01
总手 50006 最高 6.10
现手 537 最低 5.69
外盘 18423 内盘 31583
14:57 5.79 151
14:57 5.79 10
14:57 5.79 72
14:58 5.79 5
14:58 5.79 40
14:58 5.80 75
15:00 5.80 537

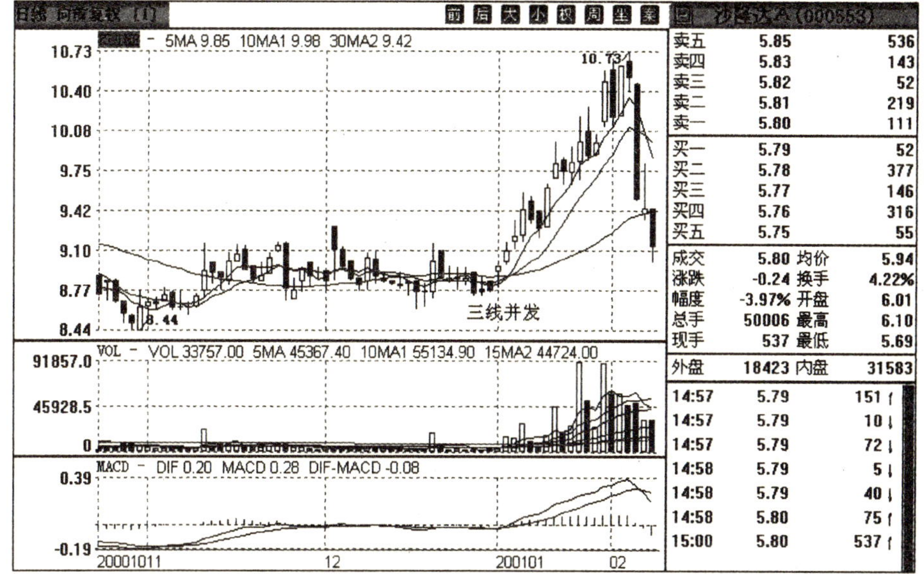

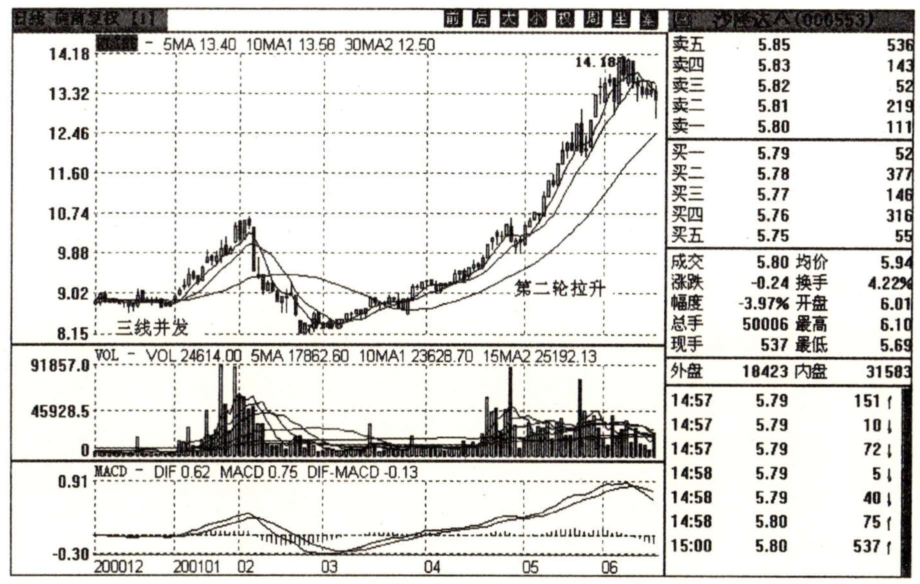

图 3－35

应用法则：当某只股票在底部或腰部，其股价和中短期均线系统长期扭合在一起，形成一条及其水平的K线带，我们可在将来股价放量上涨时买入。

一、水井坊（600779）

下面这两幅图是水井坊在1999年9月~2000年3月的一段股价走势（如图3－36、图3－37所示）。

水井坊的股价自高位除权以来，其主力一直未予出货，股价也一直处于横向盘整状态。至1999年10月28日，它放量扭转了其均线系统，使之形成“多头排列”（如图3－36中A点所示），积蓄短期能量。此后其股价又回落到30日均线处，并沿着30均线展开横向缩量整理，这次横向整理持续的时间很长，在这段时间里，水井

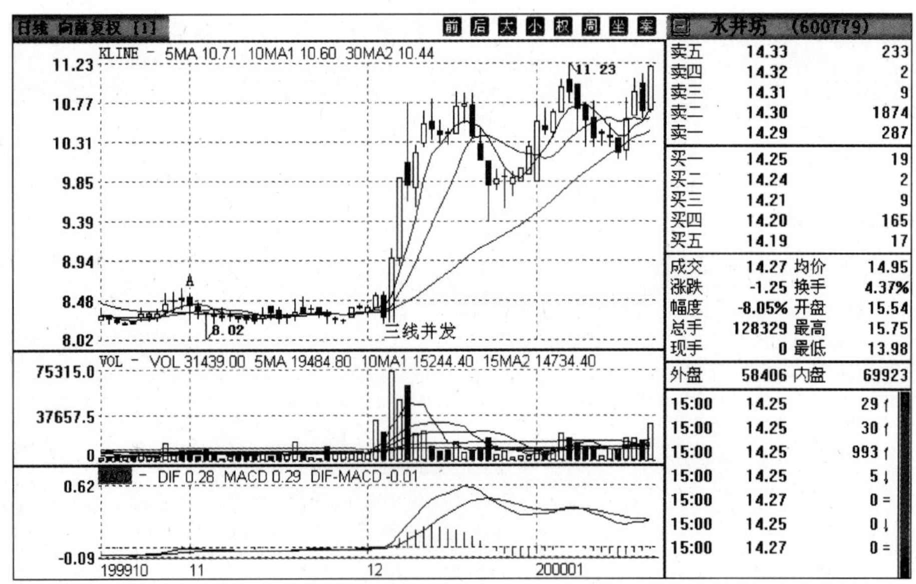

图3－36

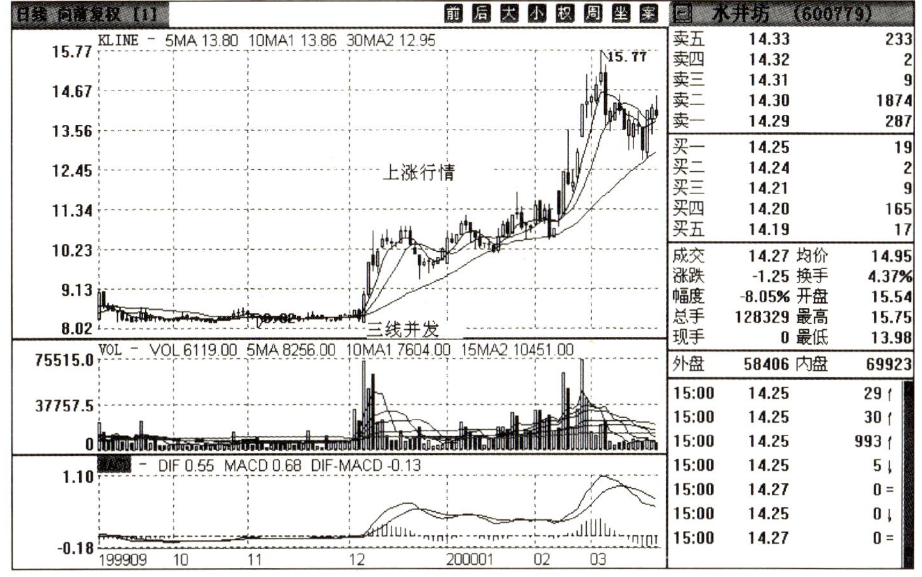

图 3－37

坊的 5 日均线、10 日均线和 30 日均线扭合在一起，形成一条水平的直线，直到 12 月 16 日其股价突然放巨量以大阳线向上爆发，3 条均线也开始向上发散，形成“三线并发”（如图 3－36 所示）。此后水井坊的上涨虽然一波三折，但最终也接近翻番（如图 3－37 所示）。

二、太钢不锈（000825）

下面这两幅图是太钢不锈在 1999 年 7 月 ~2000 年 2 月的一段股价走势（如图 3－38、图 3－39 所示）。

太钢不锈的“三线并发”是由“三线见腰”演变而来的。在图 3－38 中，太钢不锈的股价经过一轮放量上涨后到达了腰部，并开始逐渐向下回落，在回落至 30 日均线处受到了支撑，成交量也相应的萎缩。盘中虽一度跌穿 30 日均线，但又迅速反抽回来（如图 3－38 中A点所示）。之后其股价便一直沿30日均线进行横向整理。它的

前 后 大 小 权 周 坐 案
KLINE - 5MA 3.15 10MA1 3.06 30MA2 3.00
3.23
3.11
2.99
2.87
2.76
2.64
2.52
2.40
2.46
A
B
VOL - VOL 68057.00 5MA 61360.20 10MA1 47973.70 15MA2 36815.53
190054
95027
0
- DIF 0.05 MACD 0.03 DIF-MACD 0.02
0.14
-0.03
199907 08 09 10 11 12
卖五 17.37 234
卖四 17.36 46
卖三 17.35 10
卖二 17.32 16
卖一 17.31 1321
买一 17.30 2517
买二 17.28 16
买三 17.26 6
买四 17.25 937
买五 17.23 5
成交 17.31 均价 17.77
涨跌 -1.62 换手 1.37%
幅度 -8.56% 开盘 18.80
总手 107686 最高 18.85
现手 77 最低 17.10
外盘 41668 内盘 66018
14:57 17.40 7
14:57 17.39 84
14:57 17.37 20
14:57 17.31 50
14:57 17.37 6
14:58 17.32 2
14:58 17.31 77

图3-38

前 后 大 小 权 周 坐 案
KLINE - 5MA 3.81 10MA1 3.82 30MA2 3.45
4.02
3.82
3.62
3.42
3.22
3.02
2.82
2.62
A
B
VOL - VOL 45613.00 5MA 93863.20 10MA1 80250.50 15MA2 75121.33
229975
114988
0
- DIF 0.17 MACD 0.19 DIF-MACD -0.01
0.22
-0.02
199908 09 10 11 12 200001
卖五 17.37 234
卖四 17.36 46
卖三 17.35 10
卖二 17.32 16
卖一 17.31 1321
买一 17.30 2517
买二 17.28 16
买三 17.26 6
买四 17.25 937
买五 17.23 5
成交 17.31 均价 17.77
涨跌 -1.62 换手 1.37%
幅度 -8.56% 开盘 18.80
总手 107686 最高 18.85
现手 77 最低 17.10
外盘 41668 内盘 66018
14:57 17.40 7
14:57 17.39 84
14:57 17.37 20
14:57 17.31 50
14:57 17.37 6
14:58 17.32 2
14:58 17.31 77

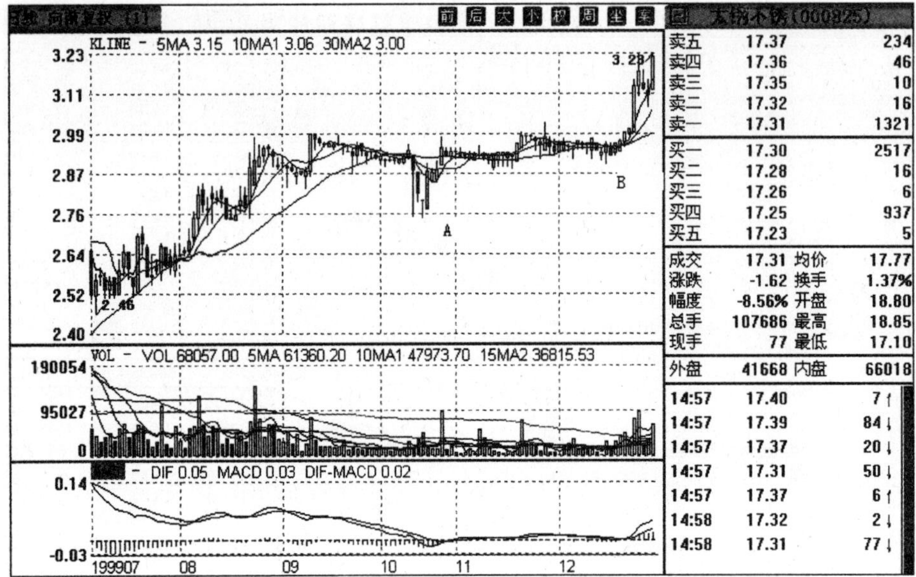

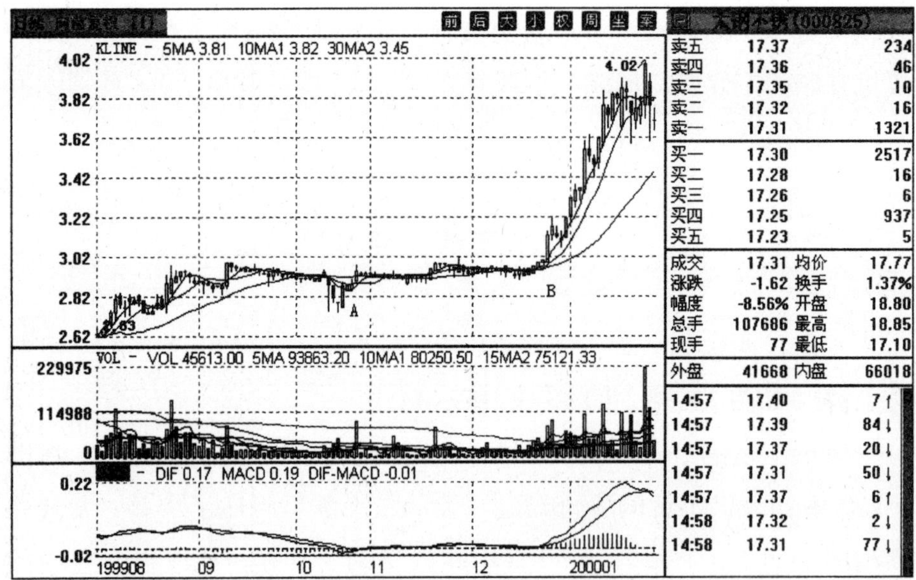

图3-39

5 日均线和 10 日均线也与股价一同沿 30 日均线向前水平延伸。经过多日的休整，太钢不锈的股价终于放量向上爆发形成“三线并发”（如图 3 －38 中 B 点所示），图 3 －39 是它在爆发之后的上涨行情。

由于“三线并发”是一种主力高度控盘的体现，所能形成“三线并发”的股票也都是庄股，因此我们在相对的高位，发现某只股票形成“三线粘合”之时一定要小心谨慎，以防主力出货造成股价以“三线并发”之势向下暴跌。

请看 ST 康达尔 A（000048）（如图 3 －40 所示），就是在下跌末期以形成“三线并发”之势向下暴跌的，其跌势之凶简直比“黄果树瀑布”还要壮观。当然 ST 中科在形成“三线并发”之时，其股价总体趋势已经向下倾斜了，这种走势比较容易辨认。不过，有些股票在高位形成“三线并发”向下暴跌之前，其股价的总体趋势基本上保持水平，像这样的股票我们在操作之前一定要认真分析，做到三思而后行，以免被套。

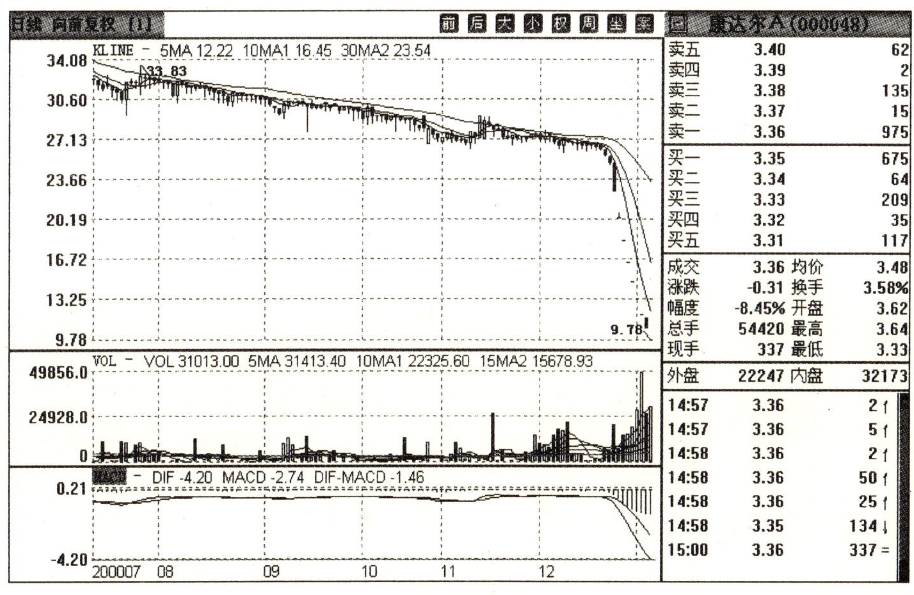

图 3 －40

第四章　一 叶 知 秋

“一叶知秋”说的是看见一片落叶，就知道秋天将要来了。字典里是这样解释的：比喻从事物的某些细微迹象，就预料到事物的发展趋向和变化。

在许多股票的走势图中，经常可以看到这种现象：某些股票的股价由于庄家的操纵，在股价的 K 线图上某天突然会大幅高开低走或大幅低开高走，与其他的一些 K 线图相比，看上去像一片树叶飘挂在那里。它们一般都是由庄家出于某种特殊的目的而有意制造出来的，它出现在股价走势的不同位置，又有着不同的市场意义，大多都有着提前预警的功能。通过对它们的观察往往会获得重要的启示。

由于这种大幅的高开低走或低开高走只出现于一天之内，所以在一般的技术指标中很难显示出来，只有通过“一叶知秋”才能引起我们的重视。

第一节　地　上　叶

“地上叶”，意思是说：春天来临时，从大树的根部萌发出来的枝叶，它具有极强的生命力，将来必定会茁壮成长，变成大树。

在股价的底部区域，如果出现这种大幅高开低走或大幅低来高走的K线（无论阴线或阳线），我们就把它叫“地上叶”。它往往暗示这只股票即将上涨。例如长城电工（600192）和S＊ST集琦（000750），它们就都曾在上涨前出现过这样的走势（如图4－1、图4－2所示）。什么区域属于底部区域呢？这个定义很难下，一般来说，是指那些经由主力建仓不久，或经过长期下跌，在最近几个月内都没出现过像样的上涨行情，股价仍在低位长期横向盘整的股票所处的区域（也有主力运作其中）。

应用法则：如果我们发现某只股票在底部区域出现大幅高开低走或大幅低开高走的K线，看上去好像一片树叶飘挂在那里，我们就要重点观察这只股票，一旦它出现上涨迹象，我们应及时买入。

日线 向前复权 [1]
长城电工(600192)
KLINE - 5MA 9.82 10MA1 9.71 30MA2 9.29 60MA3 8.81 120MA4 8.27
地上叶
10.36
7.06
VOL - VOL 19261.00 5MA 30854.60 10MA1 40777.60 15MA2 42699.27
DIF 0.27 MACD 0.26 DIF-MACD 0.00
199909 11 12 200001 02 03
卖五 8.20 876
卖四 8.19 285
卖三 8.18 81
卖二 8.17 522
卖一 8.16 55
买一 8.15 3707
买二 8.13 10
买三 8.12 12
买四 8.10 90
买五 8.09 103
成交 8.15 均价 8.23
涨跌 +0.00 换手 5.59%
幅度 +0.00% 开盘 8.19
总手 80967 最高 8.45
现手 20 最低 8.05
外盘 30978 内盘 49990

图 4－1

日线 向前复权 [1]
S*ST集琦(000750)
KLINE - 5MA 13.16 10MA1 12.81 30MA2 11.51 60MA3 9.89 120MA4 8.56
14.24
地上叶
VOL - VOL 30348.00 5MA 35449.40 10MA1 28025.80 15MA2 25387.13
DIF 0.87 MACD 0.82 DIF-MACD 0.05
199912 200001 02 03 04 05 06
成交 — 均价 0.00
涨跌 -3.44 换手 0.00%
幅度 -100.00% 开盘 0.00
总手 0 最高 —
现手 0 最低 —
外盘 — 内盘 —

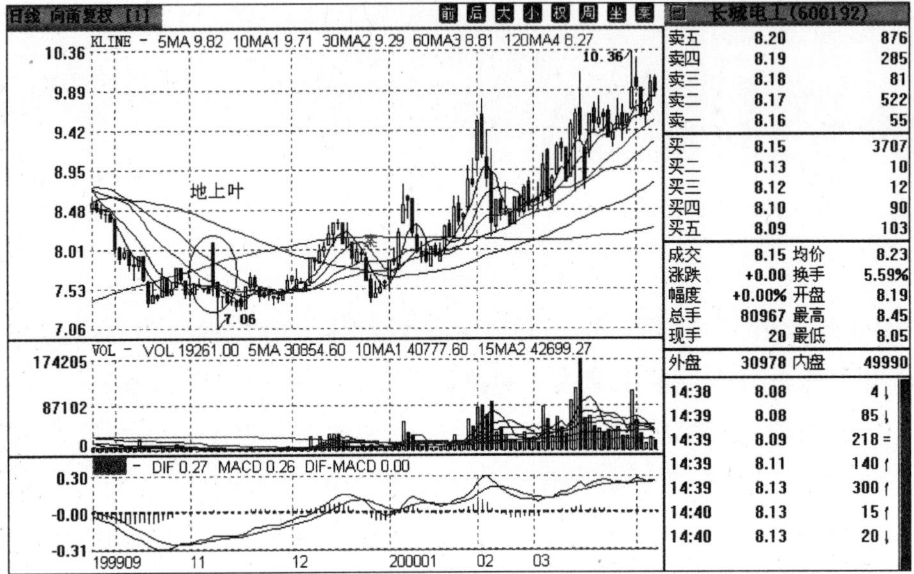

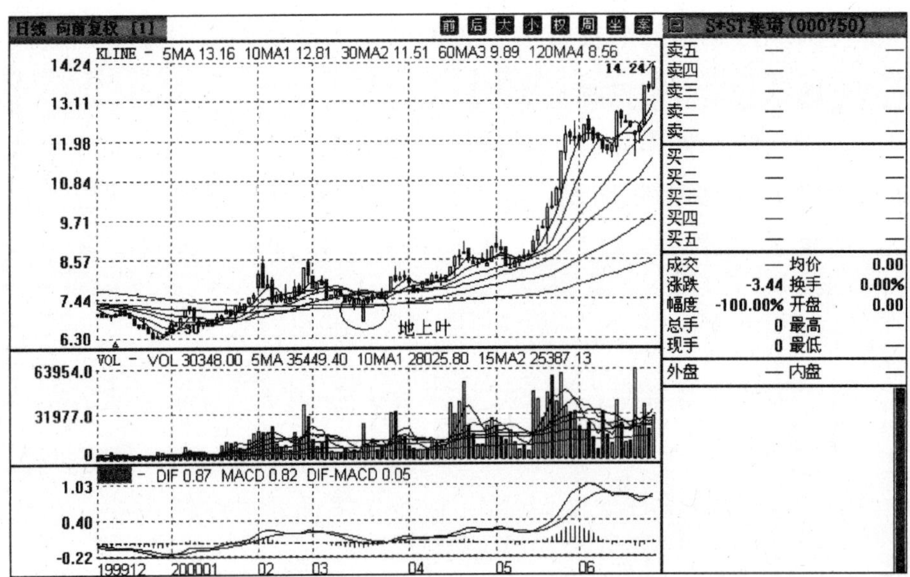

图 4－2

一、夏新电子（600057）

下面这幅图是夏新电子在 1999 年 1～7 月的一段股价走势，（如图 4－3 所示）。

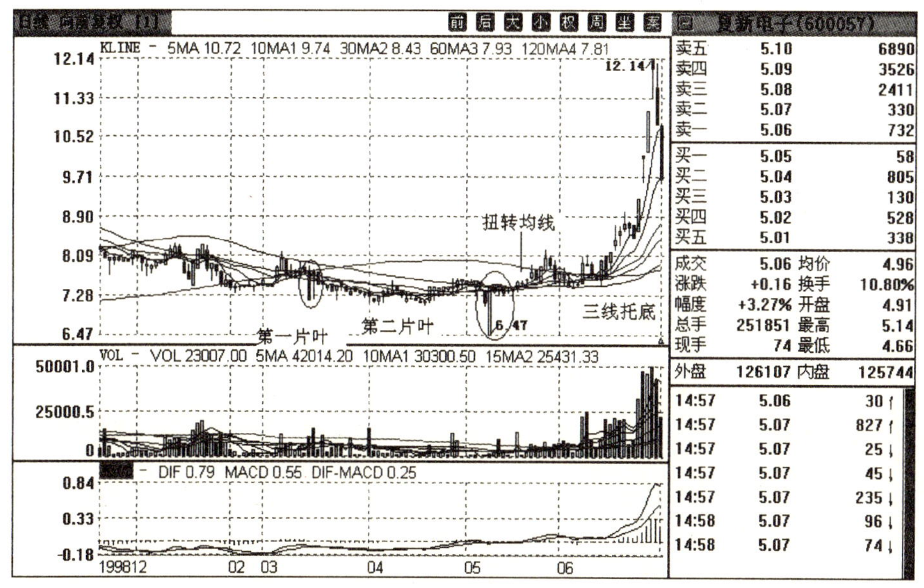

图 4－3

在这幅图中，夏新电子的股价从 1 月到 5 月中旬一直在 12 元左右的低位做横向盘整。在整理过程中曾先后出现了两片“地上叶”，第一次出现在 3 月 15 日，它是在开盘以后大幅向下低走的（如图 4－3所示）；第二片在 5 月 11 日，它是大幅低开以后高走的（由于缩放的原因看上去很像阴线）（如图 4－3 所示）。在第一片“叶”出现时，我们应立刻意识到在这只股票内有庄家存在，如果在没有重大利空的情况下，靠普通散户的力量是很难把股价如此大幅向下

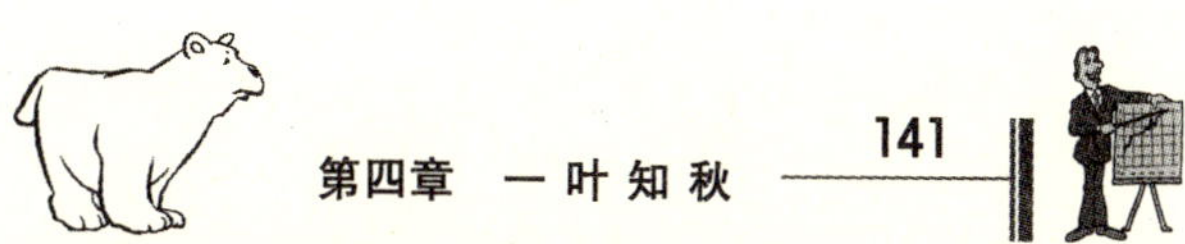

打低的，并且其股价又在第2天大幅向上跳空高开，使其开盘价恢复了往日的平静，好像头一天什么事情都没有发生一样。这可能是庄家为了震动浮筹，并借此探明底部，测试买卖力道而有意为之的，它是主力控盘良好的一种体现。我们对这只股票今后的走势应密切关注，庄家可能将会有行动了。在随后的一段日子里，ST厦新的股价走势起了明显的变化，其股价放量扭转了其均线系统，使之形成多头排列（如图4－3所示）。在它扭转均线系统后不久，又出现了第二片“叶”，这片“叶”是大幅低开高走的，而且“叶”下方还伴有放大的成交量相配合，这更不是散户力量所能做到的，它可能是由庄家在震仓的同时又大量的吸纳所造成的。此时，我们对它今后的走势应更为关注。在第二片“叶”出现之后，夏新电子的股价在30日均线之上放量攀升，并于上涨过程中出现“三线托底”（如图4－3所示）。此时上涨迹象已显露无疑，我们可在托底成功后买入该股。

二、大厦股份（600327）

下面这幅图是大厦股份在2003年10月～2004年4月的一段股价走势（如图4－4所示）。

大厦股份在2002年6月25日上市之时，曾是一只股价高达20多元的高价股，然而该股在上市一年多后的2003年10月23日，已经跌成一只股价仅有10多元的中价股了，并于当天形成一根大幅高开低走的大阴线（如图4－4所示）。以目前的价位来看，大厦股份的股价已算是低价位了。由此可判断出此高开低走之大阴线很可能是“地上叶”，但也不排除此股还有继续下跌的可能。

一片“叶子”它很可能是主力出于试盘或洗盘的需要而刻意营造的，因此我们要密切关注该股随后的走势，它很可能预示着某种

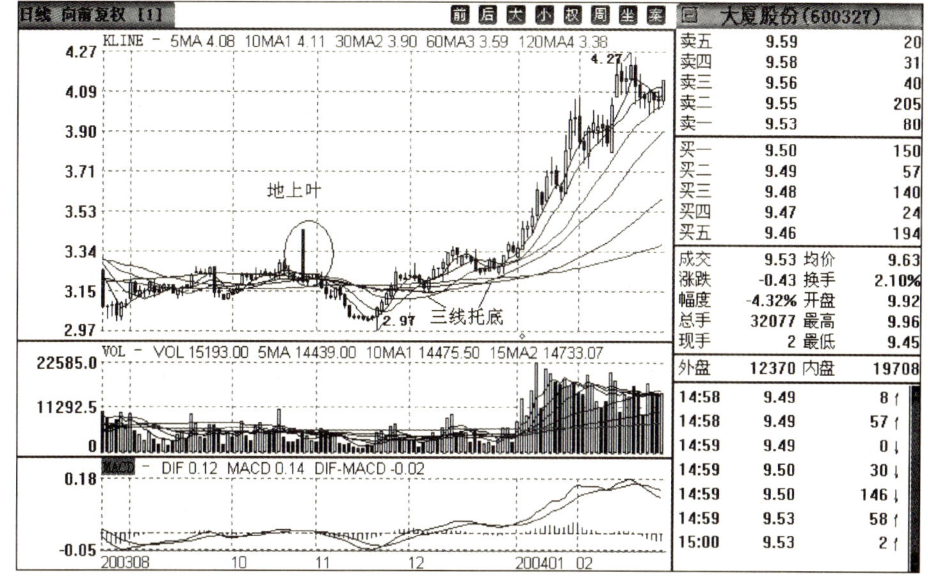

图 4-4

转机将要来临。果然，没出几日大厦股份的股价便以连续下跌的方式向下调整，但调整未深便在低位形成横向震荡，此震荡虽连拉五阴，但其股价却并不见下跌，这说明此股已跌无可跌。此后该股又以连拉五阳的方式放量向上攻击，以至其股价上穿 30 日均线，并在 30 日均线上方形成两次“三线托底”（如图 4-4 所示），并最终展开一轮强势上攻行情。

如果我们能在大厦股份形成这片“叶子”之后对它进行连续跟踪，也就不会错过这段涨升行情了。

三、哈高科（600095）

下面两幅图是哈高科在 2005 年 7 月 ~2006 年 6 月的一段股价走势（如图 4-5、图 4-6 所示）。

日线 向前复权 [1]
前 后 大 小 权 周 坐 案
哈高科 (600095)
KLINE - 5MA 1.68 10MA1 1.65 30MA2 1.61 60MA3 1.62 120MA4 1.66
1.96
1.87
1.78
1.69
1.60
1.51
1.42
1.33
1.96
1.33
二片叶
VOL - VOL 8278.00 5MA 12341.60 10MA1 8585.20 15MA2 6585.93
65470.0
32735.0
0
成交量
DIF 0.02 MACD 0.01 DIF-MACD 0.01
0.07
-0.07
200507 08 09 10 11 12
卖五 3.87 521
卖四 3.86 310
卖三 3.85 486
卖二 3.84 308
卖一 3.83 806
买一 3.82 482
买二 3.81 715
买三 3.80 1416
买四 3.79 217
买五 3.78 494
成交 3.83 均价 3.86
涨跌 -0.09 换手 2.37%
幅度 -2.30% 开盘 3.92
总手 59371 最高 3.96
现手 5 最低 3.81
外盘 25709 内盘 33662
14:46 3.84 18↑
14:46 3.84 12↑
14:47 3.84 5↑
14:47 3.83 501↓
14:47 3.83 6↓
14:47 3.84 20↑
14:47 3.84 5↑

图4-5

日线 向前复权 [1]
前 后 大 小 权 周 坐 案
哈高科 (600095)
KLINE - 5MA 3.21 10MA1 2.91 30MA2 2.27 60MA3 2.02 120MA4 1.84
3.43
3.13
2.83
2.53
2.23
1.93
1.63
1.33
3.43
1.33
草肚皮
三线托底
VOL - VOL 33213.00 5MA 47088.60 10MA1 56273.40 15MA2 49347.87
86378.0
43189.0
0
DIF 0.36 MACD 0.27 DIF-MACD 0.09
0.36
-0.12
200505 07 08 09 10 11 12 200601 03 04
卖五 3.87 521
卖四 3.86 310
卖三 3.85 486
卖二 3.84 308
卖一 3.83 806
买一 3.82 482
买二 3.81 715
买三 3.80 1416
买四 3.79 217
买五 3.78 494
成交 3.83 均价 3.86
涨跌 -0.09 换手 2.37%
幅度 -2.30% 开盘 3.92
总手 59371 最高 3.96
现手 5 最低 3.81
外盘 25709 内盘 33662
14:46 3.84 18↑
14:46 3.84 12↑
14:47 3.84 5↑
14:47 3.83 501↓
14:47 3.83 6↓
14:47 3.84 20↑
14:47 3.84 5↑

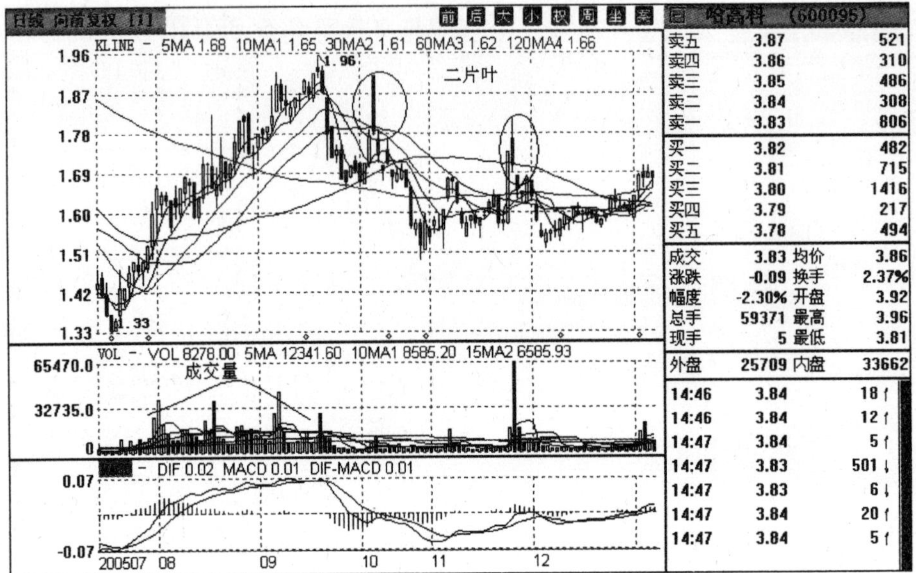

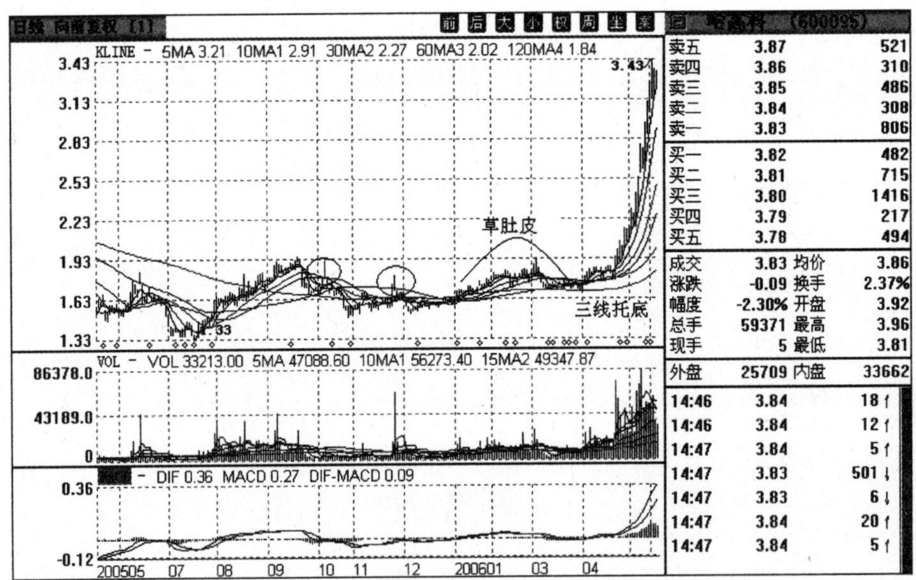

图4-6

股票在相对低位放出巨大的“成交量堆”，这是经常发生在我们身边的事情，可是最终能大幅上涨的却并不多。不过“地上叶”却可以在一定程度上帮你解决这一问题。

在图4－5中，哈高科的股价从2005年的7月份开始持续放量上涨，并在上涨过程中于其股价下方形成巨大的“成交量堆”（如图4－5所示）。到9月份哈高科股价的上升趋势有所减缓，并开始缓慢下行，此时多数人会认为趋势已尽，但在缓慢下跌过程中该股却在2005年10月13日和11月25日形成两片高开低走并带有巨量的“叶子”（如图4－5所示）。主力为什么要在哈高科股价不断下跌的过程中接二连三的搞这么多“小动作”，这应引起我们的高度重视，如对它进行持续跟踪就会发现不久后该股又有一次向上攀升的过程，并最终形成“草肚皮”与“三线托底”，为我们提供了极佳的买点（如图4－6所示）。

在“草肚皮”与“三线托底”后此股也形成了极佳的上涨局面（如图4－6所示）。

四、东方电子（000682）

下面这幅图是东方电子在1998年12月～1999年7月的一段股价走势（如图4－7所示）。

在这幅图中，东方电子的股价从1998年12月起就在20元左右的价位上做长期的窄幅整理，在整理过程中于1999年的3月10日形成一根大幅高开低走的大阴线，这便是我所说的“地上叶”（如图4－7所示）。和前两节中出现的“地上叶”有所不同的是，这片“叶”是悬挂于其他K线之上的，这也许是庄家为了测试一下市场的抛压所形成的。如果此时我们发现了这片“叶”，就应对这只股票的未来走势特别留意。当“树叶”出现后，东方电子的股价经过一

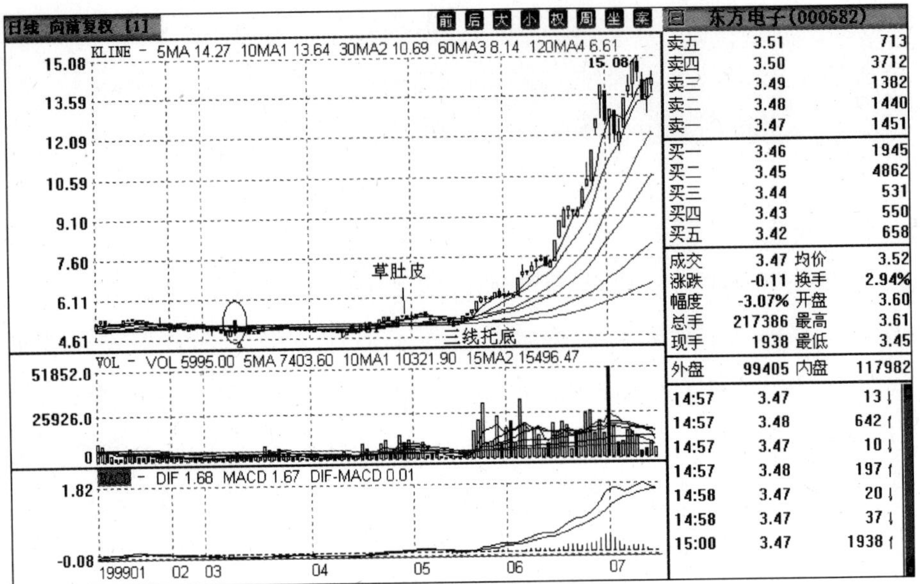

图 4－7

段时间的横向盘整，开始放量上涨，并于涨升过程中出现缩量回落，在回落至 30 日均线处又受到了支撑，这时在东方电子的走势图中形成了“草肚皮”及“草肚皮”下方的“量堆”（如图 4－7 所示），这显然是庄家在运用“草肚皮”进行建仓（一般建仓指的都是增仓）。在庄家建仓完毕并向下打压股价进行洗盘后，该股又于“三线托底”处再次放量上涨，涨幅之大实为少见。

东方电子的这片“叶”提前 2 个多月就暗示我们它的股价将要发生变化，此后我们无论是运用“草肚皮”，“两强一准”或是“三线托底”，都可在上涨之初买入东方电子。

第二节 天 上 叶

“天上叶”，说的是那些高高在上，生长于大树梢头之上的叶子。它在经过了春天、夏天的生长，其生命力已基本枯竭，迟早会被秋风所吹落。

在股价走势的顶部区域，如果出现大幅高开低走或大幅低开高走的K线，好像一片树叶悬挂高空，我们就把它称作“天上叶”。

什么又是股价的顶部区域呢？一般是指那些经过长期或大幅上涨，并在高位出现回落、滞涨或横盘等现象的股票所处的区域。

应用法则：如果我们发现某只股票，在顶部区域出现了大幅高开低走或大幅低开高走的K线，从股价的走势图上看上去，犹如一片树叶悬挂在那里，我们就应对它的未来走势特别小心，一旦出现下跌迹象就要及时离场。

一、S苏福马（600290）

下面这幅图是S苏福马在2001年3~7月的一段股价走势（如图4-8所示）。

在这幅图中，S苏福马的股价从4月20日以20.76元的价位开始上涨（如图4-8中A点所示）。在上涨的过程中一直都有成交量相配合，看来这是S苏福马真正的涨升行情，并不是简单的“无量反弹”或是“随波逐流”，而且涨势也很强，其股价一直都沿着5日均线，以10日均线为低托不断向上攀升。经过两个多月的上涨后，

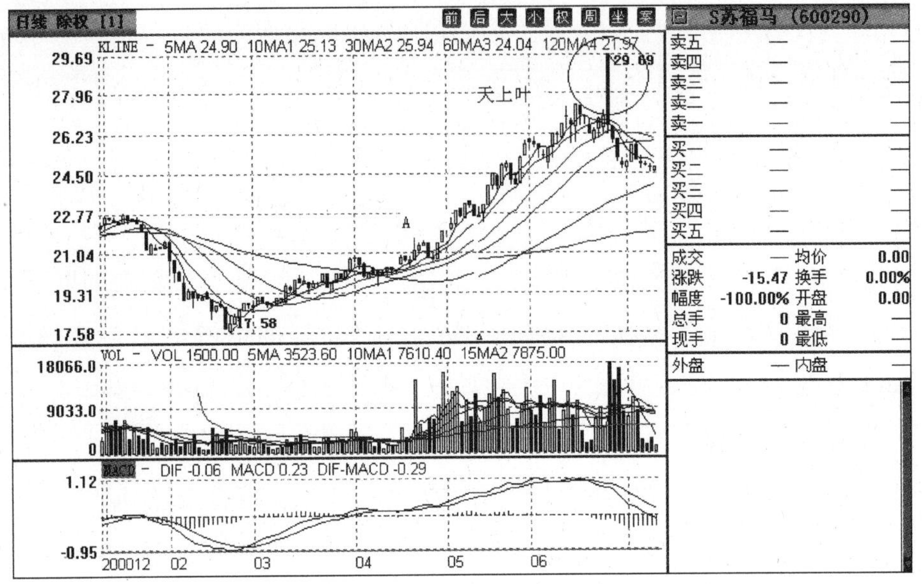

图4－8

其股价已从启动时的20元多涨到此时的26元多，涨幅已经不小了。在随后的几天里，S苏福马的股价跌穿了10日均线，在跌破10日均线的同时，其股价下方的成交量也跟随着做出了相应萎缩，这是正常的盘中回档，还是一轮下跌行情的到来呢？在6月26日这天，S苏福马的股价突然大幅向上跳空，以29.69元开盘并以26.70元收盘，在走势图上形成一根大幅高升低走的大阴线，好像一片“树叶”悬挂在那里（如图4－8所示）。走势一向正常的S苏福马，今天为什么会如此大幅高开并一路走低呢？这应引起我们的高度警觉。仔细观察这根大阴线，你会发现这根大阴线下方有着巨大的成交量，如果是普通的盘中回档，在回档时成交量应该是萎缩的，绝不可能出现如此大的成交量，股价也应该是下跌的，也不可能会如此的大幅高升低走。此时我们就应意识到，这根大阴线可能是庄家为了吸引中小散户，并借此打开出货空间而有意制造的。我们对 S 苏福马今后的走势要加倍小心，果不出所料，在以后的走势中，S 苏福马的股价陷入了绵绵阴跌之中。回过头来再看 S 苏福马的这片“叶”，就会觉得它的确有提前预警提示出货的功效。

二、浦发银行（600000）

下面这幅图是浦发银行在 2003 年 10 月～2004 年 3 月的一段股价走势（如图 4－9 所示）。

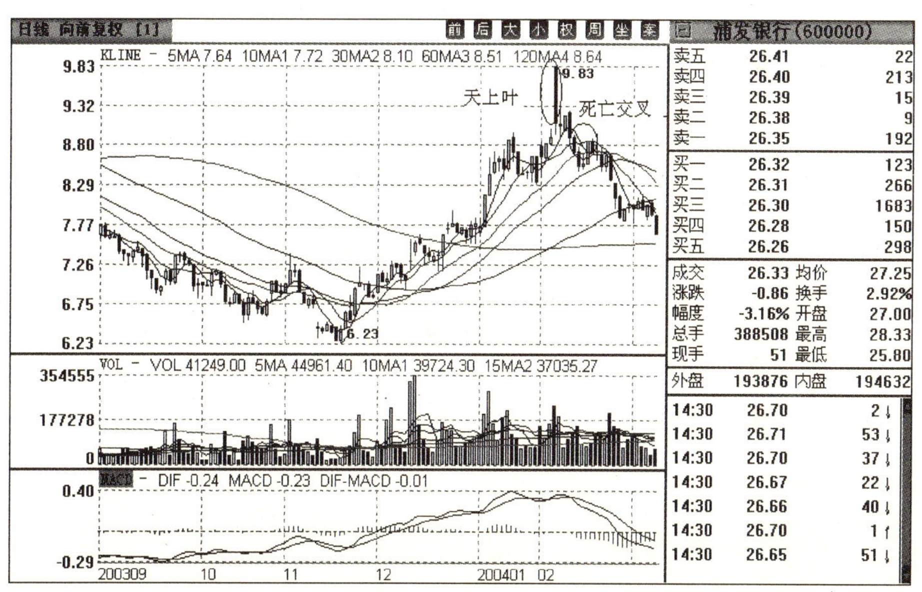

图 4－9

浦发银行的股价自从在低位上穿 30 日均线以来（如图 4－9 中 A 点所示），一直都沿着 5 日均线，以 10 日均线为依托不断向上攀升，直至 2004 年 2 月 5 日其股价突然在高位走出一根大幅高升低走的大阴线，形成一片“天上叶”（如图 4－9 所示）。此后，浦发银行的股价又在高位震荡几日便拐头向下寻求支撑，而一向给它以强劲支撑的 10 日均线，这次也没能给它以有力的保护。未过几日，其 5 日均线和 10 日均线又在不远处形成了“死亡交叉”（如图 4－9 所示）。

一片“天上叶”已经是一个危险的信号，再加上一个“死亡交叉”，浦发银行的股价已明显失势，此时不走，等待何时。

三、中国卫星（600118）

下面的两幅图是中国卫星在 2005 年 12 月～2007 年 1 月的一段股价走势（如图 4－10、图 4－11 所示）。

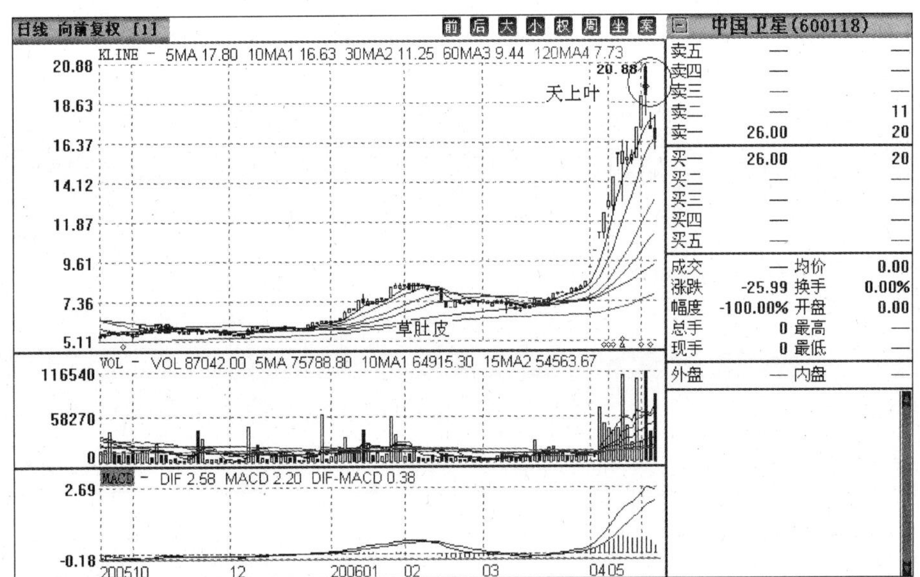

图 4－10

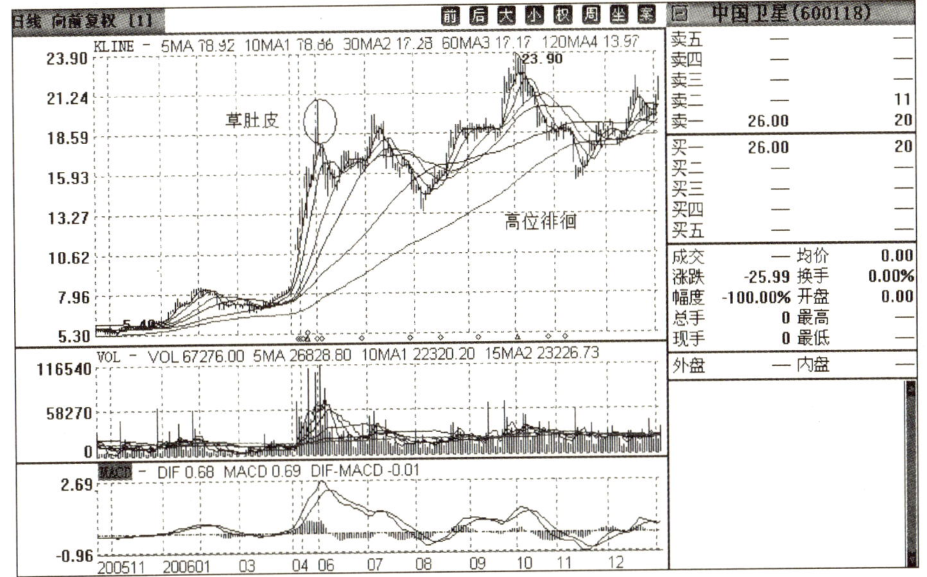

图 4－11

一般来说，股价在经过连续而大幅的拉升后，在高位形成高开低走的大阴线，通常都预示着该股顶部的来临，即使不形成快速回落局面，要想重新走强也要调整相当长的时间。

从 2005 年 7 月中旬至今，我国股市都处大牛市之中，上证指数以从当初的不足 1000 点，涨到了现在的近 3000 点，涨幅有 300%。从 2006 年的 3 月末开始中国卫星的股价也于其“草肚皮”后狂拉了 2 倍多，至 6 月 2 日于高处形成“天上叶”（如图 4－10 所示），这是一个明显的见顶信号，暗示着该股的上涨动能将在很长一段时间内得不到延续。

在此后的近 1 年的时间里任凭大盘屡创新高，中国卫星的股价也仅是在高位徘徊而已（如图 4－11 所示）。

第三节 角 中 叶

前面所讲的“地上叶”和“天上叶”，你在具体判断时也许会觉得有些难度。那么本节我们将要讲的“角中叶”，却能让你在实际应用时毫不费力。“角中叶”，单从字面上就很容易理解，是指那些在股价的“金角”走势中所出现的大幅高开低走或低开高走的K线。我们知道“金角”是由庄家打压吸货所形成的，如果在它当中出现大幅高开低走或低开高走的K线，就表示庄家将要有所行动，并已反映到盘面上了。在不久之后，庄家势必会展开吸货或拉升，不论你同不同意我的观点，但都不可否认“角中叶”具有极高的准确性和实用性。我就曾用“角中叶”在大盘极弱的情况下挖掘出多只黑马。

应用法则：如果我们发现，某只股票在其股价的“金角”走势中形成一根大幅高开低走或低开高走的K线，我们应及时并大胆的买入，它未来上涨的可能性极大（这里的“金角”一般指的是股票在经过“总体建仓”后在将要拉升之前所出现的“回档坑”，其详细内容请见第七章的第三节）。

一、*ST鼎立（600614）

下面这两幅图是*ST鼎立在2000年8～12月的一段股价走势（如图4－12、图4－13所示）。

日线 向前复权 [1]
前 后 大 小 权 周 坐 案
*ST鼎立 (600614)
KLINE - 5MA 10.40 10MA1 10.30 30MA2 9.67 60MA3 9.40 120MA4 9.47
10.92
A
B
三片叶
三线托底
8.53
VOL - VOL 5917.00 5MA 3895.00 10MA1 3417.50 15MA2 3782.33
MACD - DIF 0.31 MACD 0.27 DIF-MACD 0.04
200008
09
10
11
卖五 6.08 14
卖四 6.07 40
卖三 6.05 35
卖二 6.02 39
卖一 6.00 32
买一 5.99 4
买二 5.94 11
买三 5.93 40
买四 5.92 5
买五 5.91 82
成交 5.99 均价 5.93
涨跌 +0.02 换手 1.08%
幅度 +0.34% 开盘 5.99
总手 1532 最高 6.00
现手 46 最低 5.88
外盘 535 内盘 998
10:54 5.97 2
10:57 5.97 26
10:58 5.97 10
11:01 5.99 1
11:02 5.97 1
11:03 5.97 0
11:04 5.99 46

图 4 – 12

日线 向前复权 [1]
前 后 大 小 权 周 坐 案
*ST鼎立 (600614)
KLINE - 5MA 15.77 10MA1 16.36 30MA2 17.09 60MA3 13.90 120MA4 11.68
21.04
三片叶
银边
VOL - VOL 2181.00 5MA 2324.40 10MA1 2430.20 15MA2 3367.33
MACD - DIF 0.12 MACD 0.52 DIF-MACD -0.40
200007
09
10
11
12
200101
卖五 6.07 40
卖四 6.05 35
卖三 6.02 39
卖二 6.00 —
卖一 5.99 15
买一 5.95 16
买二 5.94 11
买三 5.93 40
买四 5.92 5
买五 5.91 82
成交 5.99 均价 5.93
涨跌 +0.02 换手 1.11%
幅度 +0.34% 开盘 5.99
总手 1569 最高 6.00
现手 4 最低 5.88
外盘 567 内盘 1002
10:58 5.97 10
11:01 5.99 1
11:02 5.97 1
11:03 5.97 0
11:04 5.99 46
11:08 6.00 32
11:08 5.99 4

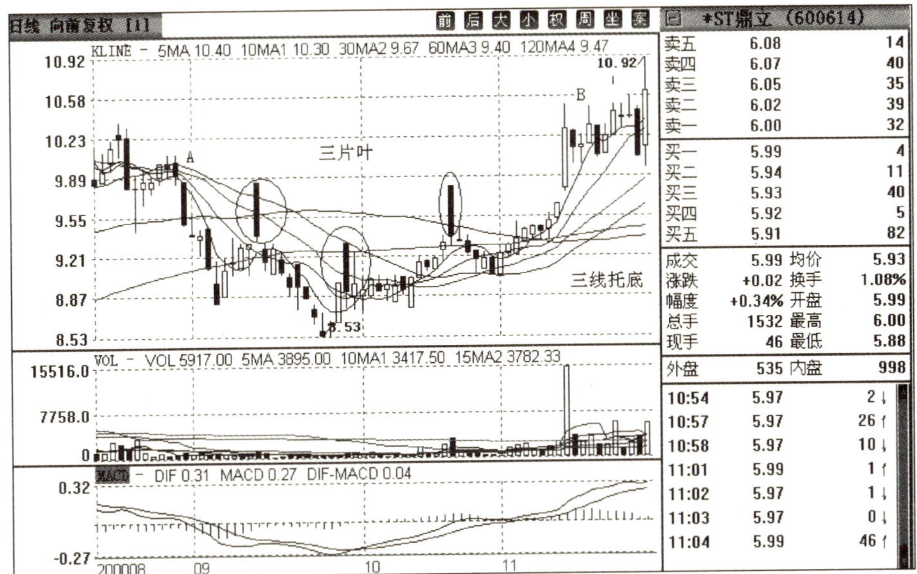

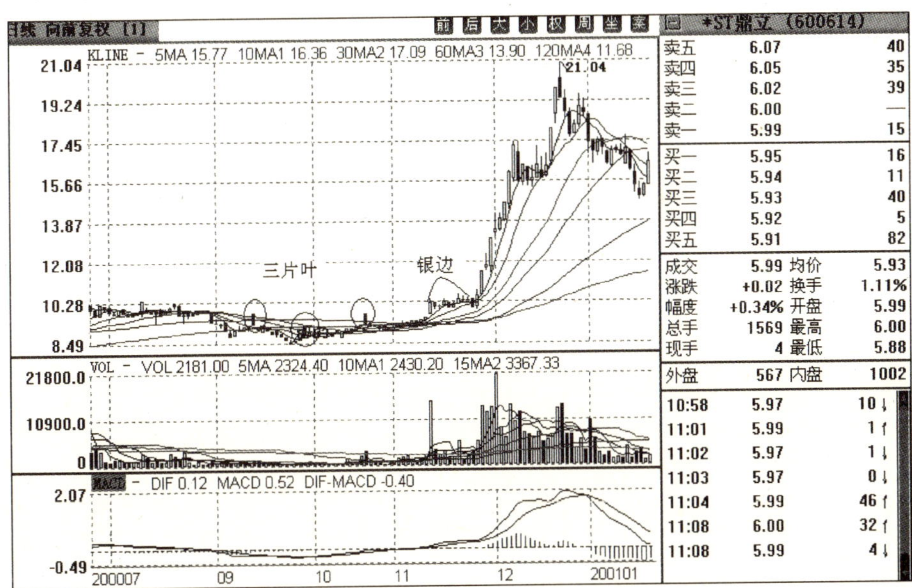

图 4 – 13

＊ST 鼎立在我所挖掘出的黑马中涨幅并不算很大，但它却是我用“角中叶”在大盘走势极弱情况下所发现的。记得在当时的市场中，连续涨升可达 20% 以上的股票都是少之又少，而＊ST 鼎立的股价却上涨 100% 以上，从而成为当时沪市小盘股的“领头羊”。

在图 4－12 中，＊ST 鼎立的股价于 8 月 31 日开始快速下跌（如图 4－12 中 A 点所示），并于其快速下跌过程中出现了一次小幅反弹。至 9 月 13 日它又于反弹高点形成了一根大幅高开低走的大阴线，在其走势图中形成“第一片叶”（如图 4－12 所示）。在这片“叶”出现以后＊ST 鼎立的股价走势引起了我的关注。当时我想这片“叶”出现于股价的下跌反弹过程中，这可能是一片“天上叶”。在“第一片叶”出现后，＊ST 鼎立的股价也确实又形成了一波下跌走势。这也证明当时的判断是正确的。但在下跌不久之后它又于 9 月 28 日形成了“第二片叶”（如图 4－12 所示），当“第二片叶”出现之后，我想＊ST 鼎立的股价怎么竟在短短数天之内先后出现了两片“叶”，这在一般的股价走势中是很少见到的，这让我对它未来的走势产生了极大的兴趣。当“第二片叶”出现后，＊ST 鼎立的股价开始见底回升向上反弹了，并在反弹过程中不时有放大的成交量相配合。到 10 月 24 日＊ST 鼎立在反弹至和“第一片叶”差不多相同价位时，其股价又是大幅高开低走，形成了“第三片叶”（如图 4－12所示），这“第三片叶”正好与“第一片叶”相对应。此时我看着这幅奇怪的走势图在想＊ST 鼎立的股价先是快速下跌，然后又出现带量反弹形成了“金角”走势。这莫非是庄家想要建仓（增仓），而“金角”中的这三片“叶”，可能是庄家在不同价位对＊ST 鼎立的上档抛压进行的不同测试并也借此机会震仓吸筹。“第一片叶”出现时可能是庄家认为抛压很大，还有下跌空间，所以继续向下打压股价；“第二片叶”出现时可能觉得抛压已小，可以向上拉升了，但其“结构形态”还不尽完美；“第三片叶”也许是庄家对它的又一次测试，且其此时股价走势的“形态结构”也相当完美，以后不久可能就要采取行动了。但再观察成交量在＊ST鼎立的反弹，虽有放大，但还达不到建仓的要求，难道庄家早已建仓完毕或者这个“金角”只是一个普通的反弹。说老实话当时我对它的未来发展也不敢肯定，也只好对它进行跟踪观察了。就在“第三片叶”出现后＊ST鼎立的股价出现了回档，并在回档至30日均线处受到了支撑，形成“三线托底”（如图4－12所示）。在托底成功后我决定买入该股，该股股价在11月13日上涨至上次快速下跌点A点价位附近时，突然放巨量向上跳空开盘，形成一根放量大阳线（如图4－12中B点所示）。在这根大阳线出现以后，＊ST鼎立的股价一直放量横向水平前进，形成了“银边”走势（如图4－13所示）。这下我心里更有底了，如果你在此时买入还不算晚，在经过一段“银边”吸货后，＊ST鼎立再放巨量展开一轮飙升行情（如图4－13所示），股价轻松翻番。

从这个案例中我们可以总结出这样的结论，如果股价的“金角”走势中出现“叶”，那么这只股票将来上涨的概率是非常高的，因为有“叶”的出现就表示庄家将要展开行动了。

二、S川双马（000935）

下面这幅图是S川双马在2000年8～11月的一段股价走势（如图4－14所示）。

S川双马的股价走势也是典型的“角中叶”走势。在图4－14中，其股价于8月30日开始快速下跌（如图4－14中A点所示），在经过了一段下跌之后，其股价开始渐渐走平，基本处在横向盘整的状态。股价在盘整过程中于9月18日突然大幅向上跳空高升，但最终却以走低收盘，这时在S川双马的走势图中形成一根大幅高开

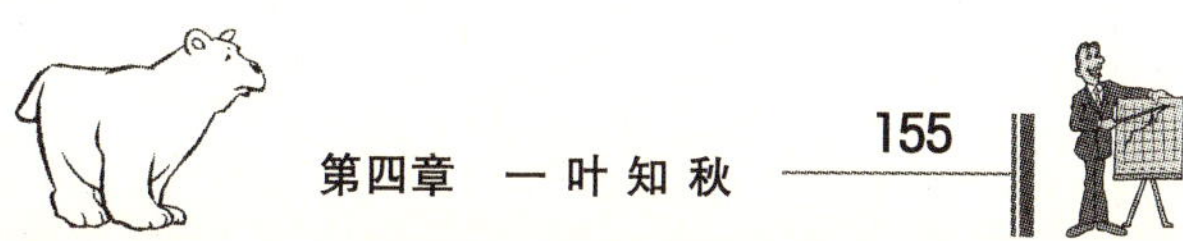

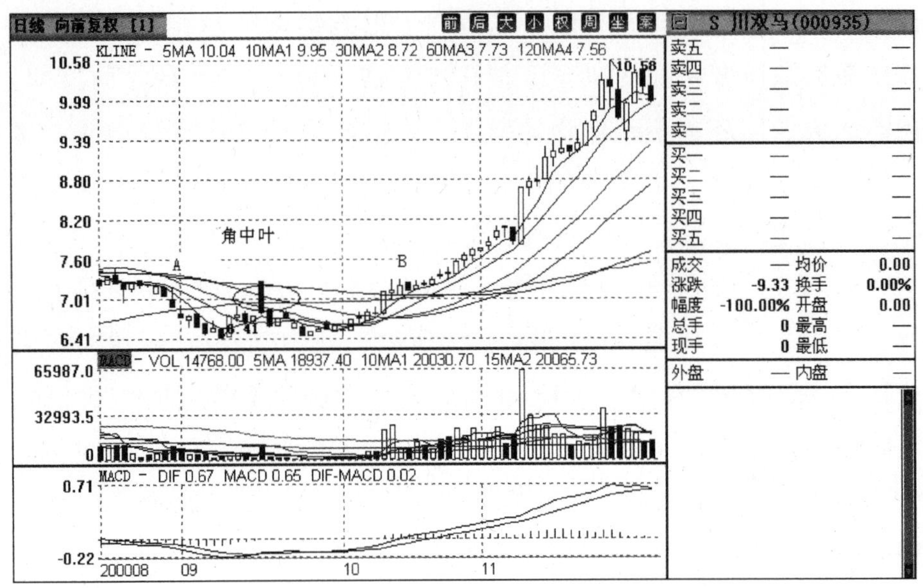

图 4－14

低走的大阴线，好像一片树叶飘落在那里（如图 4－14 所示）。随后，S 川双马的股价又在低位震荡数日，然后开始放量上涨，并于 10 月 16 日走出一根放量大阳线（如图 4－14 中 B 点所示），其股价也涨至前期加速下跌点 A 点的价位附近，形成一段与“树叶”前面的加速下跌行情相对应的上涨行情。这时再看 S 川双马的股价从 A 点的加速下跌到 B 点的放量上涨，在走势图中正好形成一个“金角”，而且在“金角”的中间还有一片“树叶”。在“金角”中出现“叶”，这不正是我们所说的“角中叶”吗？此时你可以马上买入该股。在“金角”之后 S 川双马的股价便一直沿着 5 日均线，以 10 日均线为依托不断向上攀升，展开一轮涨升行情。

不知你注意到了没有，“金角”中的这片“叶”一般都是出现在“金角”的中间位置，基本上把“金角”分成左右对称的两个半“角”。你在实际操作中可以利用“角中叶”的这个特性，在股价的上涨初期买入股票。因为这里的买入成本要比在“金角”形成后的买入成本低出很多。不过在这里买入一般的技术指标是不会发出买入信号的，你看S川双马的强弱指标在其“金角”的底部就没有发现买入信号（如图4－14所示）。

三、海泰发展（600082）

下面这两幅图是海泰发展在2005年11月～2006年7月的一段股价走势（如图4－15、图4－16所示）。

在图4－15中，海泰发展的股价呈现出明显的“草肚皮”状，“草肚皮”下方也有比较充裕的成交量，而且“草肚皮”后面的“回档坑”结构也十分合理，恰巧在其底部受到30日均线的支撑（如图4－15所示），这是完美的上攻组合。此刻应密切关注此股的未来动向，只要主力稍有意图就应及时介入，巧的是主力在拉升之

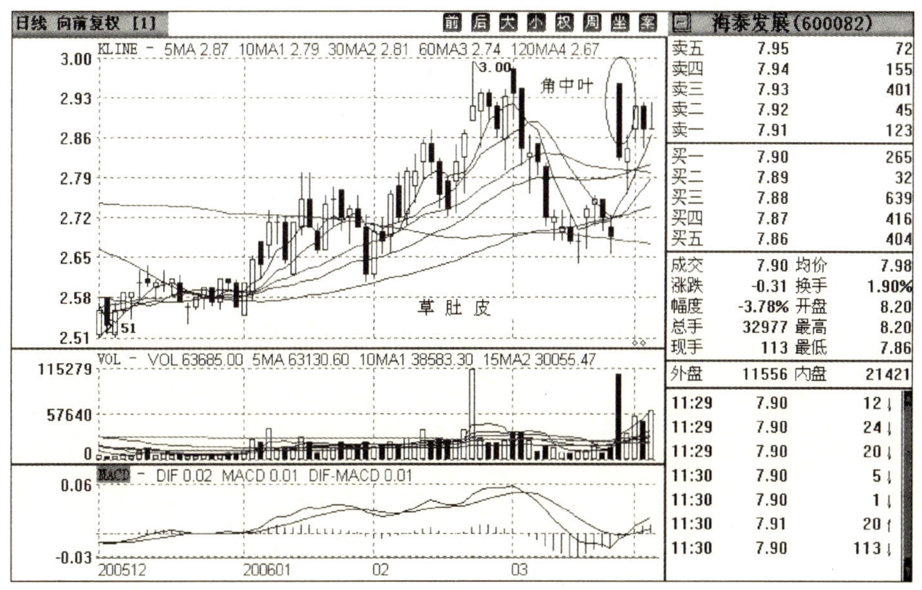

图4－15

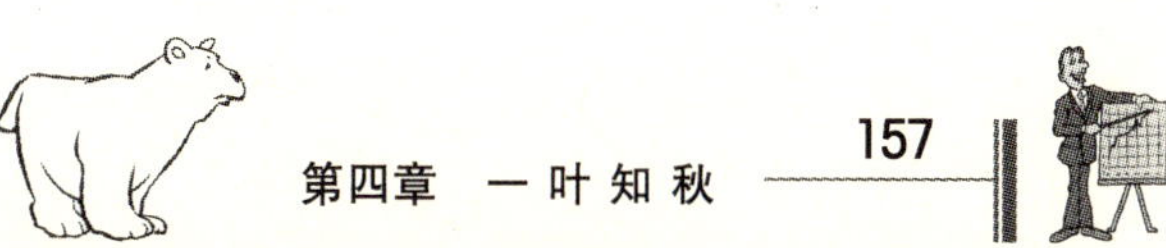

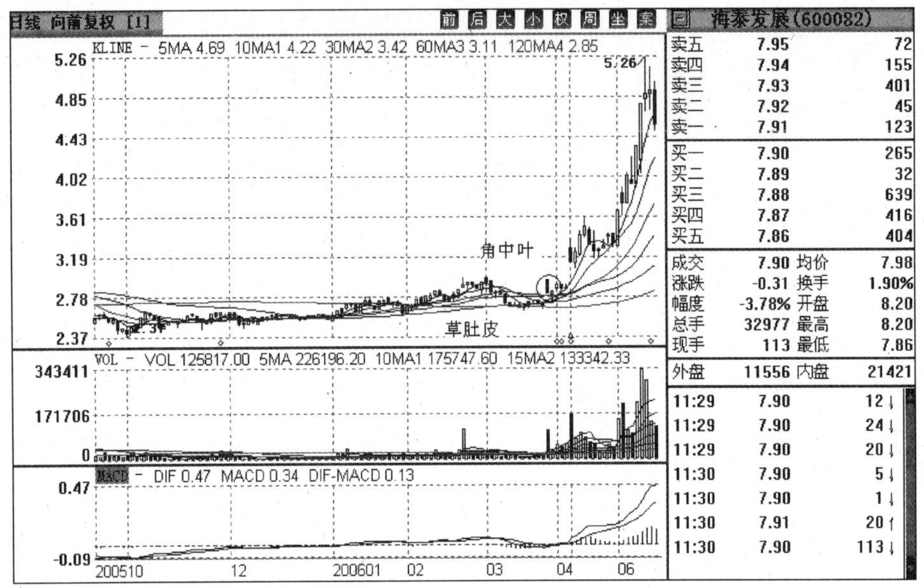

图 4－16

前来了一次“震仓式试盘”使其当天 K 线大幅高开低走，于是也就形成了“角中叶”（如图 4－15 所示），精明的投资者应觉察到这拉升前的一刻，并及时介入，后来此股一路大涨（如图 4－16 所示）。

通过本节的介绍，大家应明白这样一个道理，“角中叶”之所以能引发股价迅速上涨其根本原因就是因为，“角中叶”在多数请况下仅是“银边”或“草肚皮”之后的一个“回档坑”而已。

四、厦门钨业（600549）

下面两幅图是厦门钨业在 2005 年 7 月 ~2006 年 3 月的一段股价走势（如图 4－17、图 4－18 所示）。

日线 向前复权 [1]
厦门钨业(600549)
KLINE - 5MA 5.35 10MA1 5.17 30MA2 4.90 60MA3 4.87 120MA4 4.50
角中叶
复合草肚皮
VOL - VOL 11873.00 5MA 6582.60 10MA1 5027.70 15MA2 4338.20
MACD - DIF 0.17 MACD 0.09 DIF-MACD 0.08

图 4－17

日线 向前复权 [1]
厦门钨业(600549)
KLINE - 5MA 17.03 10MA1 16.46 30MA2 13.86 60MA3 10.08 120MA4 7.41
角中叶
VOL - VOL 108263.00 5MA 133555.60 10MA1 146036.80 15MA2 147490.93
MACD - DIF 1.64 MACD 1.89 DIF-MACD -0.26

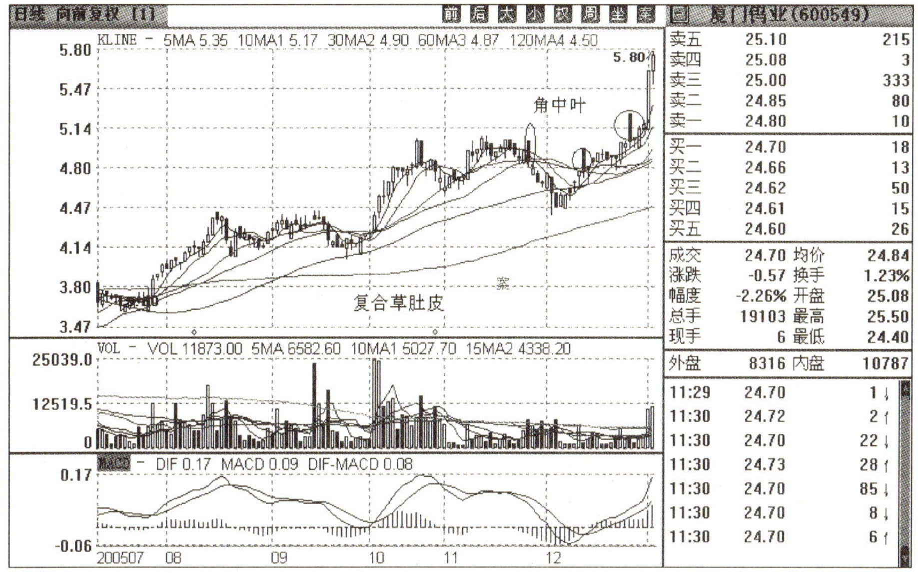

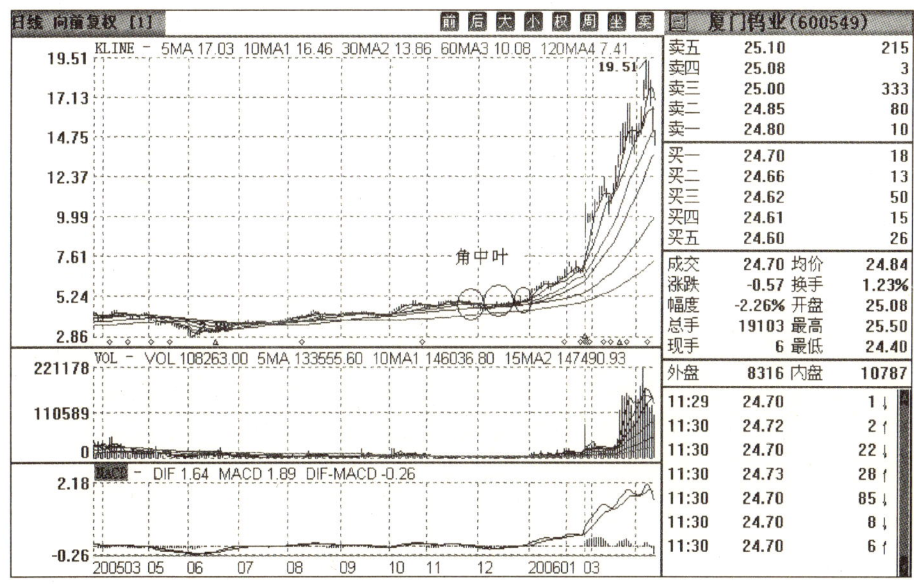

图 4－18

“角中叶”的前方如果要是有“草肚皮”，多数则说明股价将上涨了。

在图4－17中，厦门钨业的股价于2005年7～12月在其均线系统之上形成“复合草肚皮”，可就在“复合草肚皮”的“回档坑”附近接二连三地出现“角中叶”（如图4－17所示）。“角中叶”是一种明确的主力试盘信号，一般只会出现在比较重要的位置上，而“草肚皮”及后方的“回档坑”也是股价将涨的前题，所以两者结合股价多数会很快上涨的（如图4－18所示）。

第五章　影子的故事

一根K线，无论阳线也好，阴线也罢，它们除了具有实体以外，有时还会形成“上影线”或“下影线”，有的K线也同时具备“上影线”和“下影线”，比如说“类十字星”或“十字星”，这些“上影线”和“下影线”，我习惯上把它们统称为“影子”。

许多介绍K线的书籍，对这些“影子”都有详细的介绍，在这里也就不多说了。但如果要把这些“影子”与庄家的盘中行为结合到一起来分析，在它们身上又会发生许多故事。

第一节　形单影孤

对于K线的“上影线”和“下影线”在许多书籍中是这样描述的，“上影线”对股价具有阻挡作用，“下影线”对股价具有支撑作用，而且不论是“上影线”还是“下影线”，它们越长，这种阻挡和支撑也就越强。由于它们所处位置不同对股价的阻挡力和支撑力

也不相同。一般来说，在股价经过连续下跌后所出现较长的“下影线”对股价的支撑作用强；在股价经过连续上涨后所出现的较长“上影线”对股价的阻挡作用强。如果再把这些出现在顶部或底部带有较长的上下影线的K线与股价的成交量结合到一起，就更能反映出庄家的真实目的。

比如说，一只股票在经过连续下跌后，在低位走出一根带有长长“下影线”的K线（无论阴线还是阳线），并且在这根K线的下方配有相当大的成交量，这可能是庄家在当日大幅向下打压股价，而后再放量向上收集筹码所形成的，今后这只股票很可能会出现上涨行情。

同理，一只股票在经过连续上涨后，在高位形成一根带有长长“上影线”的K线（无论阴线还是阳线），并且这根K线的下方配有相当大的成交量，这可能是庄家在当日先大幅拉高股价，而后在高位大量出货所形成的，今后这只股票很可能会出现下跌行情。由于这些“上影线”或“下影线”往往都是单独的出现，所以我称它们为“形单影孤”。

应用法则：

（1）如果我们发现某只股票在经过连续下跌后，于低位走出一根带有长长“下影线”的K线（无论阴线还是阳线），并且这根K线的下方配有相当大的成交量，在以后走势中如果这只股票出现上涨行情，我们应及时介入。

（2）如果我们发现某只股票在经过连续上涨后，于高位走出一根带有长长“上影线”的K线（无论阴线还是阳线），并且这根K线的下方又配有相当大的成交量，在以后的走势中如果这只股票出现下跌行情，我们应及时卖出。

一、＊ST 长兴（000827）

下面这幅图是＊ST 长兴在 1999 年 4 ~7 月的一段股价走势（如图 5 –1 所示）。

在这幅图中＊ST 长兴的股价在经过一段缓慢下行之后，又于 A 点开始加速下滑（如图 5 –1 所示），在经过快速下跌之后，又于 5 月 19 日在低位形成一根带有长长“下影线”的大阳线，在其股价走势图中形成“形单影孤”（如图 5 –1 所示）。并且这根大阳线的下方也伴随着放大的成交量。这根带有长长“下影线”的大阳线及其下方的成交量是庄家先大幅向下打压股价，然后再大量向上收集筹码而形成的。这一下一上的过程相当于一个单日的“金角”。另外，这长长的“下影线”对＊ST 长兴的股价也具有极强的支撑作用。

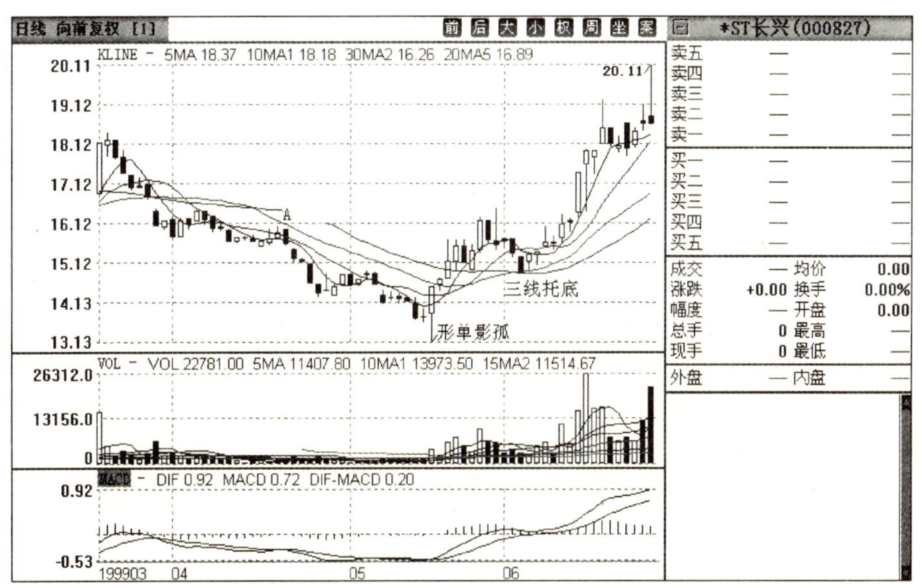

图 5 –1

在＊ST 长兴形成“形单影孤”后，其股价便开始放量上涨的，此时我们可以认为自己的判断是正确的，并买入＊ST 长兴。在随后的上涨过程中，＊ST 长兴的股价走势在30日均线上方形成了“三线托底”，并且托底成功。当然，这只股票我们除了用“形单影孤”买入外，也可用“三线托底”来买入（如图5－1所示）。

二、＊ST 雄震（600711）

下面这幅是＊ST 雄震在2000年7～12月的一段股价走势（如图5－2所示）。

在这幅图中，＊ST 雄震的股价在经过一轮急速上涨之后，又展开了一轮急速下跌，在跌至次低位时于9月25日形成一根带有长长

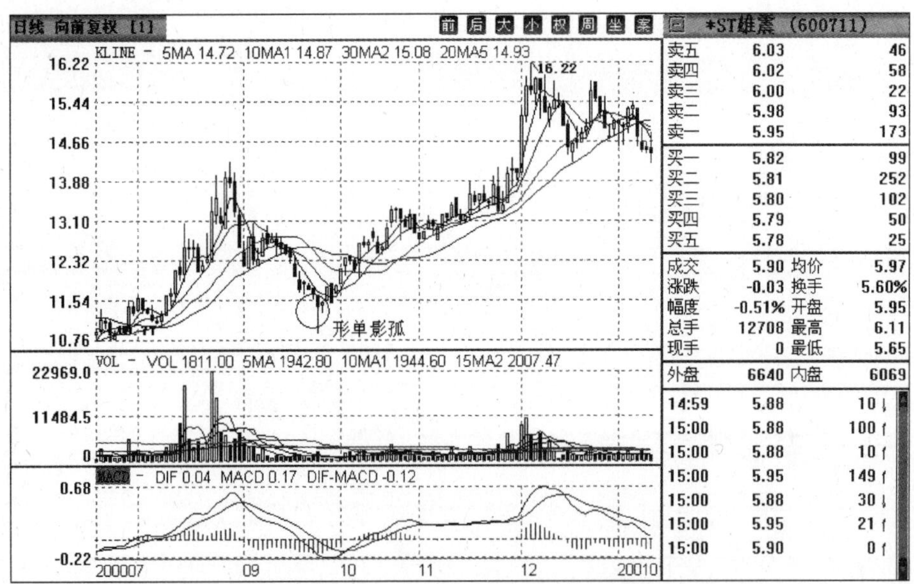

图5－2

"下影线"的小阴线，在其股价走势图中形成了"形单影孤"（如图5－2所示）。在"形单影孤"的下方成交量也有所放大，但不太明显，也就是说，庄家的吸筹动作不太明显。那么＊ST雄震的上涨行情或反弹行情到底能不能展开呢？在具体分析时，应围绕这个要点进行分析，就是＊ST雄震的股价在形成"形单影孤"之前的一段股价走势。它先是急速上涨，后又急速下跌，且在上涨之时放出了巨量，显然庄家介入很深。但由于下跌行情过快、过急，庄家不可能全身而退。并且这次"形单影孤"所出现的位置比起急速上涨行情的启动点要稍高一些，成交量也明显萎缩，这表明此股下跌动能明显不足，股价跌无可跌。另外，＊ST雄震在次低位出现的这根带有长长的"下影线"的小K线，对它的股价也具有强大的支撑作用，庄家很可能在这里发动第二次扬升行情，以便达到成功出局的目的，我们有理由介入。在"形单影孤"之后，＊ST雄震的股价也果真上涨了，但由于"形单影孤"下方没有足够的成交量相配合，所以上涨缓慢，虽上涨缓慢，但也毕竟创下新高。

三、丹东化纤（000498）

下面这幅图是丹东化纤在2003年10月～2004年2月的一段股价走势。（如图5－3所示）。

在这幅图中，丹东化纤的股价在经过持续下跌后，于2003年11月10日在低位形成一颗"红十字星"（如图5－3中A点所示），接下来该股便开始震荡上行，在其股价放量突破30日均线后，又沿着该均线缩量整理数日，便以更大的成交量脱离30日均线向上攀升，当丹东化纤的股价升至一定高度后（如图5－3中B点所示）又形成缩量回调，并于2004年1月6日回落至30日均线上方形成一根带有

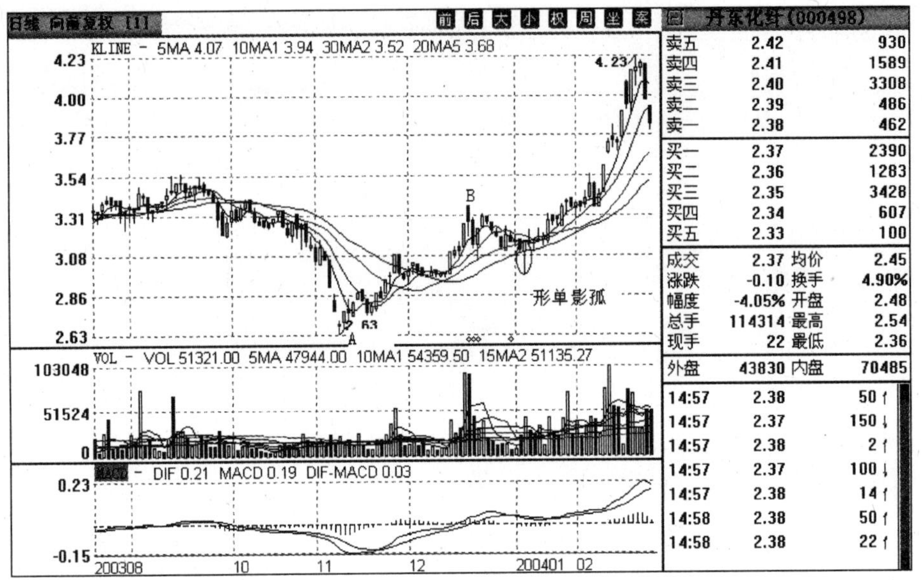

图 5-3

长长“下影线”的小阳线（如图 5-3 中 C 点所示）。这次所形成的“形单影孤”下方有较大的成交量相配合，这说明它有实质性的意义。大多数的股票在低位形成“形单影孤”后，其股价的涨升空间相对来说一般都不会太大，而丹东化纤的“形单影孤”是在该股的 30 日均线上所形成的，恰好此时其股价的走势也碰巧形成了“三线托底”，这样的“形单影孤”可就另当别论了，不信你看，丹东化纤在“形单影孤”之后所产生的涨升行情是不是很大呀。

四、＊ST 金城（000820）

下面这幅图是＊ST 金城在 1999 年 3～7 月的一段股价走势（如图 5-4 所示）。

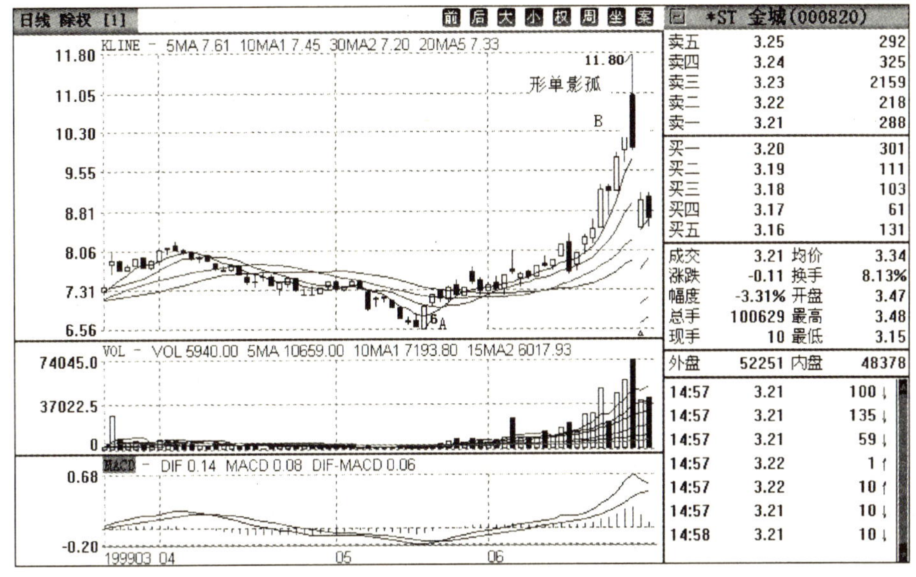

图 5－4

在图 5－4 中，＊ST 金城的股价于 5 月 19 日从 5.47 元的低位开始放量上涨（如图 5－4 中 A 点所示），经过连续的上涨后，至 6 月 24 日其股价已到达 10.80 元的高位（如图 5－4 中 B 点所示），并在上涨过程中伴随着成交量的逐步放大。由于短期内上涨幅度过大，其股价在第 2 天便形成了一根带有长长“上影线”的大阴线，在其股价的走势图中形成“形单影孤”（如图 5－4 所示）。“形单影孤”下方的成交量更是异常的放大，这时你应意识到，这根出现在高位带有长长“上影线”的大阴线及下方巨大的成交量是庄家为了吸引跟风盘打开出货空间，而大幅向上拉升股价，然后再由高位大量派发筹码以致股价回落而形成的，今后该股的走势一定不容乐观。果然，＊ST金城在高位形成“形单影孤”后股价应声而下，一落千丈。

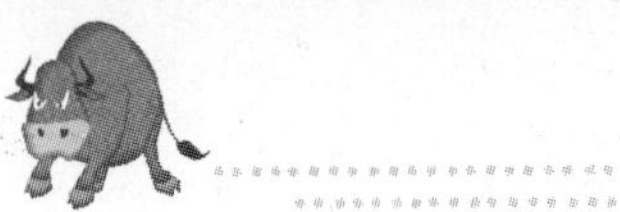

五、大冶特钢（000708）

下面这幅是大冶特钢在2000年1～6月的一段股价走势（如图5－5所示）。

在图5－5中，大冶特钢的股价在经过一轮缓步攀升行情后出现了回落走势，而且回落的幅度较大，但在次低位其股价受到了支撑（如图5－5中A点所示），并在此处放量展开第2轮上涨行情。这轮上涨行情的涨幅虽不算很大，但涨势却十分凌厉。由于短期之内上涨过快，其股价在6月5日于高位形成一根带有长长“上影线”的大阴线，这也就在它的走势图中形成“形单影孤”（如图5－5所示），且“形单影孤”下方的成交量更是异常的大，这种现象的出现对该股今后走势相当不利，它通常暗示着顶部的来临，是庄家出

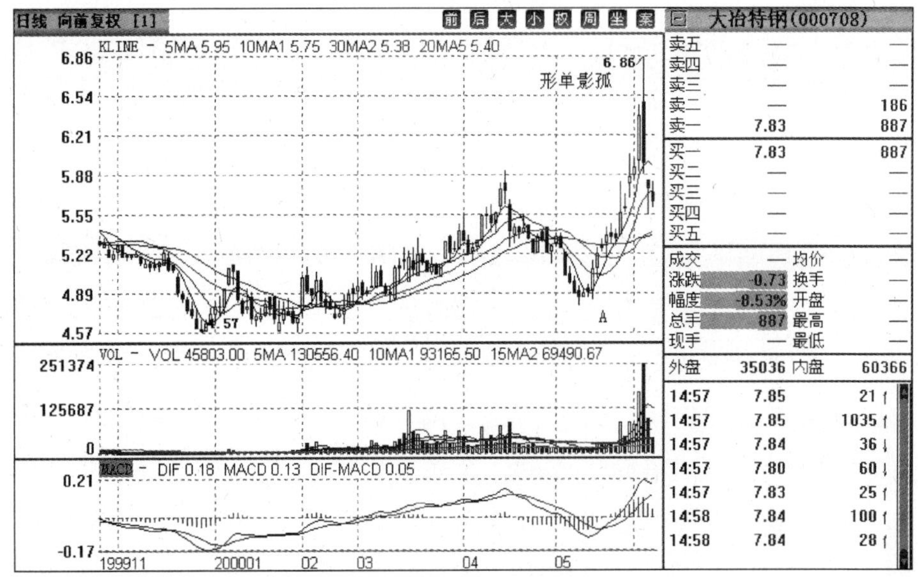

图5－5

货的表现。此时，如我们手中握有大冶特钢，应尽快的卖出。随后大冶特钢的股价便在高位出现了回落行情。

一般股票在经过连续上涨，于高位形成“形单影孤”后所产生的下跌行情要比在股价经过连续下跌的低位出现形成“形单影孤”后所产生的上涨行情的成功率要高出很多，因为股价的顶部区域都比较敏感。

下面这幅图就是 S ST 鑫安（000719）在经过连续上涨后，在高位的形成的“形单影孤”（如图 5－6 所示）。

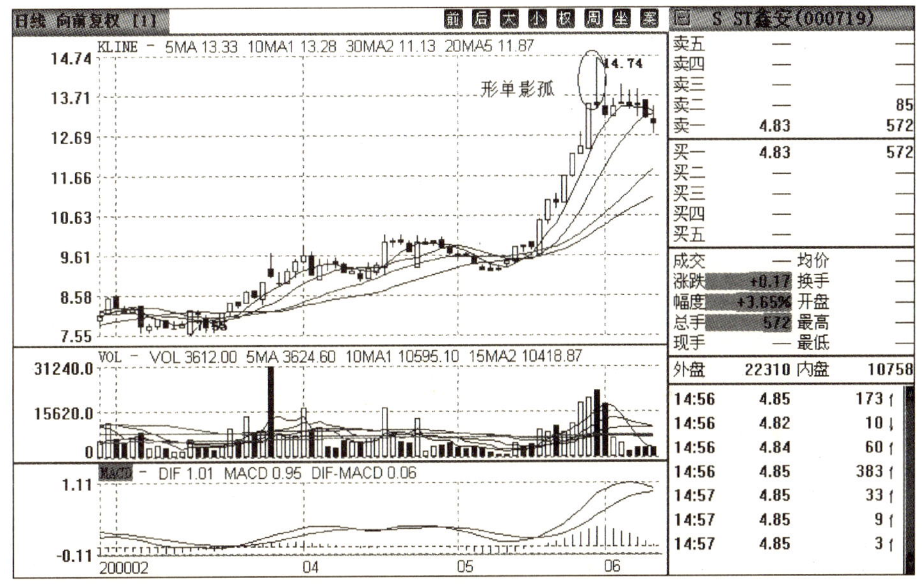

图 5－6

第二节　众 志 成 城

上节我们介绍“形单影孤”时曾说：当股价经过连续上涨或下跌后在高位或低位形成长长的“上影线”或“下影线”，并且其下方伴有较大的成交量相配合，是由庄家出货和吸筹造成的。但一根“影子”的力量毕竟是有限的，如果在股价的高位或低位同时出现几十根甚至上百“影子”，那它们一旦爆发，其威力是相当惊人的。但有一点是和“形单影孤”有所不同的，“形单影孤”中所出现的“影子”往往都是一根K线只具有“上影线”或“下影线”（或其“上影线”或“下影线”占有主导地位）。而当股价在低位或高位同时出现几十根乃至上百根“影子”时，它们通常都是一根K线同时具有“上影线”和“下影线”，由于这些影子的数量众多所以称为“众志成城”。

“众志成城”一般都出现在一些黑马股的低位建仓区和高位出货区。由于股价的顶部区域比较敏感，而它在股价顶部区域的形成时间又比较漫长。在下一章里，我会给大家介绍一种更为快捷的逃顶方法，所以这里也就不再详细介绍了，我们还是先重点来研究一下它出现在低位建仓区时的形态结构和技术特点吧。

“众志成城”一般都是在股价长期横向盘整的低位区所形成的，这时每根K线几乎都有较长的“上影线”和“下影线”，并且这些K线的下方都伴有较大的成交量。从表面看上去，其股价走势十分平常，没有什么特别之处。但实际上，庄家为了能在较低的价位上吸货，在不断的上下拉动股价，其内部变化极其汹涌澎湃，隐藏着一股巨大的暗流。正是由于庄家不断的上下吸货，才会使其每根 K 线都留下较长的“上影线”和“下影线”，但由于庄家吸货时尽量把股价限制在水平价位上，所以用一般的技术指标是很难发现庄家在建仓的，而用“众志成城”就会很容易发现主力的真正意图。

下面的 3 幅图是莱钢股份（600102）、东方明珠（600832）和海印股份（000861）所在庄家于低位吸货过程中所形成的“众志成城”（如图 5－7、图 5－8、图 5－9 所示）。你看它们在形成“银边”过程中的每根 K 线都差不多同时具有较长的“上影线”和“下影线”，且在每根 K 线的下方又都有相当大的成交量，这是由庄家实质性的买入所造成的。

应用法则：如果我们发现某只股票长期在低位震荡，并且在它们的每根 K 线上几乎都有较长的“上影线”和“下影线”，且这些 K 线下方的成交量也明显放大，我们可以判断庄家正在吸筹，并在适当的时机买入此股。

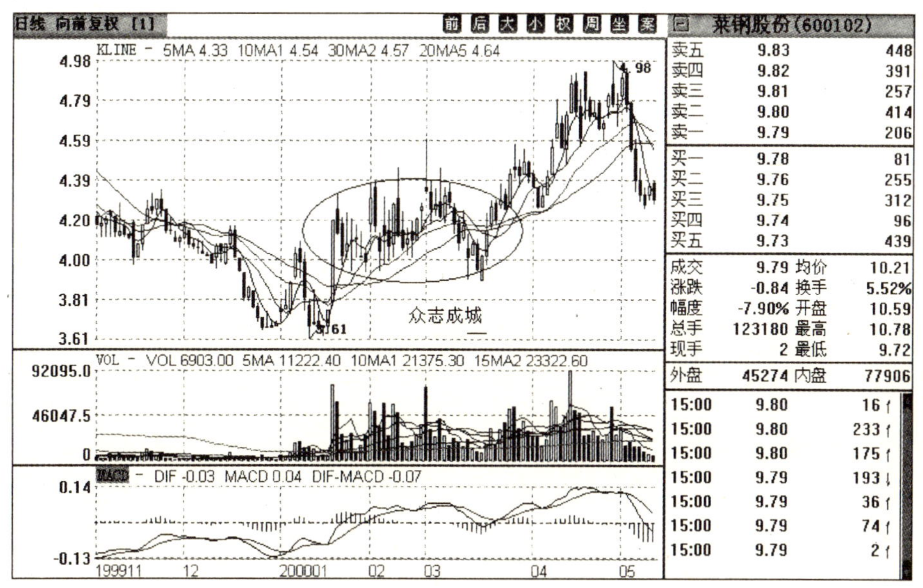

图 5－7

日线 向前复权 [1]
前 后 大 小 权 周 坐 案
东方明珠(600832)
KLINE - 5MA 4.60 10MA1 4.33 30MA2 4.14 20MA5 4.20
5.12
4.91
4.71
4.50
4.29
4.09
3.88
3.67
众志成城
VOL - VOL 69786.00 5MA 50030.00 10MA1 28023.10 15MA2 20481.13
76205.0
38102.5
0
MACD - DIF 0.17 MACD 0.09 DIF-MACD 0.08
0.17
-0.07
199811 12 199901 02 03 04 05
卖五 13.33 596
卖四 13.32 1220
卖三 13.31 627
卖二 13.30 1047
卖一 13.29 149
买一 13.28 229
买二 13.27 5
买三 13.26 230
买四 13.25 724
买五 13.24 30
成交 13.27 均价 13.69
涨跌 -0.95 换手 3.53%
幅度 -6.68% 开盘 14.18
总手 303234 最高 14.20
现手 0 最低 13.10
外盘 136493 内盘 166741
15:00 13.26 404↓
15:00 13.28 29↓
15:00 13.28 45↑
15:00 13.28 31↓
15:00 13.28 2↓
15:00 13.28 30↓
15:00 13.27 0↓

图5-8

日线 向前复权 [1]
前 后 大 小 权 周 坐 案
海印股份(000861)
KLINE - 5MA 9.19 10MA1 9.02 30MA2 8.75 20MA5 8.92
9.98
9.58
9.18
8.78
8.38
7.98
7.59
7.19
众志成城
VOL - VOL 16759.00 5MA 9083.60 10MA1 6871.40 15MA2 5983.00
21525.0
10762.5
0
MACD - DIF 0.21 MACD 0.16 DIF-MACD 0.05
0.21
-0.10
199910 12 200001 02 03 04
卖五 6.38 193
卖四 6.37 181
卖三 6.36 566
卖二 6.35 100
卖一 6.34 328
买一 6.33 133
买二 6.32 34
买三 6.30 141
买四 6.29 50
买五 6.28 83
成交 6.33 均价 6.54
涨跌 -0.25 换手 4.33%
幅度 -3.80% 开盘 6.54
总手 28535 最高 6.73
现手 205 最低 6.26
外盘 13411 内盘 15124
14:56 6.34 8↓
14:57 6.34 39↓
14:57 6.36 18↑
14:57 6.30 120↓
14:58 6.34 10↑
14:58 6.34 6↑
15:00 6.33 205↑

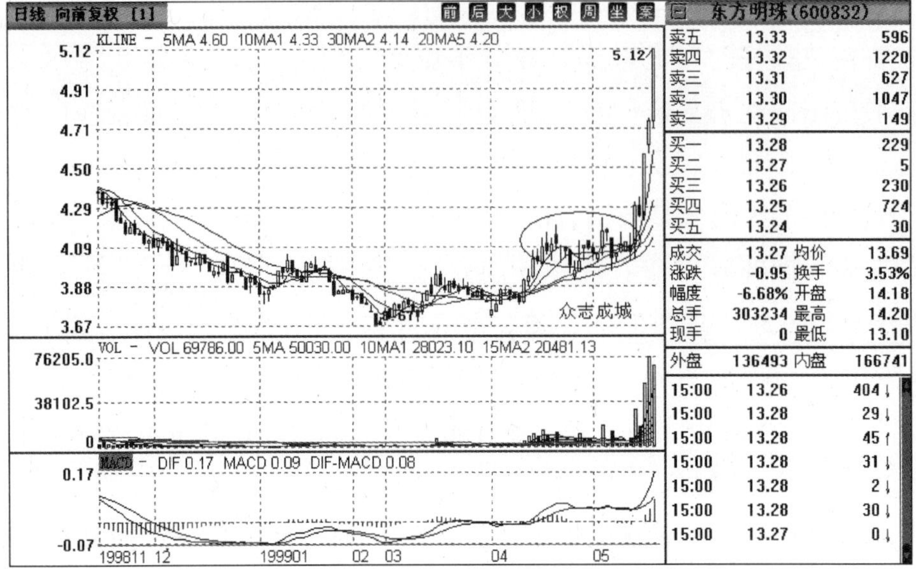

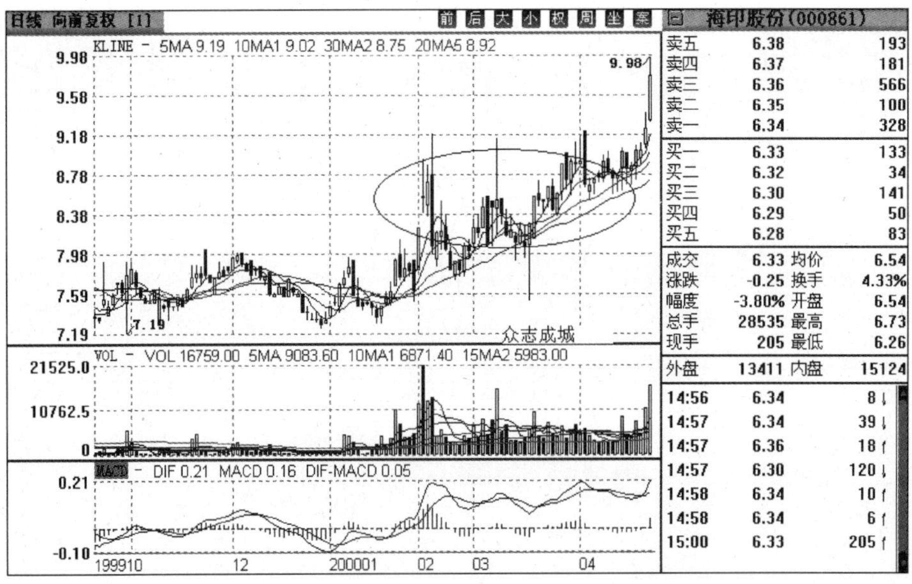

图5-9

一、*ST 屯河（600737）

下面这两幅图是 * ST 屯河在 1999 年 9 月 ~2000 年 7 月的一段股价走势（如图 5－10、图 5－11 所示）。

在图 5－10 中，* ST 屯河的股价从 1999 年 9 月 ~2000 年 2 月，一直都在 16 元左右的价位上做长期横向震荡，在震荡过程中，在它的每根 K 线上几乎都留下较长的“上影线”及“下影线”，在新疆屯河的股价走势图中形成“众志成城”（如图 5－10 所示），并且这些 K 线下方的成交量也呈明显放大趋势，这表明 * ST 屯河的庄家每天都在不断的上下打压股价，使其震荡从而大量建仓。当建仓行为接近尾声时，庄家又急速向下打压股价，数日之后又把股价重新拉回到先前的横向震荡区域。此时在 * ST屯河的走势图中形成“回

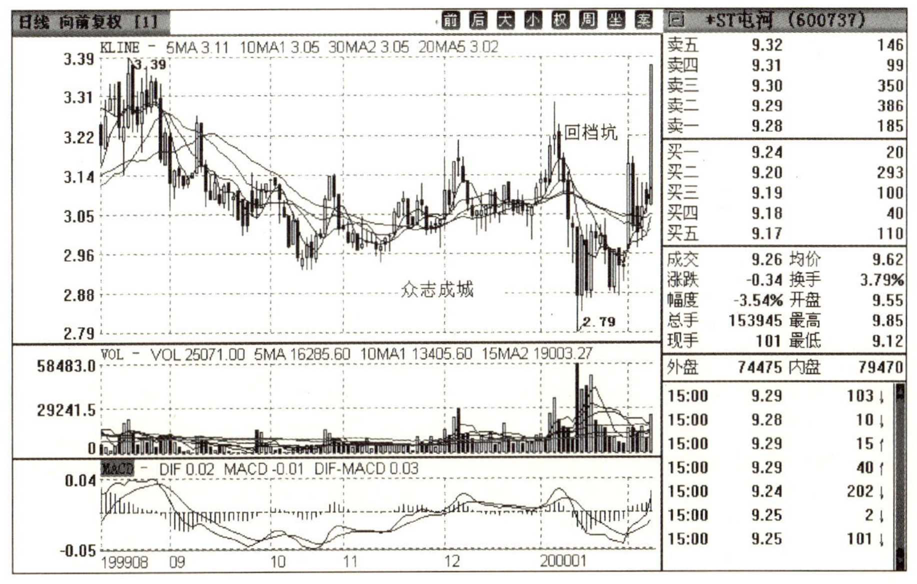

图 5－10

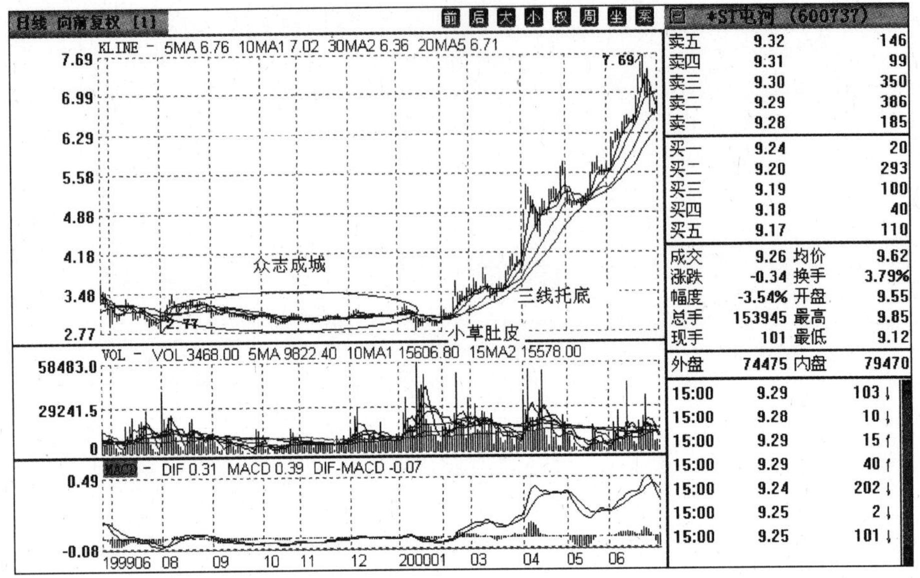

图 5－11

档坑”（如图 5－10 所示），在“回档坑”的底部也形成了“众志成城”，并且“回档坑”两侧的成交量更是异常的放大，这说明庄家又进一步加强了建仓力度。在＊ST 屯河的股价走出“回档坑”后，其股价又迅速冲高回落，形成一个“小草肚皮”（如图 5－11 所示）。在“草肚皮”高点，庄家又再度向下打压股价进行震仓洗盘，在其股价回落至 30 日均线处受到了支撑，形成“三线托底”。在托底成功后，＊ST 屯河的股价便展开一轮波澜壮阔的上涨行情。我们可以在托底成功后买入该股。这正是：“底部众志成城日，正是屯河欲上时”。

二、马钢股份（600808）

下面这幅图是马钢股份在 1999 年 11 月～2000 年 5 月的一段股价走势（如图 5－12 所示）。

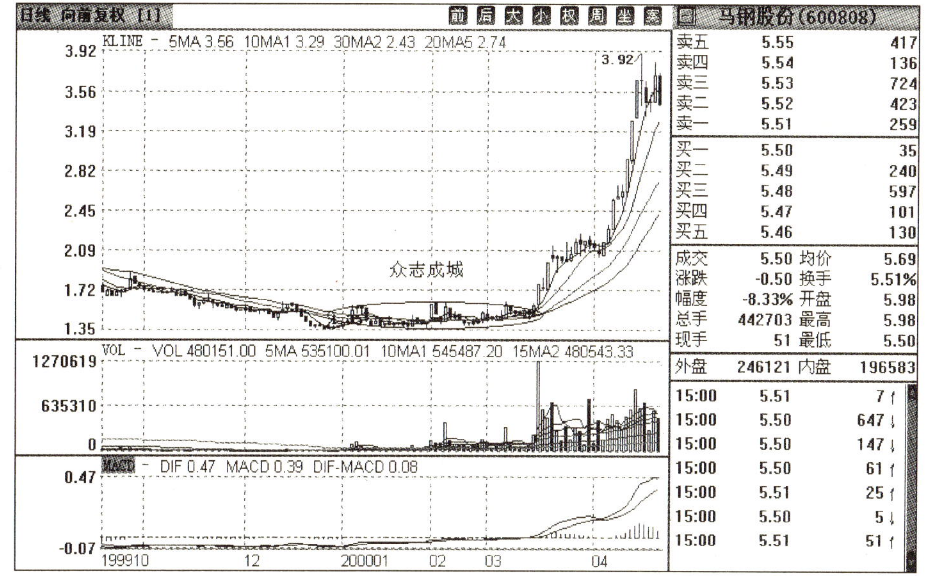

图 5－12

马钢股份是沪市著名的超级大盘股，它以往在市场上表现平平，以至很多人都对它失去信心，不予关注。不过它在 2000 年上半年却涨幅惊人，股价翻了一倍以上。记得它在上涨初期，很多人都不敢买入，认为它的这次上涨也和以往一样只是昙花一现。这正是由于他们对马钢股份所在庄家的建仓程度了解不够所造成的。马钢股份能有如此表现，是和所在庄家的建仓程度分不开的。

在图 5－12 中，马钢股份的股价从 1999 年 12 月～2000 年 3 月，一直在 2 元多的低价位横向震荡，在震荡过程中它的每根 K 线上几乎都留下了较长的“上影线”及“下影线”，在其股价的走势图中形成“众志成城”（如图 5－12 所示），并且这些 K 线的下方都伴有相当大的成交量，这真是上面“众志成城”，下面“热血沸腾”。如果你当时会“众志成城”这招，就会知道这种状态绝不是偶然形成的，而是庄家有组织、有计划的不断上下打压股价并从中大量建仓

所造成的，下面巨大的成交量则是庄家实质性的买入。再看马钢股份的“众志成城”长达几个月之久，想必庄家一定建仓充分，它未来的上涨空间不可小视。

通过上面的分析，你还会对马钢股份的上涨行情怀疑吗？还会认为这轮行情只是昙花一现吗？我们只有对庄家的建仓过程了然于胸，才会对它的未来的上涨胸有成竹。以后我们再做股票的时侯，不管它是“大盘股”还是“小盘股”、“冷门股”还是“热门股”，只要符合我们的要求，我们就要买入。

三、S 中体产（600158）

下面这两幅图是 S 中体产在 1999 年 9 月 ~2000 年 3 月的一段股价走势。（如图 5 – 13、图 5 – 14 所示）。

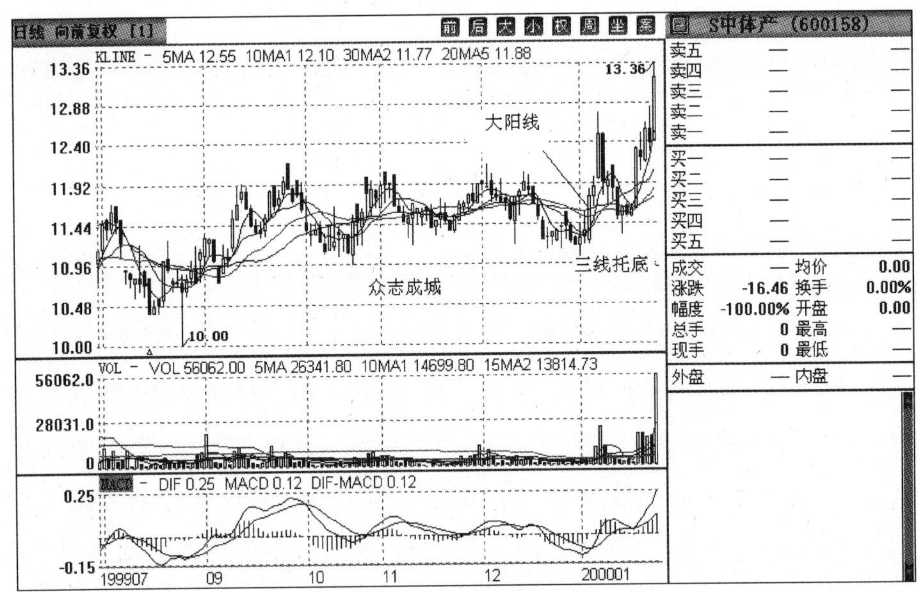

图 5 – 13

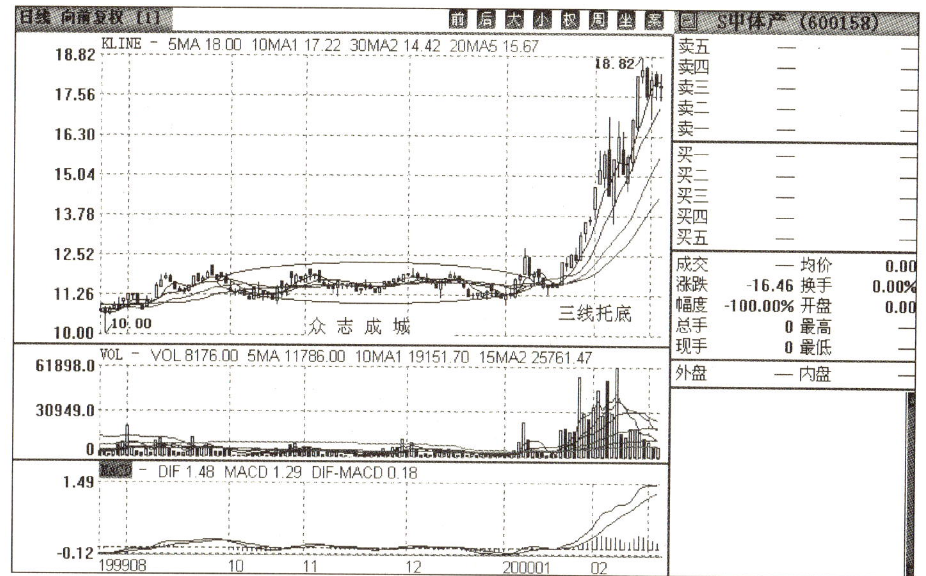

图 5－14

在图 5－13 中，S 中体产的股价从 1999 年 9 月～2000 年 1 月，一直在 10～12 元之间的价位上做宽幅震荡。在震荡过程中在它的每根 K 线上几乎都留下较长的“上影线”及“下影线”，在 S 中体产的走势图中形成“众志成城”（如图 5－13 所示），并且其下方的成交量也不时的放大。在其形成“众志成城”这段期间，庄家一直都在上下打压股价从中吸筹。这种走势一直延续到 2000 年的 1 月 6 日，当天 S 中体产的股价放巨量以大阳线上穿了其 30 日均线（如图 5－13 所示），随后的两天其股价继续放量上行，此时它的均线系统已形成“多头排列”。当其股价于 30 均线上方行至一定高度后，又出现了缩量回落，回落只略微跌破了 30 日均线，就又迅速以大阳线放量上攻，此时在 S 中体产的股价走势图中又形成“三线托底”，并且托底成功（如图 5－13 所示）。由于我们十分了解该股庄家的建仓过程，所以在这次托底成功后可大胆买入此股（图 5－14 是 S 中体

产在托底成功后的上涨行情）。

下图中的汉商集团（600774）在上涨之前也出现了“众志成城”（如图5－15所示），但由于汉商集团的“众志成城”形成的时间比较短，而且它的大多数K线上的“影子”也比较短，所以它的上涨幅度明显不如S中体产。

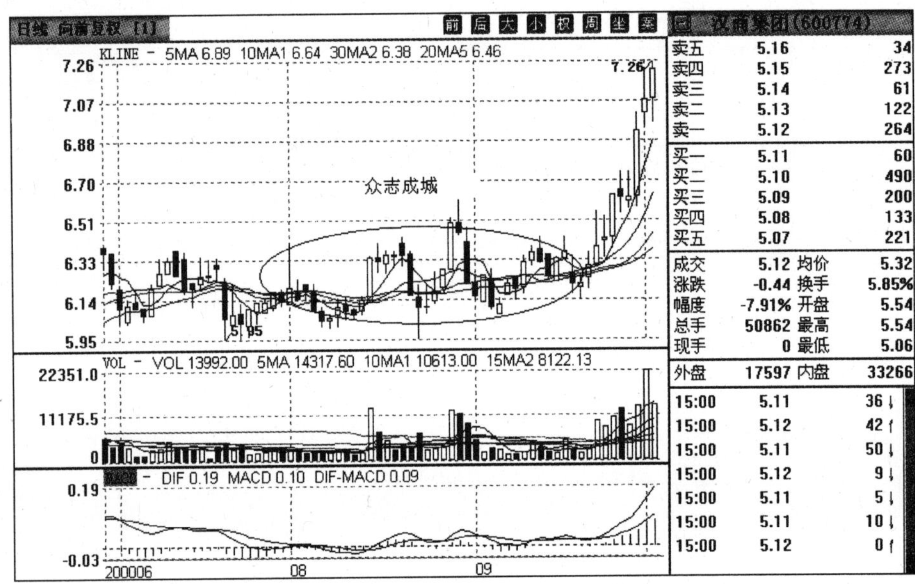

图5－15

四、吉恩镍业（600432）

下面这两幅图是吉恩镍业 2003 年 9 月 ~2004 年 3 月的一段股价走势图（如图 5－16、图 5－17 所示）。

通常来说，“众志成城”在“银边”当中出现的概率较大，也容易识别，而当它在“草肚皮”中出现时，一般人是很难识别的，必须是有着丰富看盘经验的老股民才能分清，吉恩镍业就是这样的股票。

在图 5－16 中，吉恩镍业的股价首先在其走势图中形成了一个漂亮的“草肚皮”（如图 5－16 所示），并且“草肚皮”下方也是有相当大的成交量相配合的。我们再仔细看看这个“草肚皮”，会发现构成这个“草肚皮”的每一根 K 线都带有长长短短、上上下下的“影线”，虽然这些 K 线的实体不大，但凝集在它们下方的成交量却是异常的凶悍，这可不是平日里盘整之时所形成的小 K 线所能做到的，它的技术意义非同一般，必须引起我们的高度重视，很可能是

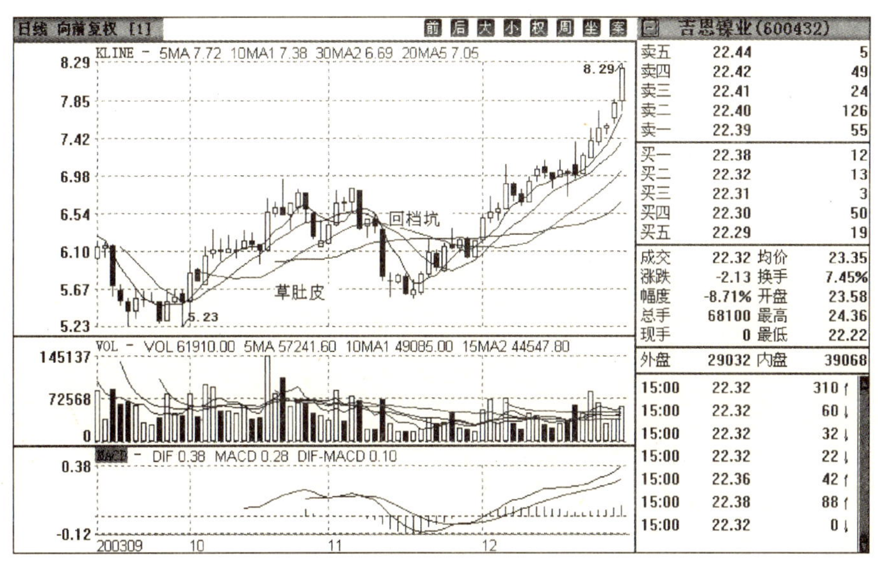

图 5－16

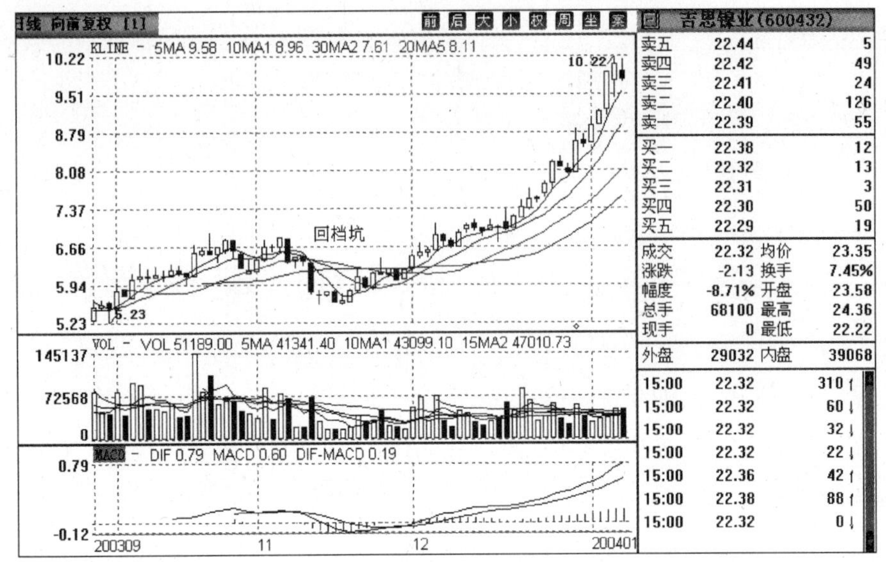

图 5－17

由庄家吸货或出货所造成的，再加上频繁出现的上下影线就更值得怀疑了，它很有可能是由庄家反复吸货所造成的，而该股随后的又一次上涨及“回档坑”的形成也进一步证实了这一点（如图 5－16 所示）。至此可以明确的得出结论：该股庄家前期是利用“草肚皮”和“成众志城”吸货的。我们可以在其走出“回档坑”后的上涨初期买入此股，该股在走出“回档坑”后一路过关斩将，屡创新高，图 5－17 所表明的就是它后来的不俗表现。

“众志成城”在本书的所有分析方法中是最难于掌握的，因为它是由庄家在单日里上下大幅买卖所形成的。买的比卖的多就是吸货，卖的比买的多就是出货。因此，若在股价的下跌过程中于股价“腰部”出现“众志成城”，一般来说都是出货。例如下图的四川金顶（600678），它的股价就在下跌过程中形成“众志成城”的中转平台（如图 5－18 所示），这是主力为了更好的出货所精心策划的。我们把他放大就能看清了（如图 5－19 所示），它和主力建仓时所形成的“众志成城”还是有较大区别的。

日线 向前复权 [1]
前 后 大 小 权 周 坐 案
四川金顶(600678)
KLINE - 5MA 2.93 10MA1 2.94 30MA2 3.14 20MA5 3.00
5.75
5.33
4.91
4.49
4.07
3.65
3.23
2.82
高位众志成城
VOL - VOL 2044.00 5MA 2266.80 10MA1 2524.00 15MA2 2796.87
64546.0
32273.0
0
MACD - DIF -0.09 MACD -0.09 DIF-MACD 0.00
0.19
-0.30
200210200301 04 0506 07 08 09 10 11 12 200401 04 0506 07 08 09
卖五 3.48 167
卖四 3.47 143
卖三 3.46 235
卖二 3.45 1209
卖一 3.44 81
买一 3.43 99
买二 3.42 340
买三 3.41 148
买四 3.40 222
买五 3.38 35
成交 3.44 均价 3.55
涨跌 -0.04 换手 4.28%
幅度 -1.15% 开盘 3.60
总手 53449 最高 3.65
现手 0 最低 3.41
外盘 22362 内盘 31087
15:00 3.44 50
15:00 3.44 7
15:00 3.44 38
15:00 3.44 20
15:00 3.43 30
15:00 3.43 30
15:00 3.44 0

图 5－18

日线 向前复权 [1]
前 后 大 小 权 周 坐 案
四川金顶(600678)
KLINE - 5MA 5.17 10MA1 5.24 30MA2 5.30 20MA5 5.25
5.75
5.62
5.50
5.37
5.24
5.12
4.99
4.87
高位众志成城
VOL - VOL 1747.00 5MA 2722.00 10MA1 9282.20 15MA2 7523.87
37509.0
18754.5
0
MACD - DIF -0.04 MACD -0.02 DIF-MACD -0.02
0.11
-0.08
200302 04 05 06 07 08
卖五 3.48 167
卖四 3.47 143
卖三 3.46 235
卖二 3.45 1209
卖一 3.44 81
买一 3.43 99
买二 3.42 340
买三 3.41 148
买四 3.40 222
买五 3.38 35
成交 3.44 均价 3.55
涨跌 -0.04 换手 4.28%
幅度 -1.15% 开盘 3.60
总手 53449 最高 3.65
现手 0 最低 3.41
外盘 22362 内盘 31087
15:00 3.44 50
15:00 3.44 7
15:00 3.44 38
15:00 3.44 20
15:00 3.43 30
15:00 3.43 30
15:00 3.44 0

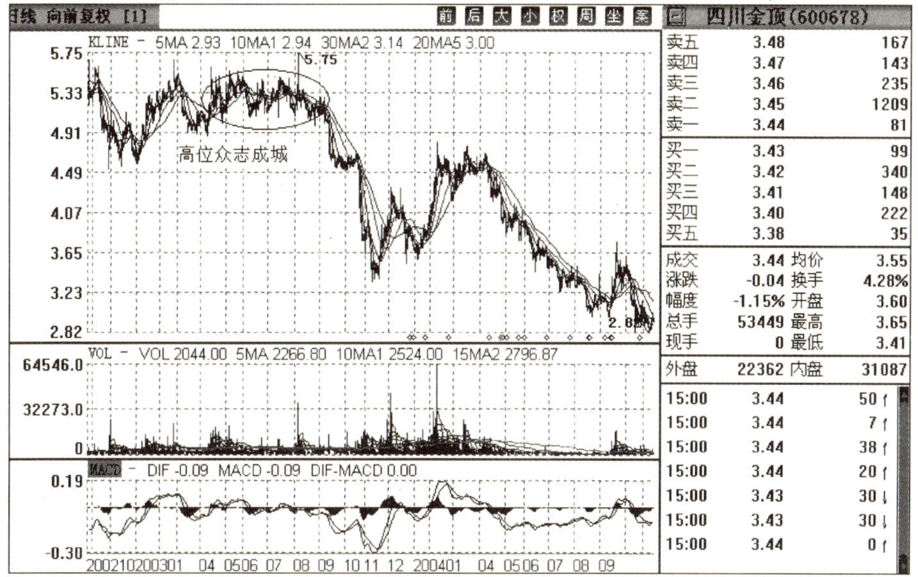

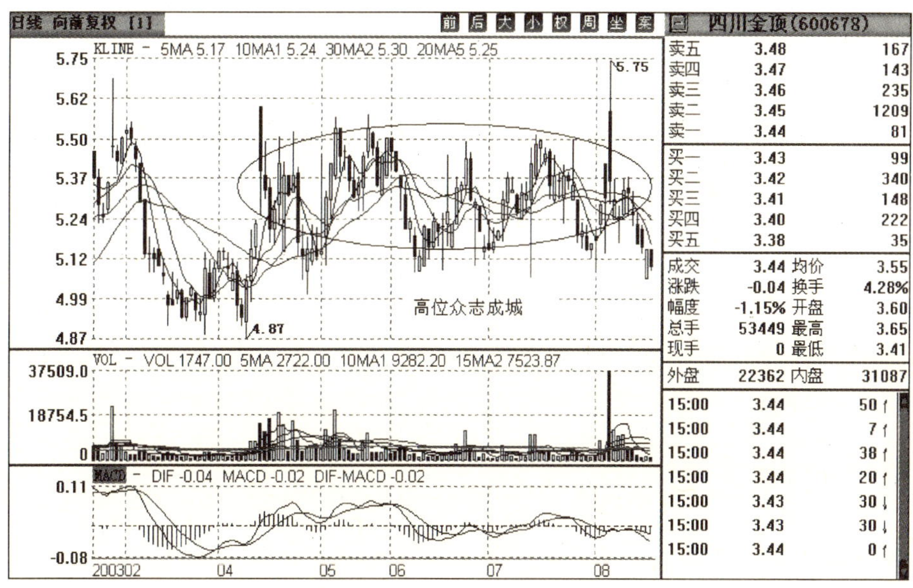

图 5－19

另外，还有一些股票在经过大幅拉升后，由于主力长期出不了货，它们的股价会在高位形成一种像拉链一样的奇特走势，这种形态也极像“众志成城”，如下图 5 – 20 中的 ST 太光（000555），这是主力为了控制价位对倒出货所造成的，若持有这种股票会十分危险，随时都有崩盘的可能，我们无论在任何情况下都不要去碰它。

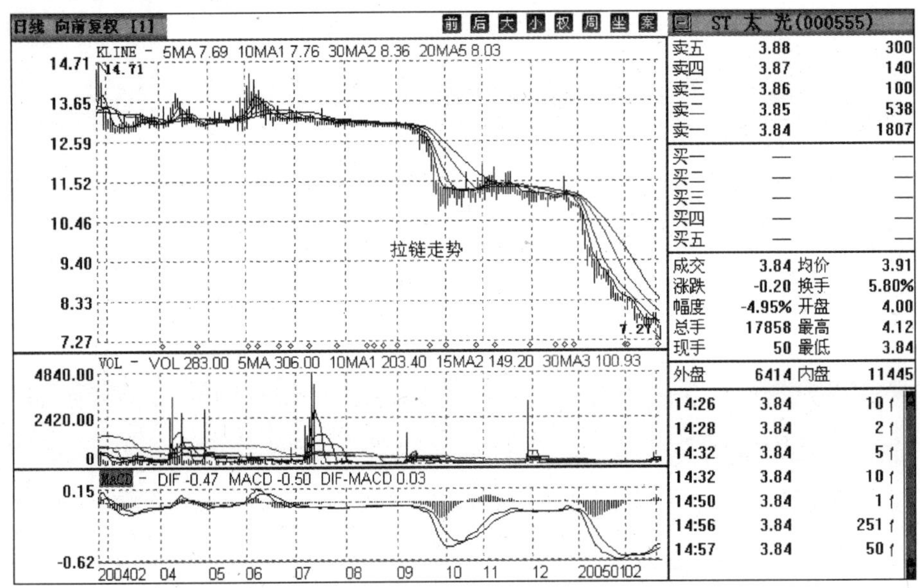

图 5 – 20

第三节　左顾右盼

庄家在某只股票当中建仓后，并不是什么时候都可以拉升的，一般在拉升时要做到天时、地利、人和。多数的庄家都是在股市向好之时展开拉升行情的，而且在拉升之前还要测试一下这只股票的“上档压力”及“下档支撑”，直到庄家认为满意为止，这就是我们通常所说的庄家试盘。

庄家在测试股票的“上档压力”时会向上大幅拉高股价，而在测试“下档支撑”时又会向下大幅打压股价，当测试完毕之时又会将股价重新拉回，这时就会在股票的K线上留下长长的“上影线”或“下影线”。而很多庄家又会在拉升期的前一两天内，同时测试一下这只股票的“上档压力”及“下档支撑”，为以后是否能顺利展开拉升行情做出理论依据。这时就会在股价的K线图上形成一根同时具有较长的上下影线的K线，或在两三天内出现一根带有较长“上影线”和一根带有较长“下影线”的两根K线。由于这些“影子”的方向相反，又有上下试探之意，所以称其为“左顾右盼”。还有一种情况就是某只股票经过小幅上涨后，庄家也要通过上下试盘来测试一下这只股票的“上档压力”及“下档支撑”，作为是否继续拉升还是震仓洗盘的依据，这时也会形成“左顾右盼”。在“左顾右盼”出现后，庄家会根据试盘结果来决定股价的运动方向。

由于“左顾右盼”往往都是在股价运动的瞬间所形成，所以在普通的技术指标中是无法显示的，而“左顾右盼”却能提前给你做出操作提示。例如广钢股份（600894）的股价就在拉升之前形成了“左顾右盼”（如图5－21所示）。

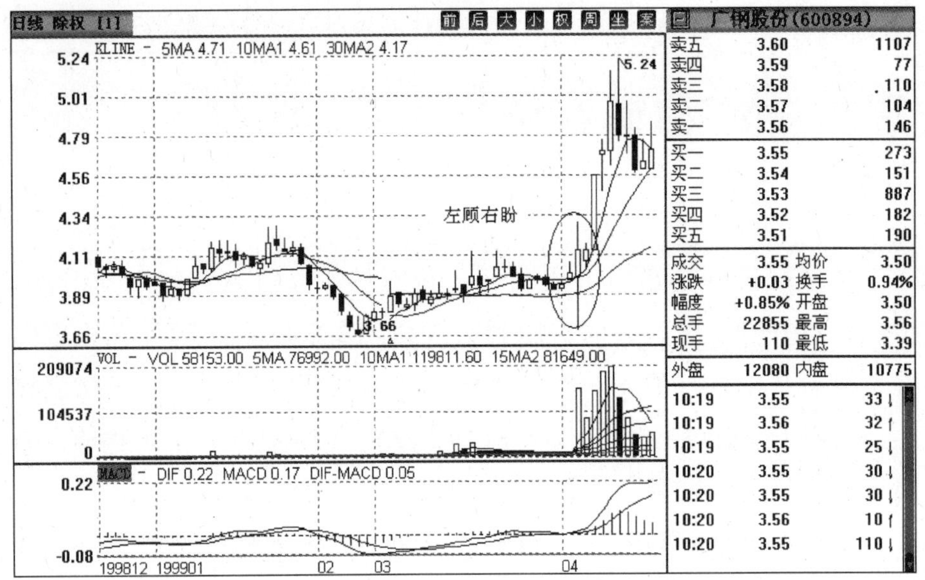

图 5－21

应用规则：如果我们发现某只股票的一根或二根 K 线在一天或两天内形成一根向上，一根向下方向相反的两根影线时，我们就要注意观察这只股票的动向，在它的走势发生变化时顺势而为。

一、S 天一科（000908）

下面这幅图是 S 天一科在 1999 年 10 月 ~2000 年 3 月的一段股价走势（如图 5－22 所示）。

在 S 天一科的所在庄家建完仓后，其股价便一直在 14 元左右的价位上做横向整理。在 1999 年 11 月 29 日那天，天一科技突然形成一根带有长长“下影线”及短小“上影线”的小 K 线，在其股价走势图中形成“左顾右盼”（如图 5－22 所示）。随后，其股价便开始不断放量上涨，屡创新高。那么这根带有长长“下影线”及短小“上影线”的小 K 线，在当时有着什么样的市场意义呢？为什么 S 天

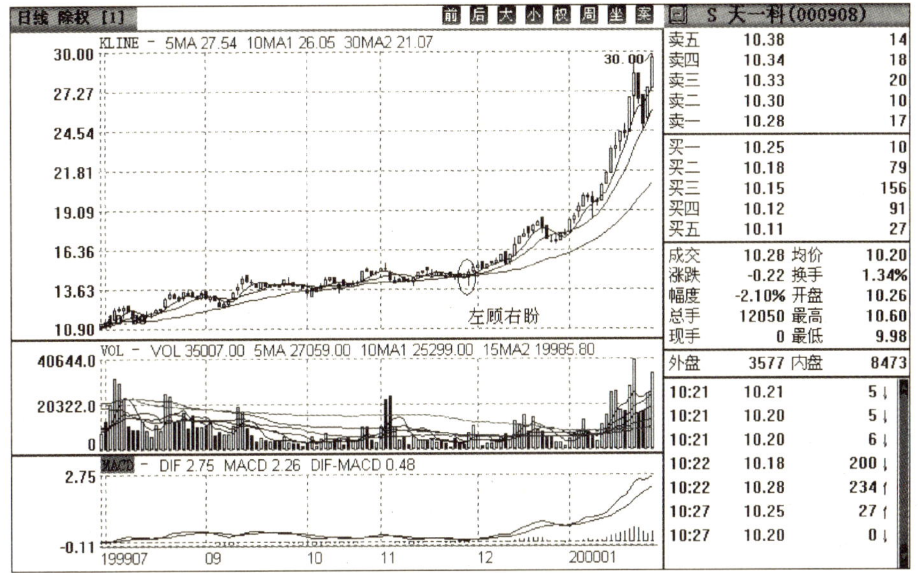

图 5－22

一科的股价在它形成之后便一路上涨呢？这根 K 线当时的市场意义是这样的，那时该股庄家可能要拉升这只股票，但又不知道当时 S 天一科的“上档压力”和“下档支撑”到底如何，是否适合拉升，所以在当天大幅打压并拉高股价来测试一下盘中的买卖力道，由于这根 K 线的“下影线”明显长于“上影线”，试盘的结果可能是“下档支撑”大于“上档压力”，适合拉升，所以才有了 S 天一科后来的这段上涨行情。

在 S 天一科的股价走势出现“左顾右盼”后，我们就应意识到它未来走势可能会发生某种变化，并在它的上涨初期买入该股。

二、＊ST 商务（000863）

下面这幅图是＊ST 商务在 1999 年 9 月～2000 年 3 月的一段股价走势（如图 5－23 所示）。

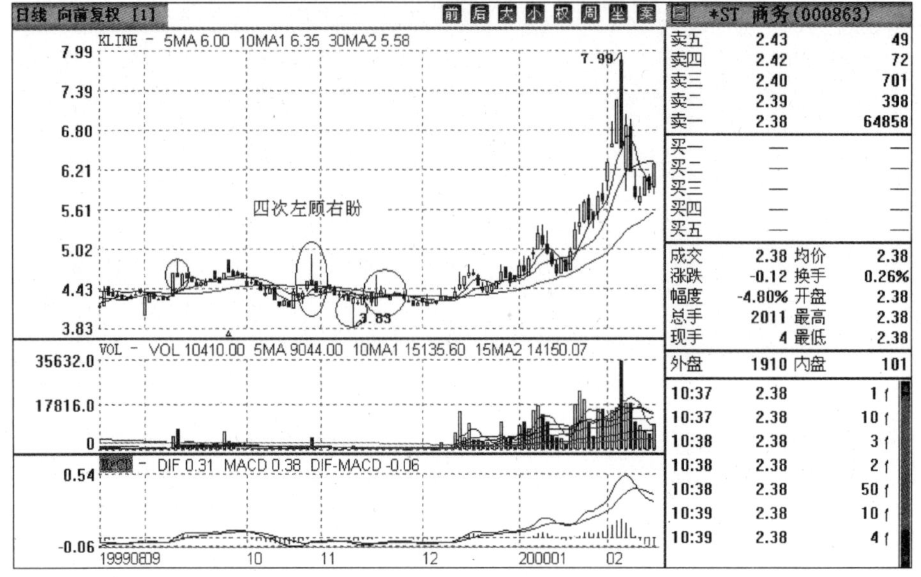

图 5－23

在图 5－23 中，＊ST 商务的股价在低位横向盘整期间曾先后 4 次出现了较长的“影子”，其中 3 次向上，一次向下。由于“影线”的数量较少，显然不是“众志成城”，这是一种扩展后的“左顾右盼”。第一次是在 1999 年的 10 月 28 日，它是指向上方的长长“上影线”（如图 5－23 所示），这是庄家为了测试一下它的“上档抛压”而大幅向上拉升股价所形成的。随后不久庄家又在 11 月 10 日对它进行了第 2 次测试，这回是为了探明底部而向下打压股价，从而形成了长长的“下影线”（如图 5－23 所示）。两次试盘的结果可能是“上档压力”大于“下档支撑”，此处不利于拉升还需继续整理。在整理过程中庄家又于 11 月 17 日、12 月 7 日两次向上试盘（如图 5－23所示），用来不断的来检测＊ST 商务的“上档压力”。不知你发现没有，庄家在这 3 次向上试盘时所形成的“上影线”，一次比一次短，这也就说明和光商务的“上档压力”一次比一次小，所以才没有必要再费力气去向上测试。直到第3次向“上试盘后”，该股庄家才认为适合拉升，所以，从此以后＊ST商务的股价才放量上涨，形成一轮大行情。

我们可以通过庄家的这些试盘信号，对＊ST商务进行不断的跟踪，直到它出现放量上涨后买入。

三、宏源证券（000562）

下面这幅图是宏源证券在1999年4～7月份的一段股价走势（如图5－24所示）。

在这幅图中，宏源证券的股价在经过一段窄幅整理后，于5月19日以9.15元的价位开始放量上涨（如图5－24中A点所示）。在经过小幅上涨后，又于5月27日以11.50元的价位向上跳空高开，

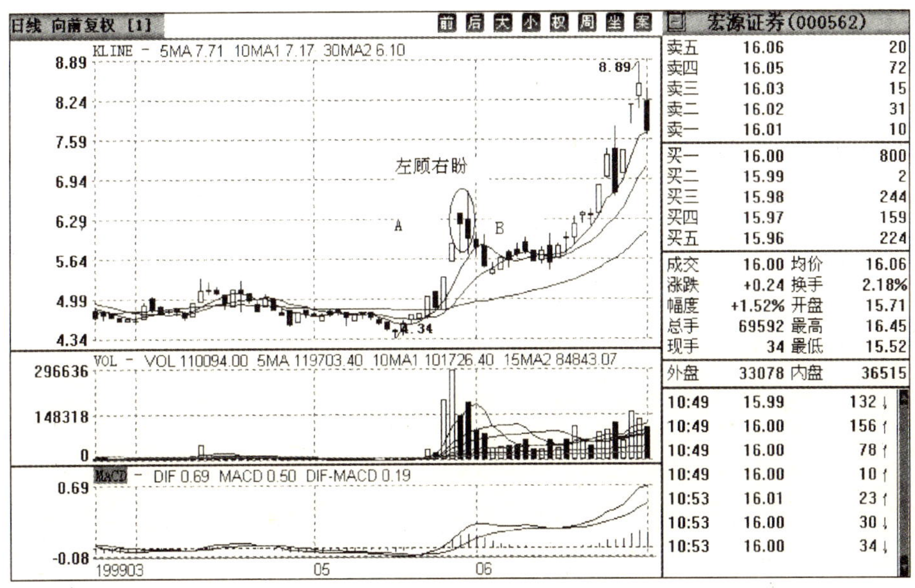

图5－24

并以 12. 07 元收盘。在其走势图中留下一根带有“跳空缺口”的中阳线（如图中 B 点所示）。第 2 天其股价再次以 13. 08 元的价位向上跳空高开，但这次却没能收出阳线，而是形成一根高开低走并带有长长“下影线”的小阴线。第 3 天，其股价仍是高开低走，又形成一根同时带有较长“上影线”及较短“下影线”的小阴线。此时第 2 天的小阴线和第 3 天的小阴线，在宏源证券的股价走势图中形成“左顾右盼”（如图 5 – 24 所示）。当该股形成“左顾右盼”后应引起我们对它的关注，并对它进行分析。这时的“左顾右盼”有着什么样的市场意义呢？这里是不是宏源证券的头部呢？分析由此展开，宏源证券的股价从启动时的 9. 15 元涨到“左顾右盼”时的 13. 08 元，这个涨幅并不算大，再说上涨过程中，也未出现过连续的放量冲刺，这里不像是宏源证券的头部。因为“左顾右盼”是由庄家上下试盘所形成的，所以宏源证券此处的“左顾右盼”很可能是该股庄家想在这里看看是否要继续向上拉升，还是需要震仓洗盘，此后我们要密切关注它的未来走势，如果它继续放量上涨，我们就应持有手中的股票，没有的也可以买入。如果它要向下回落，应卖出手中的股票，等它震仓完毕放量上涨时再行买入。通过跟踪观察，宏源证券的股价在出现“左顾右盼”后，并没有放量上涨而是向下回落。看来庄家的试盘结果是“上档压力”太重，需进行震仓洗盘，震仓结束后宏源证券的股价又展开了二次上扬。

四、工大首创（600857）

下面这图是工大首创在 1999 年 10 月 ~ 2000 年 4 月的一段股价走势（如图 5 – 25 所示）。

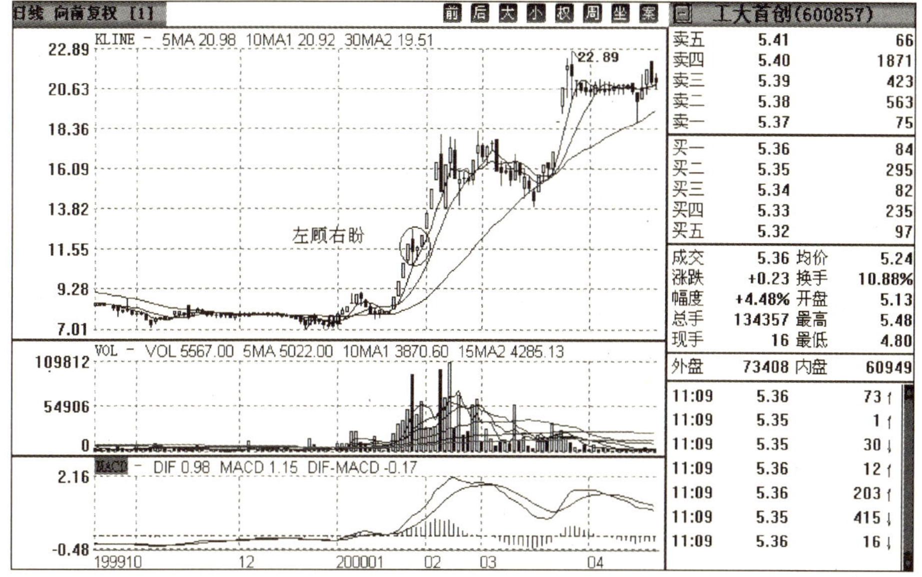

图 5-25

并不是所有的股票在上涨途中出现“左顾右盼”后，都要向下震仓洗盘。工大首创的股价就在一轮上涨行情的中途，于 2000 年 12 月 6 日形成一根同时带有较长“上影线”及“下影线”的中阴线，在其走势图中形成“左顾右盼”（如图 5-25 所示）。就在“左顾右盼”形成的第 2 天，其股价仍以阳线报收，第 3 天更是大幅上攻，从而再续一波升势。当时该股庄家的试盘结果可能是认为上涨压力较小，还有继续拉升的潜力，并也借些机会震仓洗盘。我们在股价的上涨途中如发现“左顾右盼”，那就一定要关注该股以后的动向，以便顺势而为。像工大首创这样的情况，我们就可在它出现“左顾右盼”后，继续向上涨升时买入该股。

下图的宝利来（000008）也是于上涨途中形成“左顾右盼”后，其股价并没有出现明显回落就继续大幅上涨了（如图 5-26 所示）。

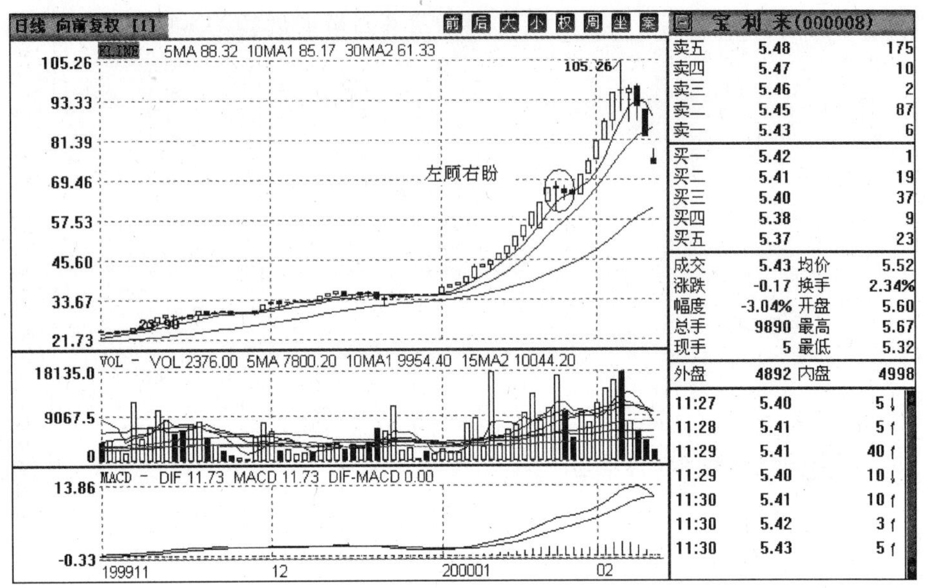

图 5-26

五、海虹控股（000503）

下面这幅图是海虹控股在 2003 年 10 月 ~2004 年 3 月份的一段股价走势（如图 5-27 所示）。

提起海虹控股，在股市里恐怕无人不知，它是联众世界的最大控股股东，也是当年网络时代的风云股之一，曾在一轮行情里创下连拉二十几个涨停板的网络神话。但随着网络神话的破灭，时间的流逝和熊市的来临，多数的网络股已被人们所谈忘，而海虹控股却活力依旧，风采不减当年，于 2003 年 10 月 ~2004 年 3 月在大盘极度低迷的背景下走出一轮涨幅高达 1 倍以上的翻番行情，成为当时市场的“领军人物”。

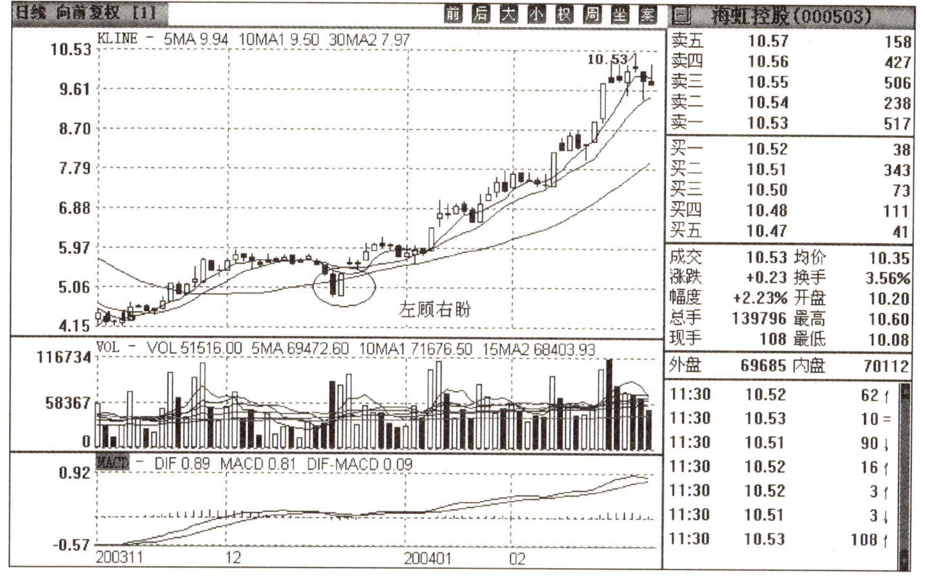

图 5-27

在这轮行情中，海虹控股的股价率先于其走势图中形成了一个形状规则的“草肚皮”（如图 5-27 所示），其“草肚皮”末端的股价只略微跌破了 30 日均线便向上涨升，形成了“三线托底”（如图 5-27 所示），在托底成功之后该股便迎来了波澜壮阔的“主升浪”。这么小的一个“草肚皮”，何以成就这么大的行情呢？这是由于在此“小草肚皮”之前，该股主力手中已持有相当数量的筹码了，这里只不过是利用这个“小草肚皮”来实现增仓和协调形态罢了，我也就不再详细讲解了。我们先来重点研究一下它在形成“三线托底”之时的 K 线形态，仔细观察一下那里主要是由一阴、一阳两根大 K 线所组成（如图 5-27 所示），如果我没记错的话，第 2 天的那根大阳线应该是个涨停板，如此大的失地一日收复，如此大的震幅两日形成，这说明什么呢？实际上这也是一种上下试盘，也是一种“左顾右盼”，只不过不是在一日之内实现，而是在两日之内完成，它在操

作手法上比一日的更凶悍，在意义上也更有深度，也包含了更多的信息，尤其是像海虹控股这样巨大的震幅，它更是主力高度控盘、收发自如的一种体现。

由于这种操盘手法具有极高的偷袭性，令人防不胜防，一旦发现悔之晚矣。所以目前已被越来越多的庄家所采用，它应引起我们的高度重视。

六、S 美菱（000521）

下面这幅图是 S 美菱在 2003 年 9 月 ~2004 年 2 月的一段股价走势（如图 5－28 所示）。

在 S 美菱的这幅走势图中，首先映入眼帘的是一个典型的“草肚皮”走势（如图 5－28 所示），该“草肚皮”上半部分的股价曾一度上穿了其 30 日均线，但又在“草肚皮”末端的回档阶段重新

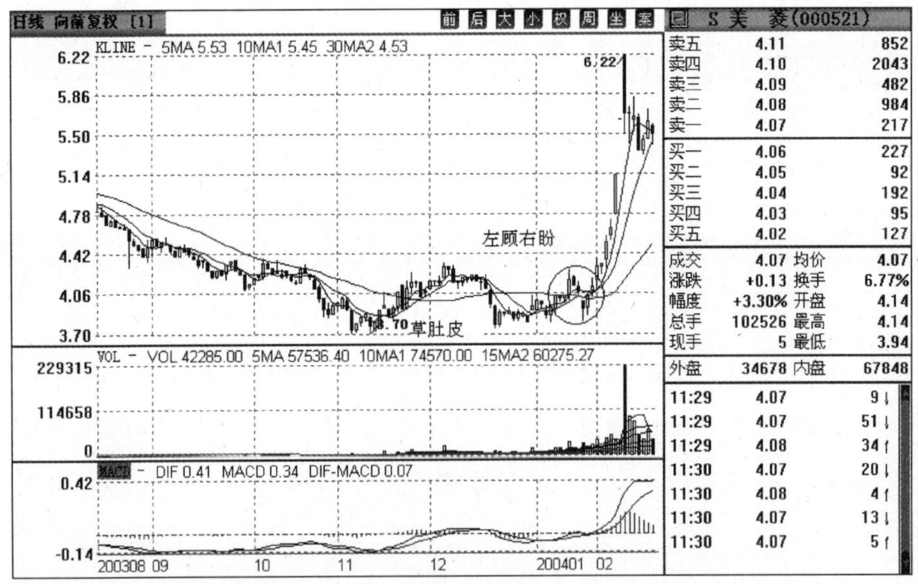

图 5－28

跌落至此均线下方，并在其下方以小阴、小阳的方式不断向上攀升，直至2004年1月13日，才以一根中阳线又一次站到了30日均线上方，但其股价又受到上方120日均线的压制，形成回落，所以才会在该中阳线上留下较长的上影线（如图5－28点所示）。好景不长，在随后的两天里其股价不断向下滑落，到了第3天更是以向下跳空的方式在30日均线下方形成一个带有较长“下影线”的小阴线（如图5－28所示）。在形成此小阴线后，S美菱的股价在接下来的一个交易日里，第3次收复了30日均线，并以不可阻挡的气势走出一轮拉升行情。

我们再回过头来重新审视一下S美菱的这段精彩走势，会发现它在完成“草肚皮”建仓后，股价便向下滑落，并重新回落到30日均线下方。在30日均线下方经过一段小幅盘整后，又再一次突破了其30日均线，形成了中短期的强势。在重新上穿30日均线后，又再一次跌破了该均线，前后共用了4天的时间来上下测试买卖力道，形成了一个比较宽幅的“左顾右盼”（如图5－28所示），在测试结果满意后，便走出急拉行情。

“左顾右盼”实际就是主力上下试盘的一种具体表现，既然主力要试盘，那也必预示着主力将要采取某种行动，若要是像本节的S美菱这样在“左顾右盼”的前方有结构理想、形态完美的“草肚皮”及“回档坑”相配合，那它在“左顾右盼”之后向上拉升的概率就非常之大，一旦其股价出现向上攻击，我们就要及时介入，“左顾右盼”如果出现在适当的位置，其实就是一种强烈的买入信号。

七、青岛海尔（600690）

下面这幅图是青岛海尔（600690）在2000年5～11月的一段股价走势（如图5－29所示）。

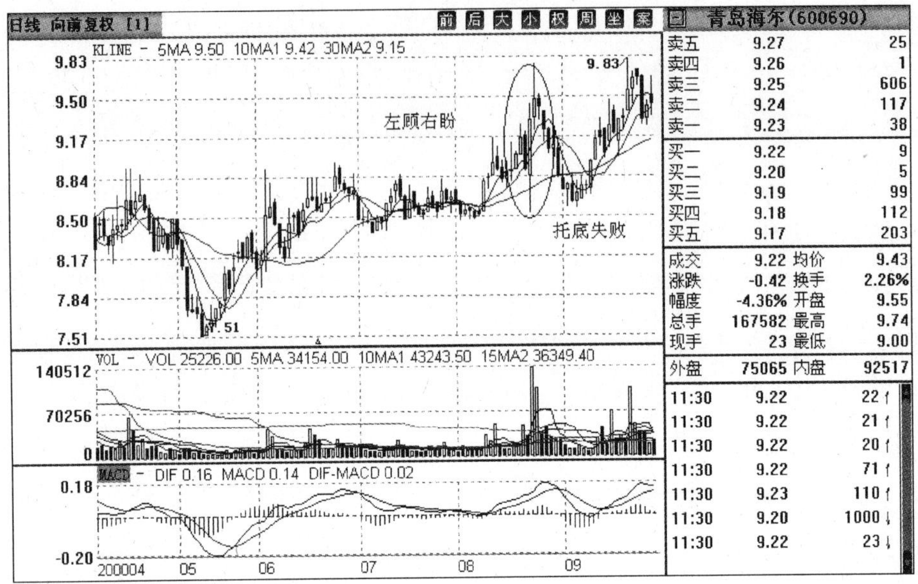

图 5－29

青岛海尔的股价在其除权缺口后（如图 5－29 所示），于低价位震荡一段时间后，便开始放量上涨，在上涨途中于 8 月 23 日走出一根带有长长“下影线”及较短“上影线”的大阳线，第 2 天又走出一根带有长长“上影线”及较短“下影线”的中阳线，这两根阳线首尾相连，在理论上可看成是一根大阳线。于是在青岛海尔的股价走势图中形成了由这两根阳线所组成的“左顾右盼”（如图 5－29 所示）。在左顾右盼之后，青岛海尔的股价开始向下回落，这可能是庄家在试盘之后觉得上涨压力太大，所以才向下打压股价进行震仓。不过在震仓过程中，青岛海尔的股价在其 30 日均线下方停留时间过长，“三线托底”显的有些不太成功（如图 5－29 所示），以致它在震仓完毕之后的二次上涨行情都显得很软弱无力。

下图的 S 中服（000902）在中途震仓之前也曾出现了“左顾右盼”（如图 5－30 所示），不过 S 中服的股价在震仓过程中并没有触及到30日均线便掉头向上了，所以它后来的涨势要比青岛海尔强劲的多。另外，它在震仓后的上涨过程中，又出现了第2次“左顾右盼”（如图5－30所示），在第2次“左顾右盼”出现之后，其股价并没有向下回落，而是继续放量上涨，也就是说，庄家第2次试盘的结果是可以向上拉升的。

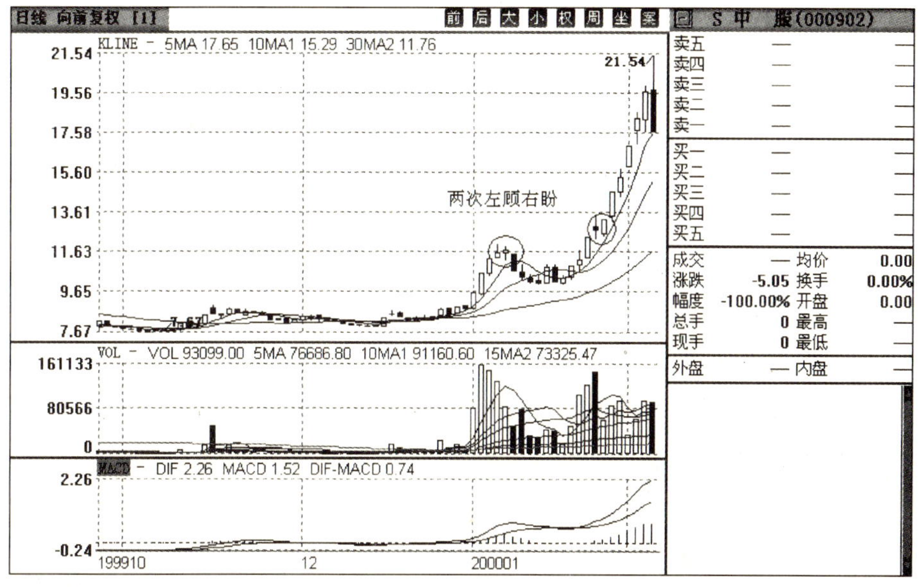

图5－30

第六章 八 马 图

有句话叫“编筐窝篓，全在收口”。意思是说：我们在做事情的时候，不仅要有好的开始，好的过程，更要有一个好的结局。就好像庄家在做股票的时候，总会在吸纳完所需要的筹码后，为将来大幅拉升股价而精心设计一个好的“回档坑”，也好像作者在写完一部书稿之时，要给全书内容做一个精彩而全面的总结一样。

下面的内容就是本书所有内容的精华所在。在前面的章节里，我们从局部出发，重点介绍了“金角、银边、草肚皮”，“两强一准”，“小谢青发”，“一叶知秋”，“影子的故事”及“顶部判断”等形态的市场表现形式及详细的应用法则，但它们单独的每一章、每一节，又都是狭小的，片面的。现在我将以更长远的眼光、更全面的分析对以上内容加以完整的叙述。

一、中国石化（600028）

中国石化的股价，于2002年12月25日，开始出现急速下跌，数日之后便已巨大的成交量形成攻击性的扬升，并在此过程中形成“金角一”（如图6－1所示）。随后该股股价便在“金角一”上方不断向上攀升，并于2003年6月11日到达此次扬升的最高点（如图6－1中A点所示）。在此次扬升过程中，在其股价下方形成巨大的“成交量堆”（如图6－1所示）。中国石化股价自到达A点后，便开始缩量回落，在回落过程中，成交量严重萎缩，成交量的萎缩说明主力没有离场。当中国石化的股价在回落末期经过加速下滑后，于2003年9月30日，在其前期“金角一”的“金角支撑线”上方形成止跌上攻之势，在其股价走势图中形成“大型回档坑”（如图6－1所示）。

因此，在“金角一”与大“回档坑”之间，形成一个长达十几个月的“大型草肚皮”（如图6－1所示）。以前我曾说过，主力在未能高度控盘之时的吸货过程是无声无息的，即使是大规模的吸货也是形态复杂的，由于这个“大型草肚皮”的时间跨度长达一年之多，中间免不了会有风吹草动，故其表面也是凹凸不平、结构复

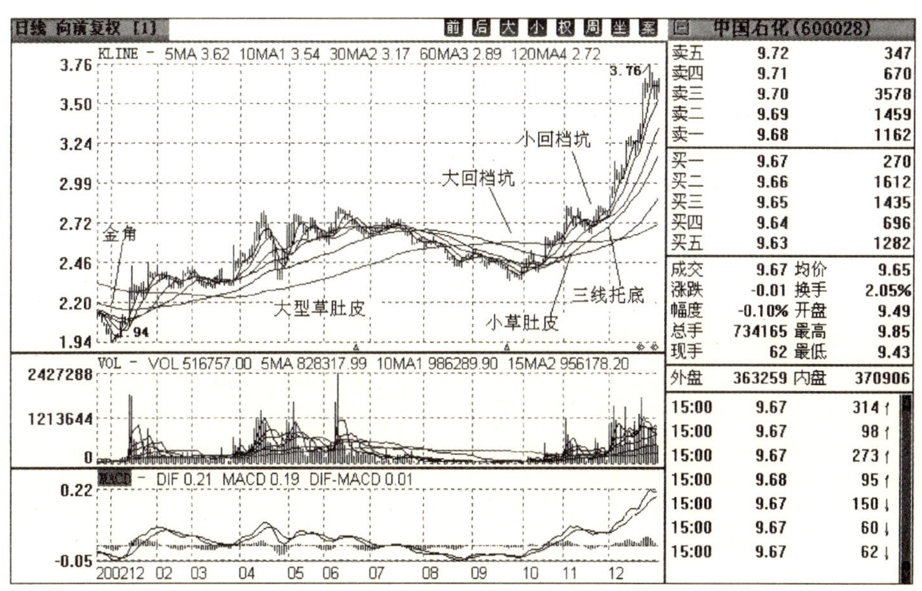

图6－1

杂的。但中国石化的主力庄家在这一年左右的时间里已经吃下了该股大部分的筹码，并且没有大量回吐。

中国石化的股价，在走出历时长达一年左右的“大型草肚皮”后，形成“大回档坑”。在“大回档坑”后，其股价不断放量上攻，当上攻至前期“大型草肚皮”高点附近，形成缩量回落。这主要是为了消化前期“大型草肚皮”下方的套牢筹码，而此次回落又在中国石化的K线图上形成一个“小草肚皮”（如图6－1所示）。这个“小草肚皮”，我们可以把它理解成主力大幅拉高股价之前的二次建仓行为（增仓行为）。

“增仓”这个概念，在前面我们已经叙述过，这里也就不多说了。主力“增仓”时所形成的“草肚皮”是在主力经过“总体收集”以后，基本控盘时所形成的。由于在它形成之前，主力已基本控盘，所以其时间跨度比较短，在形态上来讲，也比较容易辨认，回调的深度也容易把握。我们通常所说的“草肚皮”也大多是指这种“草肚皮”。

中国石化的股价，在其“小草肚皮”后，向下回试其30日均线，并形成“三线托底”及“小回档坑”（如图6－1所示）。以后，便一路放量走高。而此时“大型草肚皮”的“回档坑”又变成了“小草肚皮”的“金角二”（如图6－1所示）。

在现实的股价走势中，“大草肚皮”与“小草肚皮”，“大金角”与“小金角”，“大银边”与“小银边”都是环环相生、环环相扣的。

二、东方明珠（600832）

当初，我们在讲“金角、银边、草肚皮”的时候，曾介绍过东方明珠的“金角”与“银边”。当时你一定很纳闷，心想一个小小的“金角”与“银边”的组合，怎么竟能让庄家吸纳到如此之多的筹码呢？又怎么能让东方明珠有如此凶猛而惊人的涨幅呢？太不可思议了。事实不是这样的，当时东方明珠的“银边”（如图 6－2 所示）只不过是该股庄家在基本控盘之后，大幅拉升之前的一种“增仓”行为而已。我们再来看一看东方明珠的长期股价走势，在图 6－2中，东方明珠的股价在 1998 年上半年形成一轮急速放量上涨（如图 6－2 所示），其后该股股价始终都停留在相对的高位，并且该股在高位运行时，涨时放量，跌时缩量，这说明其主力一直都没有出局，反而还在不断的吸纳筹码。在此期间，该股股价下方形成一个巨大的“成交量堆”（如图 6－2 所示），这都是由主力吸货所造成的。在主力“吃饱”以后，其股价又在高位形成一个长时间的“缩量盘整带”（如图 6－2 所示）。“缩量盘整带”下方的成交量极其微小，这说明该股的浮动筹码很少，也说明主力控盘程度相当之高。

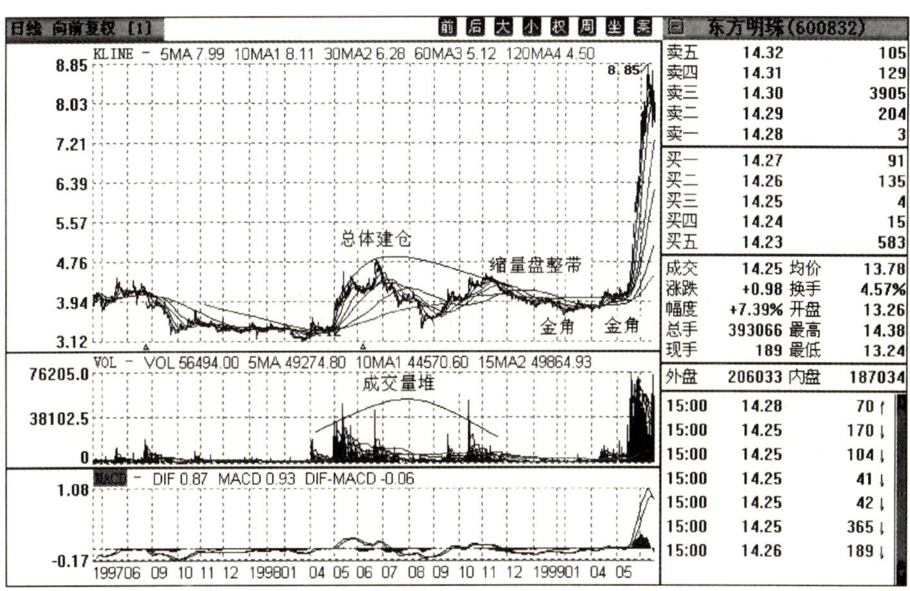

图 6－2

不过，话又说回来了，在东方明珠的主力大量吸货之时，其股价走势之形态是十分复杂的，一般人根本无法辨认。幸运的是，在东方明珠的主力即将大幅拉高此股之时，又利用“金角”与“银边”进行了一次“增仓”。由于这是主力的“增仓”行为，所以这个“银边”的时间跨度不算太长，形态也十分清晰，有利于把握。回头再看此图，东方明珠在完成大规模建仓后所形成的“回档坑”，已经变成“银边”的“金角”了（如图6-2所示）。

三、*ST鼎立（600614）

在讲“一叶知秋”的时候曾说过，如果某只股票在相对的低位形成“角中叶”走势，那么，其成为黑马的概率就相当之高。这是为什么呢？什么是“角”？什么是“坑”？“坑”即是“角”，“角”即是“坑”。一只股票的“金角”若从大的角度上出发，它很有可能就是该股主力在完成大规模建仓之后，向下打压股价时所形成的“回档坑”。

下面这幅图是*ST鼎立自11元启动以来，到29元高位的一段股价走势。在该图中，*ST鼎立的股价走势，在一个相当长的时期内，形成一个形态比较复杂而且下方伴有巨大“成交量堆”的“大草肚皮”（如图6-3所示），这些都是由该股主力大规模吸货所造成的。这个吸货动作在当时是很难看出来的。即使看出来了，也不必急于介入，因为你根本不知道该股主力会在何时拉升。*ST鼎立的主力庄家在完成“总体建仓”之后，又向下打压股价进行洗盘，并在洗盘结束后，又将股价重新拉起，其“回档坑”便也形成了，而且“回档坑”当中还有3片“叶”，这应该引起我们的高度重视。此后若能对它进行连续跟踪，就会发现该股在走出带有“树叶”的“回档坑”后，又形成一个小型的“带量银边”（如图6-3所示）。

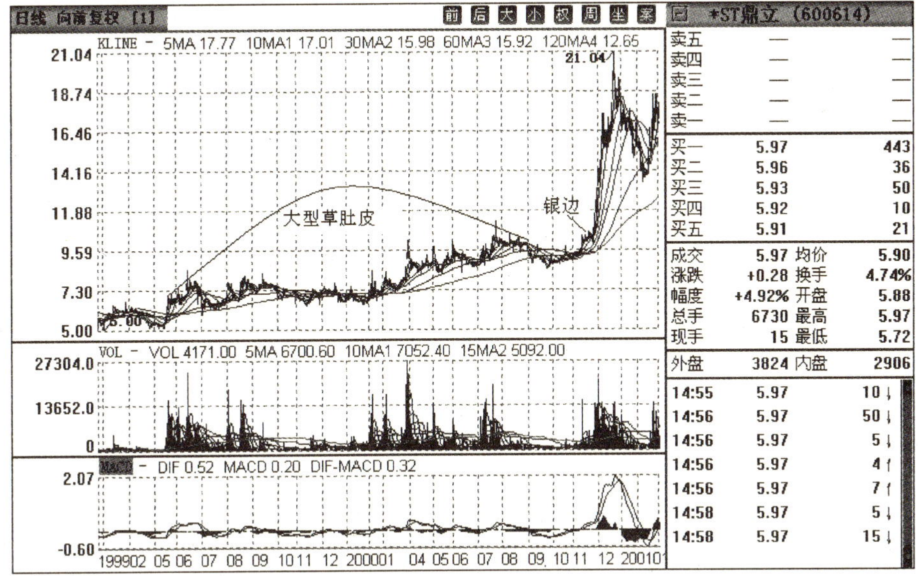

图 6－3

把“小型银边”与前期“大型草肚皮”结合在一起分析，就可以判断出“小型放量银边”乃主力“增仓”所致，此股必定上涨。我们不是说过“坑”、“角”互转吗？而此时“大型草肚皮”的“回档坑”已转化为“小银边”的“金角”了。

四、工大首创（600857）

工大首创的股价自 11 元左右启动以来，经过两波放量上涨，其股价已经很高，后虽然有所下跌，但总体看来仍保持在相对高位。在两轮上涨过程中，其股价下方的成交量都是相当充沛的，还形成了一个巨大的“成交量堆”（如图 6－4 所示）。且该股在回落过程中成交量也是相应萎缩的。说实话，工大首创在萎缩回落过程中，我只能判断出该股主力还被困其中，至于以后还会不会继续出货、

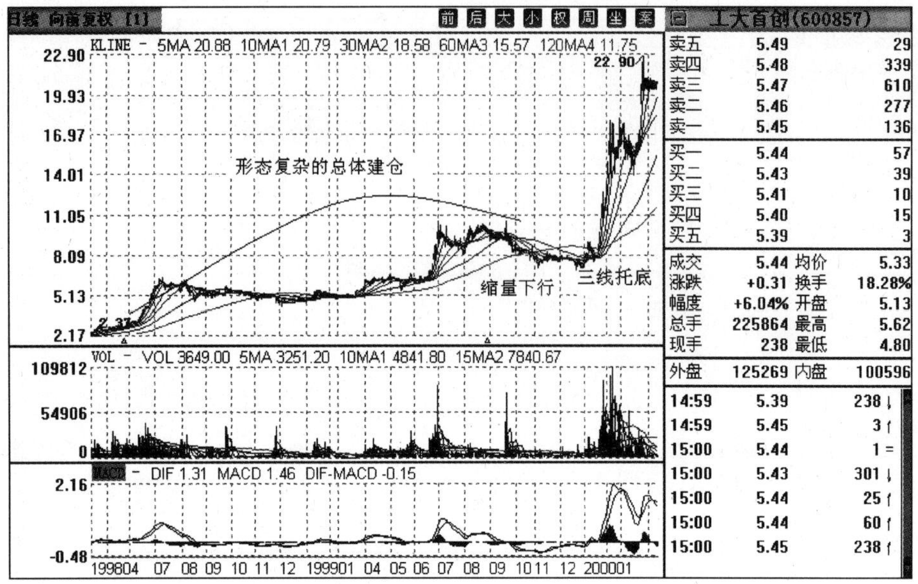

图 6－4

还会不会在适当的时机进行拉升，以至何时拉升，我也看不出来。直到后来工大首创的主力庄家借大牛市之机，将其股价以连贯的阳线和迅速放大的成交量，有力的突破了其 30 日均线，并在 30 日均线上方缩量回落，形成“三线托底”（如图 6－4 所示），随后又继续以长阳大量向上攻击。此时，才能判断出该股主力控盘良好，并有再做一轮行情之意。

可见，“三线托底”对观察一些股价在相对高位，主力又大量持筹的个股还是很有作用的。

五、南方汇通（000920）

在股市长期向淡的时候，有些股票的庄家由于持仓成本较高，市场环境又不景气，使它们无法顺利出局。加之种种原因，又不敢逆势拉升，以致其主力也被套其中。但等到时机适宜之时，这些股票又会风生水起，波澜壮阔。

下面的南方汇通就属于这样的股票。南方汇通可以称得上是2004年上半年最抢眼的股票了，其股价在短期内涨幅之大、之猛在近几年里十分罕见。在南方汇通的这幅走势图中，其股价从一开始便延着30日均线，在5日均线与10日均线之间上下游动，最后以“三线并发”之势向下暴跌（如图6－5所示）。经常看盘的人一眼就能看出，这是一只主力高度控盘的庄股。其股价在经过连续暴跌后，于低位徘徊数日，便以连续放量的方式向上扬升。在南方汇通的股价上涨到前期“跳水平台”附近时又缩量小幅回落，并在其30日均线上获得支撑，其股价只是略微的击穿了30日均线便以长阳大量，“三线托底”之势不断向上攻击。此时，在南方汇通的30日均线上方形成了一个“小草肚皮”（如图6－5所示）。

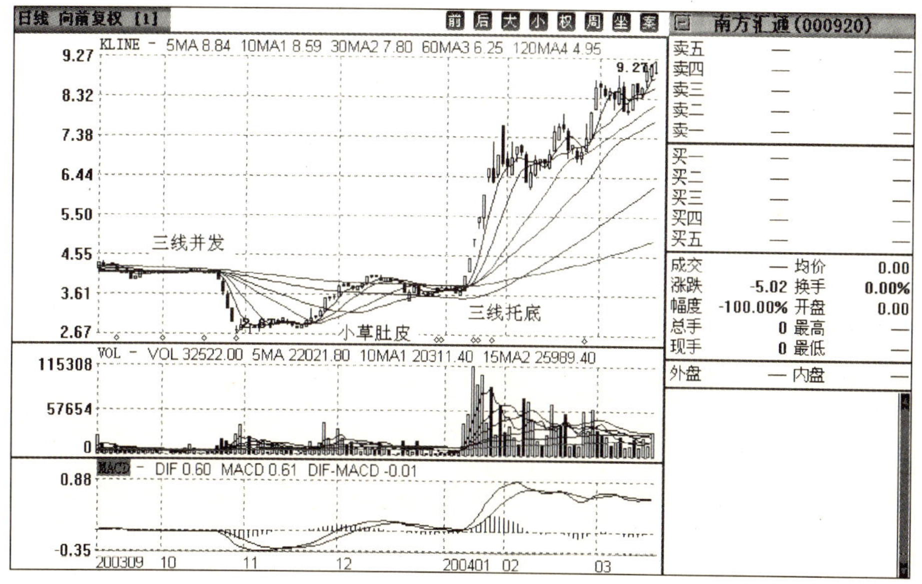

图6－5

由于南方汇通是一只主力长期被套而又高度控盘的股票，所以这个“小草肚皮”只是该庄家在当时良好的市场环境配合下，所采取的一种“增仓”手段而已，因此，南方汇通才能通过“小草肚皮”来带动一轮大行情。我们可以在南方汇通“小草肚皮”之后，于“三线托底”成功之时，买入该股。不过，像这种主力长期出不了局，股票不是暴涨就是暴跌，我们还是少碰为好。

六、夏新电子（600057）

在下面这幅K线图中，夏新电子的股价从1997年9月~1998年3月，在一个相对较高的价位上，形成了一个形态比较复杂的“巨型草肚皮”，并且其“草肚皮”下方伴有巨大的“成交量堆”（如图6-6所示）。在夏新电子形成“巨型草肚皮”之后，该股又连续放量上涨，使其股价突破重重均线，并在高位缩量向下回调，这便在夏新电子的“大草肚皮”之后，又形成了“二次增仓”的“小草肚皮”及“大草肚皮”的“回档坑”（如图6-6所示），这是主力最理想的建仓模式。而“二次增仓”的“小草肚皮”也暗示着拉升将要来临。一般来说，股票的30日均线是股价的强弱“分水岭”，而大多数股票在“二次建仓”时所形成的“小草肚皮”，在回落之时都会受到它的有力支撑，并以此为依托展开上涨行情。夏新电子的股价不但在“二次增仓”后受到30日均线的支撑，而且还在该股均线上方形成“左顾右盼”之式（如图6-6所示），“左顾右盼”之后夏新电子的股价遍凯歌高奏，一路走高。

一个复杂的建仓过程，一个简单的买入信号，一段令之兴奋的涨升行情，这就是股市的魅力所在。

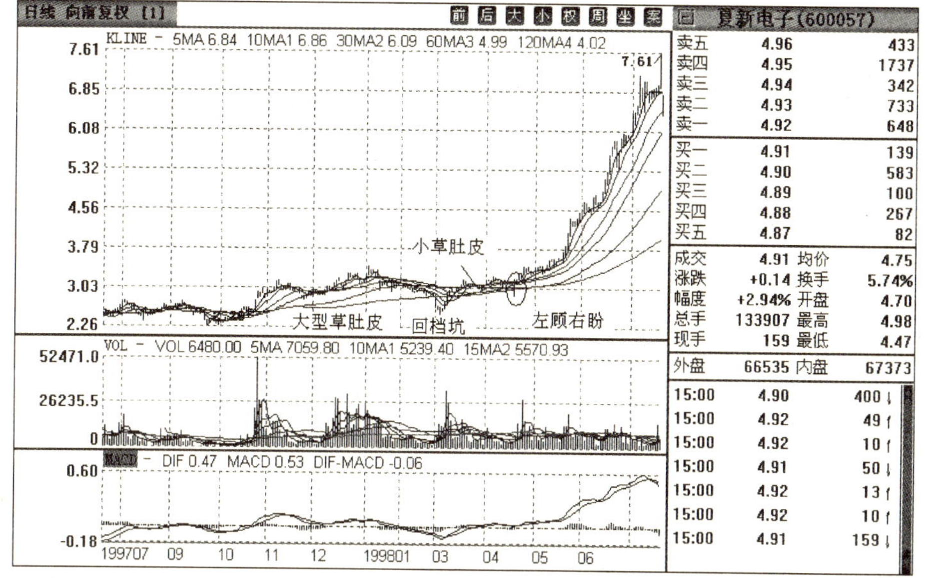

图 6－6

七、兖州煤业（600188）

多数股票在庄家完成“总体建仓”之后，其股价仍能保持在相对的高位进行缩量整理。经验丰富的老股民还是可以从中看出一些蛛丝马迹，予以连续关注的。但有些股票的庄家则在完成形态复杂的“总体建仓”后，把股价向下打压的很深很深，即便是一些专业人士都难以看清该股未来的发展方向。

例如，图 6－7 中的兖州煤业。在该图中，兖州煤业有一个形态复杂的“总体建仓”，并在建仓过程中于其股价下方形成巨大的“成交量堆”（如图 6－7 所示）。在主力完成“总体建仓”后，又将股价深幅向下打压，以至打压的比原来的“总体建仓”的价格中枢还要低上很多（如图 6－7 所示）。虽然，其股价在向下滑落过程中成交量一直保持在较低水平上，不过面对如此深幅回调，其萎

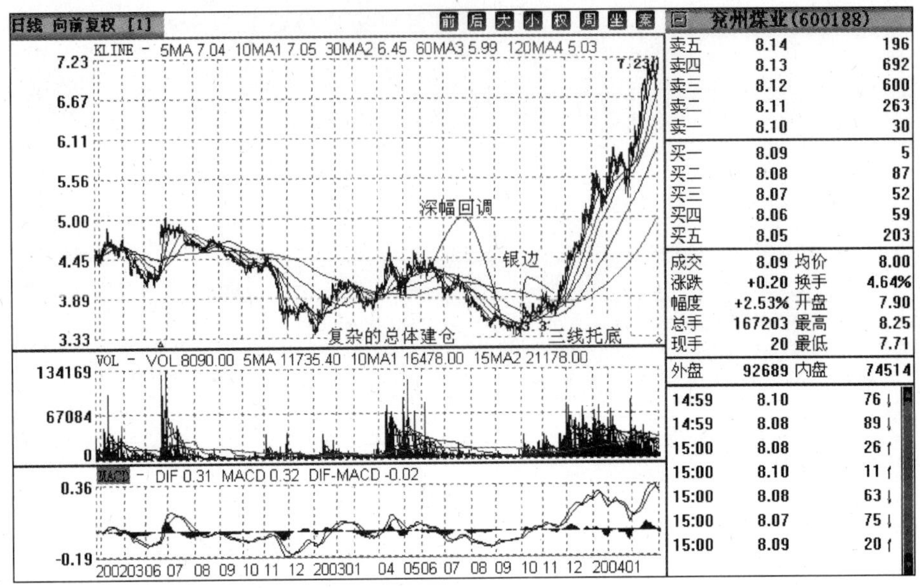

图 6 –7

缩的成交量似乎也不能说明什么。就在人们对兖州煤业的未来走势失去信心之时，该股主力又以强悍的手法将其股价连续拉高，并突破 30 日均线。在拉升过程中，其股价下方放出巨大的成交量。之后，该股便在 30 日均线上方横向放量向前推进，从而形成“银边”（如图 6 –7 所示）。就在兖州煤业形成“银边”之后，其股价又缩量小幅回落，并于 30 日均线处受到支撑，以长阳、巨量的方式向上攻击，直至走出一轮波澜壮阔的大行情。

在兖州煤业的主力庄家完成形态复杂的“总体建仓”并向下深幅打压股价的时候，我们没胆量也没理由买入此股，可当它在低位形成“小型银边”并借助“三线托底”再度上攻之时，我们难道还没有胆量、没有理由买入此股吗？答案是否定的。当兖州煤业在低位形成“小型小银边”时，我们就应意识到前期形态复杂、带有巨量的股价走势就是庄家的“总体建仓”，而缩量的深幅回调则是主力大力的震仓，底部的“带量小银边”则是主力的“增仓”行为。在

"小银边"后所形成的"三线托底"则是该股的最佳买入点。

八、S 山东铝（600205）

在 S 山东铝的这幅股价走势图中，我们不仅可以用"草肚皮"选股法骑上这匹黑马，也可以通过"两强一准"来骑上它。请看 S 山东铝的"大型建仓草肚皮"和其"二次增仓"时的"小型草肚皮"下方的成交量是多么的充沛（如图 6－8 所示）。而在大、小"草肚皮"之间的"回档坑"下方成交量又是多么的萎缩。这说明什么？难道不说明庄家已高度控盘了吗？再看在 S 山东铝"大型建仓草肚皮"下方有一堆强大的成交量，它构成了本图中的"第一强"，而由其"小型草肚皮"下方所形成的成交量又构成了本图中的"第二强"。而 S 山东铝这匹黑马形成"大型建仓草肚皮"之后，

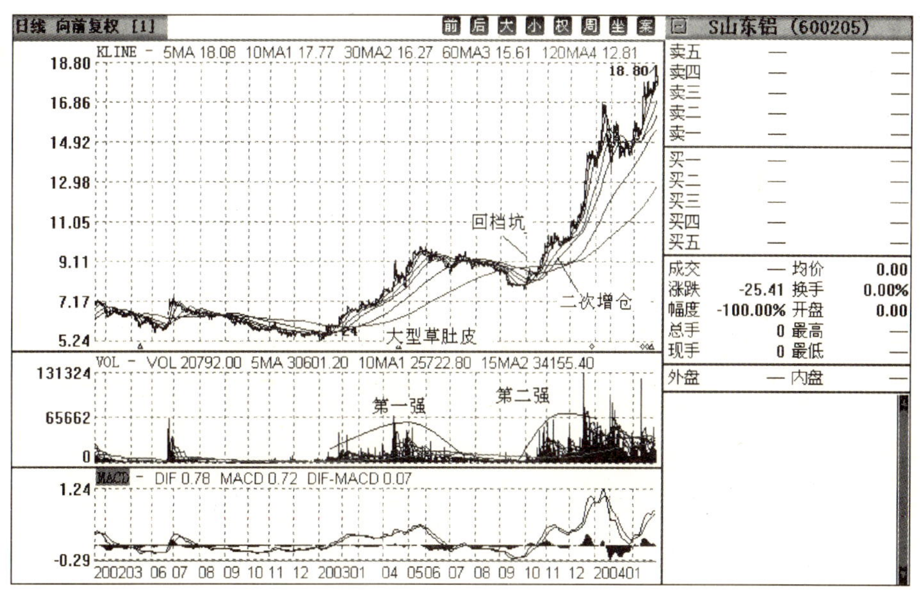

图 6－8

所形成的“二次增仓小草肚皮”下方的成交量是多么的连贯而强大呀！它强大的完全可以与其“大型草肚皮”下方的成交量相抗衡了。这是标准的“底部两强一准”走势。这正是“凶奴草黄马正肥，金山西见烟尘飞”。

第七章　顶部判断

如果你用本书中前几章所介绍的选股方法来选股的话，大多都是能选到黑马股的。虽说是黑马股可其上升动能也终有完结的一天，上升动能一旦完结，也自然就到了黑马股股价的顶部区域，谈到黑马股顶部，就自然会联想到庄家在顶部的出货及出货以后股价的下跌方式。股价的下跌方式可谓多种多样，有像ST国嘉（600646）和康达尔A（000048）那样在经过缓慢下行之后，再形成“三线并发”之势向下暴跌的（如图7－1、图7－2所示）；也有像长春经开（600215）和欧亚集团（600697）那样在下跌过程中没有出现明显反弹，股价阴跌不止、一泻千里的（如图7－3、图7－4所示）；还有像中信国安（000839）那样在下跌过程中，出现大幅反弹，并在反弹之后又继续下跌的（如图7－5所示）。

日线 向前复权 [1]
ST国嘉(600646)
KLINE - 5MA 17.75 10MA1 17.84 30MA2 18.98 60MA3 20.71 120MA4 21.52
24.48
三线并发
缓慢下行
16.60
VOL - VOL 336.00 5MA 379.40 10MA1 498.60 15MA2 666.27 30MA3 863.97
MACD - DIF -0.76 MACD -0.89 DIF-MACD 0.13
200102 04 05 06 07 08

图7-1

日线 向前复权 [1]
康达尔A(000048)
KLINE - 5MA 10.23 10MA1 10.15 30MA2 10.34 60MA3 10.17 120MA4 18.02
39.21
三线并发
缓慢下行
VOL - VOL 61562.00 5MA 53877.20 10MA1 37652.40 15MA2 33005.87
MACD - DIF -0.11 MACD -0.17 DIF-MACD 0.07
200004 06 07 08 09 10 11 12 200101 03
成交 3.34 均价 3.27
涨跌 -0.02 换手 3.62%
幅度 -0.60% 开盘 3.30
总手 54944 最高 3.38
现手 582 最低 3.18
外盘 26062 内盘 28883

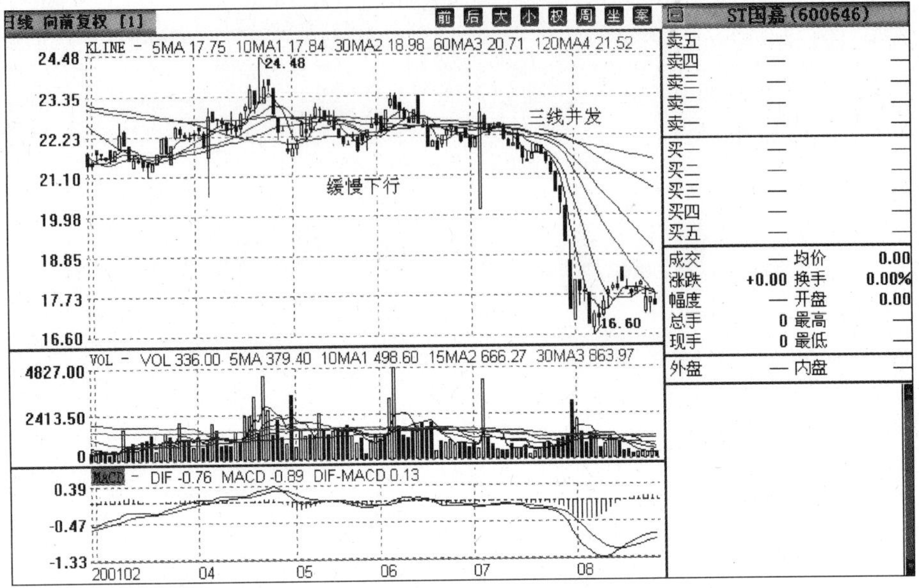

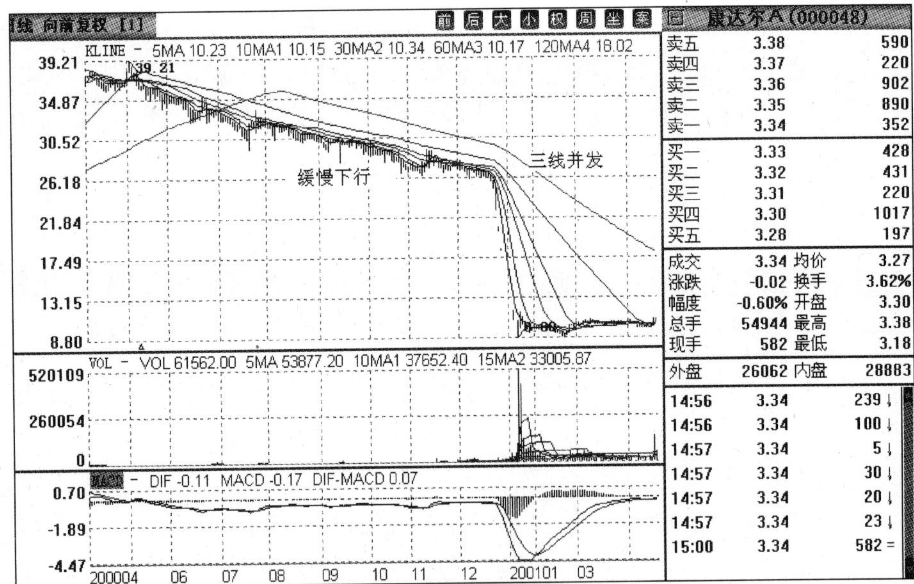

图7-2

日线 向前复权 [1]
前 后 大 小 权 周 坐 案
长春经开(600215)
KLINE - 5MA 8.85 10MA1 9.08 30MA2 9.46 60MA3 10.03 120MA4 11.04
13.02
12.36
11.70
11.04
10.38
9.71
9.05
8.39
13.02
阴跌不止
8.39
VOL - VOL 1097.00 5MA 2721.40 10MA1 2043.50 15MA2 3350.87
57421.0
28710.5
0
MACD - DIF -0.30 MACD -0.28 DIF-MACD -0.02
0.28
-0.08
-0.44
199910 200001 04 05 06 07 08 09 10 11 12 200101 04 05 06 07 08 09
卖五 6.13 28
卖四 6.12 81
卖三 6.11 232
卖二 6.10 432
卖一 6.09 35
买一 6.07 168
买二 6.06 50
买三 6.05 96
买四 6.04 5
买五 6.03 498
成交 6.08 均价 5.95
涨跌 -0.03 换手 3.86%
幅度 -0.49% 开盘 6.08
总手 107997 最高 6.15
现手 30 最低 5.77
外盘 49335 内盘 58663
14:59 6.07 3
15:00 6.09 200
15:00 6.08 29
15:00 6.09 244
15:00 6.09 5
15:00 6.09 164
15:00 6.09 30

图 7－3

日线 向前复权 [1]
前 后 大 小 权 周 坐 案
欧亚集团(600697)
KLINE - 5MA 6.34 10MA1 6.20 30MA2 6.68 60MA3 7.21 120MA4 8.08
9.48
8.93
8.37
7.82
7.27
6.71
6.16
5.61
9.48
阴跌不止
5.61
VOL - VOL 1656.00 5MA 4750.80 10MA1 3449.50 15MA2 3047.40
22368.0
11184.0
0
MACD - DIF -0.25 MACD -0.30 DIF-MACD 0.05
0.16
-0.11
-0.38
200010 12 200101 03 04 05 06 07 08 09 10
卖五 12.45 10
卖四 12.44 35
卖三 12.40 16
卖二 12.37 47
卖一 12.34 15
买一 12.33 28
买二 12.32 11
买三 12.31 24
买四 12.30 329
买五 12.27 55
成交 12.33 均价 12.13
涨跌 -0.45 换手 3.95%
幅度 -3.52% 开盘 12.71
总手 43305 最高 12.72
现手 10 最低 11.58
外盘 38278 内盘 5028
14:59 12.33 5
15:00 12.34 8
15:00 12.33 20
15:00 12.33 8
15:00 12.33 10
15:00 12.33 100
15:00 12.33 10

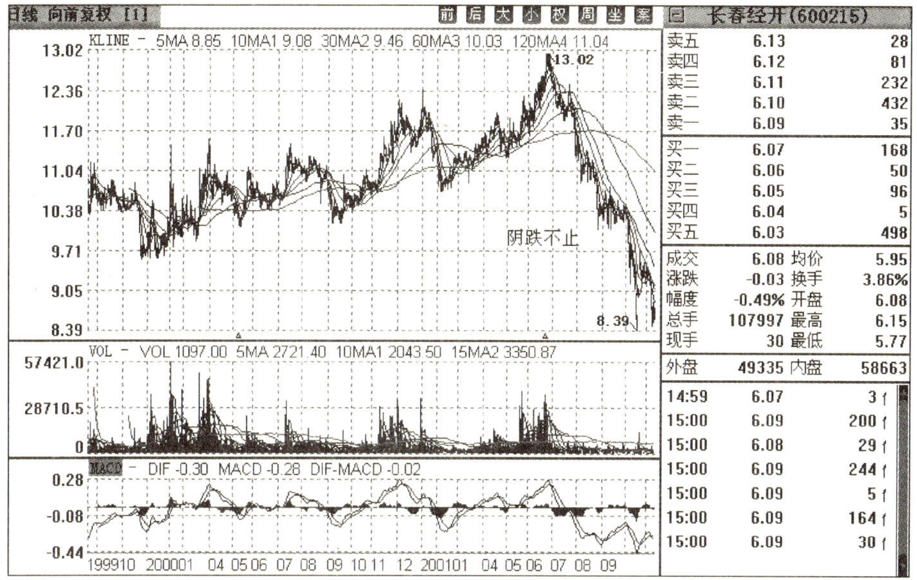

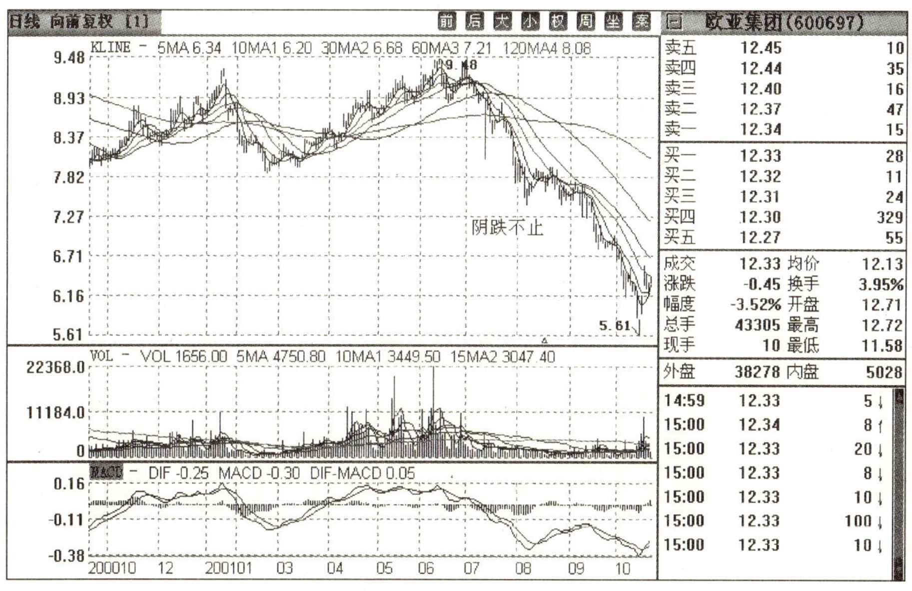

图 7－4

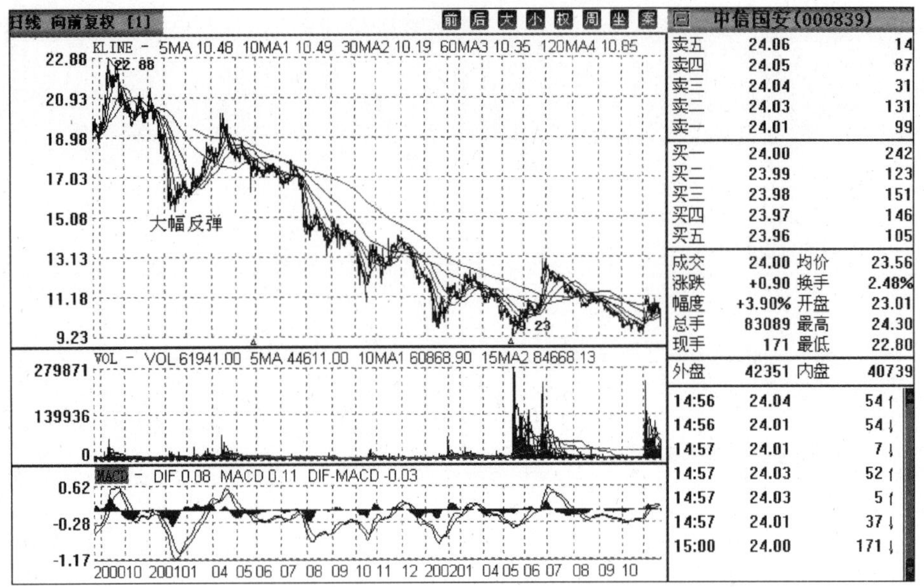

图 7－5

由于目前在我国股市之中，还没有沽空机制，所以对股价的下跌方式我们暂不研究，而是重点来研究一下股价的顶部判断。

对黑马股的顶部判断其实并不难，我主要是根据它们的短期均线排列和成交量的变化及其他的一些盘中信号来进行综合分析的。

第一节　两线交叉法

对于一些在短期之内，涨势凶猛、涨幅巨大的黑马股，我主要是根据它们的短期均线排列来判断其顶部的。由于这类黑马其顶部区域都比较敏感，所以在判断时我都选用它们的 5 日均线和 10 日均线。也就是说：如果一只股票在经过快速的巨幅涨升后，其股价的 5 日均线在高位向下跌穿 10 日均线，形成“死亡交叉”时，则卖出这只股票，我把这种逃顶方法称为“两线交叉法”。

如果要深刻分析“两线交叉法”的内涵，我想应该是这样的，像这种连续上涨并且涨幅巨大的股票，庄家都是以 5 日均线为拉升成本，以 10 日均线为依托成本，一旦拉升成本向下跌破依托成本，也就意味着庄家已不再拉升，并开始出货了。

请看下面的 3 幅图，它们分别是中信证券（600030）、五矿发展（600058）和葛洲坝（600058）在大涨之后所形成的顶部（如图 7－6、图 7－7、图 7－8 所示）。这 3 只股票都是庄家在底部大量建仓，并且在短期之内连续上涨而且涨幅巨大。它们在上涨过程中其 5 日均线和 10 日均线之间，一直都没有形成过“死亡交叉”。但在经过连续的大幅上涨后，其股价在高位形成滞涨，5 日均线也向下跌穿 10 日均线，形成“死亡交叉”（如图 7－6、图 7－7、图 7－8 所示）。此后，其股价便开始一路走软，再没创出新高。因此 5 日均线

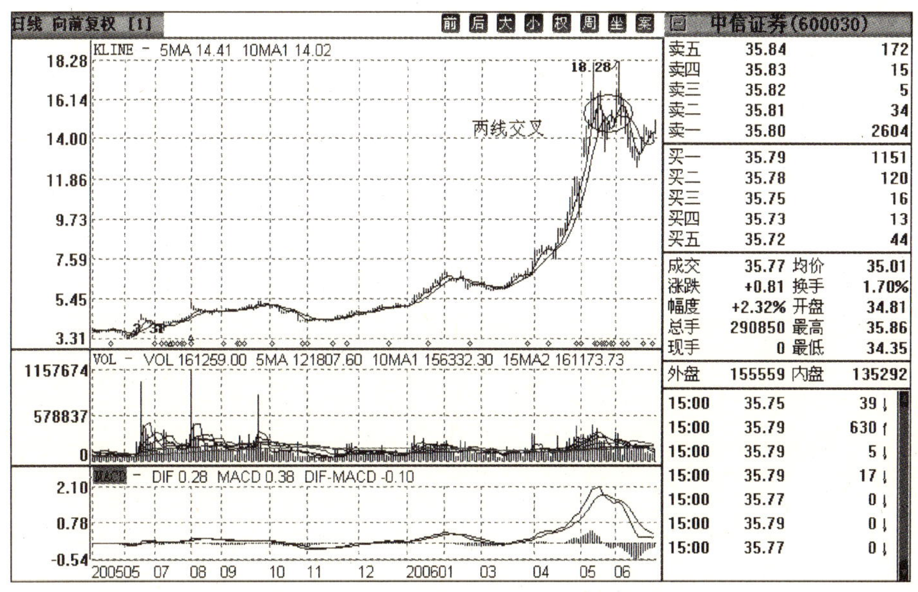

图 7－6

日线 向前复权 [1]
前 后 大 小 权 周 坐 案
五矿发展(600058)
KLINE - 5MA 8.25 10MA1 8.11
9.50
8.67
7.84
7.01
6.18
5.35
4.52
3.69
9.50
两线交叉
3.69
卖五 9.42 30
卖四 9.41 73
卖三 9.40 1459
卖二 9.39 268
卖一 9.38 338
买一 9.37 18
买二 9.35 149
买三 9.34 29
买四 9.33 97
买五 9.32 123
成交 9.35 均价 9.31
涨跌 +0.00 换手 4.48%
幅度 +0.00% 开盘 9.25
总手 136152 最高 9.50
现手 50 最低 9.12
外盘 68509 内盘 67644
14:59 9.35 58↓
15:00 9.35 200↓
15:00 9.35 113↓
15:00 9.35 112↑
15:00 9.35 10↓
15:00 9.36 16=
15:00 9.37 50↑
VOL - VOL 64193.00 5MA 65289.80 10MA1 70570.60 15MA2 69806.67
613660
306830
0
MACD - DIF 0.13 MACD 0.15 DIF-MACD -0.02
1.03
0.34
-0.34
200505 07 08 09 10 11 12 200601 03 05 06

图7－7

日线 向前复权 [1]
前 后 大 小 权 周 坐 案
葛洲坝 (600068)
KLINE - 5MA 3.23 10MA1 3.27
3.69
3.36
3.03
2.70
2.37
2.04
1.71
1.38
3.69
两线交叉
1.38
卖五 4.43 4475
卖四 4.42 5784
卖三 4.41 2780
卖二 4.40 20770
卖一 4.39 7801
买一 4.38 267
买二 4.37 612
买三 4.36 633
买四 4.35 3511
买五 4.34 311
成交 4.38 均价 4.25
涨跌 +0.31 换手 9.03%
幅度 +7.62% 开盘 4.00
总手 624169 最高 4.43
现手 16 最低 3.96
外盘 329096 内盘 295074
15:00 4.37 1412↓
15:00 4.37 319↓
15:00 4.37 82↓
15:00 4.37 118↓
15:00 4.38 1058↑
15:00 4.37 666↓
15:00 4.38 16↓
VOL - VOL 72647.00 5MA 142422.40 10MA1 146010.20 15MA2 168485.73
644385
322192
0
MACD - DIF 0.07 MACD 0.10 DIF-MACD -0.03
0.37
0.15
-0.06
200512 200601 02 03 04 06 07

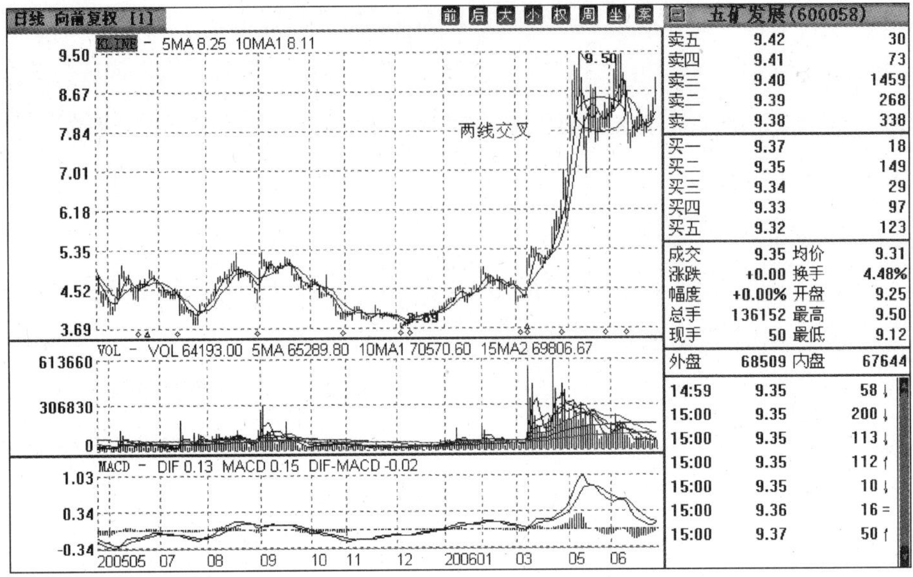

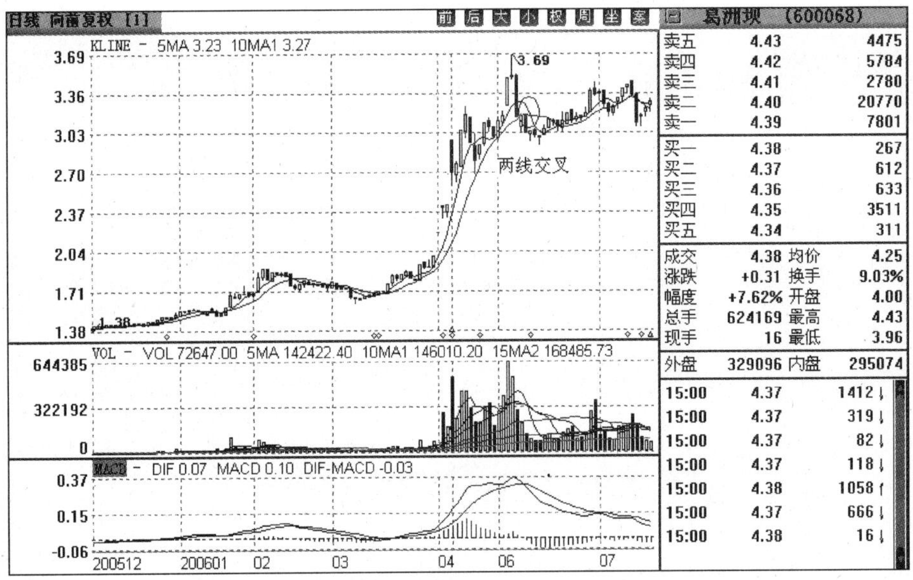

图7－8

和10日均线所形成的“死亡交叉”，也就成为它们的“顶部交叉”。我们可在出现“死亡交叉”时卖出股票。你看，图中形成“死亡交叉”时的股价和其股票的最高价也相差无几，这说明对这种经过连续大幅上涨的股票，使用“两线交叉法”来逃顶还是很及时的。如果在具体应用时能与成交量结合起来一起分析，那就更好了。比如上面的3只股票，它们在顶部形成“两线交叉”时，成交量依然保持很大，这显然是庄家在出货。

应用法则：如果我们发现某只股票在经过快速的连续大涨后，其5日均线与10日均线在高位形成“死亡交叉”，我们就可以判断这是其股价的顶部区域，应及时卖出手中的股票。

像这种经过连续大涨的股票，都可以用“两线交叉法”来逃顶。

例如下面的四川路桥（600039）和浙江富润（600070）它们都是在短期内经过连续大涨，在高位“两线交叉处”形成顶部的（如图7－9、图7－10所示）。

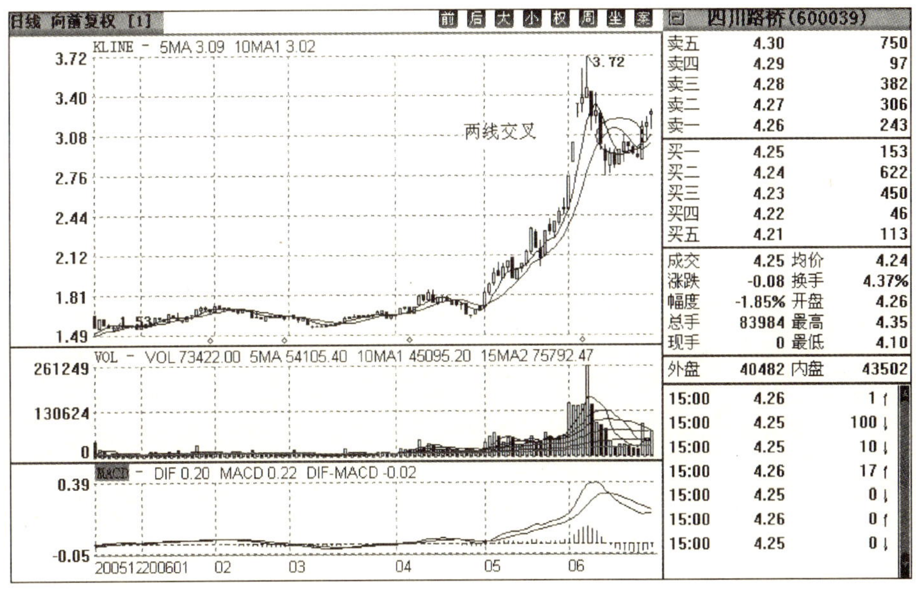

图7－9

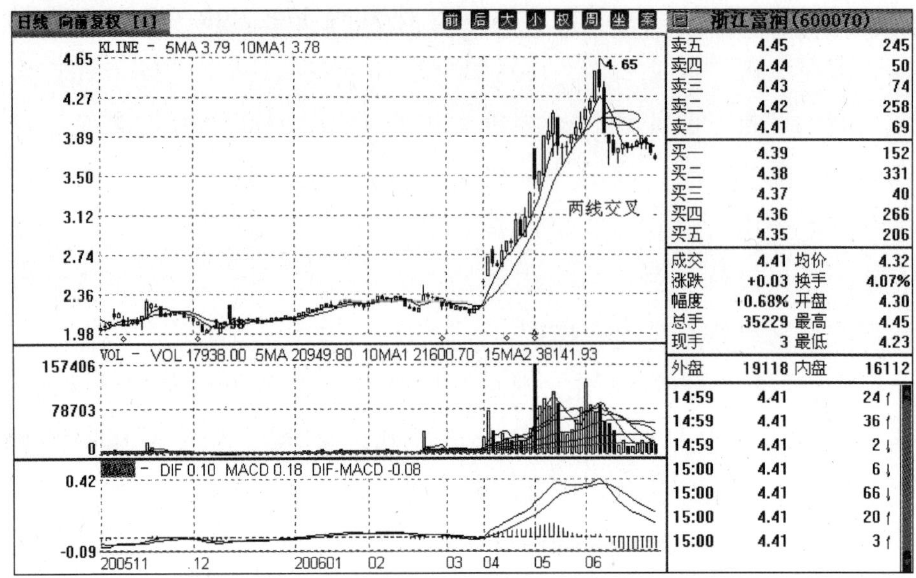

图 7－10

另外，用“两线交叉法”逃顶的一个好处，就是不致于过早地卖出。

比如下面两幅图中的新天国际（600084）和中视传媒（600720），它们在上涨途中曾出现大幅震荡，但其5日均线和10日均线却一直都没有形成“死亡交叉”，因此，其大幅震荡处也就不是它们的顶部（如图7－11、图7－12所示）。在震荡过后它们的股价又经过一段上涨，才于“两线交叉”处形成顶部（如图7－11、图7－12所示）。如果用其他的一些逃顶方法，我们很容易在其股价大幅震荡时卖出。

日线 向前复权 [1]
前 后 大 小 权 周 坐 案
新天国际(600084)
KLINE - 5MA 4.48 10MA1 4.36
4.81
4.32
3.82
3.33
2.84
2.35
1.85
1.36
4.81
大幅震荡
两线交叉
VOL - VOL 102685.00 5MA 89023.20 10MA1 75746.40 15MA2 82625.13
392074
196037
0
MACD - DIF 0.32 MACD 0.34 DIF-MACD -0.02
0.60
-0.09
200511 12 200601 02 03 04 05 06
卖五 6.97 743
卖四 6.96 169
卖三 6.95 275
卖二 6.94 21
卖一 6.93 167
买一 6.91 165
买二 6.90 761
买三 6.89 18
买四 6.88 410
买五 6.87 10
成交 6.92 均价 7.00
涨跌 -0.18 换手 3.89%
幅度 -2.54% 开盘 7.09
总手 95913 最高 7.20
现手 60 最低 6.78
外盘 43994 内盘 51919
14:59 6.92 18↑
15:00 6.92 3↓
15:00 6.93 20↑
15:00 6.92 47↓
15:00 6.92 3↓
15:00 6.91 78↓
15:00 6.92 60↑

图 7－11

日线 向前复权 [1]
前 后 大 小 权 周 坐 案
中视传媒(600088)
KLINE - 5MA 13.13 10MA1 13.26
15.18
13.96
12.74
11.52
10.30
9.08
7.86
6.64
15.18
两线交叉
大幅震荡
VOL - VOL 14378.00 5MA 23704.60 10MA1 32872.20 15MA2 43648.33
153412
76706
0
MACD - DIF 0.77 MACD 1.01 DIF-MACD -0.24
1.51
-0.24
200512 200601 02 03 04 05 06 07
卖五 17.49 125
卖四 17.48 92
卖三 17.45 217
卖二 17.42 40
卖一 17.41 11
买一 17.40 28
买二 17.39 1
买三 17.38 10
买四 17.35 10
买五 17.34 10
成交 17.41 均价 17.17
涨跌 +0.55 换手 4.00%
幅度 +3.26% 开盘 16.50
总手 40530 最高 17.60
现手 29 最低 16.46
外盘 24390 内盘 16141
14:59 17.44 21↑
14:59 17.45 28↑
14:59 17.41 12↓
14:59 17.42 11↑
14:59 17.40 1↓
15:00 17.43 17↑
15:00 17.41 29↓

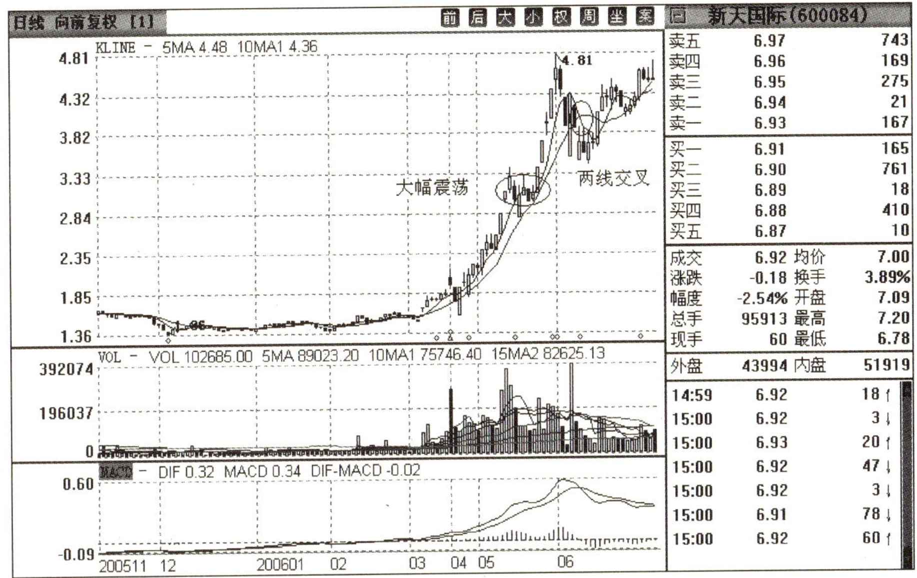

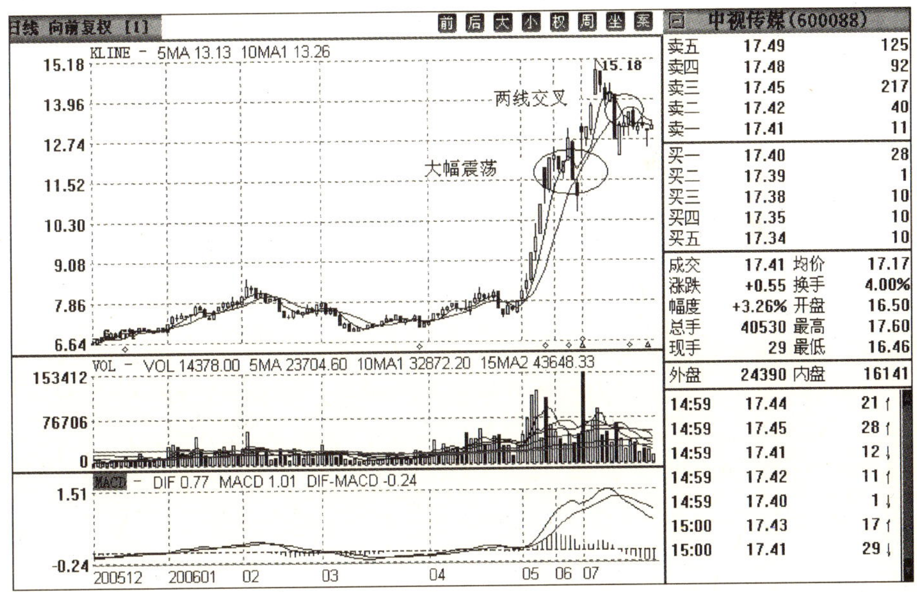

图 7－12

再看下面的特变电工（600089）和中青旅（600138），它们在上涨过程中其5日均线与10日均线虽然多次出现粘合，但毕竟没有形成“交叉”，因此这些粘合点也就都不是它们的顶部（如图7－13、图7－14所示）。

用“两线交叉”法逃顶的最大好处就是都能在赚取股价上涨的最大利润后，逃离股票的真正顶部，如果你用技术指标来逃顶的话，往往容易过早的卖出，不信你看看上面几只用“两线交叉法”逃顶的黑马股，它们的强弱指标都过早的处于顶部压域，并不断发出卖出信号。

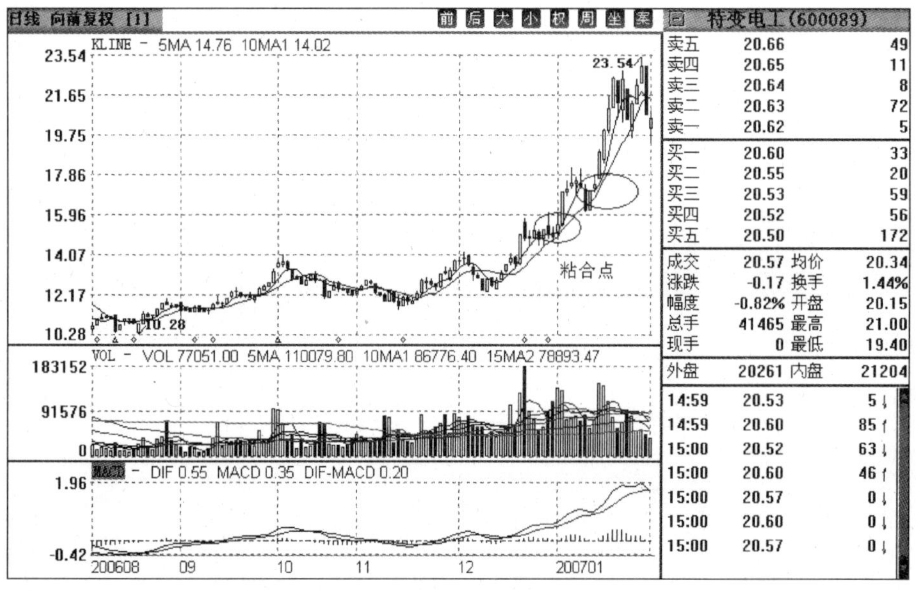

图7－13

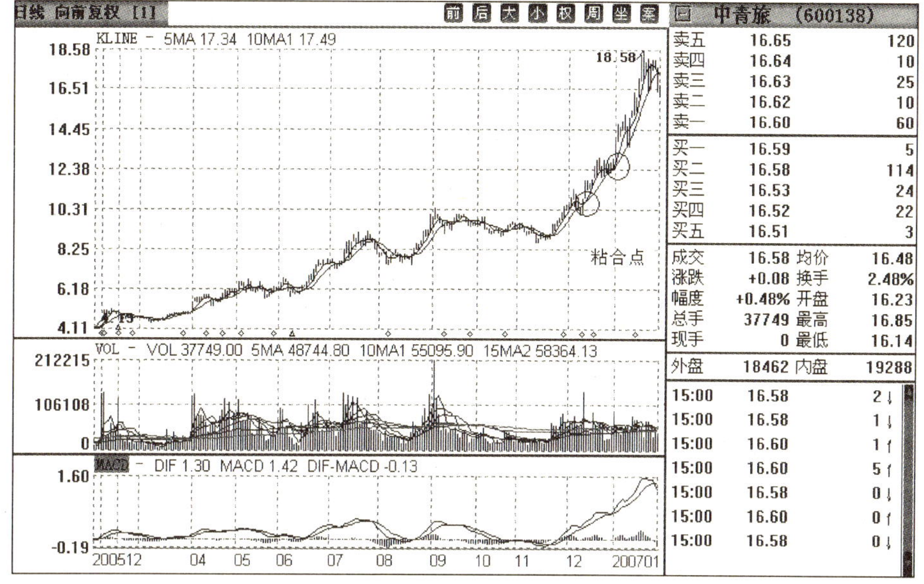

图 7－14

第二节　黑马不吃回头草

对于一些在短期之内涨幅巨大的股票，我们可以用“两线交叉法”来逃顶，但还有一些经过小幅上涨的股票，在向下回落时也会形成“两线交叉”。在这些“交叉”中有的是股价的顶部，有的则是一些黑马在上涨过程中的正常回档，还有一种情况就是在庄家建仓时，由于建仓力度较大，会迫使股价形成不断上涨之势。但在建仓完结之后，又会向下打压股价进行洗盘，这时其 5 日均线和 10 日均线也会形成“两线交叉”。

那么对于以上3种“两线交叉”，我们又该如何区分呢？这里我们先来重点来研究一下后两种“两线交叉”，也就是黑马股的中途“回档交叉”和庄家建仓完毕时的“洗盘交叉”，那么剩下的一种自然不就是股票的“顶部交叉”了吗！

是第一种的“顶部两线交叉”，还是后两种的“中途两线交叉”，我主要是从它们的成交量变化上来区分的。一般，一只庄家高度控盘的黑马股无论是在建仓完毕的洗盘时，还是在上涨途中的回档之时，其下方的成交量都该是萎缩的。在股价的走势图中，股价下方的成交量一根根的站在那里，长短不齐排成一排，看上去很像一堆堆的乱草。如果我们把成交量比喻成“草”，把股价比喻成“马”，那么一匹训练有素的“黑马”在高速奔跑的过程中向后回头时是不应该吃“草”的。换句话说，也就是一只黑马股在庄家洗盘或震仓时其下方的成交量都应是高度萎缩的，这也就是我所说的“黑马不吃回头草”。你试想一下，就算是一匹真正的黑马，如果总是回头吃草又怎么可能跑的快呢？在“黑马不吃回头草”的时候，也正是庄家震仓或洗盘的时候。庄家的震仓或洗盘时间一般都不会太长（一般都在半个月至一个月左右），如果这匹黑马长期不吃“草”，那它会被饿死的，所以在黑马停食不久，它还要再次吃“草”继续向前奔跑的。

例如下图的长春经开（600215）就是一匹长期不吃“草”的马，其股价在经过两轮上涨后，于高价位开始向下回落，在回落过程中成交量也呈大幅萎缩之势，形成“黑马不吃回头草”。由于这匹黑马长期不吃“草”，结果变成了一匹“死马”（如图7－15所示）。

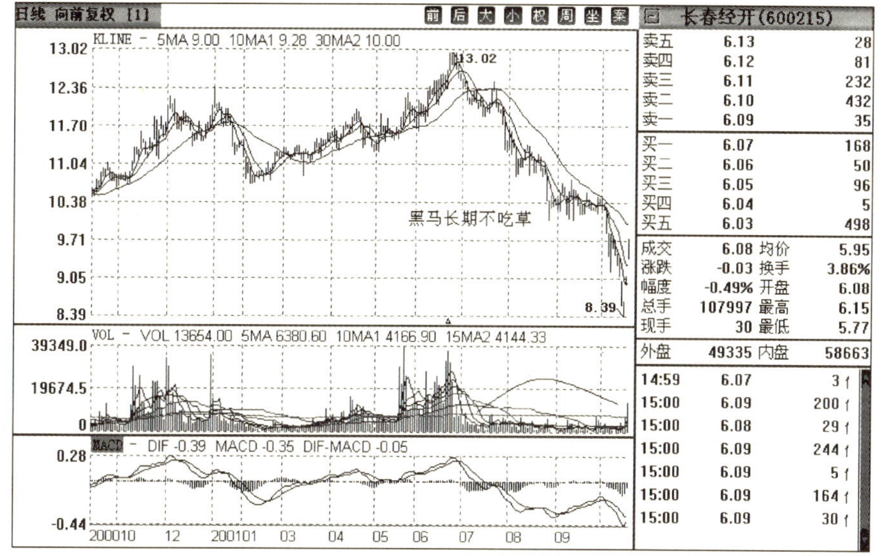

图 7－15

应用法则：如果某只股股票在上涨过程中出现回落，其5日均线和10日均线形成“死亡交叉”，但在回落过程中成交量大幅萎缩，而且不久其股价又再度放量上涨，此时我们可以判断这里不是该股的顶部。

下面这幅图是S天一科（000908）在1999年10月～2000年3月的一段股价走势（如图7－16所示）。

S天一科的股价在底部经过一轮小幅上涨后，便开始向下回落，5日均线和10日均线也形成了“死亡交叉”，那这里到底是不是天一科技的顶部呢？再看，它的股价在回落过程中成交量明显萎缩，形成了“黑马不吃回头草”（如图7－16所示），不久之后，其股价又再次放量上涨，黑马又重新吃“草”了，“回档坑”也形成了。因此，这里不是S天一科的顶部，只不过是它的正常的回档而已，随后S天一科的股价又经过大幅的上涨，才于高位出现“两线交叉”（如图7－16所示），形成顶部。

下面这两幅图分别是深圳机场（000089）和＊ST数码在1999年上半年的一段股价走势（如图7－17、图7－18所示）。

日线 向前复权 [1]
前 后 大 小 权 周 坐 案
S 天一科(000908)
KLINE - 5MA 14.86 10MA1 14.80 30MA2 13.75
17.58
15.91
14.23
12.55
10.87
9.19
7.51
5.83
两线交叉
VOL - VOL 4764.00 5MA 11423.80 10MA1 18829.90 15MA2 18914.20
44425.0
22212.5
0
黑马不吃回头草
MACD - DIF 0.87 MACD 1.07 DIF-MACD -0.20
1.69
-0.26
199908 10 11 12 200001 02
卖五 10.33 61
卖四 10.32 75
卖三 10.31 30
卖二 10.30 105
卖一 10.28 66
买一 10.27 130
买二 10.26 13
买三 10.25 134
买四 10.23 23
买五 10.22 105
成交 10.28 均价 10.22
涨跌 -0.22 换手 2.51%
幅度 -2.10% 开盘 10.26
总手 22593 最高 10.60
现手 146 最低 9.98
外盘 11120 内盘 11474
14:56 10.26 8
14:56 10.28 2
14:57 10.26 1
14:57 10.28 2
14:57 10.26 60
14:57 10.28 22
15:00 10.28 146

图 7－16

技术分析 日线 前复权 标准坐标 双股组合
深圳机场000089
KLINE - [1] - 5MA 3.86 10MA1 3.71 15MA2 3.47
4.24
3.85
3.47
3.09
2.71
2.32
1.94
1.56
两线交叉
VOL - [1] - VOL 186432 5MA 304584
黑马不吃回头草
993042
496521
0
MACD - [1] - DIF 0.42 MACD 0.38 DIF-MACD 0.04
0.43
0.28
0.13
-0.02
199812 02 03 04 05 06
卖五 8.19 778
卖四 8.18 102
卖三 8.17 713
卖二 8.16 136
卖一 8.15 100
买一 8.14 15
买二 8.13 154
买三 8.12 368
买四 8.11 175
买五 8.10 511
成交 8.16 均价 8.20
涨跌 +0.04 换手 0.77%
幅度 +0.49% 开盘 8.22
总量 50182 最高 8.33
现量 95 最低 8.00
委比 -19.86% 量比 0.86
金额 4113 市盈 32.45
涨停 8.93 跌停 7.31
外盘 26126 内盘 24056
10:18 8.17 16 4
10:18 8.18 20 3
10:18 8.16 31 6
10:19 8.16 10 1
10:19 8.16 95 7

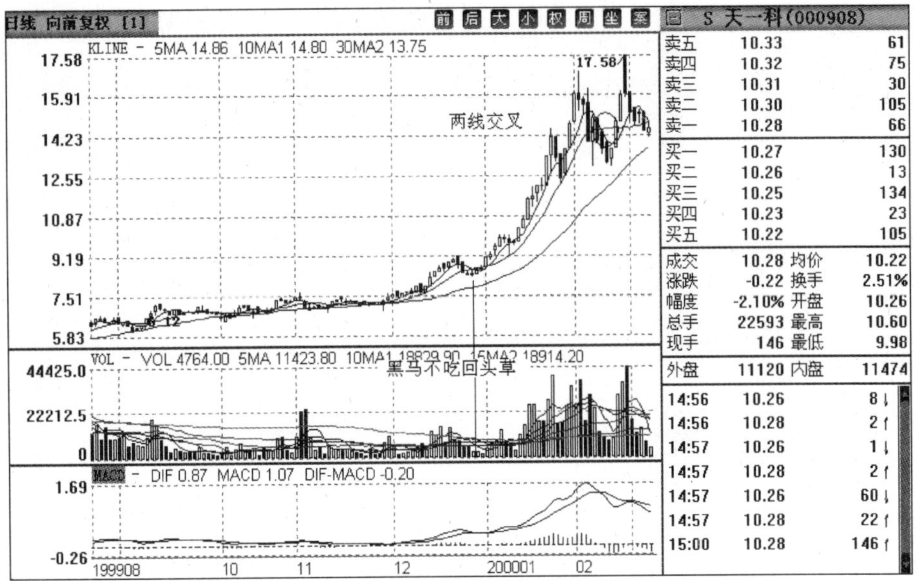

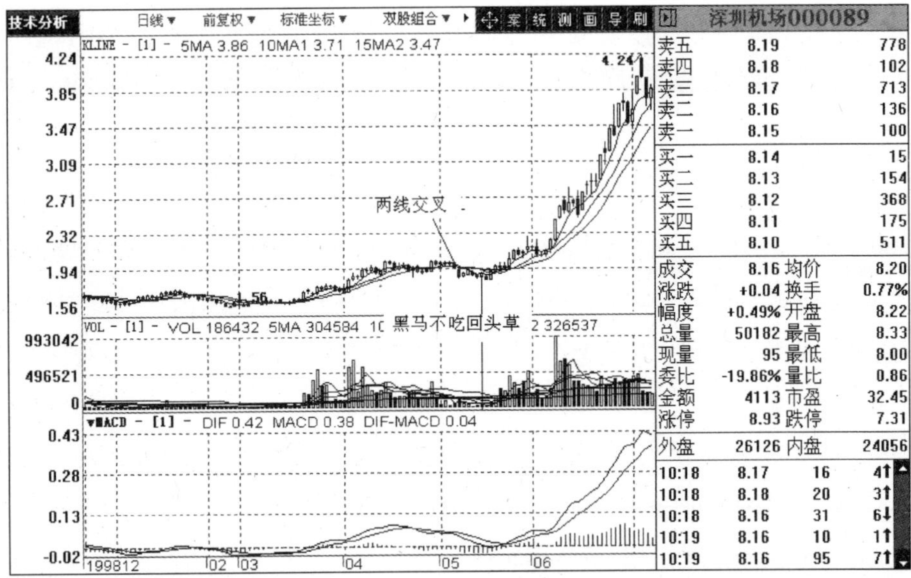

图 7－17

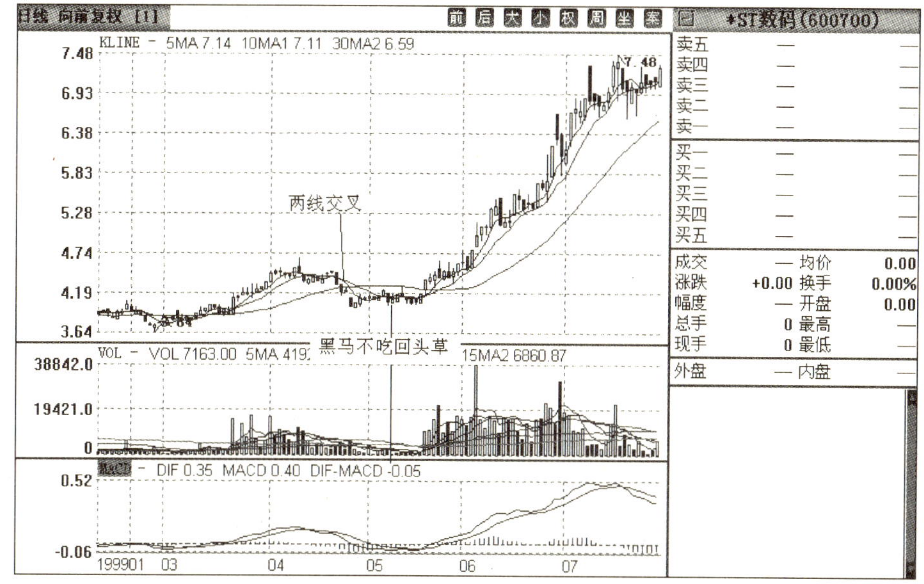

图 7－18

这两只股票都是庄家在运用“草肚皮建仓”时，由于收集力度较大迫使其股价出现上涨之势，但当建仓完成之后，庄家又反手向下打压股价，进行震仓洗盘，并在打压股价之时使其 5 日均线与 10 日均线形成“死亡交叉”（如图 7－17、图 7－18 所示）。再看，它们形成“两线交叉”股价向下回落时，成交量明显大幅萎缩，形成了“黑马不吃回头草”（如图 7－17、图 7－18 所示）。由此可以判断，这里的“两线交叉”并不是它们股价的顶部，而只是庄家的洗盘过程，不久之后，这两只股票又再度放量上涨，黑马也再次吃“草”。

这两只黑马，不吃“草”的时间稍长了一些，这是由于此处的回档是庄家建完仓之后的洗盘回档，并不是上涨途中的震仓回档。如果，当时这两只黑马若长期不吃“草”的话，我们就不要买入了。

宝利来（000008）和＊ST科健A（000035）（如图7－19、图7－20所示）这两只股票都因涨幅巨大，而成为股市中少见的超级黑马股。它们的股价在上涨过程中，曾多次出现回档，回档时，5日均线和10日均线也多次形成“死亡交叉”，但它们在回档的同时，其股价下方的成交量也都是极度的萎缩，形成了“黑马不吃回头草”（如图7－19、图7－20所示），并且也都在股价回档不久之后，又再度放量上涨。因此，这些于回档过程中所形成的“两线交叉”，都不是它们的“顶部交叉”。最终，它们在经过连续大涨后，股价于高位所形成的“两线交叉”，才是它们真正的顶部（如图7－19、图7－20所示）。

下面这幅图是＊ST屯河在1999年6月～2000年7月的一段股价走势（如图7－21所示）。

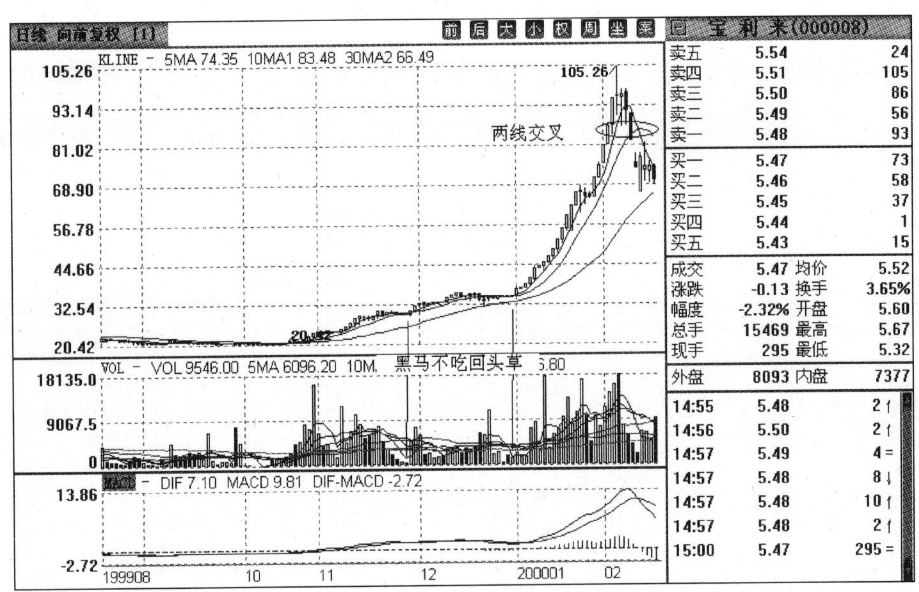

图7－19

日线 向前复权 [1]
前 后 大 小 权 周 坐 案
*ST 科健(000035)
KLINE - 5MA 24.71 10MA1 24.79 30MA2 22.46
32.89
29.32
25.76
22.20
18.63
15.07
11.50
7.94
32.89
8.66
两线交叉
VOL - VOL 3935.00 5MA 5645.40 10MA1 7218.70 15MA2 7773.13
29508.0
14754.0
0
黑马不吃回头草
MACD - DIF 1.66 MACD 2.28 DIF-MACD -0.62
3.82
-0.62
199908 10 11 12 200001 02
卖五 2.53 1612
卖四 2.52 2603
卖三 2.51 1152
卖二 2.50 2459
卖一 2.49 729
买一 2.48 904
买二 2.47 228
买三 2.46 1237
买四 2.45 291
买五 2.44 45
成交 2.49 均价 2.46
涨跌 +0.05 换手 4.49%
幅度 +2.05% 开盘 2.52
总手 34338 最高 2.53
现手 183 最低 2.41
外盘 19912 内盘 14427
14:56 2.48 45↓
14:57 2.49 29↑
14:57 2.49 22↑
14:57 2.49 38↑
14:57 2.49 2↑
14:57 2.48 50↓
15:00 2.49 183↑

图 7－20

日线 向前复权 [1]
前 后 大 小 权 周 坐 案
*ST电河 (600737)
KLINE - 5MA 7.18 10MA1 6.98 30MA2 6.21
7.69
6.99
6.29
5.58
4.88
4.18
3.48
2.77
7.69
2.77
死亡交叉
草肚皮
黑马不吃回头草
VOL - VOL 14759.00 5MA 20879.80 10MA1 16101.00 15MA2 16362.33
58483.0
29241.5
0
MACD - DIF 0.44 MACD 0.43 DIF-MACD 0.00
0.49
-0.08
199906 08 09 10 11 12 200001 03 04 05 06
卖五 — —
卖四 — —
卖三 — —
卖二 9.72 1306
卖一 9.71 25
买一 9.70 249
买二 9.69 11
买三 9.68 749
买四 9.67 99
买五 9.66 20
成交 9.72 均价 9.49
涨跌 +0.46 换手 3.68%
幅度 +4.97% 开盘 9.26
总手 149463 最高 9.72
现手 0 最低 9.12
外盘 87423 内盘 62041
15:00 9.72 103↑
15:00 9.72 87↑
15:00 9.72 9↑
15:00 9.71 22↓
15:00 9.72 0↑
15:00 9.71 0↑
15:00 9.72 0↑

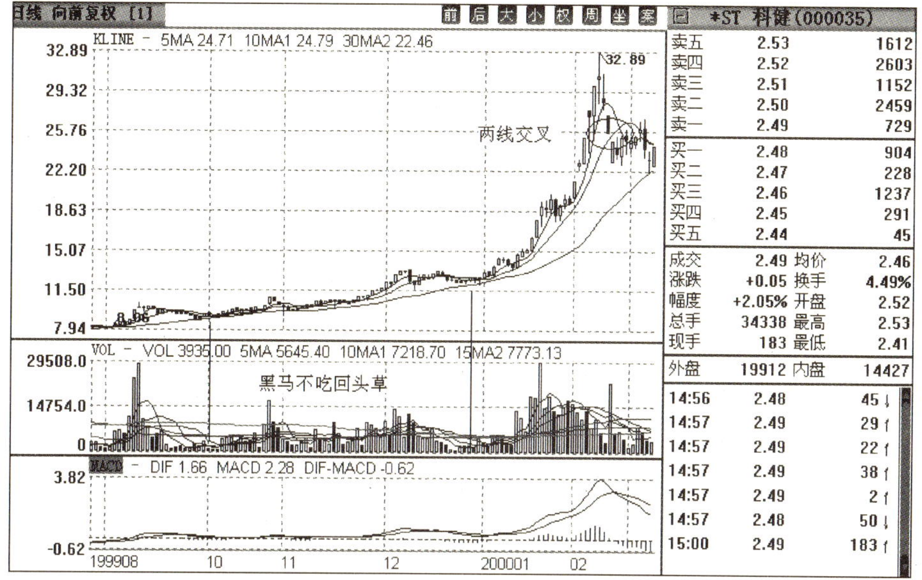

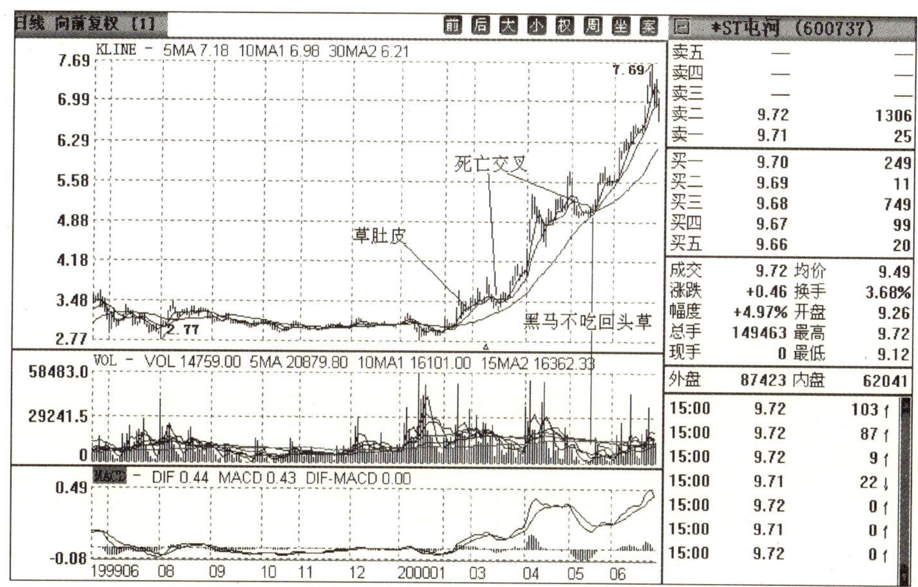

图 7－21

＊ST 屯河的股价在上涨过程中，曾先后两次出现明显的回转，5 月均线和 10 月均线也先后两次形成了“死亡交叉”（如图 7－21 所示）。第一次是在它的“草肚皮”之后（如图 7－21 所示），这次回档时成交量明显萎缩。不久之后，其股价又再度放量上涨，由于这次回档所形成的“两线交叉”，处于＊ST 屯河股价涨幅不大的情况下，再加上“草肚皮”下方巨大的“成交量堆”，因此，很容易判断这里不是该股的顶部。但当第 2 次回档形成“两线交叉”时，它已有了一段大的涨幅了，再加上这里形成的“两线交叉”，这里是其顶部的可能性就非常之大。但它在回档时成交量却大幅萎缩，形成了“黑马不吃回头草”（如图 7－21 所示），并且不久之后其股价下方的成交量又逐步增大，黑马再次吃“草”，股价也随之上涨。因此，这里也不是新疆屯河的顶部。只有在它经过大幅上涨后再出现“两线交叉”，且黑马也长期不吃“草”，才是它真正的顶部。我们以后再遇到经过小幅上涨的股票，其股价在回落时形成“两线交叉”，如果没有出现“黑马不吃回头草”或黑马长期不吃“草”，这就说明，此“两线交叉”是该股股价的顶部“两线交叉”，应及时卖出。另外，当“黑马不吃回头草”中的黑马重新吃“草”时，我们还可以用“两强一准”来判断当时股价所处位置。

然而许多事情总是并非完美，我们在具体的实战操盘中应用“黑马不吃回头草”时，又会发现，它有两大致命的弊端：第一，当股价在低位出现连续放量攀升后，在相应的高位形成缩量回落，5 日均线和 10 日均线形成“死亡交叉”，那么此处的回落是该股的正常洗盘还是长期的走软呢？这对一些不长期看盘的人来说是很难判断的，即使是经验丰富的老股民，也没有十分的把握；第二，此“两线交叉”，即使是该股的的中途盘整，我们为了资金的安全，为了赚取最大的利润，也应进行波段操作为好。因此，我倾向于在某只股票的股价于低位经过持续放量攀升后，在相对的高位出现缩量回落，并且其 5 日均线和 10 日均线形成“死亡交叉”，我们可暂时退出此股，待该股经过充分整理之后，再度放量上涨形成“黑马不吃回头草”时再行买入。

正如使用“两线交叉法”逃顶可以使我们赚取最大利润那样，使用“两线交叉法”也可以使我们保存住最大利润。

第三节　异常判断法

所谓“异常判断法”，就是说某些股票在连续上涨后，于高位出现了某些异常的变化，比如成交量异常放大，形成长长的“上影线”、形成大幅高开低走的大阴线、出现高位的“众志成城”等等。往往一只股票在高位出现这些现象后，再形成“两线交叉”，通常这里就是它们的顶部。

例如，下面的中国卫星（600118）和邯郸钢铁（600001），它们的股价就是在经过连续上涨之后，在高位形成了大幅高开低走的大阴线，并于之后不久，5 日均线和 10 日均线也形成了“两线交叉”（如图 7－22、图 7－23 所示），因此，这里也就成了它们的顶部。

应用法则：如果我们发现某只股票经过连续上涨后，于高位形成诸如成交量异常放大，出现长长的“上影线”，形成大幅高开低走的大阴线等异常现象，并于不久之后出现“两线交叉”，我们应意识到这里是股价的顶部。

下面的 * ST 金城（000820）和大冶特钢（000708），它们的股价在经过连续上涨后，在高位出现了长长的“上影线”，并且成交量也伴随着异常的放大，形成高位的“形单影孤”（如图 7－24、图 7－25所示），不久之后又出现“两线交叉”，这明显是庄家拉高出货所造成的，这自然也就形成了它们的顶部。

日线 向后复权 [1]
中国卫星(600118)
KLINE - 5MA 15.93 10MA1 16.78 30MA2 12.41
20.89
大阴线
两线交叉
VOL - VOL 19781.00 5MA 45903.00 10MA1 54658.90 15MA2 55697.67
MACD - DIF 1.94 MACD 2.15 DIF-MACD -0.21
卖五 21.85 220
卖四 21.83 3
卖三 21.80 152
卖二 21.78 53
卖一 21.76 42
买一 21.75 10
买二 21.70 2
买三 21.68 8
买四 21.66 17
买五 21.64 10
成交 21.75 均价 22.43
涨跌 -1.67 换手 1.63%
幅度 -7.13% 开盘 23.47
总手 15466 最高 23.82
现手 0 最低 21.50
外盘 6781 内盘 8686

图 7－22

日线 向后复权 [1]
邯郸钢铁(600001)
KLINE - 5MA 4.08 10MA1 4.24 30MA2 3.45
5.24
大阴线
两线交叉
VOL - VOL 243276.00 5MA 428070.00 10MA1 591803.29 15MA2 520661.33
MACD - DIF 0.28 MACD 0.30 DIF-MACD -0.01
卖五 5.18 243
卖四 5.17 136
卖三 5.16 70
卖二 5.15 4740
卖一 5.14 597
买一 5.13 46
买二 5.12 17
买三 5.11 653
买四 5.10 6281
买五 5.09 349
成交 5.15 均价 5.29
涨跌 -0.45 换手 2.91%
幅度 -8.04% 开盘 5.60
总手 414710 最高 6.14
现手 102 最低 5.04
外盘 217767 内盘 196944

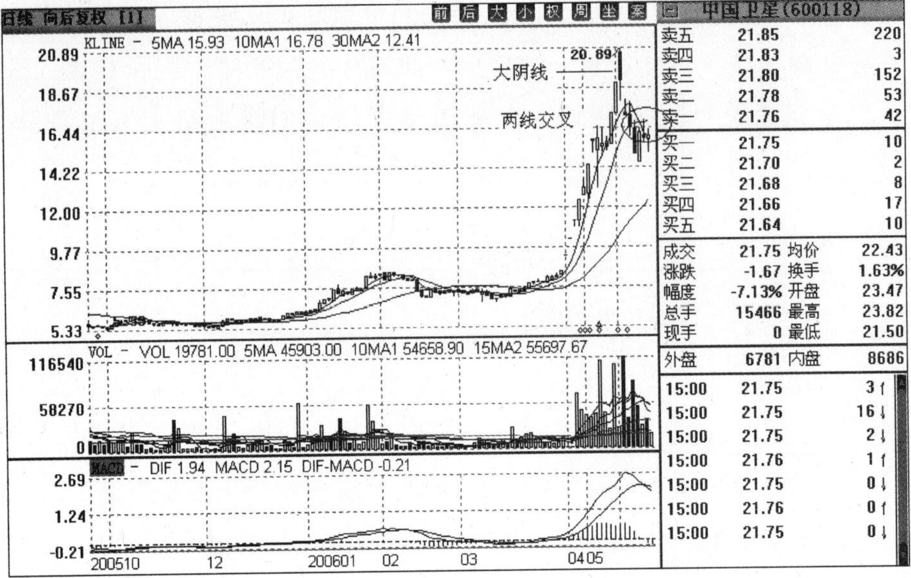

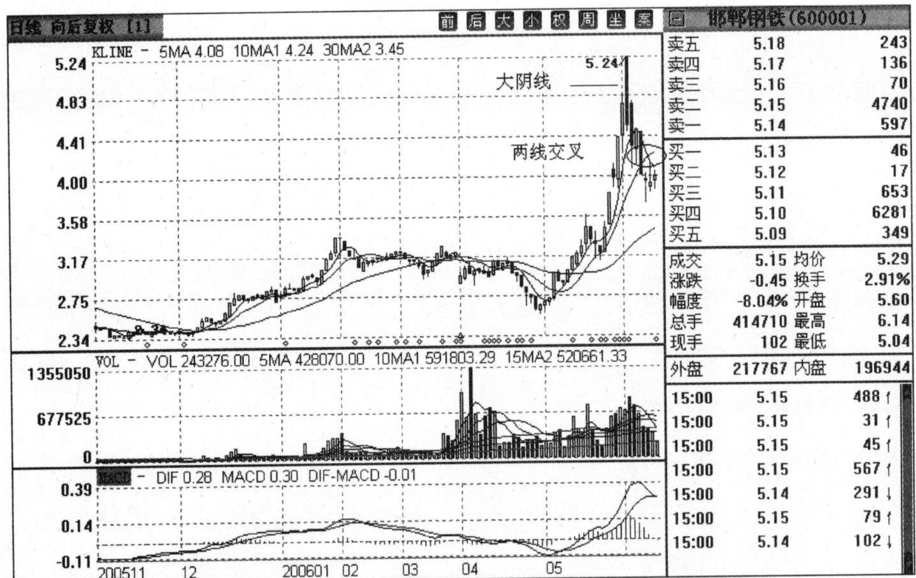

图 7－23

日线 向后复权 [1]
前 后 大 小 权 周 坐 案
*ST 金城(000820)
KLINE - 5MA 7.75 10MA1 8.09 30MA2 7.00
9.81
9.18
8.55
7.92
7.29
6.66
6.03
5.40
9.81
形单影孤
5.40
VOL - VOL 19194.00 5MA 29514.20 10MA1 39013.10 15MA2 35822.20
74045.0
37022.5
0
MACD - DIF 0.41 MACD 0.47 DIF-MACD -0.06
0.67
-0.19
199812 02 03 04 05 06
卖五 3.18 911
卖四 3.17 523
卖三 3.16 402
卖二 3.15 289
卖一 3.14 107
买一 3.13 1512
买二 3.12 529
买三 3.11 760
买四 3.10 22
买五 3.09 7
成交 3.13 均价 3.13
涨跌 -0.01 换手 2.52%
幅度 -0.32% 开盘 3.13
总手 31237 最高 3.18
现手 1218 最低 3.07
外盘 12211 内盘 19027
14:57 3.08 10↓
14:57 3.08 235↓
14:57 3.10 300↑
14:57 3.10 114↑
14:58 3.10 285↓
14:58 3.11 225↑
15:00 3.13 1218↑

图 7－24

日线 向后复权 [1]
前 后 大 小 权 周 坐 案
大冶特钢(000708)
KLINE - 5MA 5.96 10MA1 5.77 30MA2 5.39
6.88
6.55
6.22
5.89
5.57
5.24
4.91
4.58
6.88
形单影孤
4.58
VOL - VOL 45803.00 5MA 130556.40 10MA1 93165.50 15MA2 69490.67
251374
125687
0
MACD - DIF 0.18 MACD 0.13 DIF-MACD 0.05
0.21
-0.17
199911 200001 02 03 04 05
卖五 7.54 85
卖四 7.53 20
卖三 7.52 57
卖二 7.51 91
卖一 7.50 108
买一 7.49 230
买二 7.48 480
买三 7.47 212
买四 7.46 5
买五 7.45 180
成交 7.49 均价 7.73
涨跌 -0.28 换手 3.17%
幅度 -3.60% 开盘 7.79
总手 52985 最高 8.03
现手 984 最低 7.48
外盘 21367 内盘 31619
14:57 7.49 100↓
14:57 7.49 10↑
14:57 7.49 35↑
14:57 7.50 79↑
14:57 7.50 317↑
14:58 7.49 72↓
15:00 7.49 984=

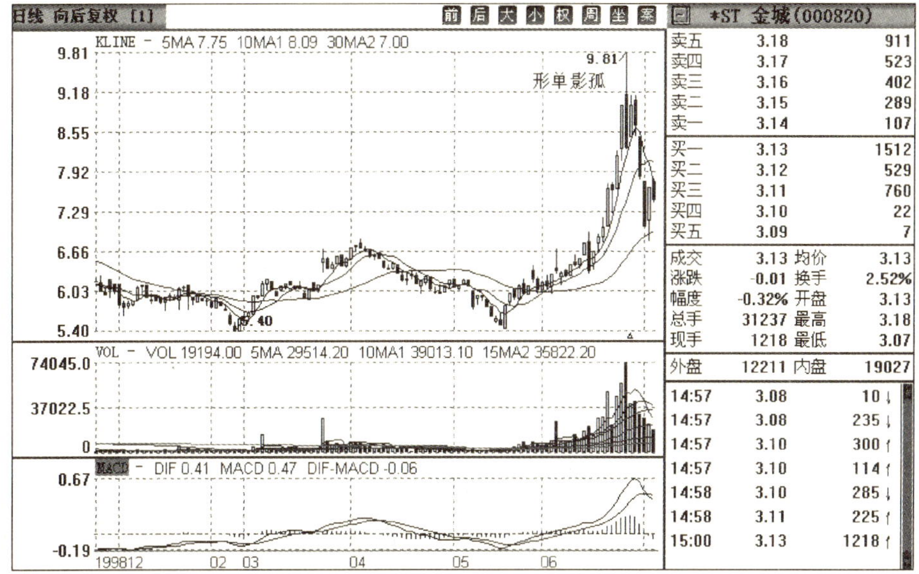

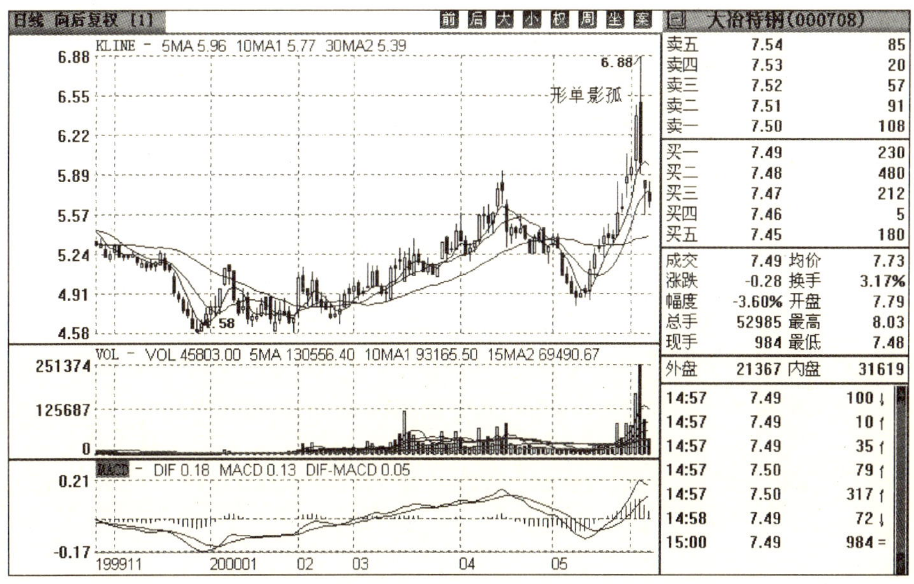

图 7－25

而下图中的ST冰熊（600753），在高位虽然没有形成长长的“上影线”，但它于高位的一根放量大阳线下，成交量却是异常的放大。我清楚的记得，ST冰熊当时的流通股本是3200万股，而此高位大阳线下的成交手数竟是十几万手，这几乎占流通股市的1/3左右。再看ST冰熊在上涨初期是多么的轻盈，为什么会在高位出现如此大量，这显然是庄家在对倒出货。当日我就是根据异常放量的大阳线出的货（如图7－26所示）。

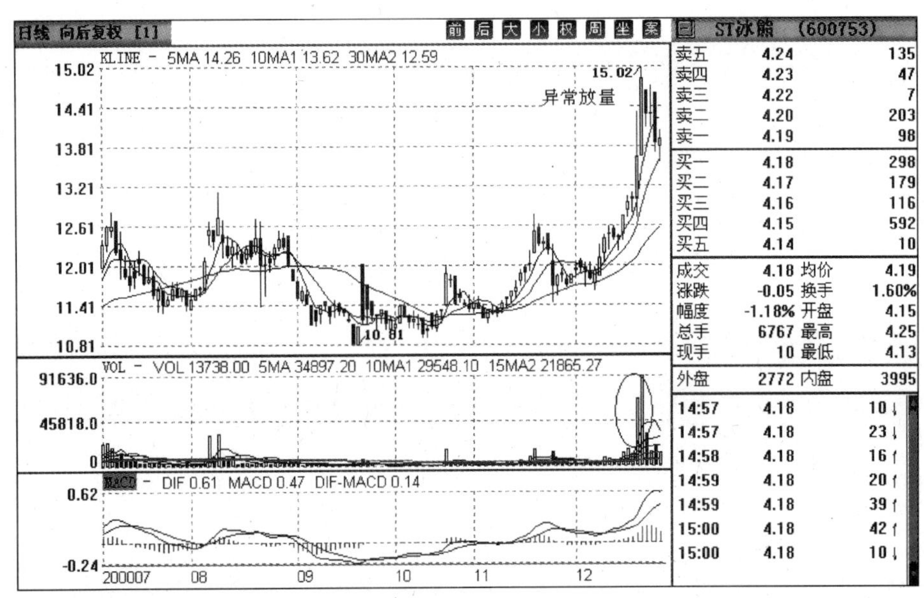

图7－26

你再看太钢不锈（000825），它的股价在经过连续上涨后，于高位出现了“众志成城”（如图7－27所示），并且“众志成城”下方的成交量也明显放大。放量的“众志成城”，如在低位出现则是由庄家吸筹所致，但太钢不锈已经是一只经过连续上涨的庄股了，它在高价区出现“众志成城”，这明显是出货，而不是吸货。

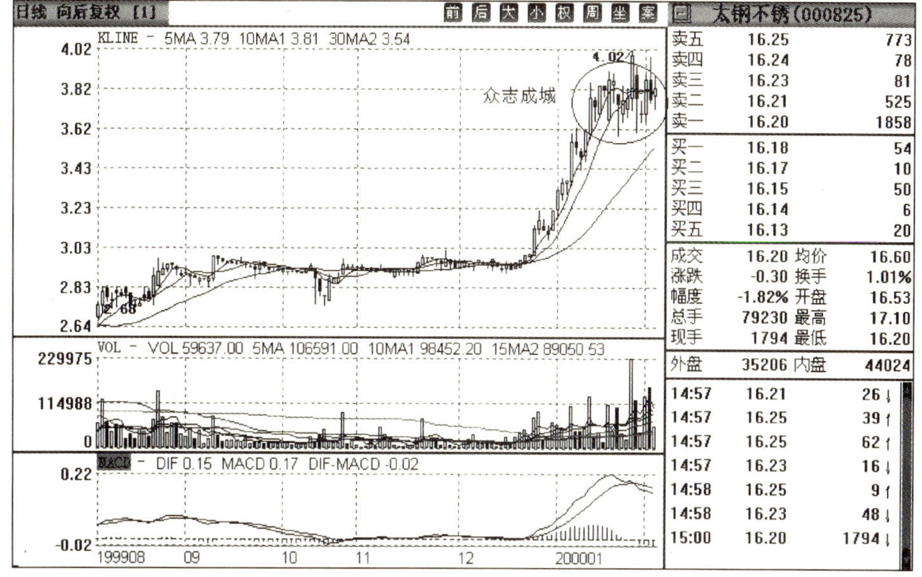

图 7－27

还有华仪电气（600290），华仪电气的股价在经过连续涨升后，也于高位出现了异常变化，形成一根大幅高开低走的大阴线（如图 7－28 所示），这在前面我们已经介绍过了。

而华联商厦（6000632），在高位形成的大阴线（如图7－29所示），虽然没有华仪电气的大阴线那么显眼，但它却把前面的两根 K 线完全吞掉了，这也是股价见顶的信号。

还有一些股票，在上涨过程中，会于其股价的前期成交密集区，或前期股价高点受到阻力而形成头部。

例如 ST 中燕（600736），其股价在经过第一轮上涨行情形成头部后（如图 7－30 所示），又形成了两轮新的上涨行情，但其股价都于第一轮行情高点附近受到阻力，而形成头部（如图7－30所示）。

日线 向后复权 [1]
前 后 大 小 权 周 坐 案
华仪电气(600290)
KLINE - 5MA 11.48 10MA1 11.55 30MA2 12.11
14.08
8.22
VOL - VOL 1664.00 5MA 1939.00 10MA1 2548.80 15MA2 3811.27
MACD - DIF -0.15 MACD -0.10 DIF-MACD -0.05
200101 03 04 05 06 07
卖五 24.99 190
卖四 24.98 73
卖三 24.96 204
卖二 24.95 32
卖一 24.90 175
买一 24.88 10
买二 24.86 1
买三 24.82 10
买四 24.81 19
买五 24.80 2
成交 24.88 均价 24.32
涨跌 +1.53 换手 6.73%
幅度 +6.55% 开盘 23.99
总手 46642 最高 25.69
现手 10 最低 23.37
外盘 24004 内盘 22638
15:00 24.90 64
15:00 24.90 48
15:00 24.85 2
15:00 24.85 2
15:00 24.86 15
15:00 24.86 0
15:00 24.88 10

图 7-28

日线 向后复权 [1]
前 后 大 小 权 周 坐 案
华联商厦(600632)
KLINE - 5MA 15.65 10MA1 14.10 30MA2 10.19
17.83
大阴线
VOL - VOL 136291.00 5MA 112585.80 10MA1 133166.00 15MA2 143846.00
MACD - DIF 2.04 MACD 1.60 DIF-MACD 0.44
199908 09 10 11 12 200001
卖五
卖四
卖三
卖二
卖一
买一
买二
买三
买四
买五
成交 均价 0.00
涨跌 +0.00 换手 0.00%
幅度 开盘 0.00
总手 0 最高
现手 0 最低
外盘 内盘

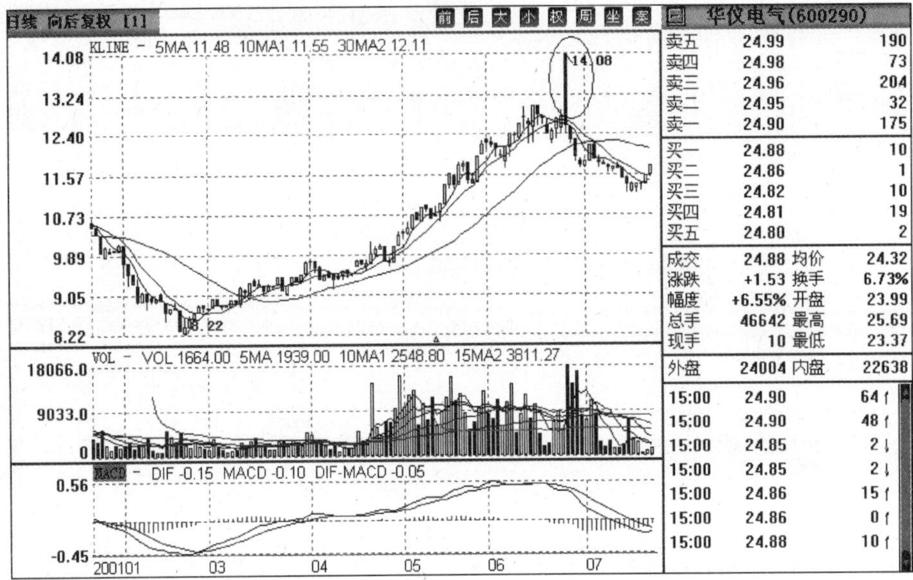

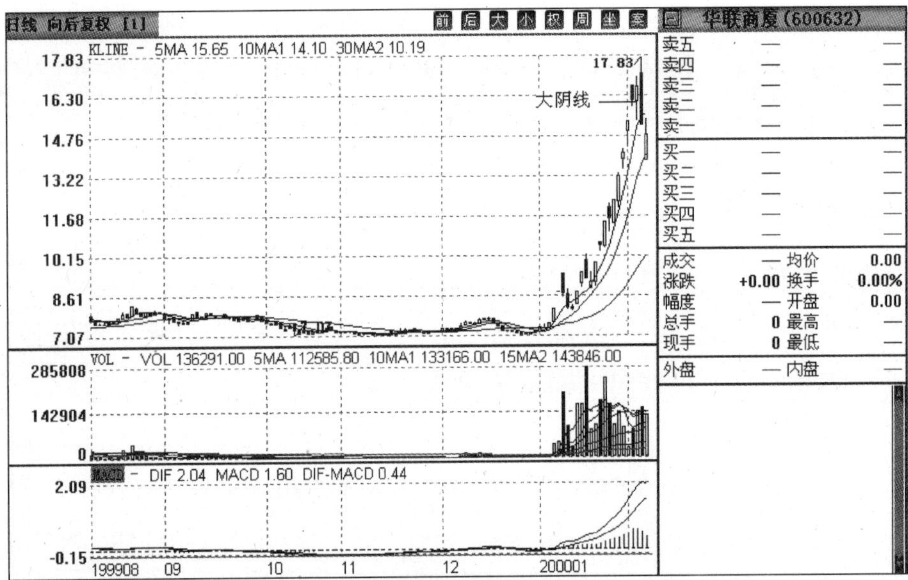

图 7-29

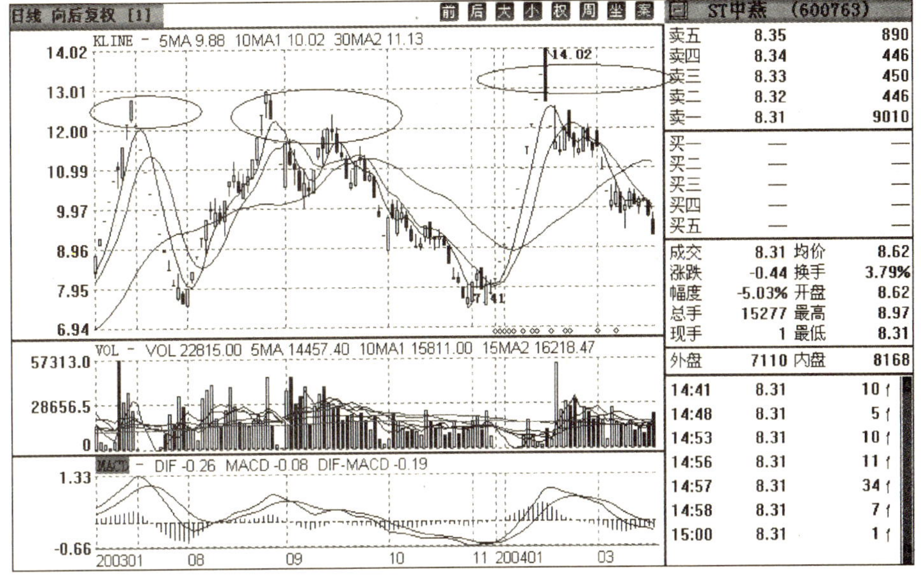

图 7－30

股价在经过连续上涨后，于高位出现异常变化时，所形成的顶部一般都先于“两线交叉”出现，我们可根据当时市场所处的具体情况，提前于“两线交叉”出货。

第四节　股市周期循环

在众多的股市理论中，有一种理论很值得一提，它就是“股市周期循环理论——九大阶段”。与一些简单、机械的分析方法所不同的是，它是由股价的循环规律、市场的表现形式及人们的心理活动所组成的，能从更深的层次上帮助股民了解股价运动的真实原因及

市场行为、人群心理等等。为了能让广大读者能更好的理解股价运动的循环规律，也更好地掌握本书的内容，在这里有必要对它重提一下。

股市周期循环理论可分为九个阶段：

1. **低迷期**：行情持续屡创新低，此时投资意愿甚低，一般市场人士对于远景大多呈现悲观，不论主力或为中散户，都是亏损累累。此时的市场炒短线的没钱赚，炒长线的没信心。很多人都不愿意再谈论股市、关心股市，甚至痛恨股市，纷纷卖出手中的筹码准备离场观望。股票交易所里也是少人来往，一片萧条。它是大多数人感到绝望的时刻，也是黎明前最黑暗的时刻。此时只有极少数有远见卓识的人及先知先觉的主力机构会进场吸纳股票，他们都是将来的大赢家。尽管如此，市场上的成交量也还是十分稀少，股价也十分低廉。此时应该是我们做中、长线建仓的最好时机，可是很少有人敢这样做。

2. **初升段**：此时的大市尚未好转，股民也对未来不抱希望，感到一片茫然，变的麻木不仁。但由于在“低迷期”里大多数的人的筹码已经抛的差不多了，没有抛的也因亏损太多，短期之内也不会再抛了，剩下的就只有不断进场的“新多”了。由于“空头”的减少，“多头”的增加，及上一期进入的“头期庄家”，会把少数的“热门股”推至一定的高度。同时多数的股票也会走出底部并逐步活跃起来，但不会升至很高。这时会有部分人又重新关注股市，市场交易也变得活跃起来，成交量较上一期也有温和的增加。但由于长久以来受“熊市思维”的影响，很多人都会认为这只是个普通的反弹，而一般敢于在这个时期进入的多是一些实力大户，出去的都是些初尝甜头的中、小散户。

3. **回档期**：此时的市场已有了一定的涨幅，但由于长久的“熊市”使人们的变得非常小心，以至在股价上涨之时也不敢相信这是

“牛市”的到来。在上涨之余，许多人在略得实惠之后，都会采取“落袋为安”的操作观念，于是大量的“套牢盘”与“获利盘”会纷纷涌出。对没有抛出股票的中、小散户，庄家在“吃饱”之余，为了减轻将来的拉升压力及进一步的获取低廉筹码会趁着此时人心不稳之机，借助各种不利消息，向下打压股价，迫使你出局。由于以上的原因，股价在这段时期会出现明显的回落。随着抛盘的减少，主力能吸纳到的浮动筹码会越来越少，此时的成交量也较“初升段”有了大幅缩减，多数的人会以为一轮反弹已就此完结。然而在经过“初升段”和“回档期”的运作大部分股票的股价都有跌不下去的感觉，且其走势也都“初具成型”。既然强弱已分，也正是我们进场选股最佳时期。

4. **主升段**：宏观经济开始转好，政策面也暖风频吹，各项利好也不断出台，上市公司的业绩也有大幅提升，主力手中握有大量筹码。此时已是“天时、地利、人和”，有心人会不断散布各种消息把股价持续拉高。由于股价的不断上涨，不管内行外行，只要持有股票便能获利，在“回档期”卖出股票的投资者也由空翻多，形成抢购风潮，而股价会在此种情况下越涨越抢、越抢越涨，以至形成暴涨的局面。股票交易所里到处人头攒动，充满着一片欢声笑语，从来没炒过股的人也会在周围气氛的感染下，抱着发财的梦想纷纷开户入市。此时的成交量也迅速的放大，并保持在一个相当高的水平上。在这个时期的末端正是大量的筹码由主力手中向散户手中转移的时候，精明、理性的投资者会在这一时期逐步撤出。

5. **末升段**：此时的市场一派繁荣景象，大量新股不断发行并以“天价”成交。交易所内人声鼎沸，原来的“热门股”在高位徘徊，“冷门股”疯狂上涨，一方面黑马频出；另一方面又让你无从下手，暴涨暴跌更是屡见不鲜，无论大盘还是个股的成交值常常创下“天量”。此时股民手中已经少有现金，都在持股待涨，对未来充满希

望。在此阶段末期大势已是外强中干，成交量已很难再创新高，多数股票已呈现疲态，显露下跌迹象。市场上的人盈利者已不再占多数，亏损者与日俱增，多年心血很可能在此付之东流，我们不论盈亏都要抓住这最后的机会尽快离场。

6. **初跌段**：由于多数股票的股价都已偏高，欲涨乏力，不少投资人都于较难获利之余开始反省。此时主力、机构均已出货不少，精明的投资人也在做最后的了结，准备退出市场。后来的“新多”以为只是正常的回调，并在亏损之后予以补仓，期待着更高的点位。下跌现象也由“垃圾股”向“绩优股”扩散，成交量也出现了大幅的萎缩，若在“初跌段”的初期出局损失还不算太大。

7. **中间反弹期**：由于“初跌段”的下跌，此时不少股票已有了相当的跌幅，不少短线客回来凑热闹，原来的高位套牢者也会逢低买入摊低成本，多股力量会把股指重新推高，但由于反弹后抢高价者已具戒心，后知后觉者也都学乖，所以反弹力量不是太足，其股价和成交值都难以再创新高。此时也是最后的“逃命”机会。

8. **主跌段**：国家开始宏观调控，如利率上调、收紧银根等利空消息满天飞，虽然大部分股票已跌幅很深，但受利空消息的影响，股民还会不计成本的抛出，以至股价下跌速度很快，甚至连续出现几个“跌停板”。以前套牢持股不卖的人在巨亏之后也开始信心动摇，此时的成交量也已缩至很小，不少人在绝望之余也纷纷卖出股票。

9. **末跌段**：此时股价跌幅已深，许多股票的面值已跌至发行价以下，并屡创新低，由于市场交易低迷，所以成交量也极为稀少，一切又回到了“低迷期”的状态，多数股民又要离开，有识之士开始粉墨登场。

股价的周期走势大体上可分为以上九个阶段，如能用这个理论将现实行情所处的位置区分出来，并结合本书中所介绍的选股方法去选股，相信是会让你在股海当中有所收获的。

第五节 盘面艺术

我所说的盘面艺术，主要是对一些原始的数据及图形（K 线、均线、成交量）进行科学化、艺术化的分析与归类。因此，它比较本质，比较客观，也比较准确。

当我们打看电脑察看股票时，通常呈现在我们眼前的是股价（K 线）、成交量、均线及股价的总体趋势，它们是构成盘面的基本元素，我习惯的称之为“四大要素”。它们之间有着微妙而和谐的联系，配置的是否得当直接影响到股价的未来发展方向，也是评判股价走势的重要理论依据。

价：这里的价不单单指的是股票的收盘价，而是指在每一交易日所形成的开盘价、最高价、最低价及收盘价，它们可以充分体现出庄家和散户的多空争斗、强弱对比及心理活动，而长期的股价走势又能反映出庄家的战略思想及股价的发展方向。

量：就是成交量，它是价的元神，价的灵魂。相同的 K 线，配以不同的成交量则代表着不同的意义，而不同的价位、相同的成交量也代表着不同含意，它是盘面的精神所在。

线：不同数值的均线，代表着不同的持股成本，它是散户买卖股票的主要依据，也是庄家协调成本、引发市场共鸣、减少拉升阻力的最好工具，聪明的庄家都善于利用它。

势：势是四大要素中最为重要的。势又可分为个股走势及大盘的整体走势，对于个人投资者来说，顺势而为可以提高炒作成功率，

对于机构投资者借势炒作可以节约成本，起到“四两拨千斤”的作用。因此，无论是中小散户还是机构、庄家，顺势而为都是较高的操盘原则。

一、形　态　篇

形态篇中的主要内容是根据四大要素之间的形态、结构、配置等来判研分析股票的。主要的分析方法有“骑马十三招”、“三大理论”、“四线生根论”、“K 线密码”、“两弦定理”等分析方法组成的。

1. 骑马十三招。骑马十三招主要介绍的是庄家在炒作过程中是如何建仓、洗盘、拉高及出货等基本内容的，现已整理成书。

2. 三大理论。当今，沪、深两市已有1000多只股票，在这千余只股票当中，谁才是我们所要找的黑马呢？三大理论将大大缩小你的搜索范围，让你抓住黑马中的黑马。

3. 四线生根论。股票的实际涨跌与其均线有着扯不断的关系，在我的这套理论中，10 日均线是股价运动线，30 日均线是生命线，60 日均线是生死线，而 120 日均线则是周期线。它们之间及它们与股价之间的不同组合，对股价的未来发展方向会产生不同的影响。

4. K 线密码。K 线在不同的运动状态下，在盘面上会形成不同的表现形式。上涨有上涨的密码，下跌有下跌的密码，建仓有建仓的密码，出货有出货的密码。了解这些密码可以看清庄家运作的真实意图，不致于把建仓当拉升，把下跌当回档。

5. 两弦定理。大多数的庄股无论是在大的运动周期中还是小的运动规律中，都存在着两种主要的运动方式，即我所说的正弦运动和反弦运动，它是捕捉庄股的重要手段。

6. 短线狙击点。如能长期炒作黑马自然是件好事，但在我们长期的操盘过程中，并不是随时都能碰到黑马的。更为遗憾的是，黑马不是一只一只轮流出现，而总是在同一时期一批一批的出现，这正是所谓的牛市。在大多数的时间里股市都是平淡无奇的，这套短线狙击点所介绍的就是在平淡股市中的一些短线买入技巧。

7. 隐藏趋势。普通的上升趋势、下降趋势都非常直观用肉眼即可看到的，但有些黑马股在没有任何征兆的情况下就突然启动，事实上这里面也暗含着某种趋势。

二、神　态　篇

相传K线是在大约200多年前由日本米市富商本间宗久所发明的一种用来计量米市涨跌的记录方法，后来才被引入股市，因此，它较符合我们东方人的理性。在股市中只有理性是不够的，还要有感性，要赋予股价运动以神态和生命，让它活起来。这就是为什么我们在许多股市书籍中所学到的操盘定式在实际应用中又为什么不准的原因，因为它们只有躯体，没有灵魂。

一些长期从事盘面研究的人常说，股市里有一种东西只可意会，不可言传。都对股票的股价走势有一种特殊的感觉，这可能就是股之神韵、股之精神吧！我也承认有这种东西，但并非不可言传，只是难以言传罢了。对于它的积累，需要大量的看盘和长期的操盘实践。只有对股价运动赋予神韵、赋予生命，才能达到更精、更准的境界，一只好的黑马需要精、气、神具备。

以上的内容就是我所说的盘面艺术的主要内容及中心思想，广大股民朋友如能在掌握其形态的基础上再领会其神态，就一定能在跌宕起伏的股海中应付自如，让盘面说起话来。

附　　录

底部鉴赏

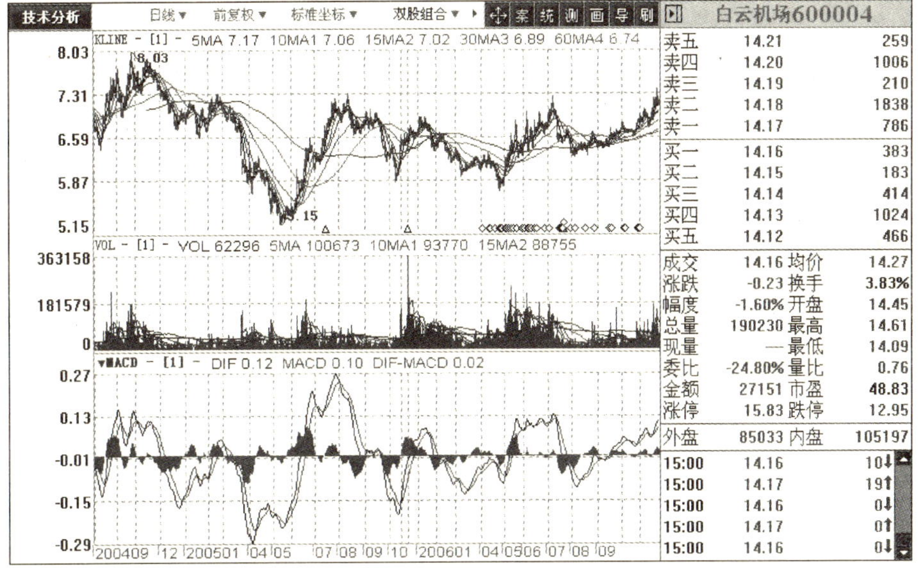

图 1（A） 底部曲折

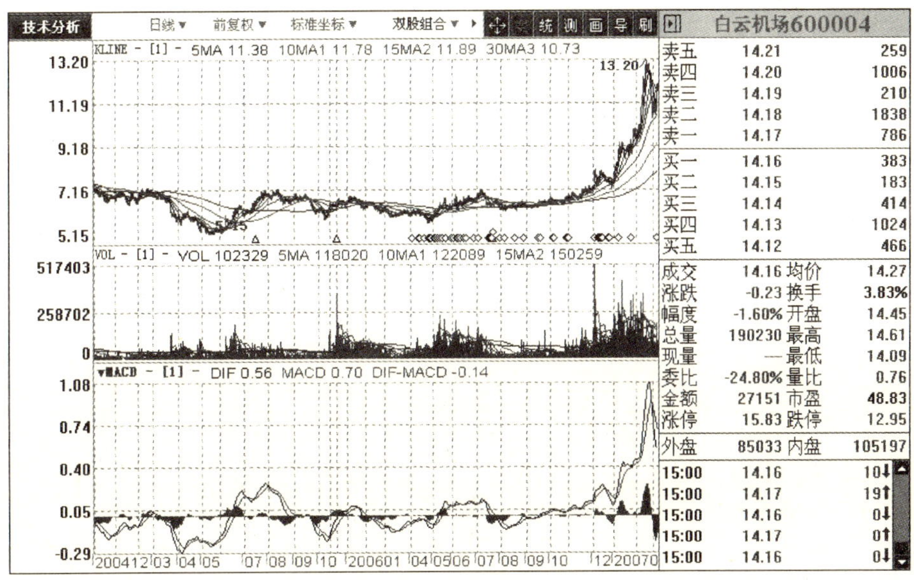

图 1（B） 上涨也不会太快

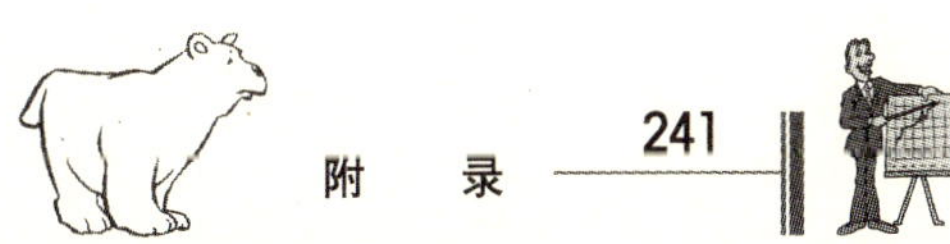

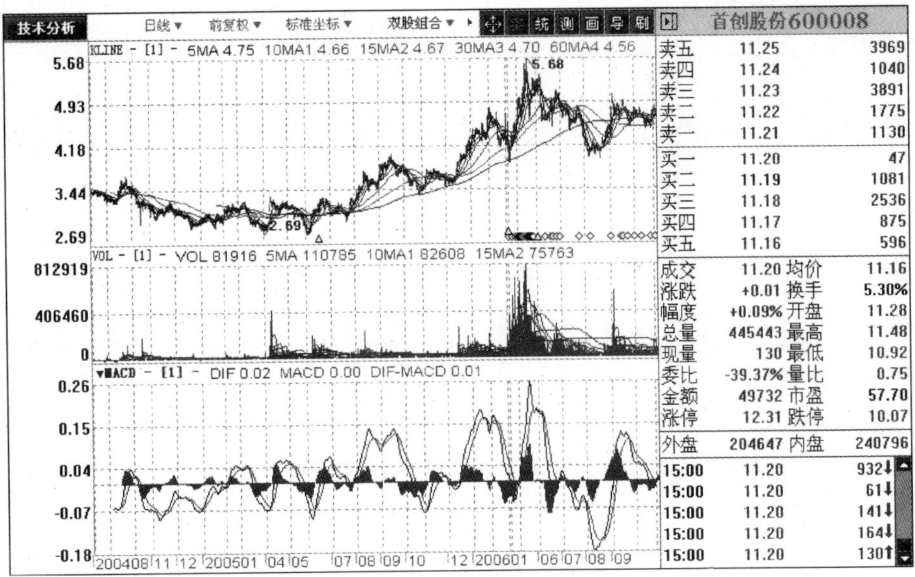

图2（A） 底部曲折但筹码集中（草肚皮）

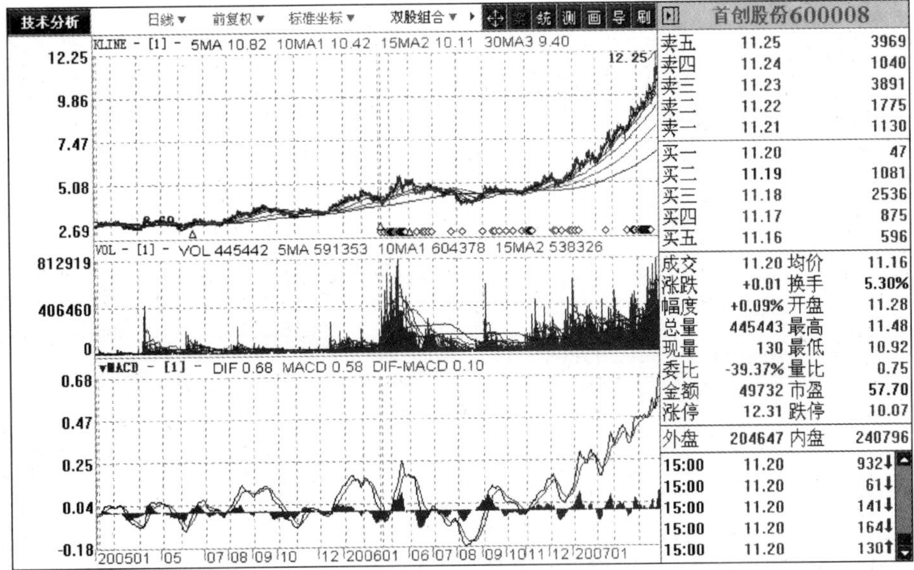

图2（B） 上涨也会相应的强一些

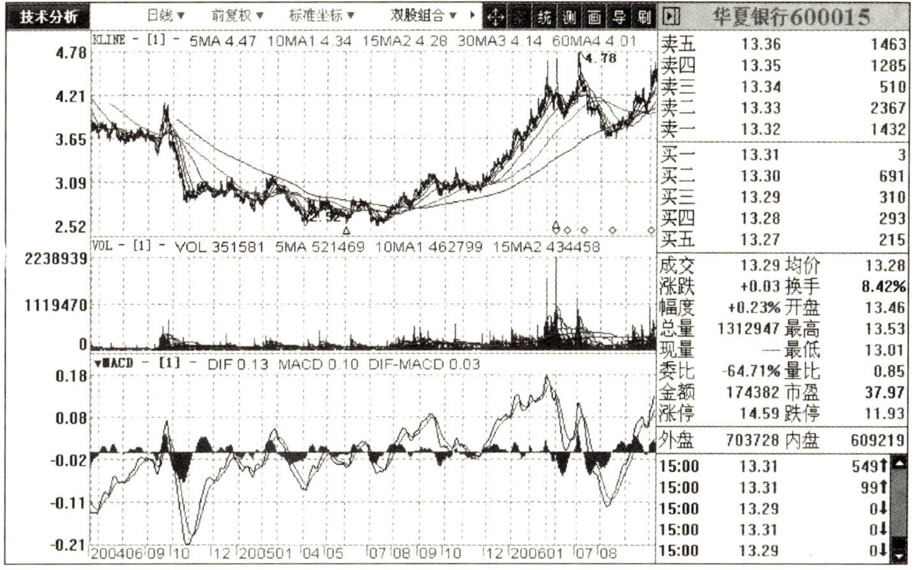

图 3（A） 底部形态较大，筹码也相对集中（草肚皮）

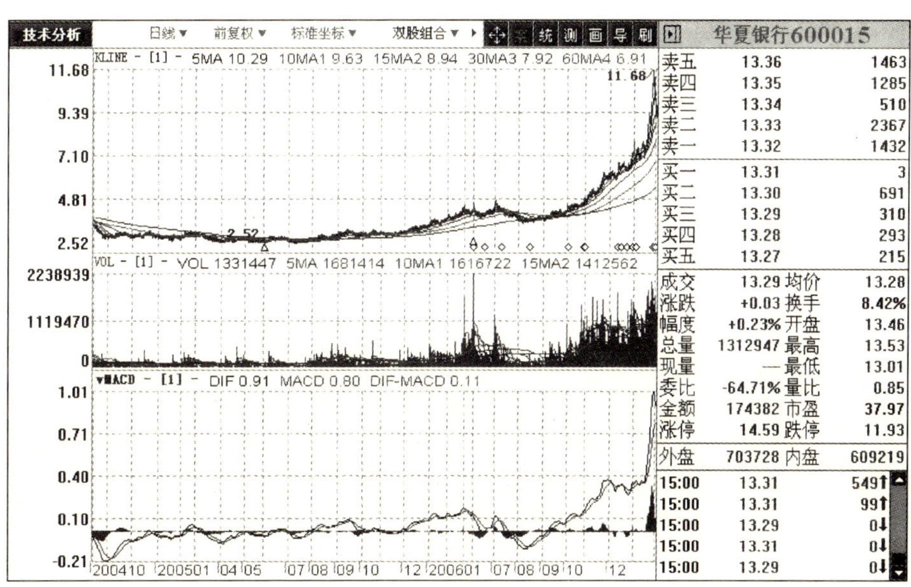

图 3（B） 上涨自然会高一些

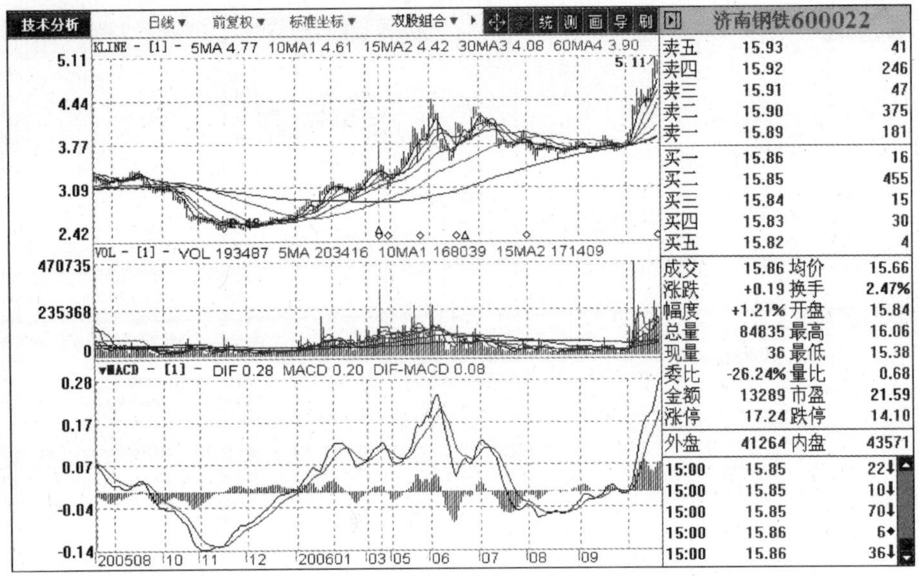

图4（A） 底部形态较大，且又控盘较好（草肚皮）

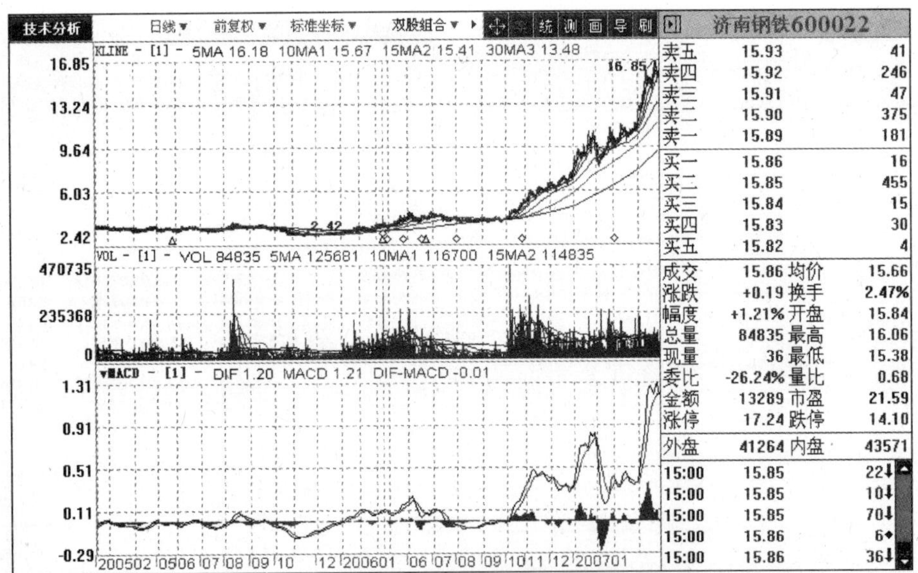

图4（B） 上涨自然空间巨大

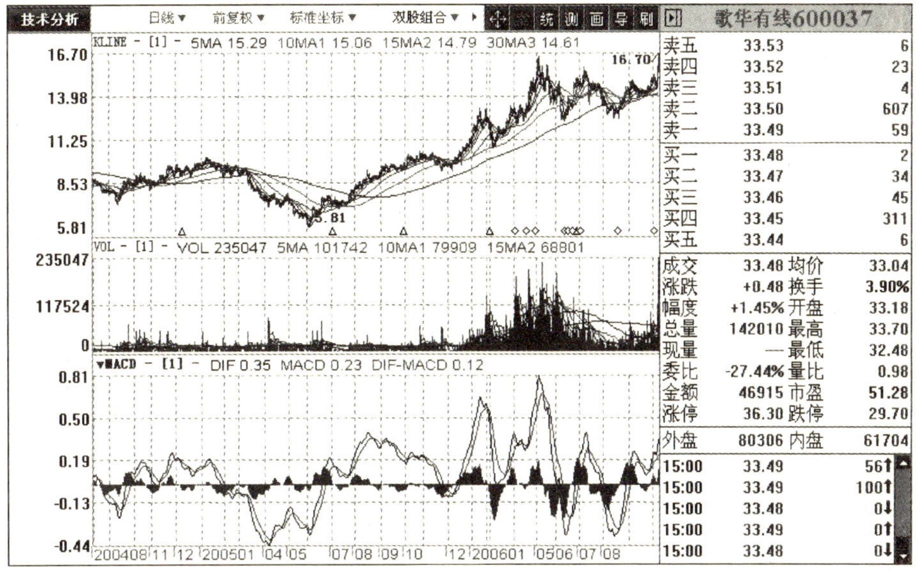

图5（A） 底部虽有较多震荡，但能量充足（草肚皮）

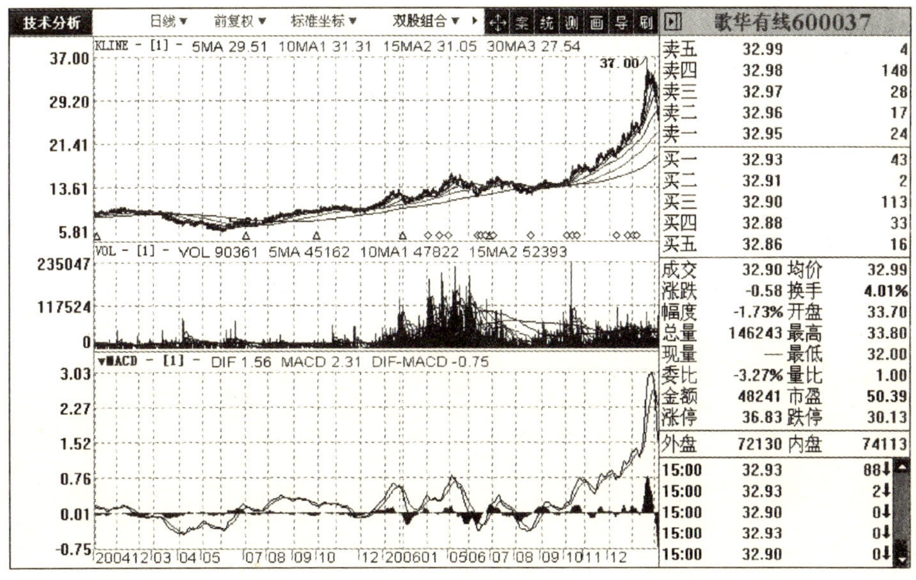

图5（B） 上涨也不会太差

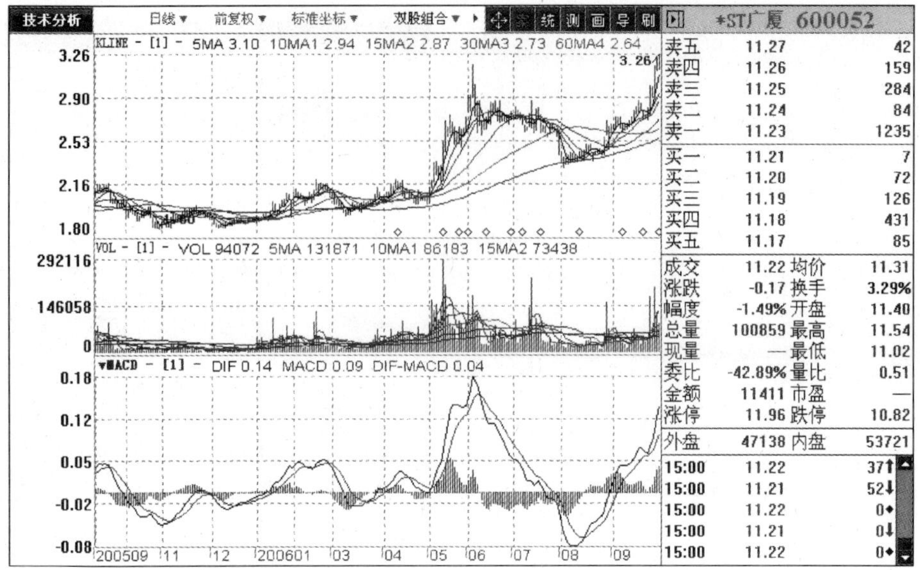

图6（A） 底部细腻，控盘良好（草肚皮）

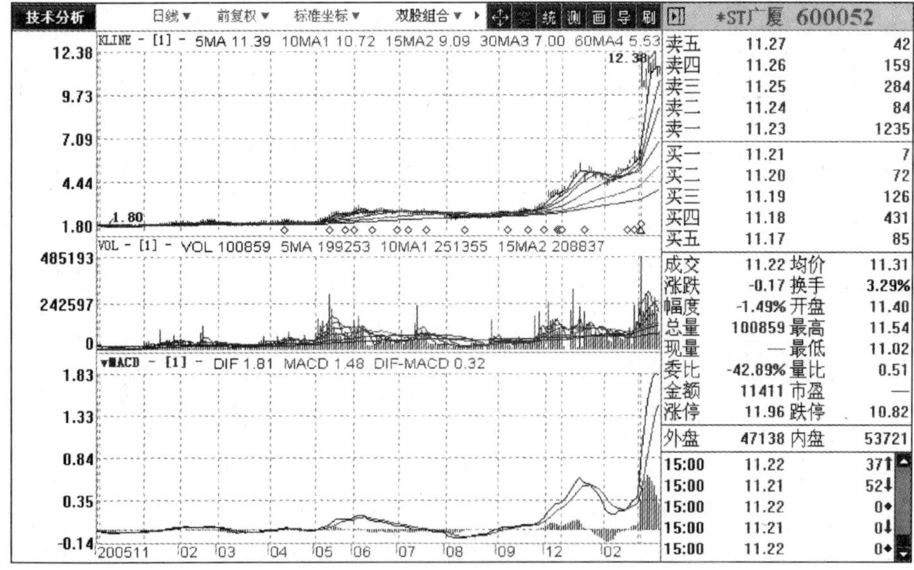

图6（B） 上涨也较为有力

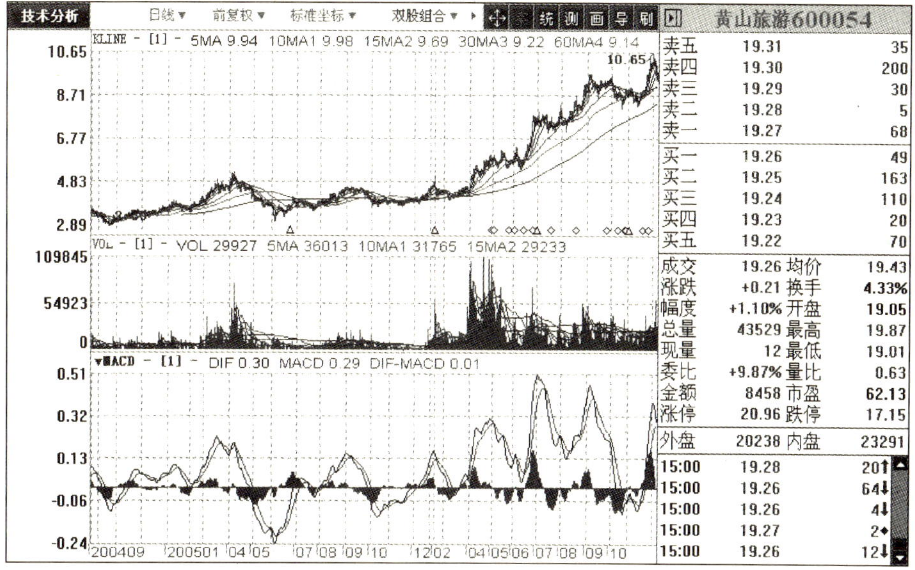

图7（A） 底部虽不工整，但能量充沛

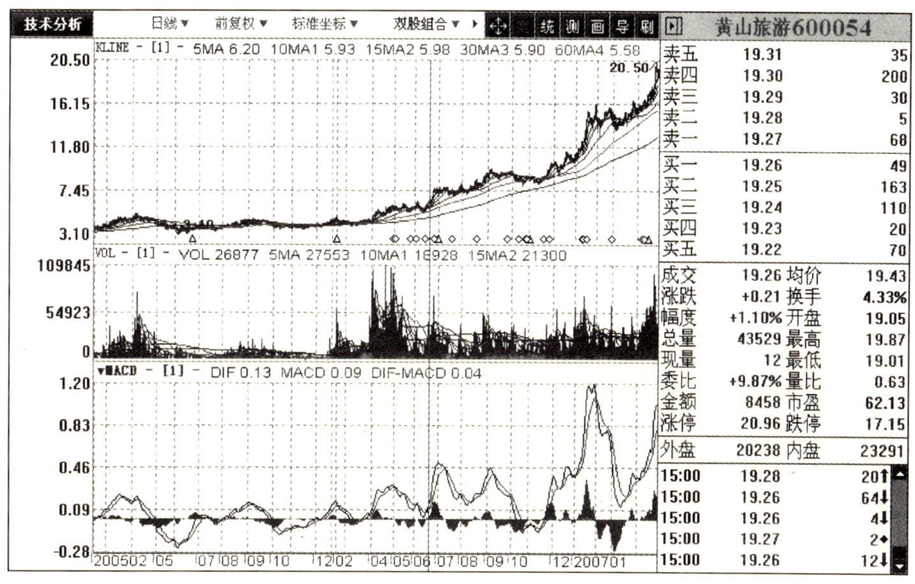

图7（B） 也会有较大的上涨空间

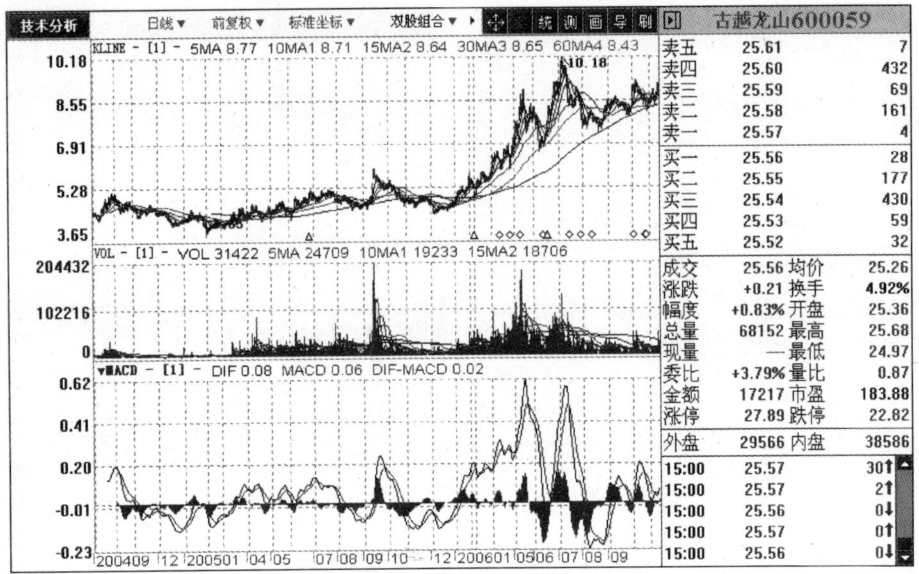

图 8（A） 巨量大型“草肚皮”

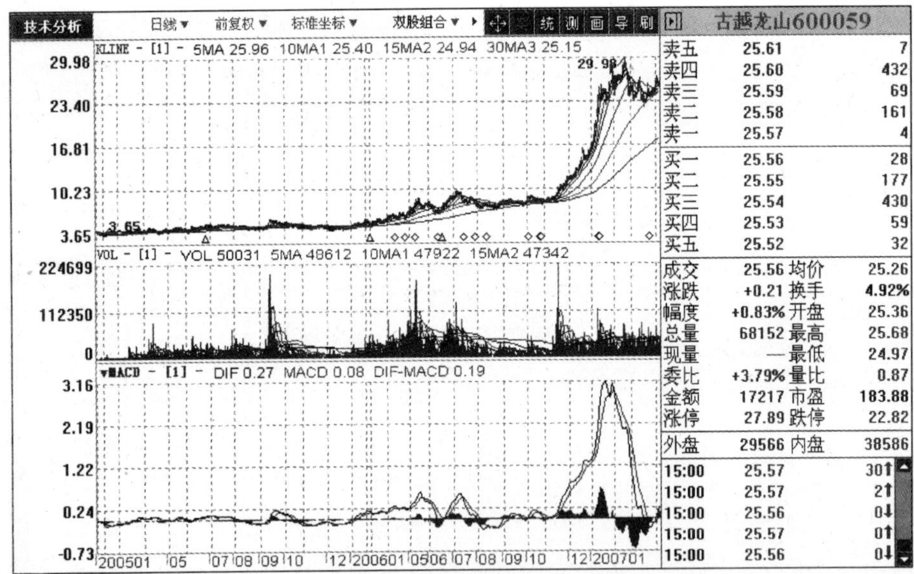

图 8（B） 上涨空间广阔

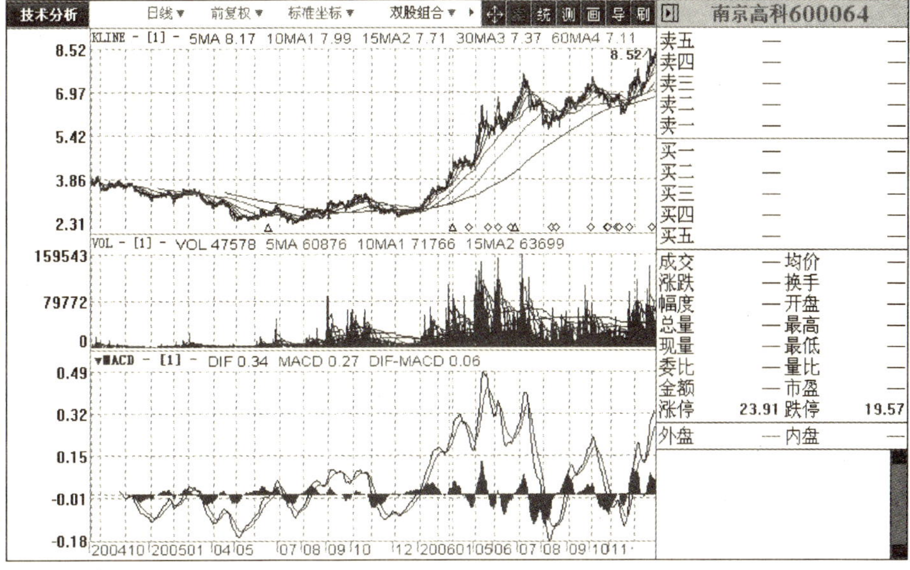

图9（A） 大型“草肚皮”

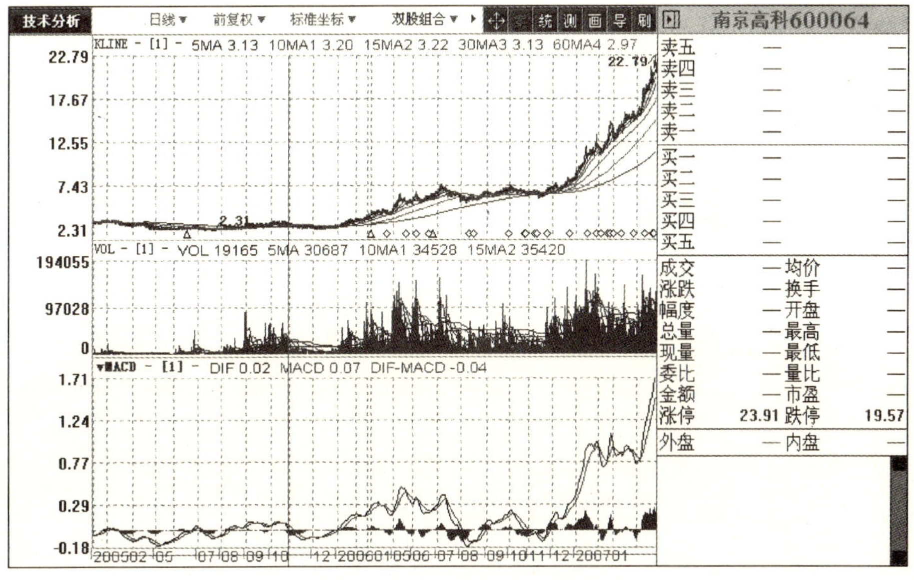

图9（B） 上涨空间广阔

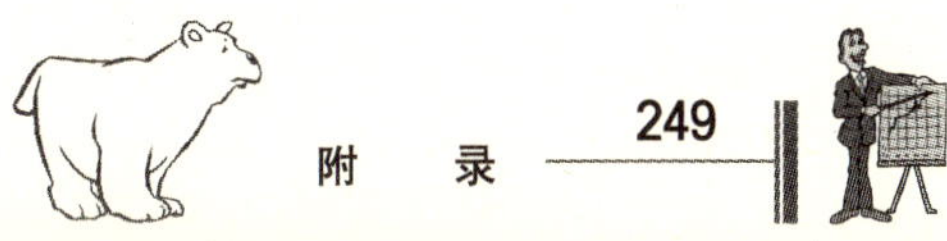

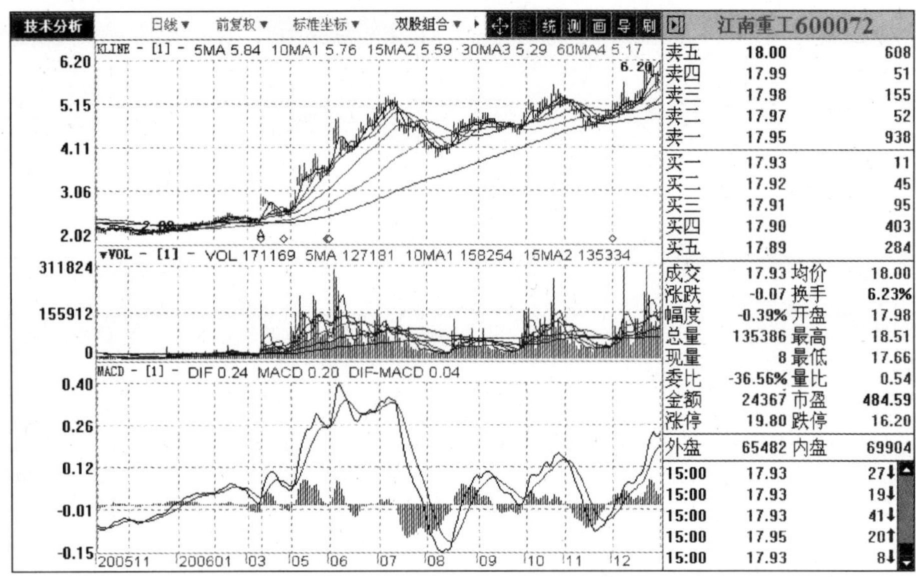

图 10（A） 建仓动作清晰、规范（草肚皮）

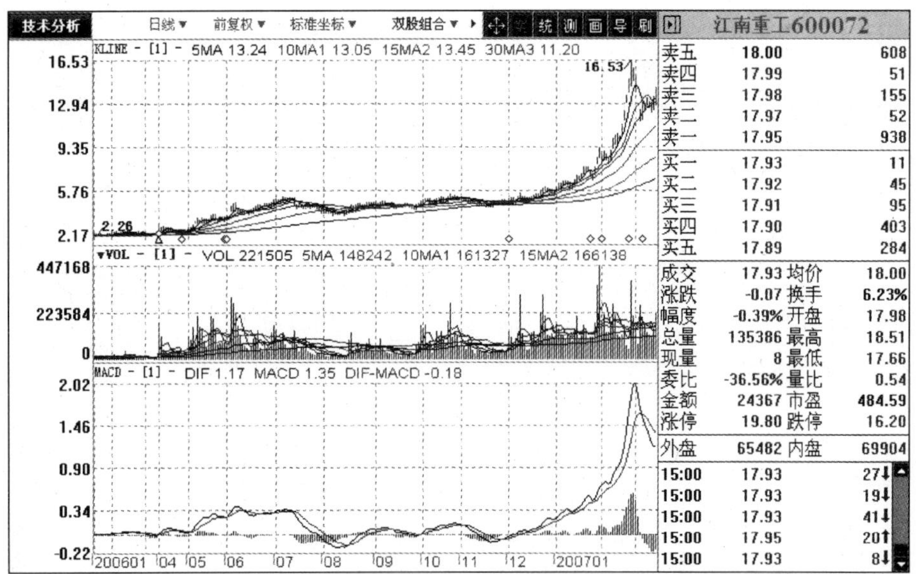

图 10（B） 涨势凌厉

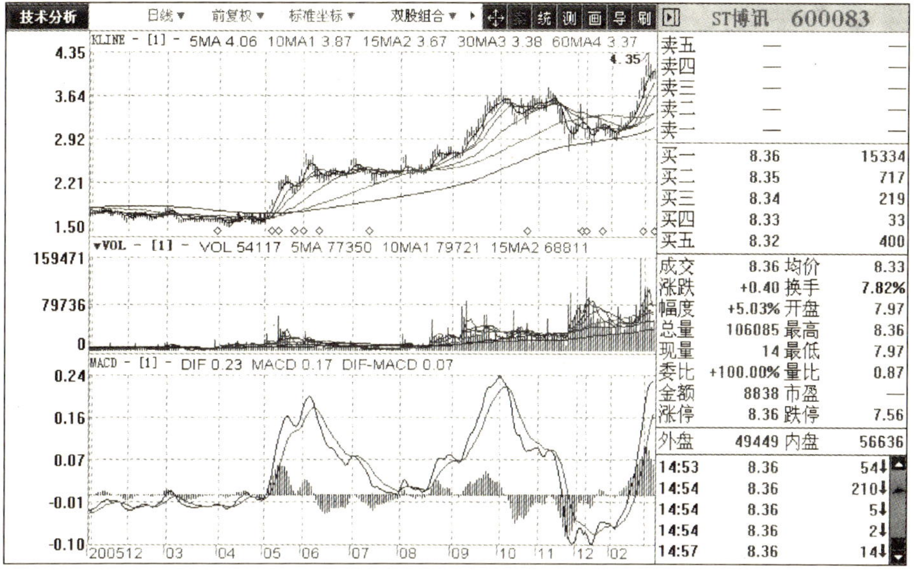

图 11（A）“草肚皮”标准

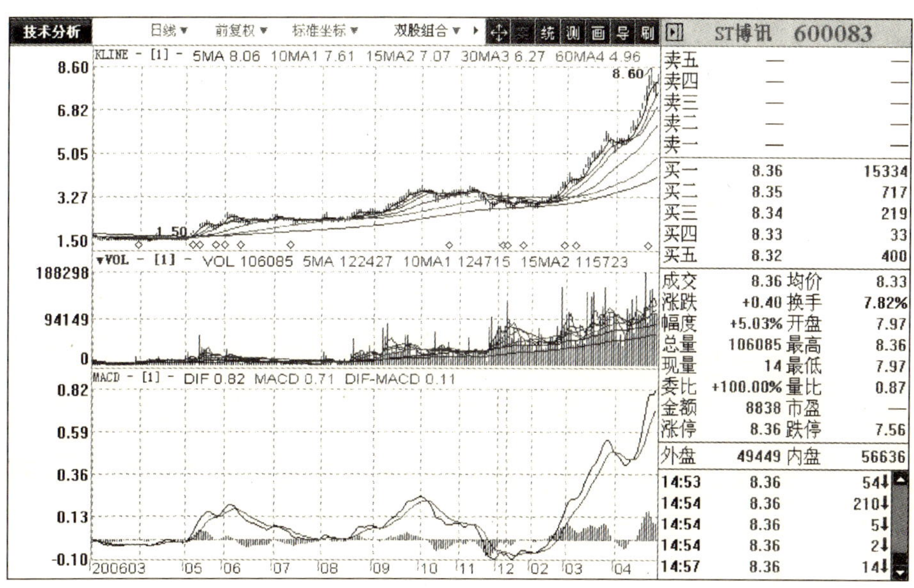

图 11（B） 上涨工稳

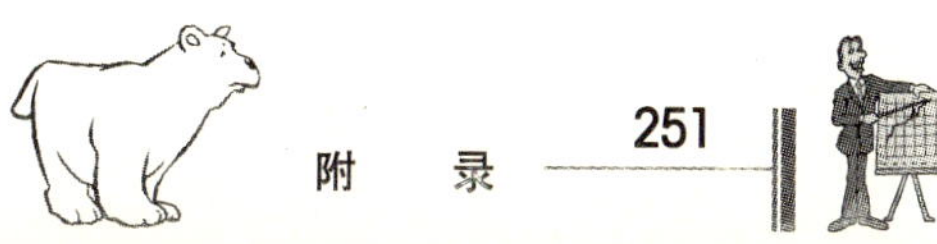

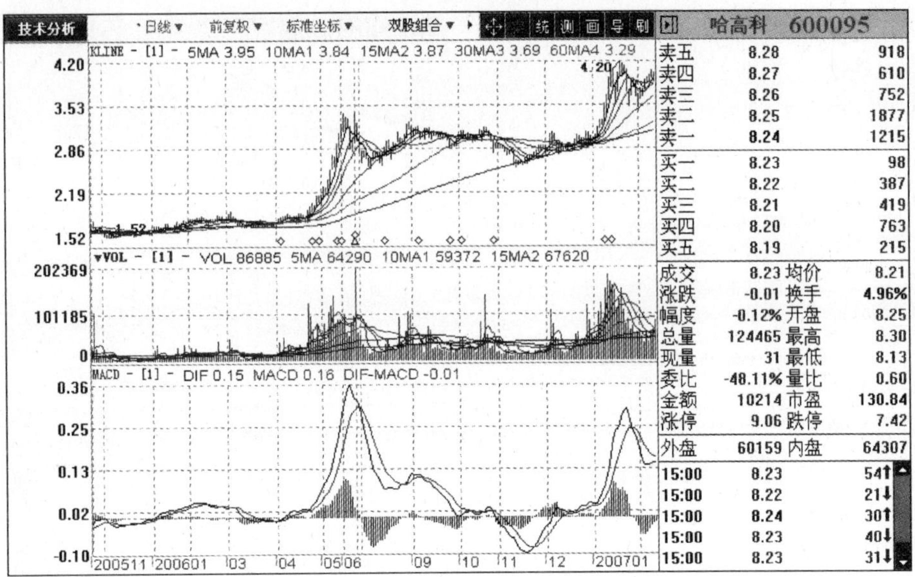

图 12（A） 底部涨幅虽大，但控盘较好

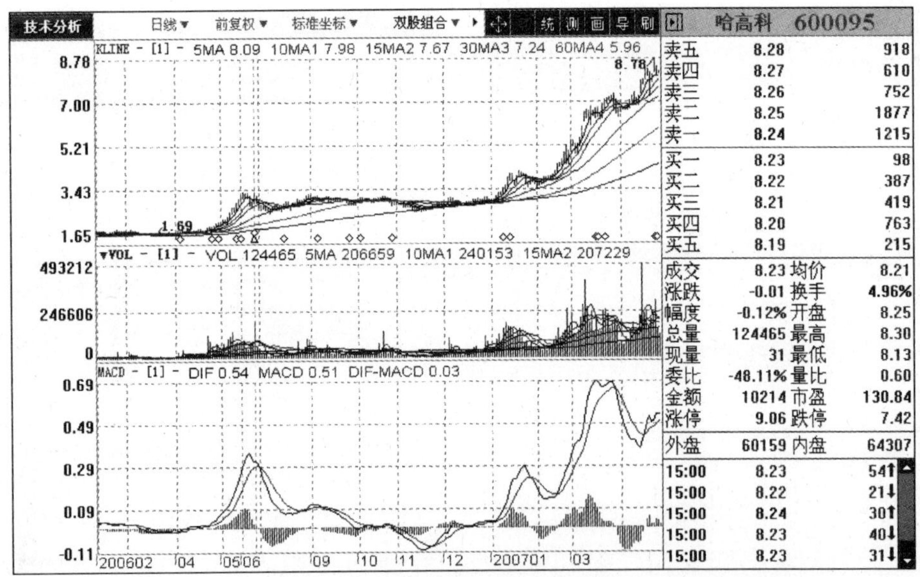

图 12（B） 所以还会有上涨空间

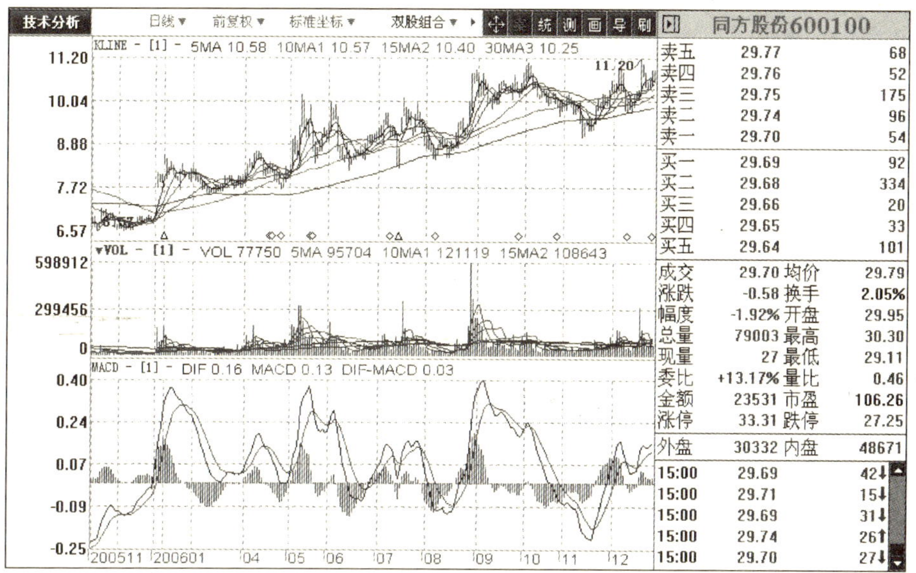

图 13（A） 大型“银边”

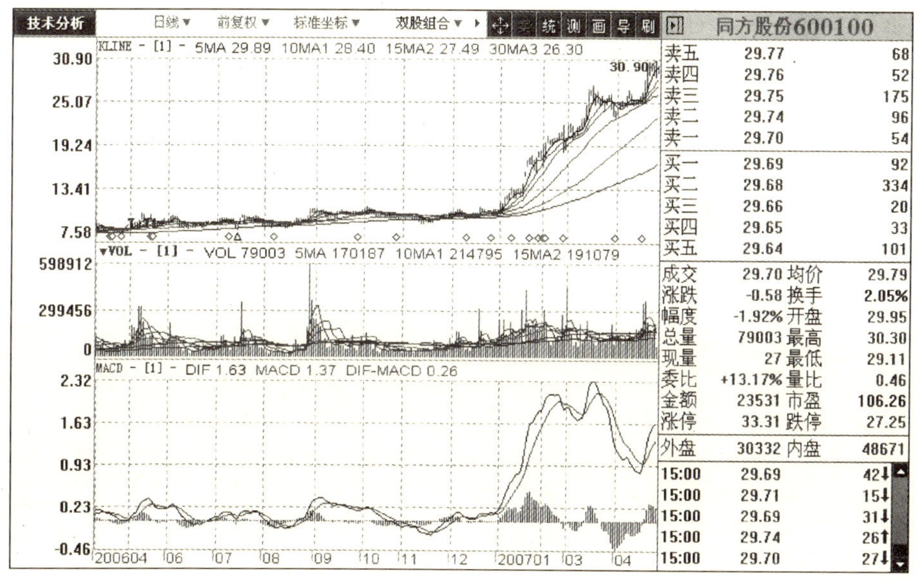

图 13（B） 涨幅巨大

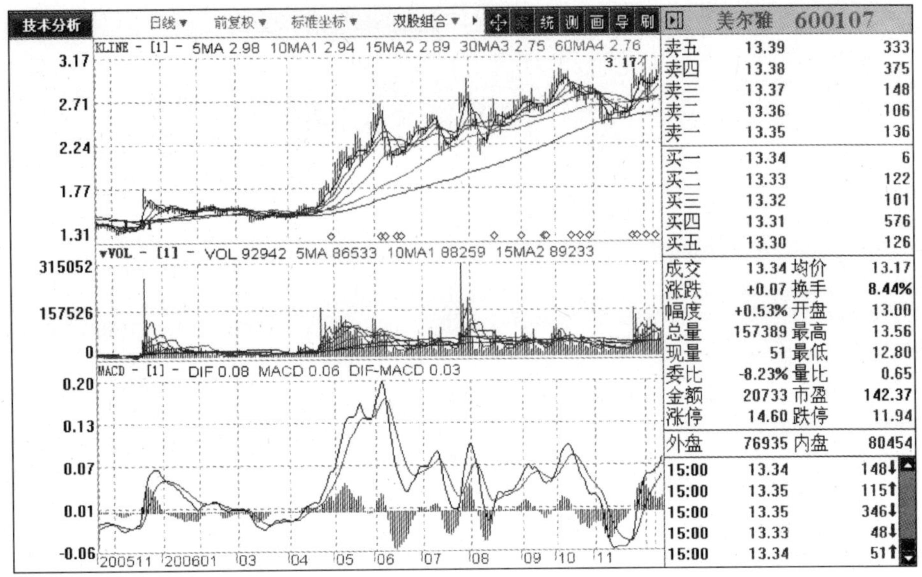

图 14（A）“银边”式“草肚皮”建仓充足

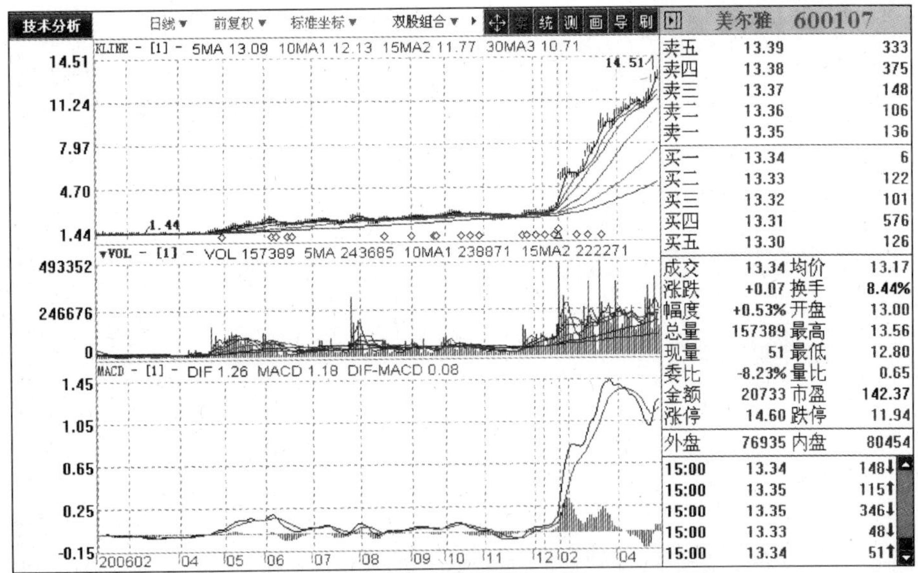

图 14（B）涨幅巨大

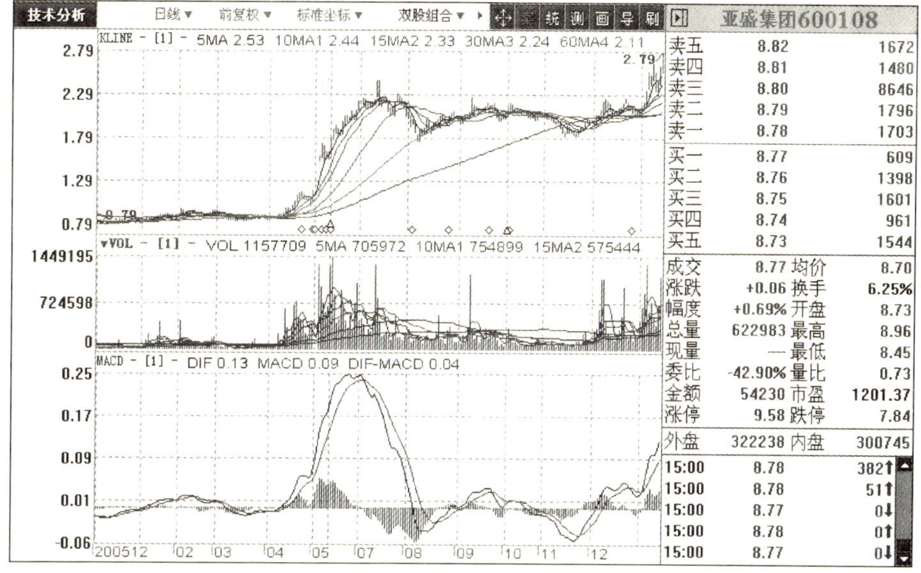

图 15（A） 虽涨幅较大，但能量并无外泄（草肚皮）

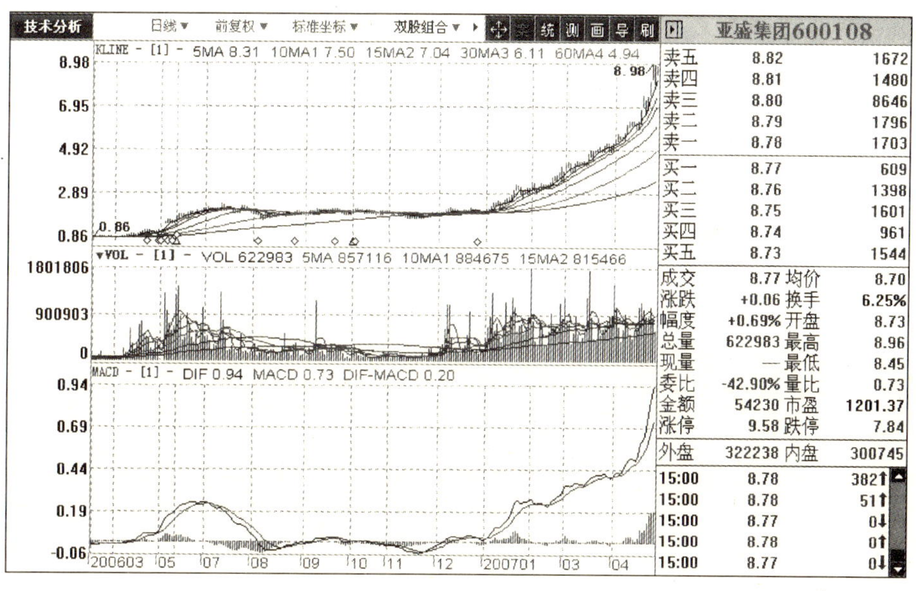

图 15（B） 理应还有较大上涨空间

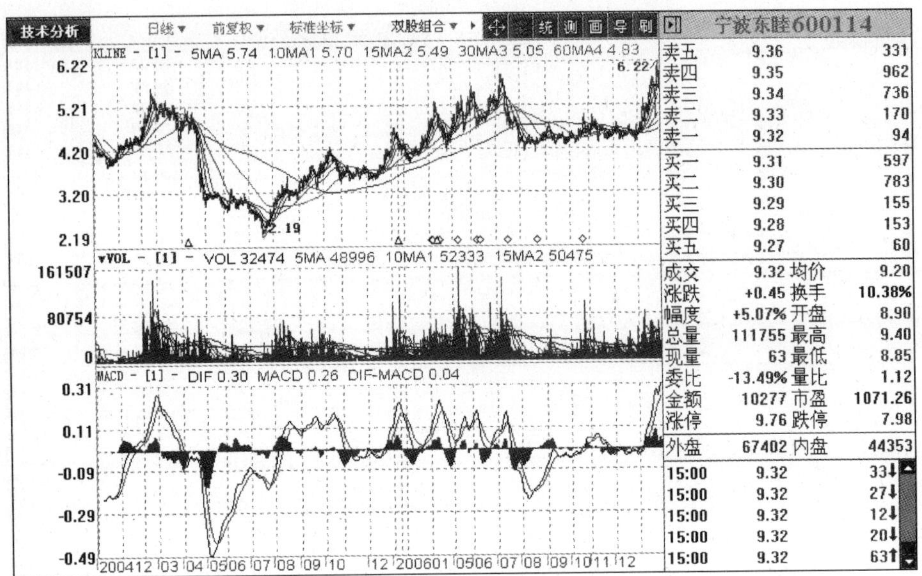

图 16（A） 建仓明确，调整充分（草肚皮）

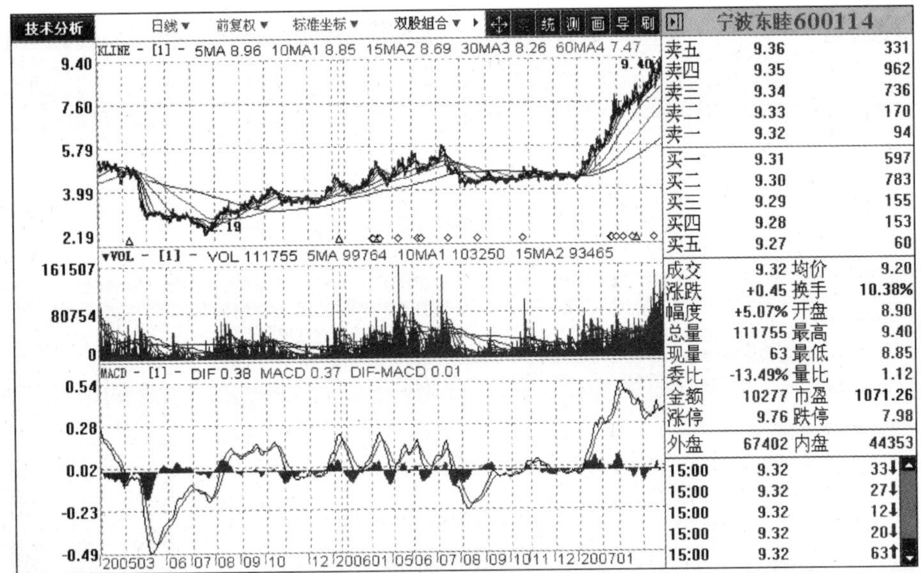

图 16（B） 上涨自然也连贯一些

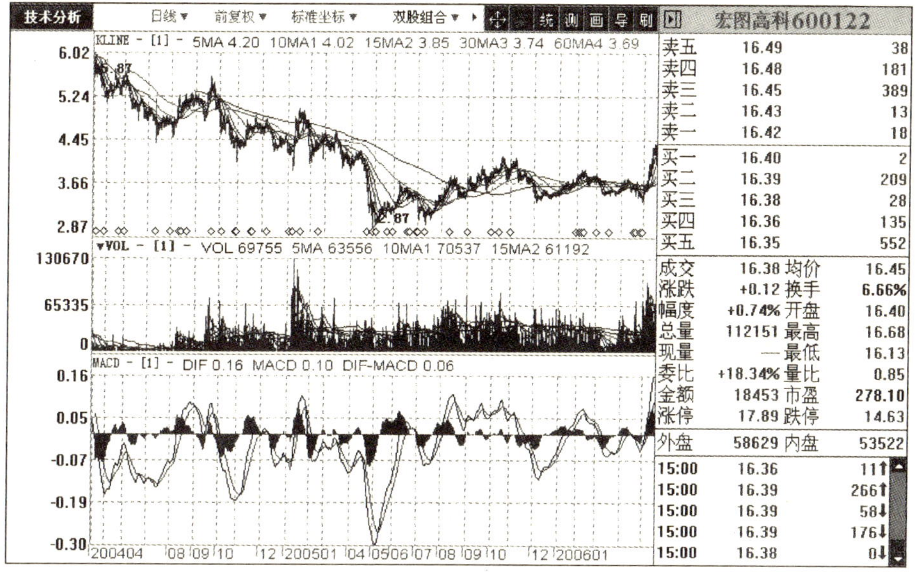

图 17（A） 底部能量异常活跃、充足（草肚皮）

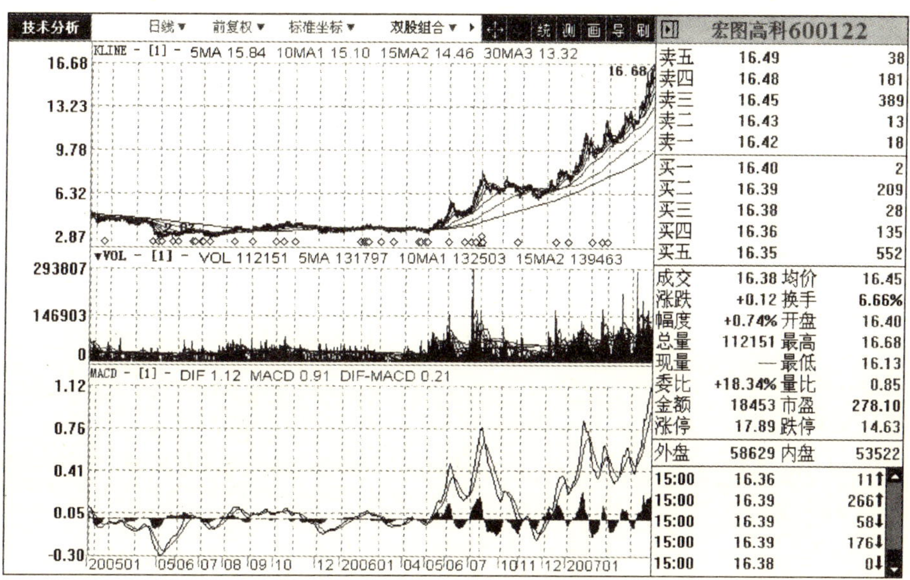

图 17（B） 涨势也绵绵不绝

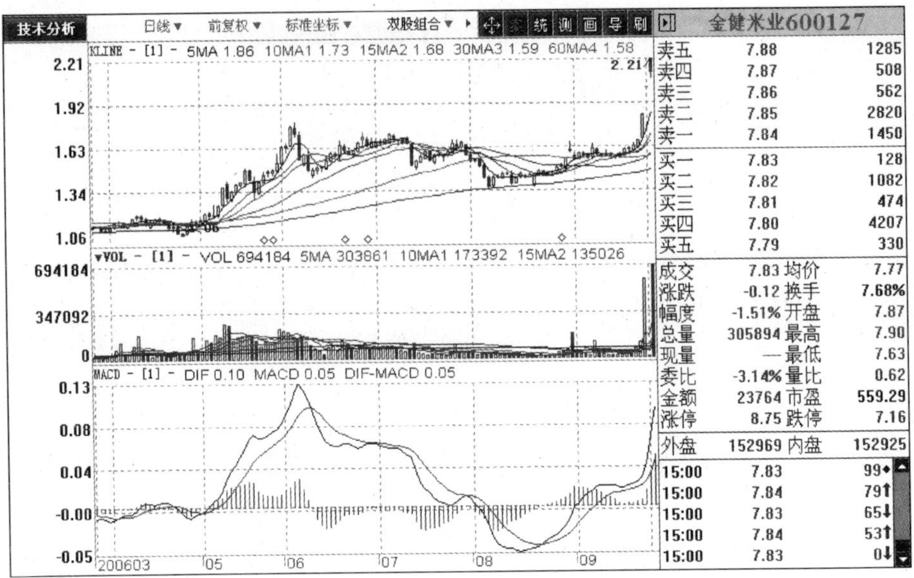

图 18（A）“草肚皮”工整，“回档坑”细腻

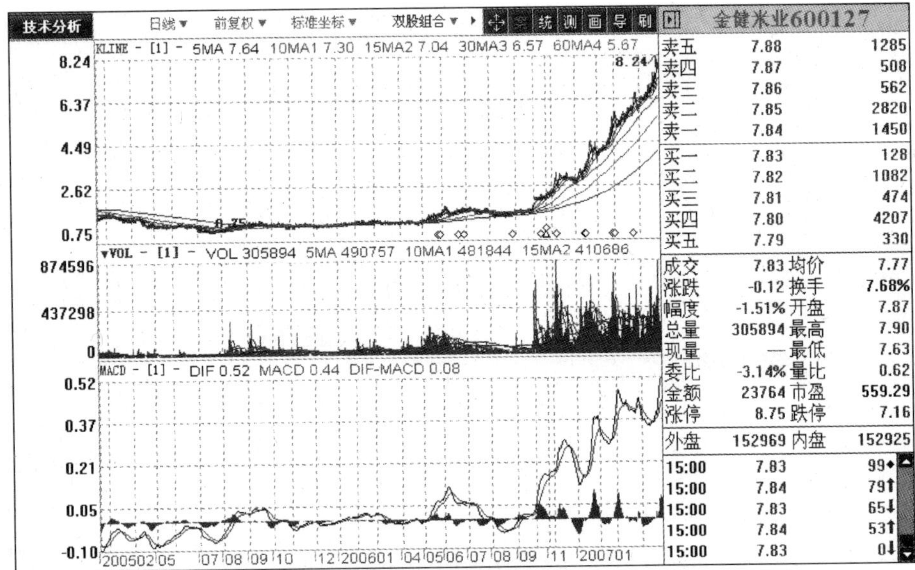

图 18（B）涨势也连贯有力

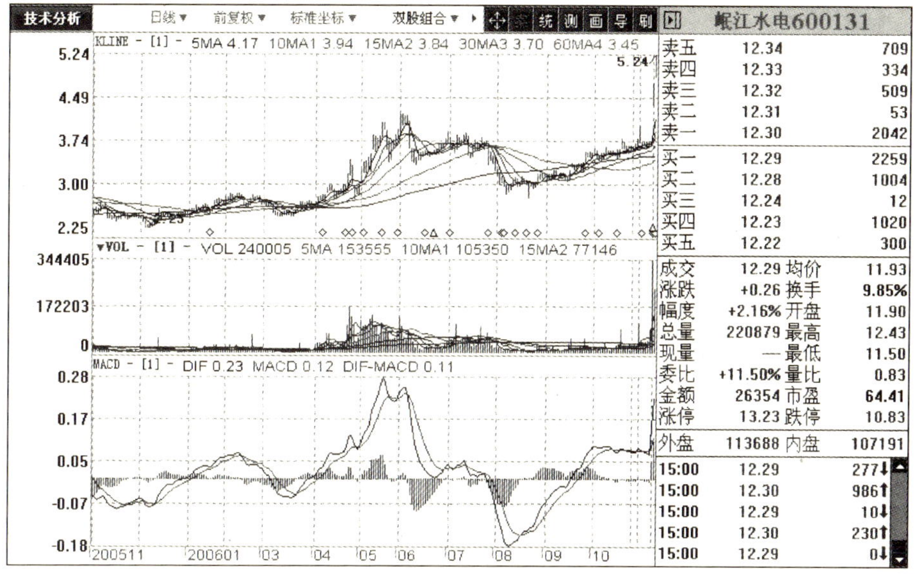

图 19（A） 底部建仓思想突出（草肚皮）

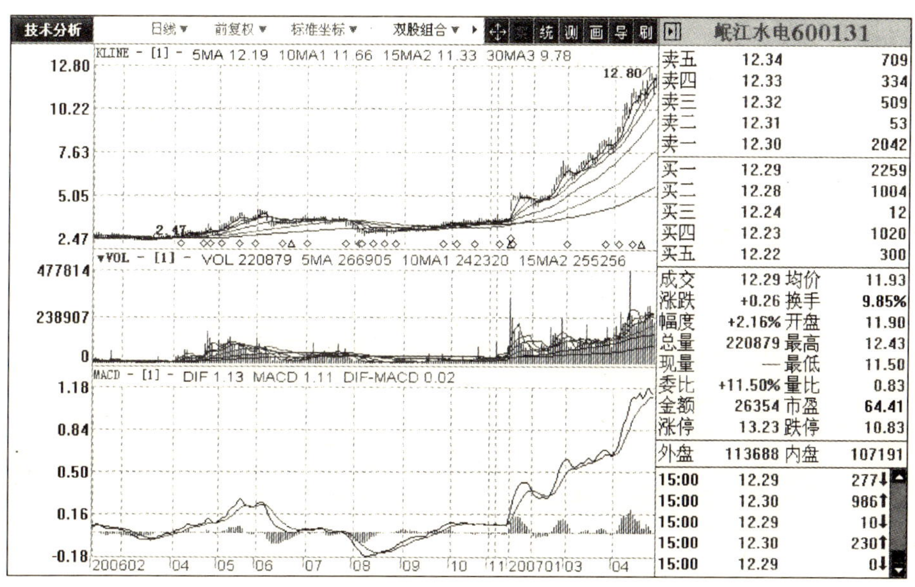

图 19（B） 涨势也有力

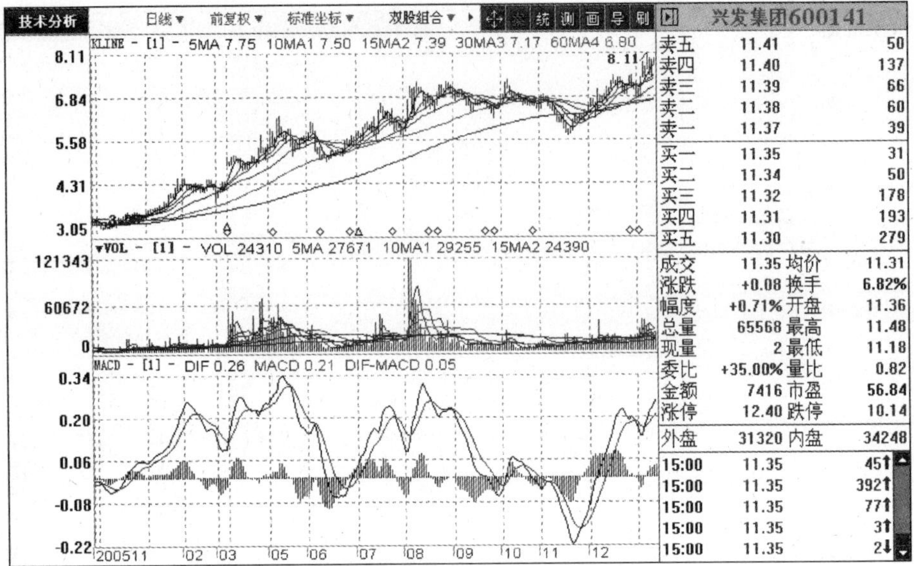

图 20（A） 建仓不强

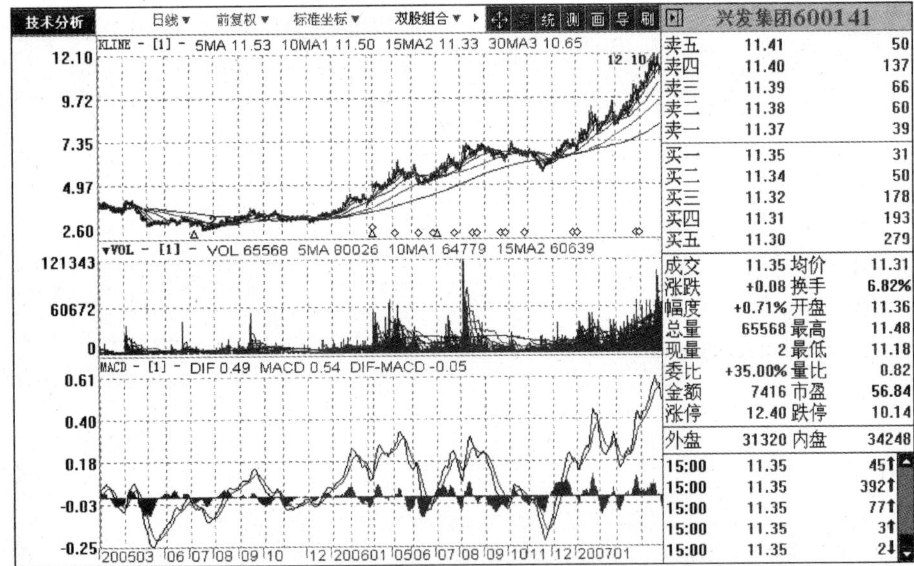

图 20（B） 上涨也显无力

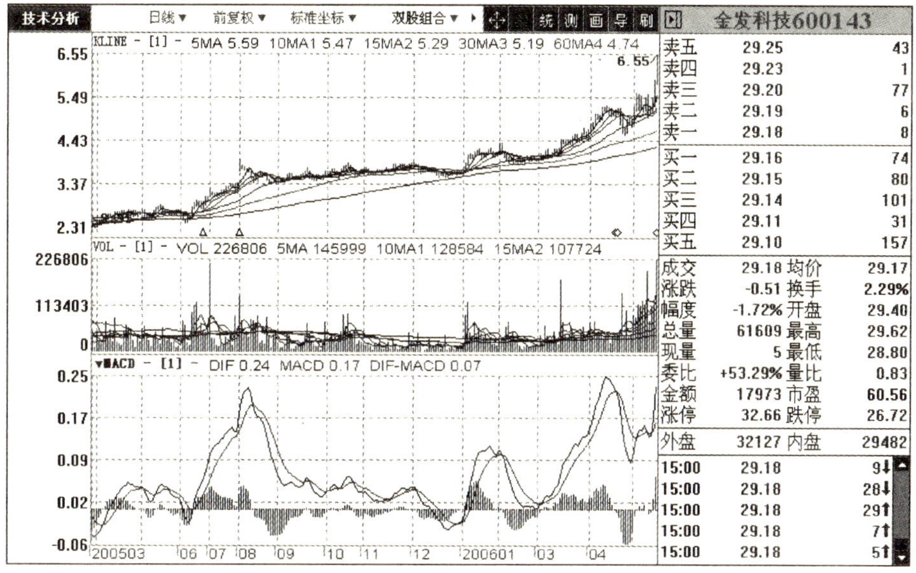

图 21（A） 超级运作重点突出

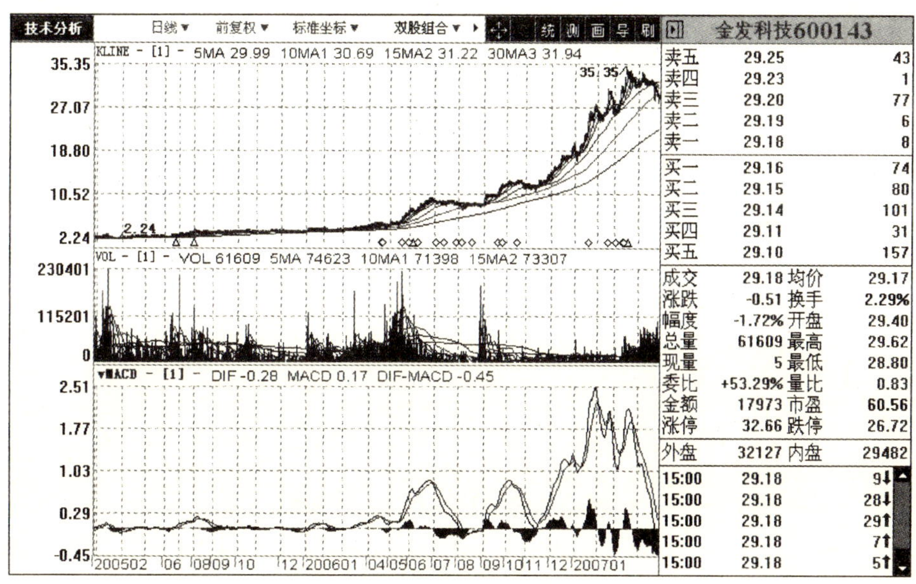

图 21（B） 涨幅也大于寻常走势

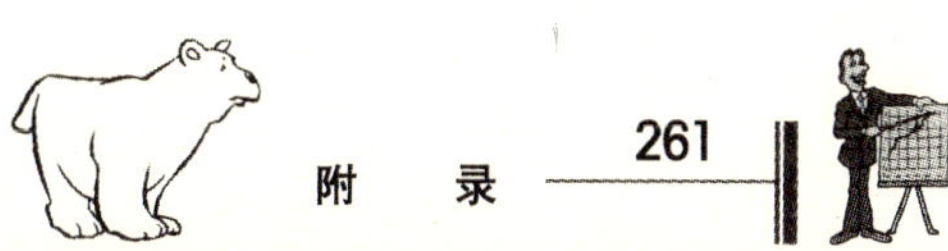

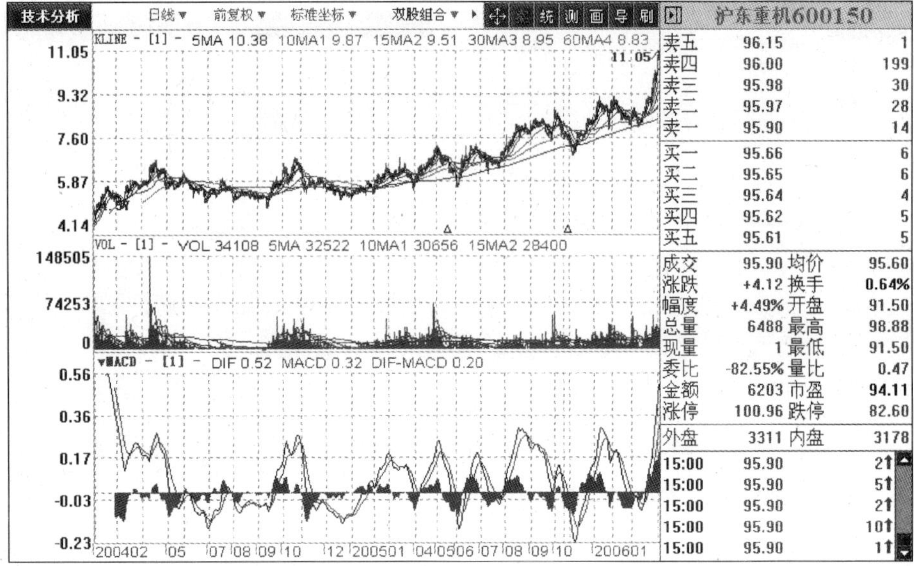

图22（A） 旷日持久的长线运作（草肚皮）

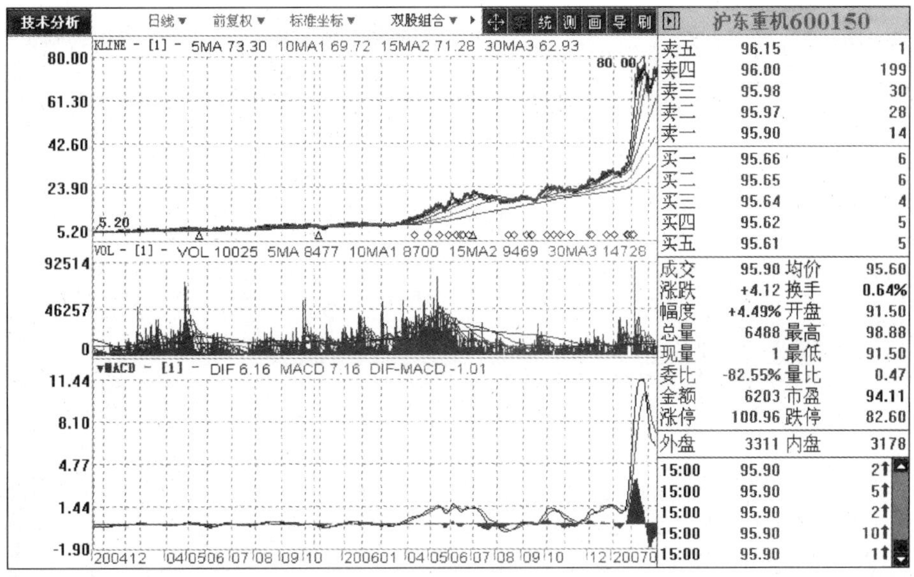

图22（B） 涨幅也会惊人

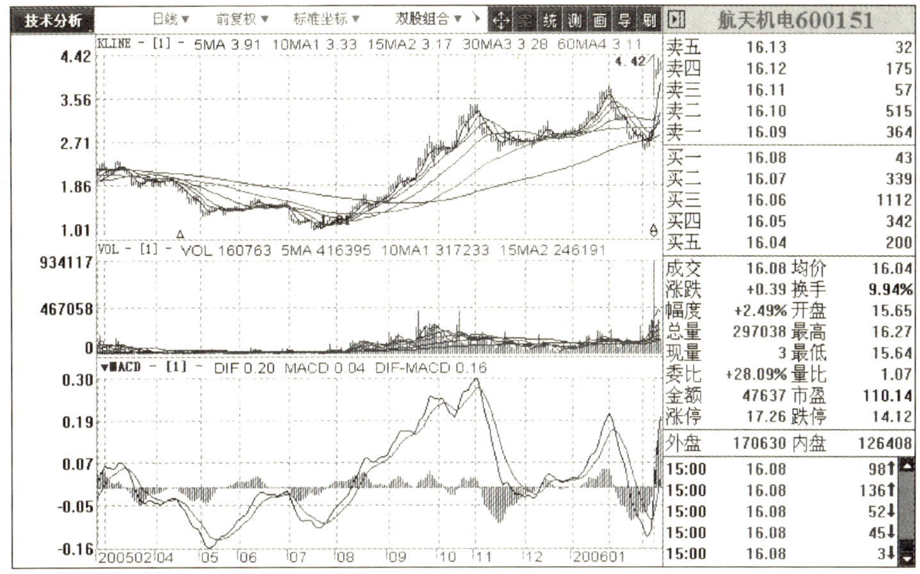

图 23（A） 控盘良好的大型“草肚皮”

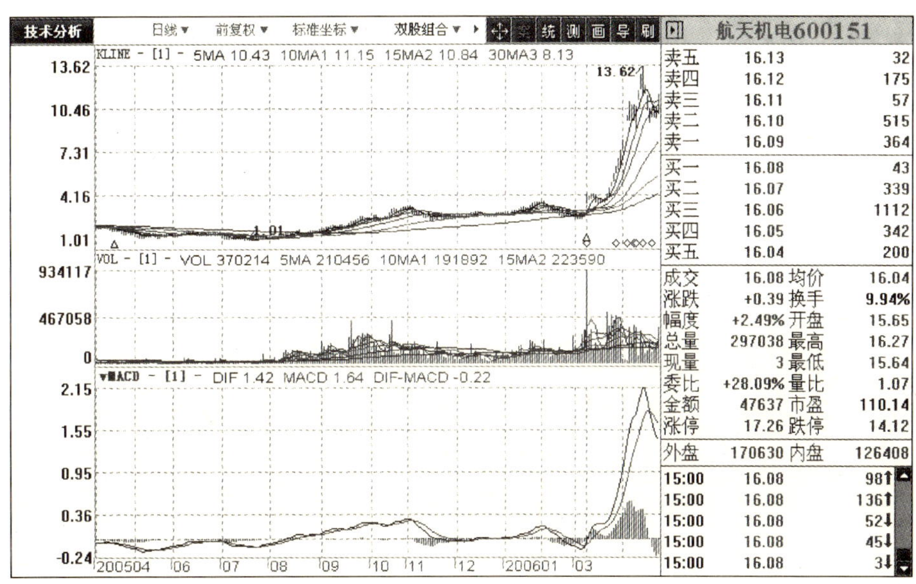

图 23（B） 涨势猛烈

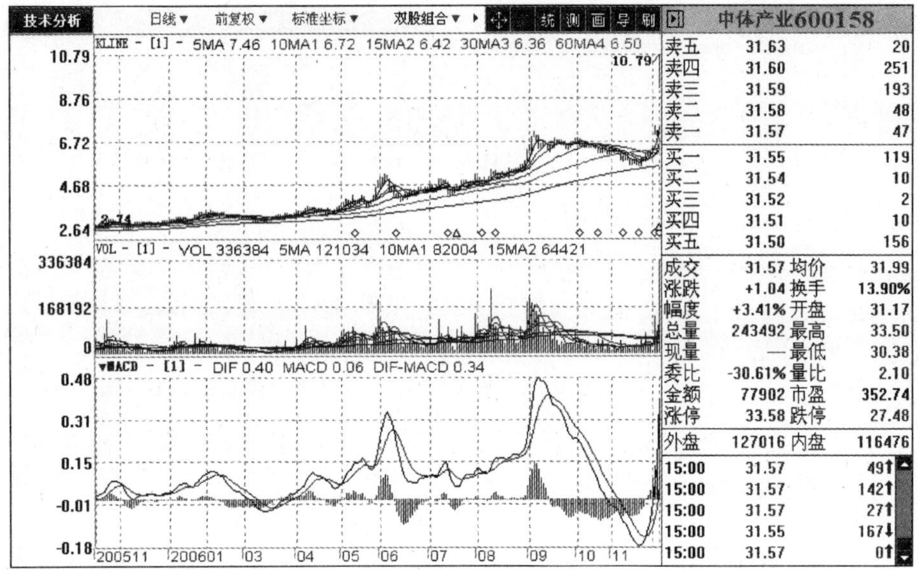

图 24（A） 长期工整的运作（草肚皮）

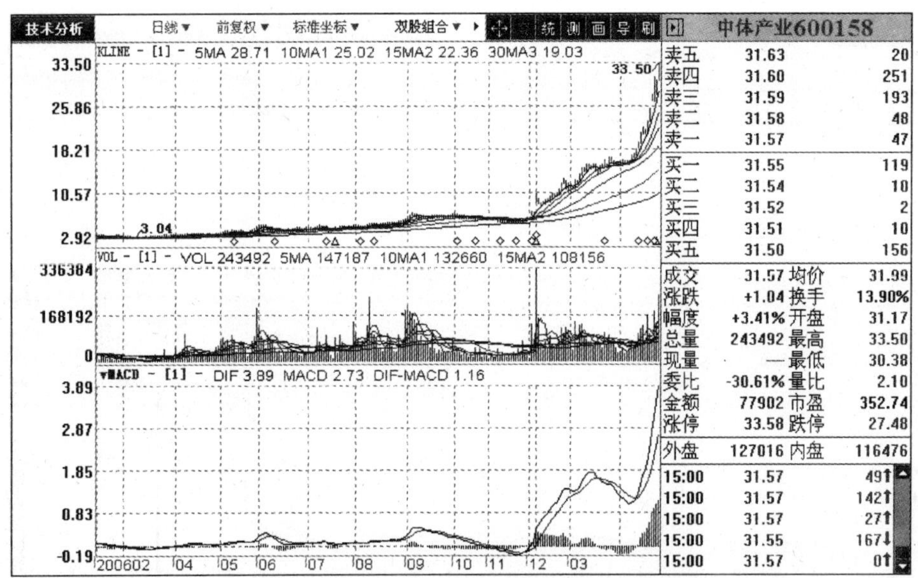

图 24（B） 涨幅也一样干净利落

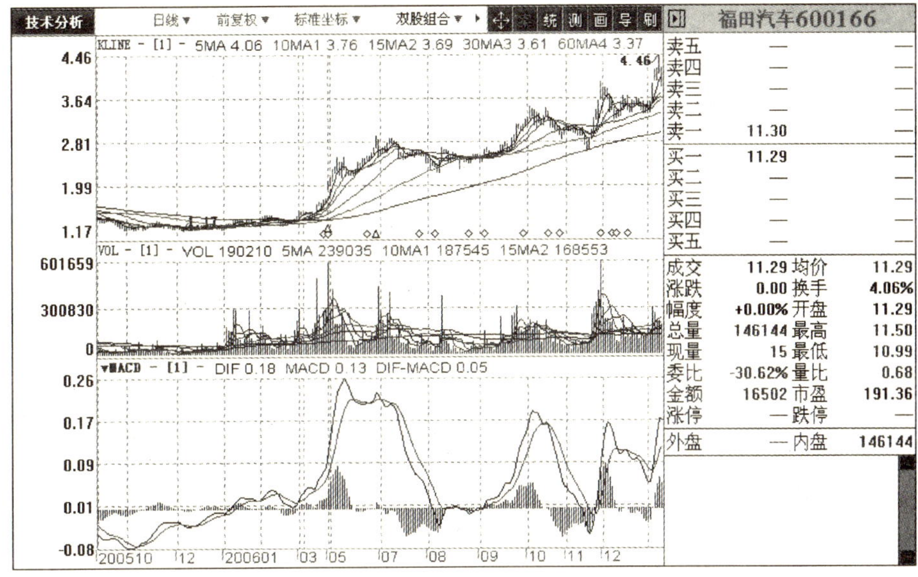

图 25（A） 强势运作有序

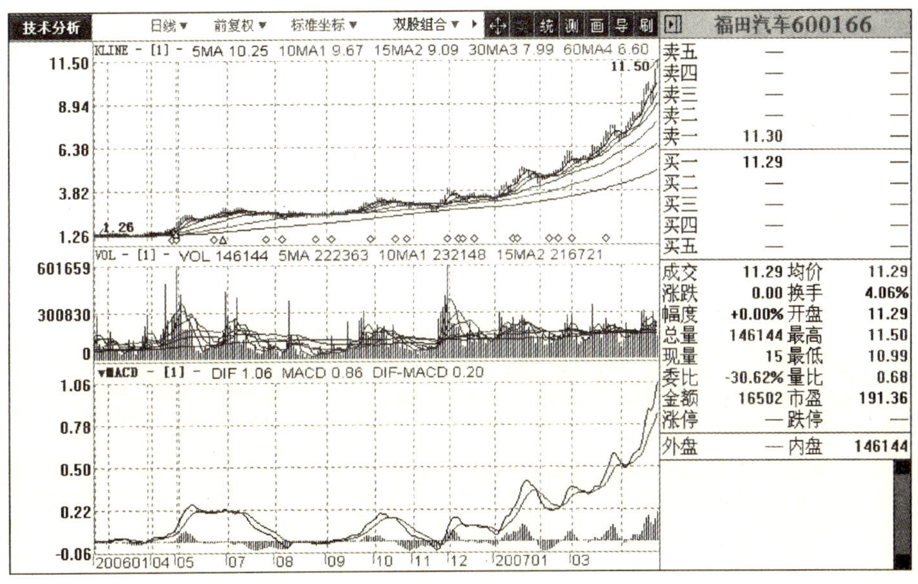

图 25（B） 涨势也不错

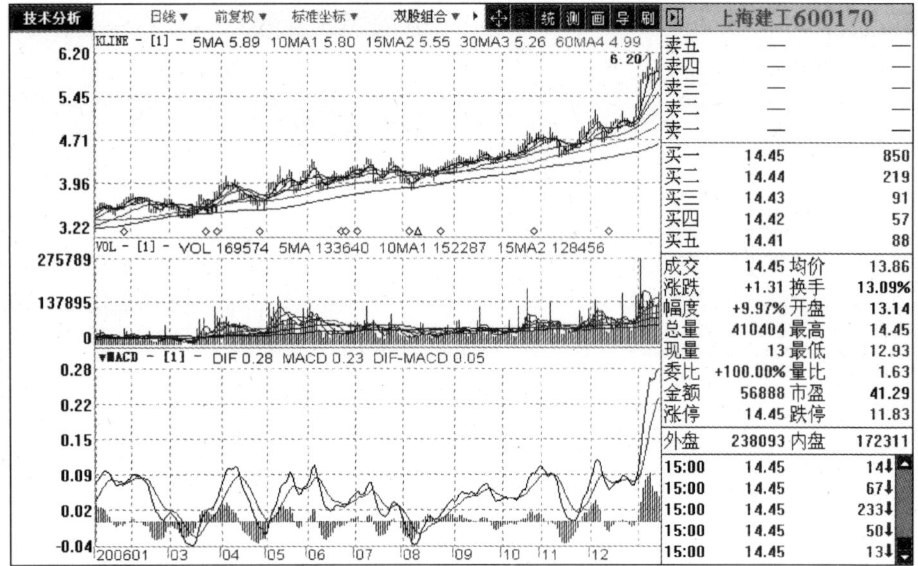

图 26（A） 超级"银边"

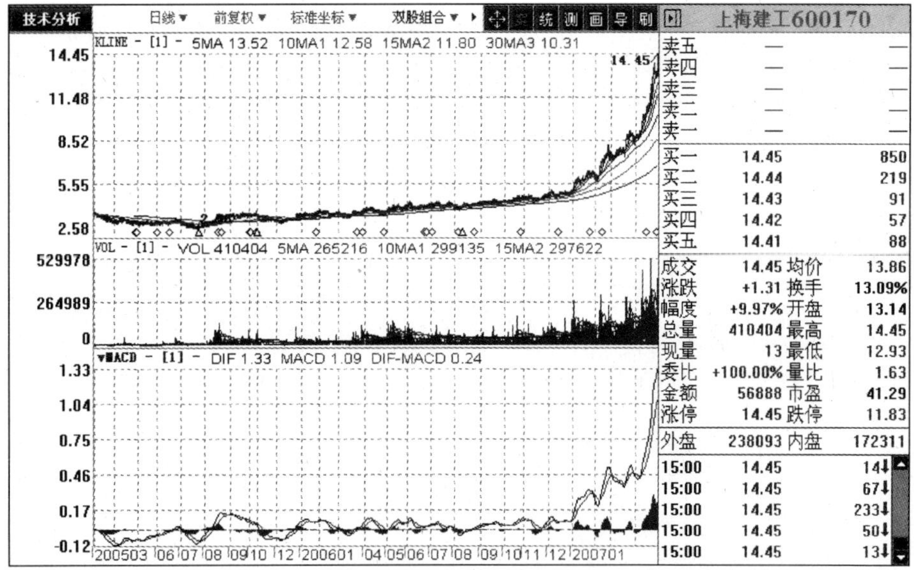

图 26（B） 涨幅巨大

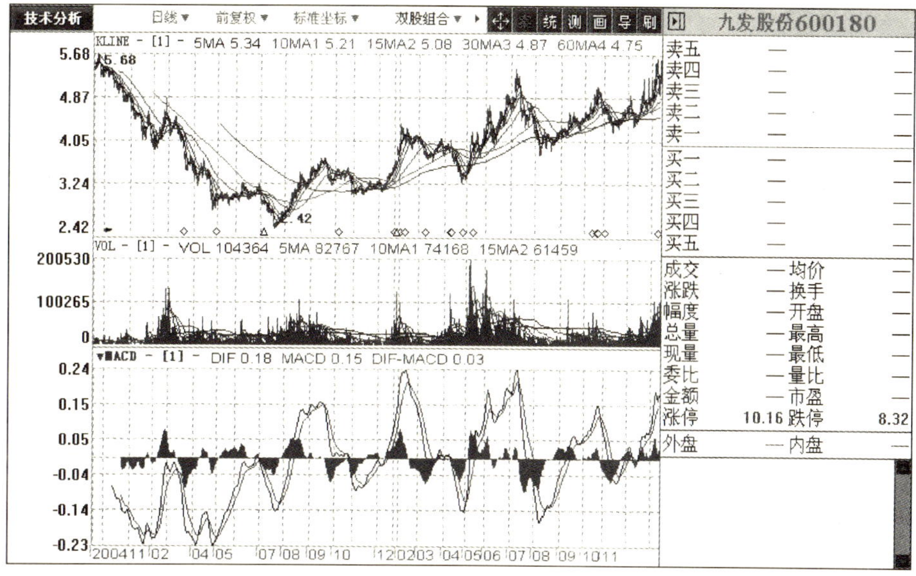

图 27（A） 建仓思想不突出

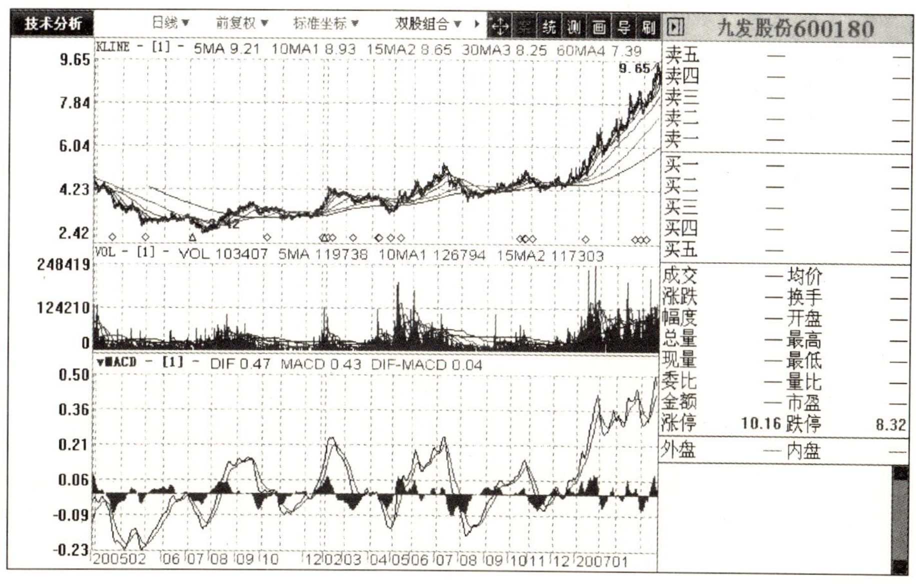

图 27（B） 涨势也不会很凌厉

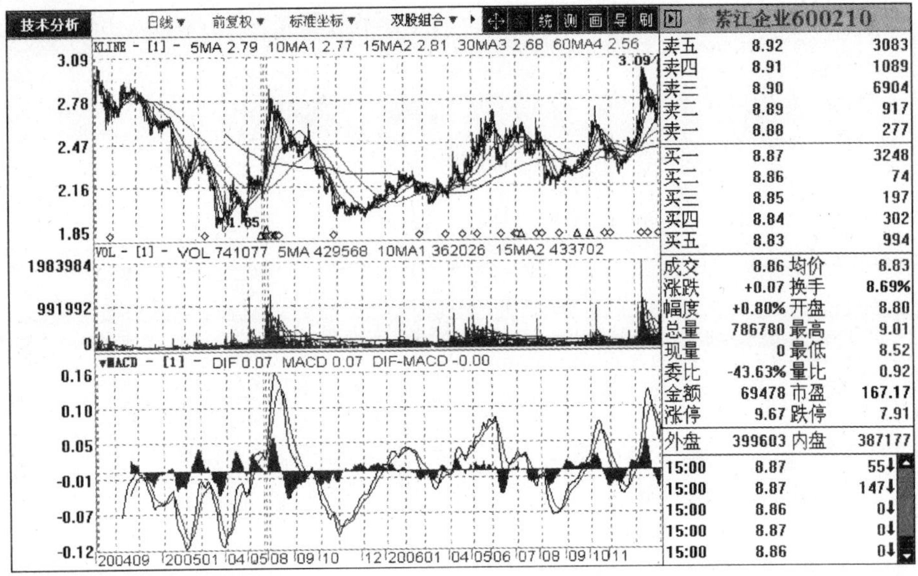

图 28（A） 突破强而有力

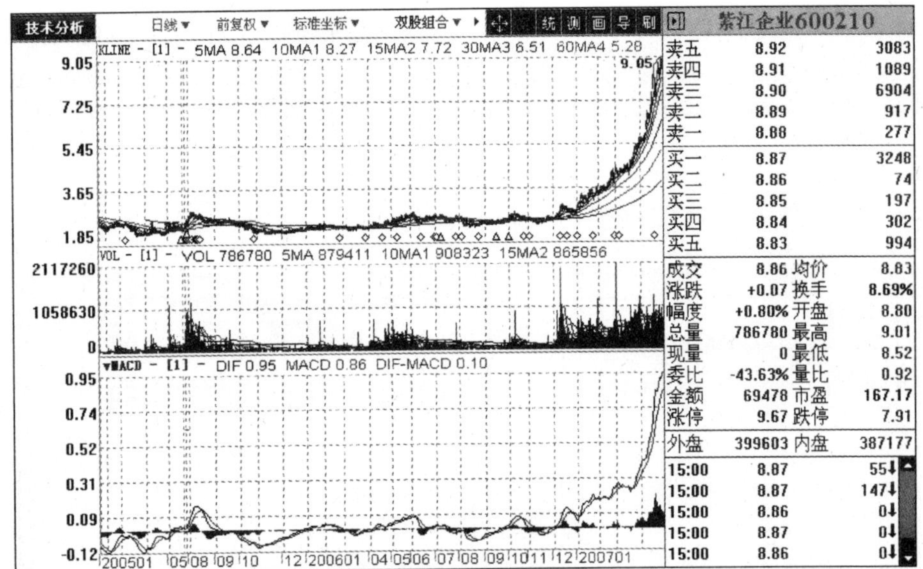

图 28（B） 涨势难以抑制

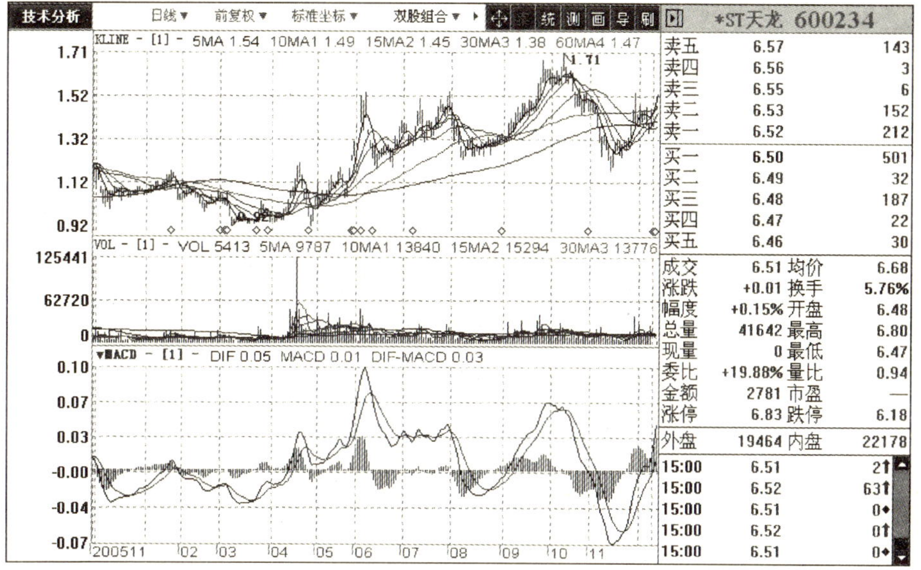

图 29（A） 底部能量充足，股价灵活（草肚皮）

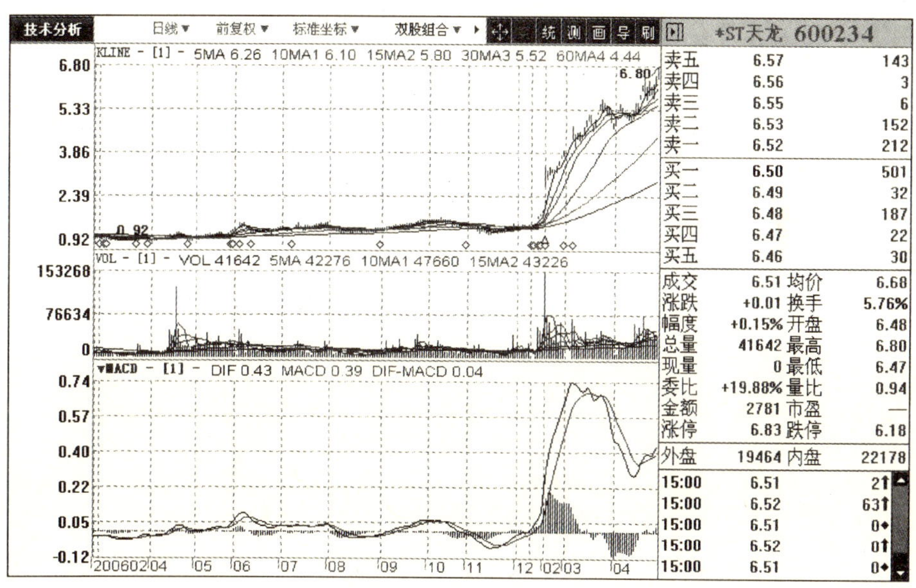

图 29（B） 涨幅可观

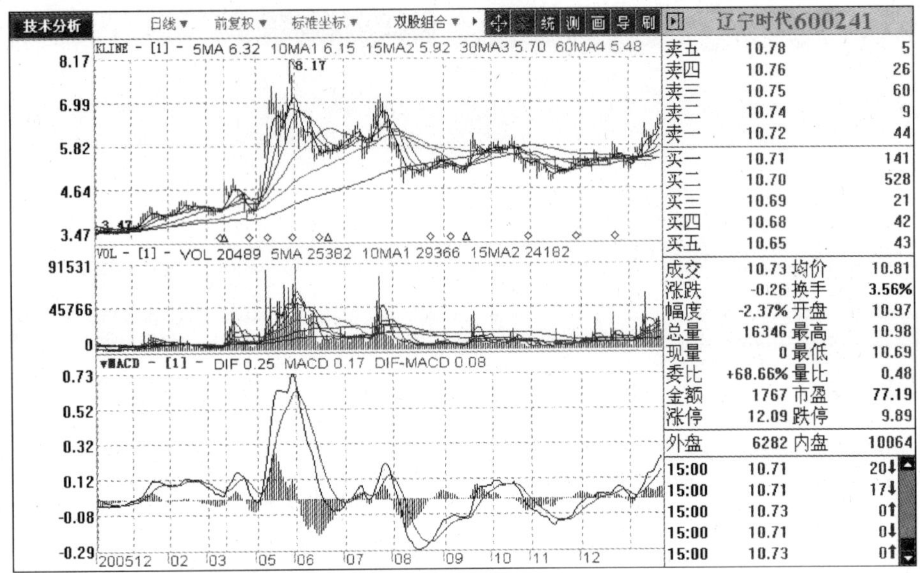

图 30（A） 底部建仓思想不明确

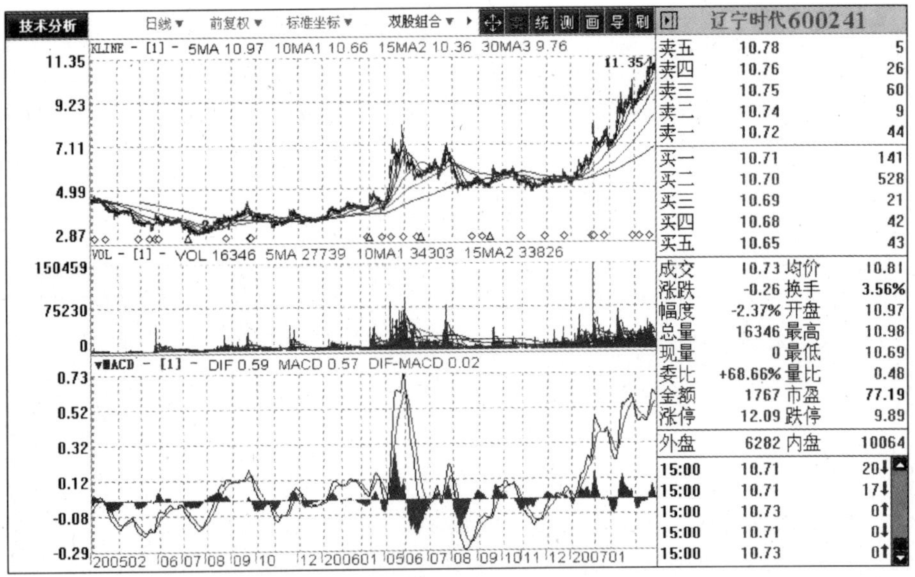

图 30（B） 上涨力度有限

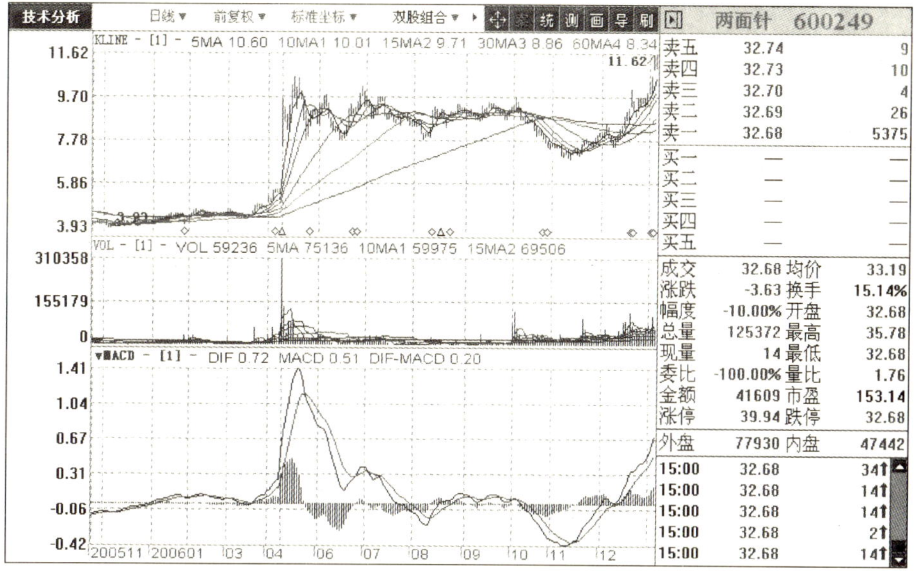

图 31（A） 强势特征明显，回档顺畅（草肚皮）

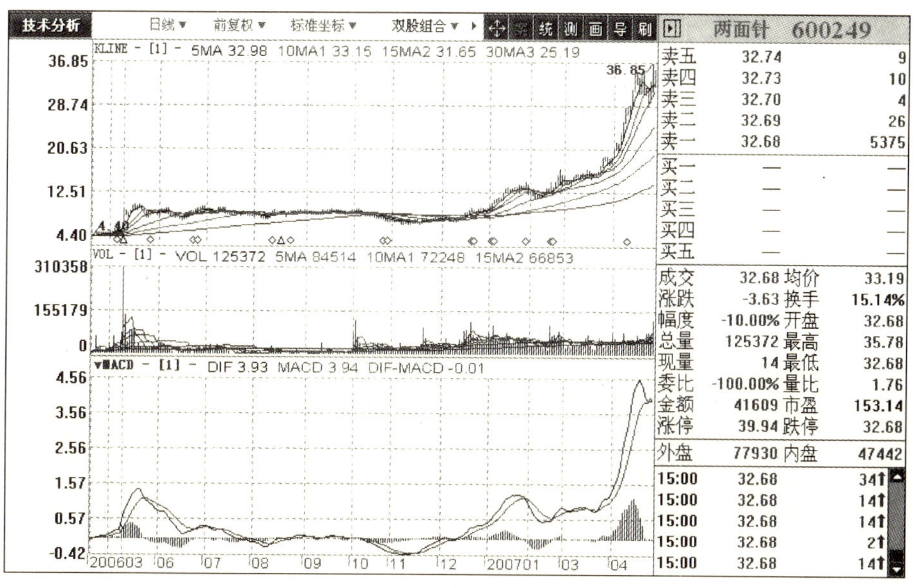

图 31（B） 涨幅巨大

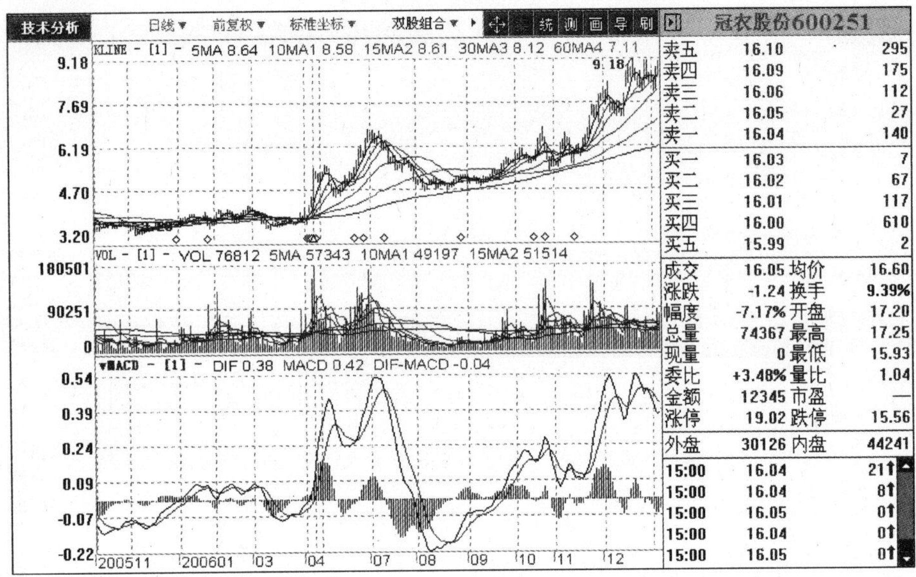

图 32（A） 建仓明确，底部抬高

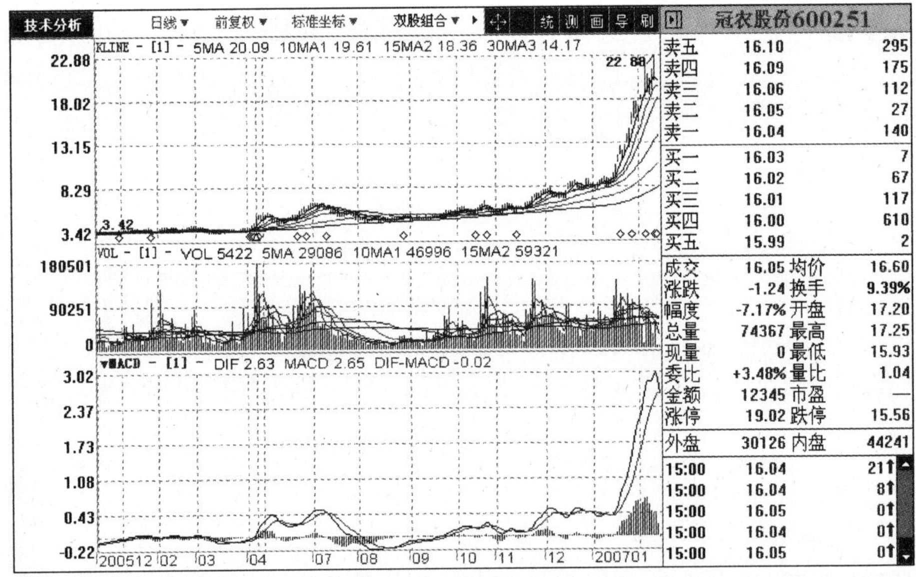

图 32（B） 涨势迅猛

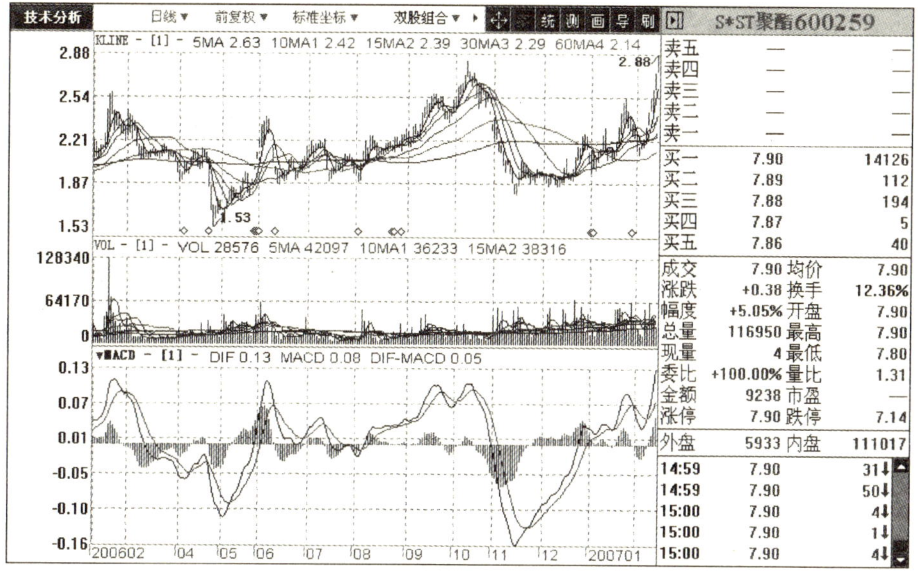

图 33（A） 回档清晰，起动明确（草肚皮）

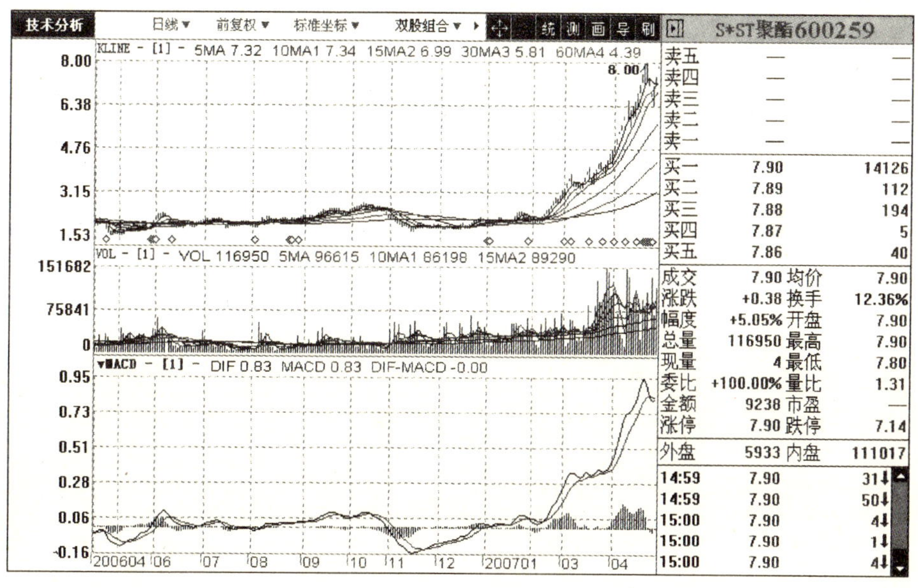

图 33（B） 投机气氛居多

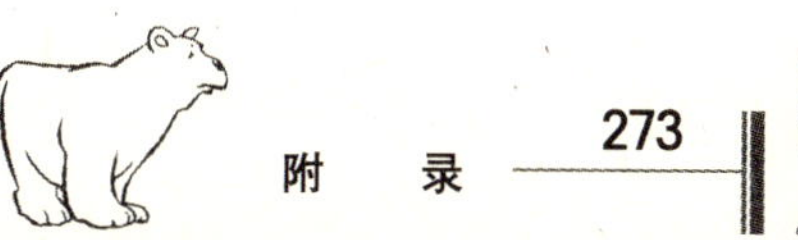

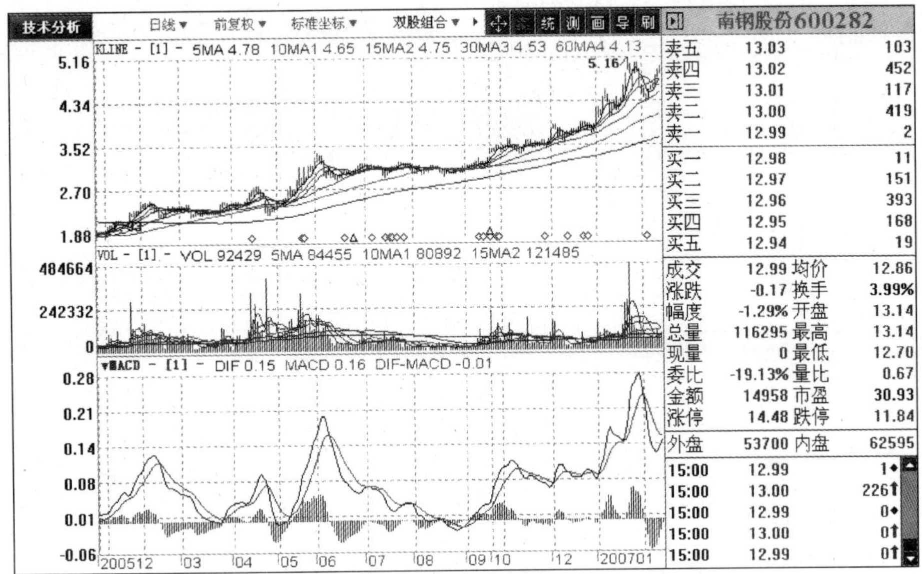

图 34（A） 股价与量能配合良好的长线运作（银边）

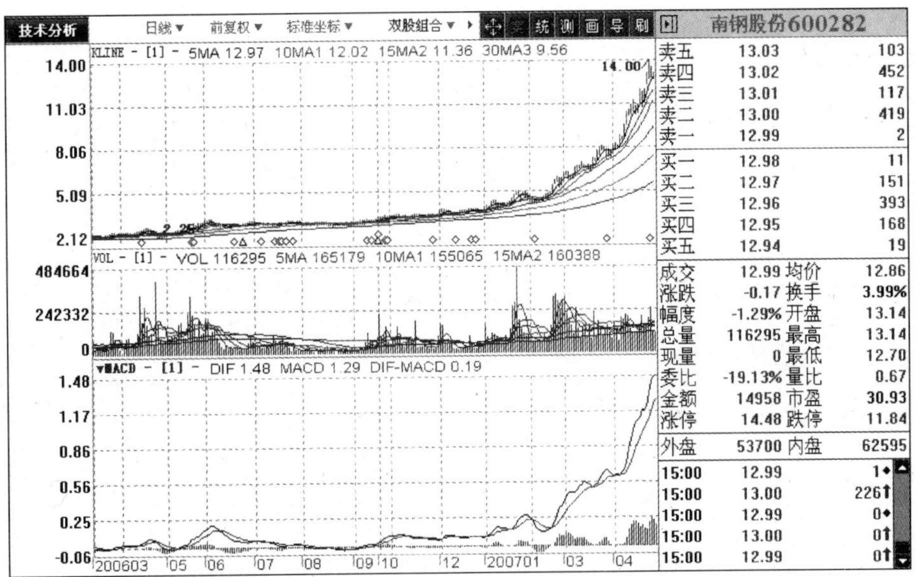

图 34（B） 涨幅巨大

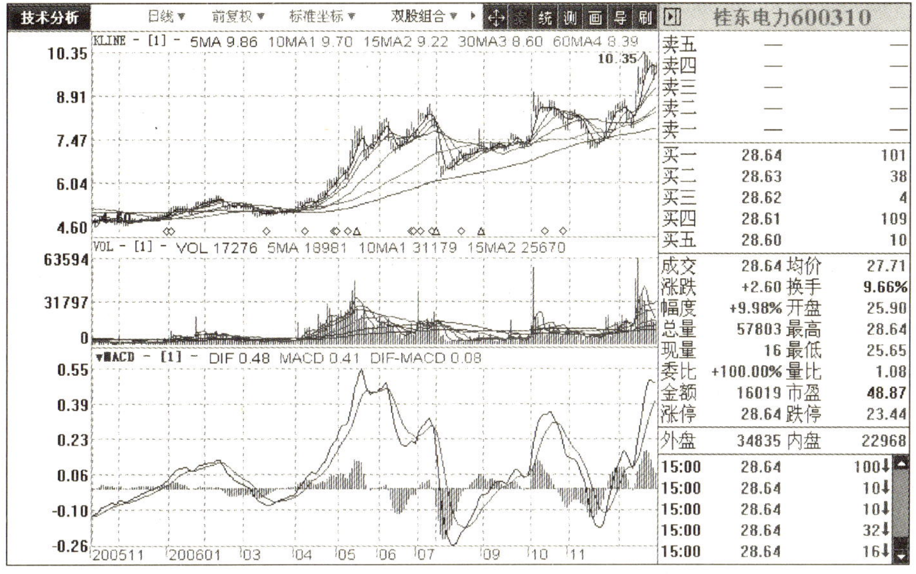

图 35（A） 底部虽波幅较大，但控盘良好（草肚皮）

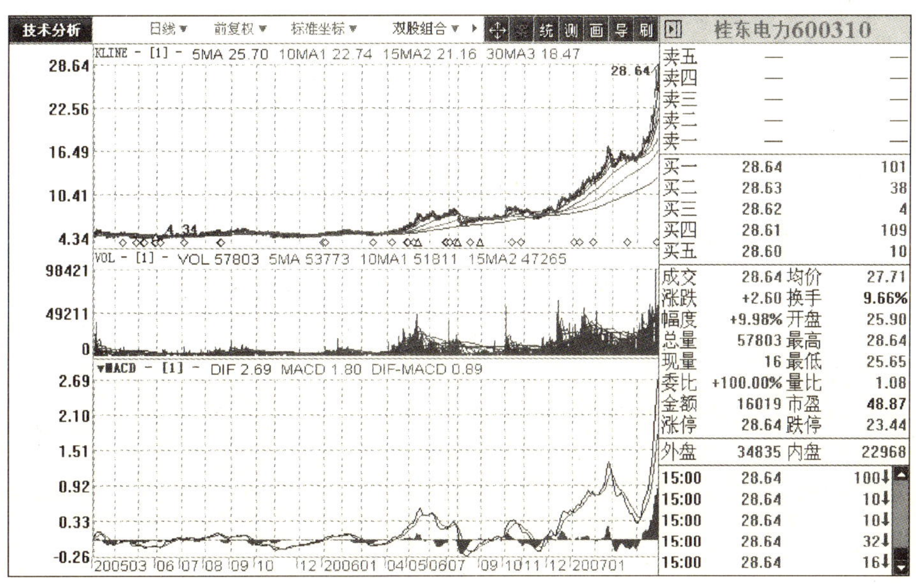

图 35（B） 不妨碍后期发展

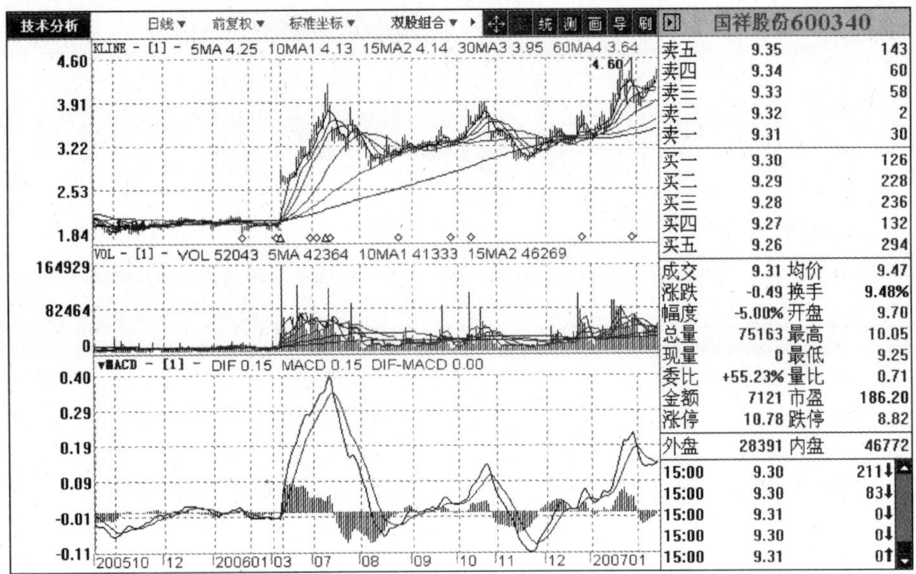

图 36（A） 上攻欲望强烈（草肚皮）

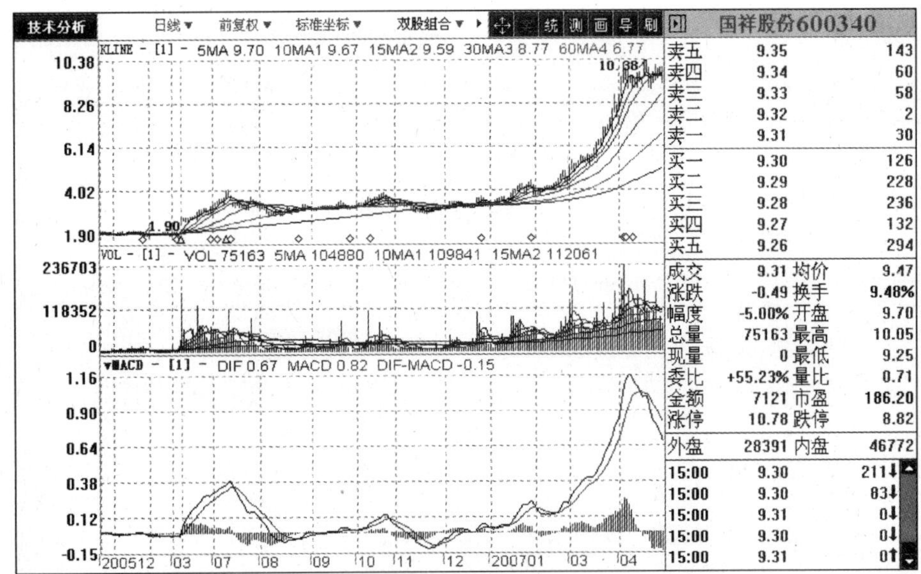

图 36（B） 涨势不错

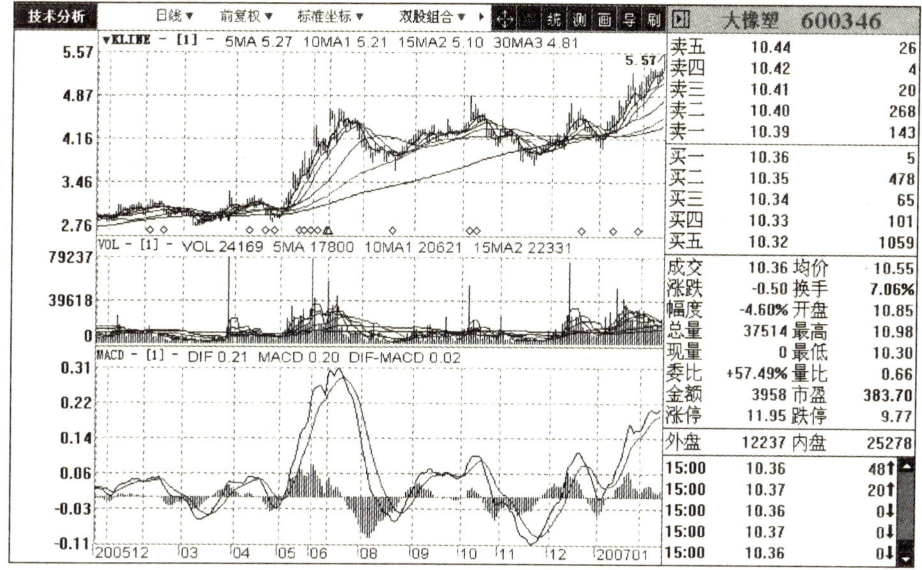

图 37（A） 启动前量能明显放大（草肚皮）

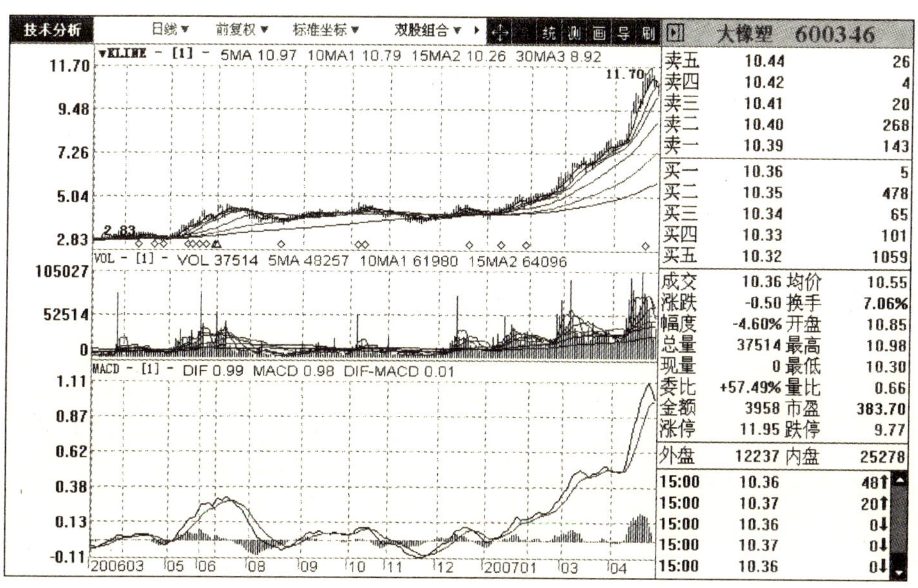

图 37（B） 涨势稳健

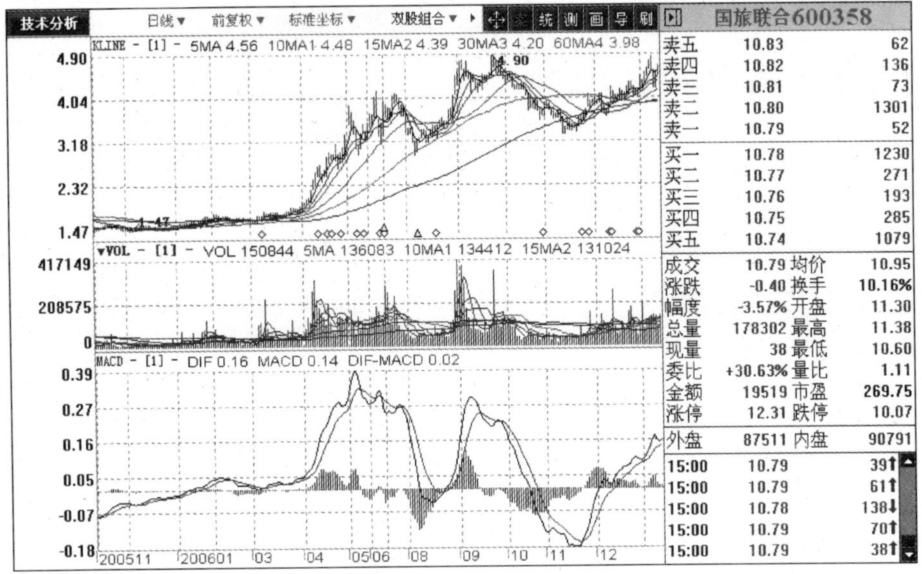

图 38（A）“复合草肚皮”

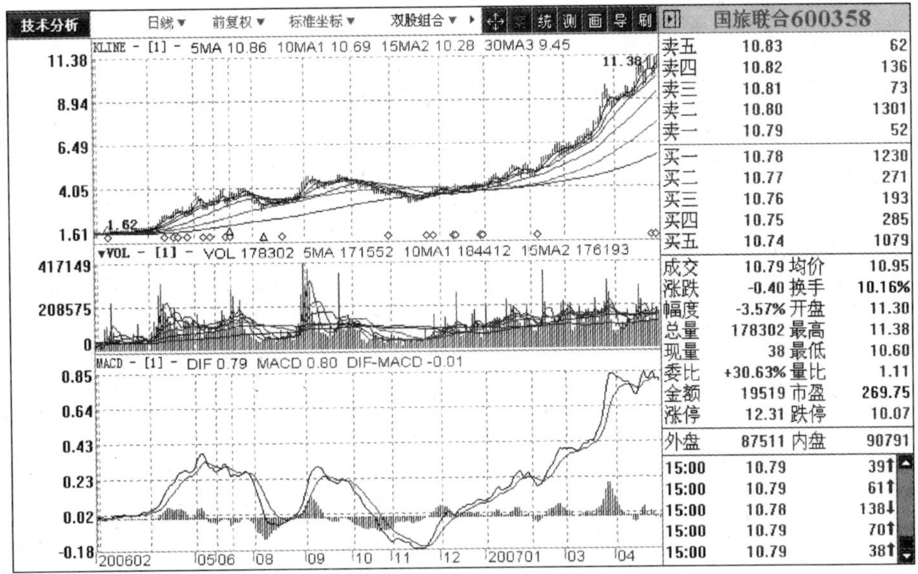

图 38（B） 走势工整

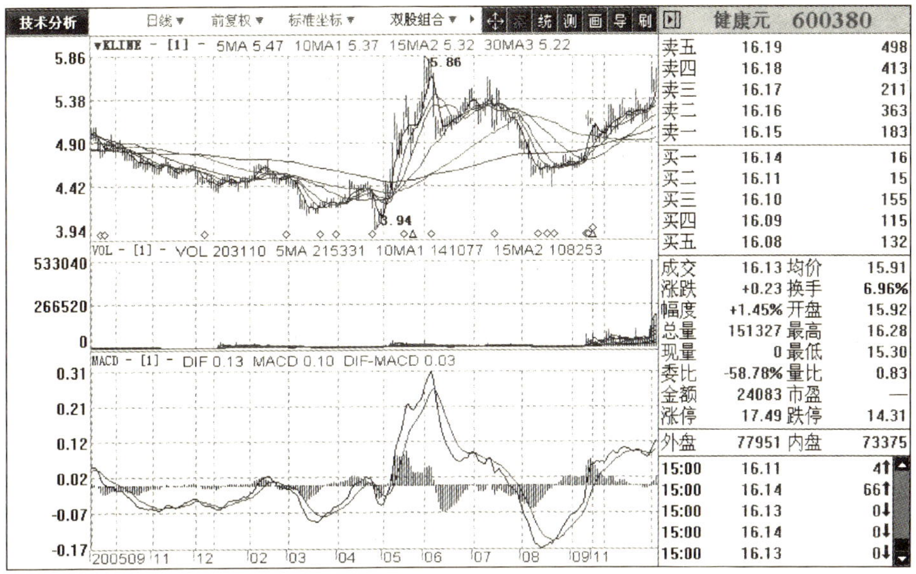

图 39（A） “草肚皮”吸筹，“银边”起动

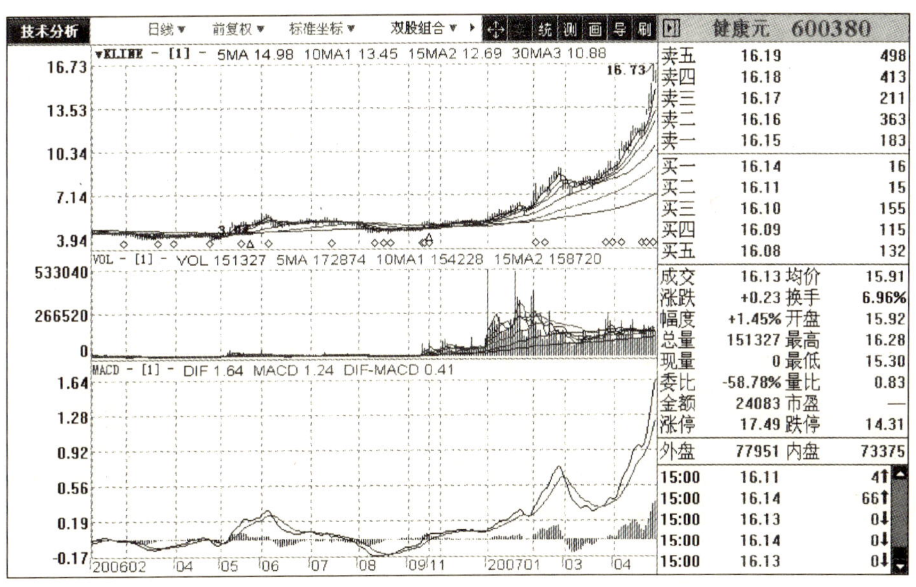

图 39（B） 涨幅颇大

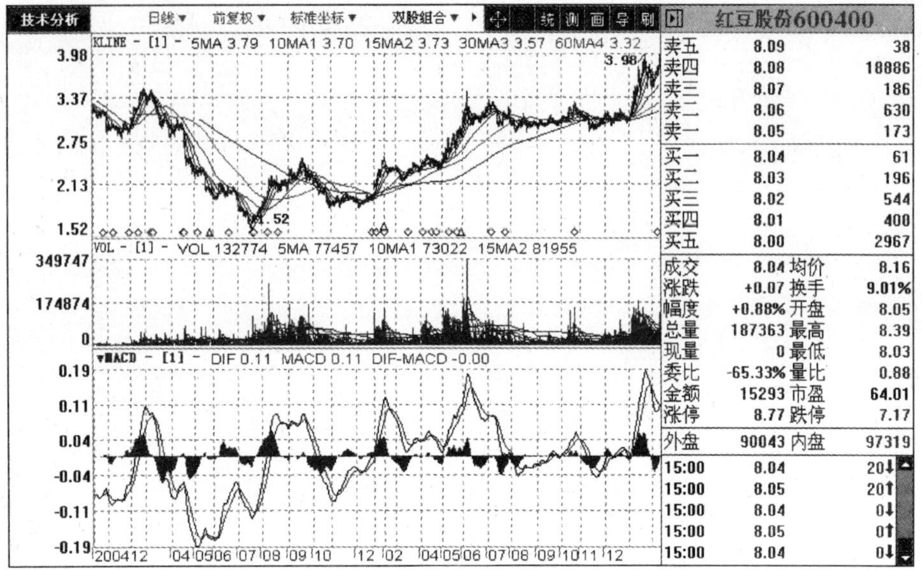

图 40（A） 底部形态较大

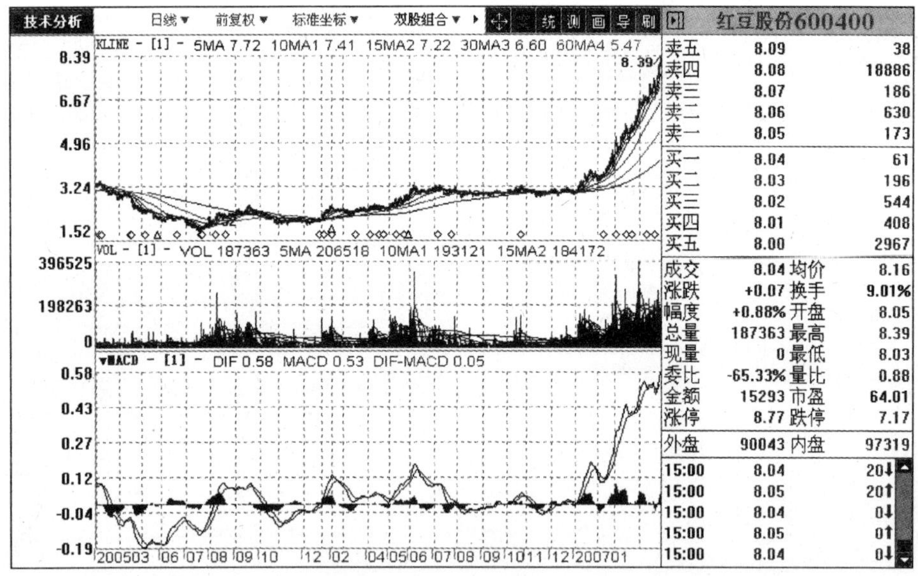

图 40（B） 上涨也比较有力

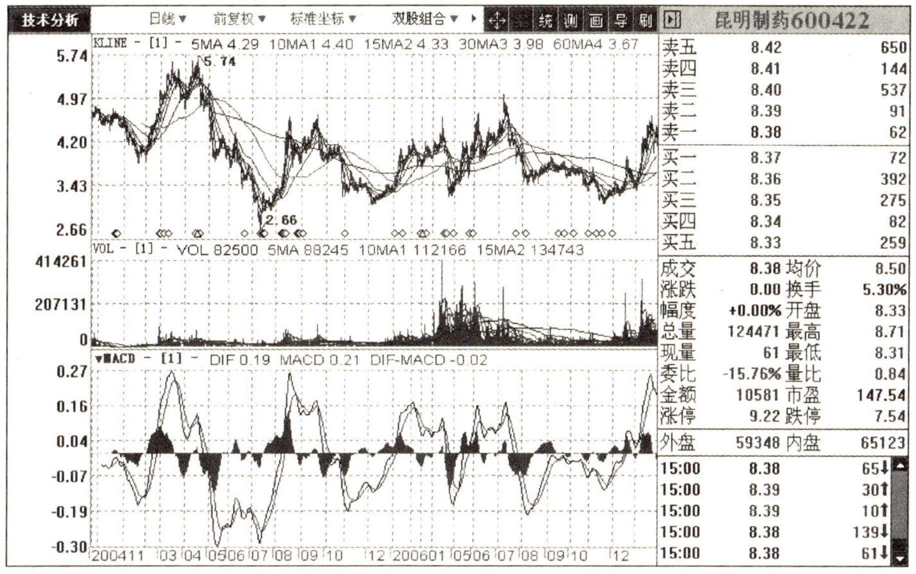

图 41（A） 底部量能集中，可弥补形态不足

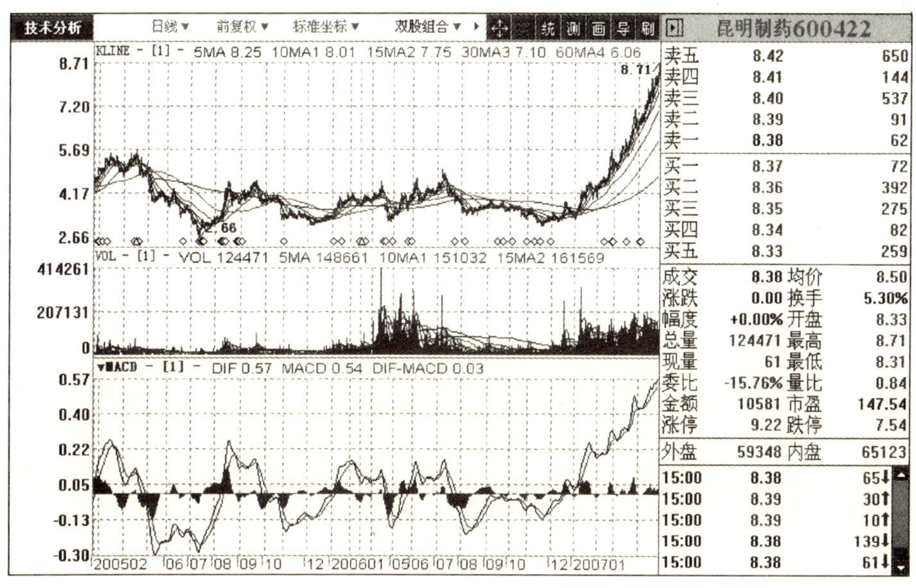

图 41（B） 涨幅不错

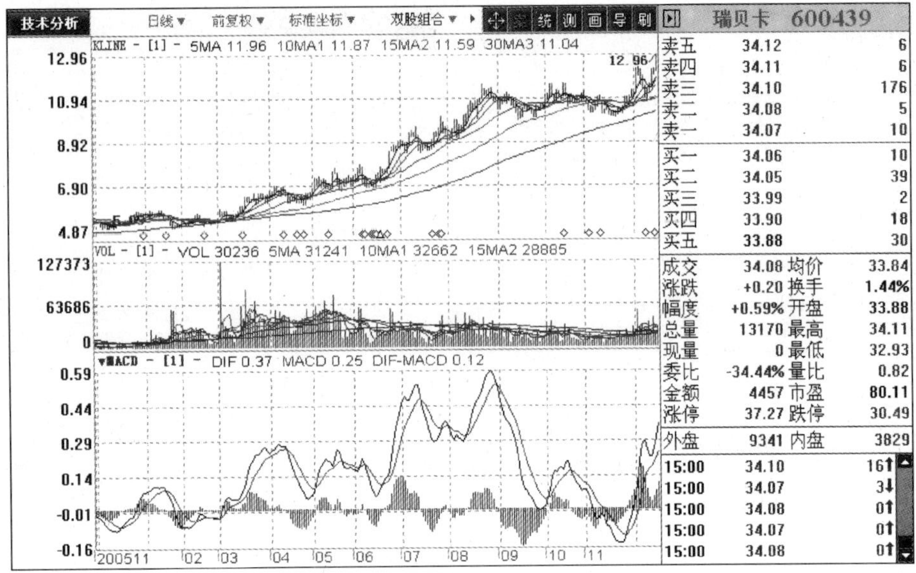

图 42（A） 工整的“大草肚皮”

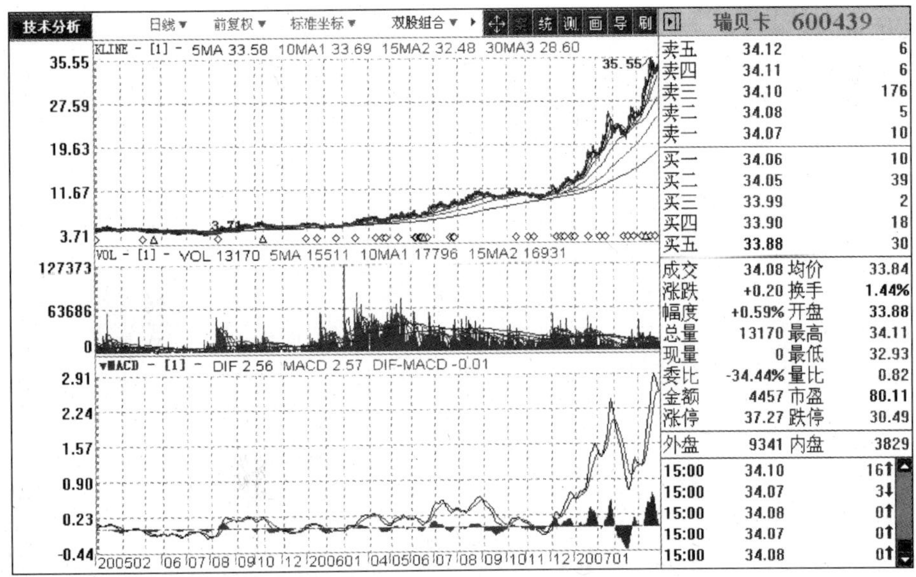

图 42（B） 涨幅巨大

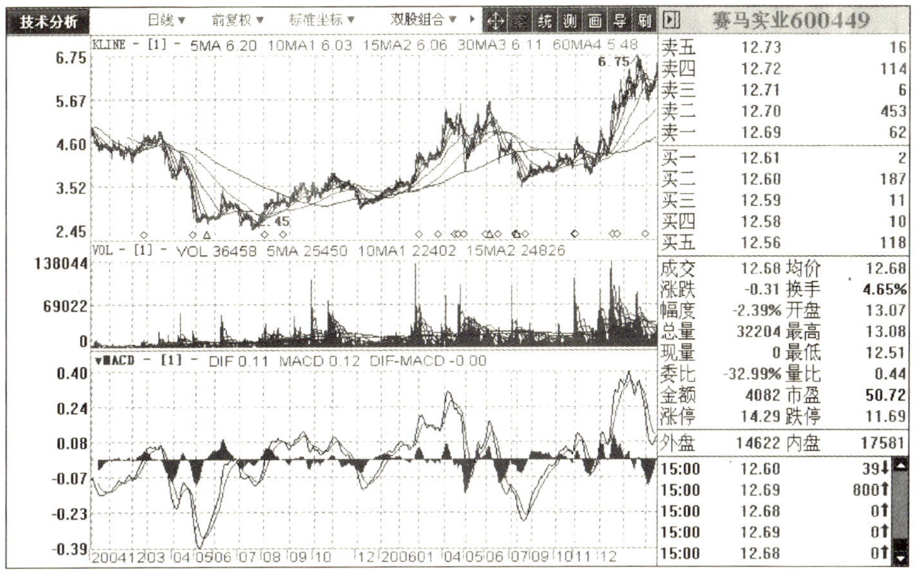

图 43（A） 底部重心上移过程中

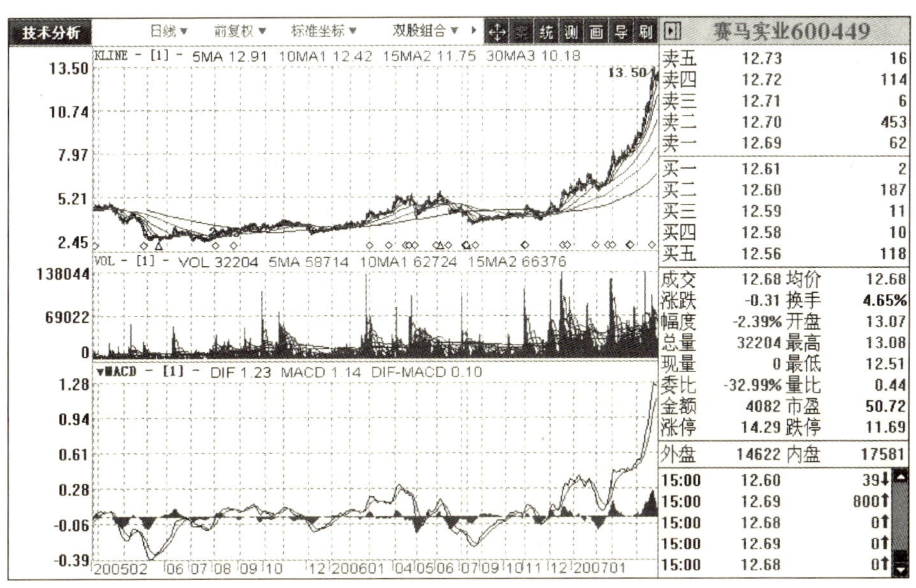

图 43（B） 股价终于大幅拉起

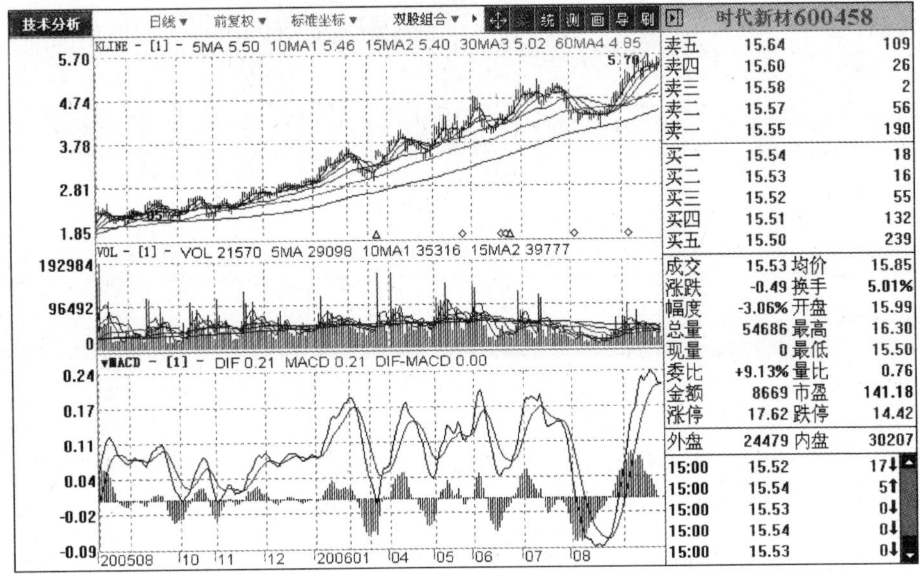

图 44（A） 形态与能量俱佳（草肚皮）

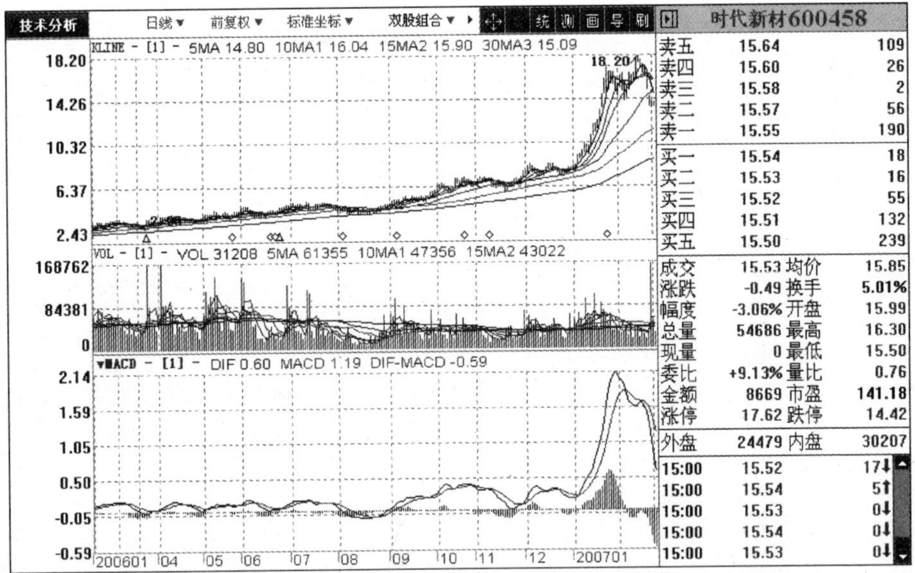

图 44（B） 涨势不可挡

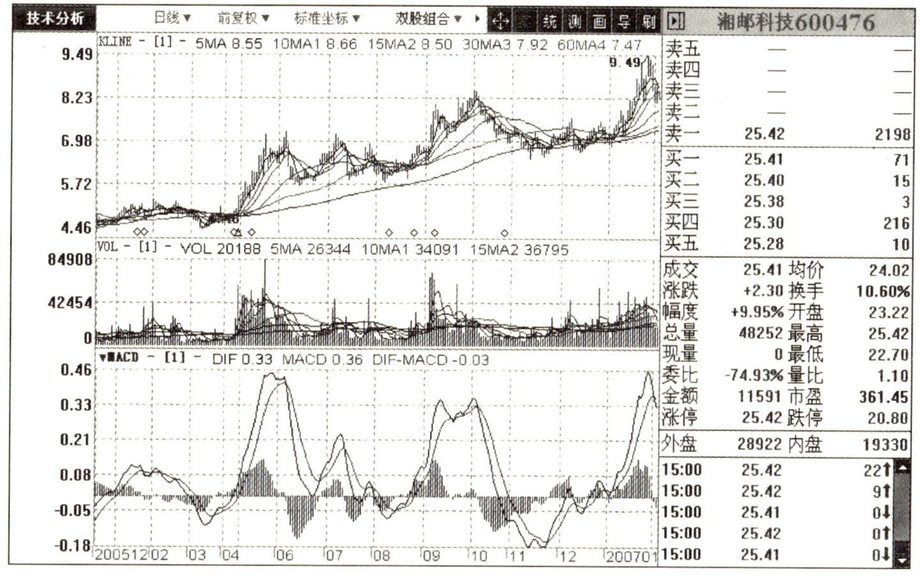

图 45（A） 建仓明确，量能充足

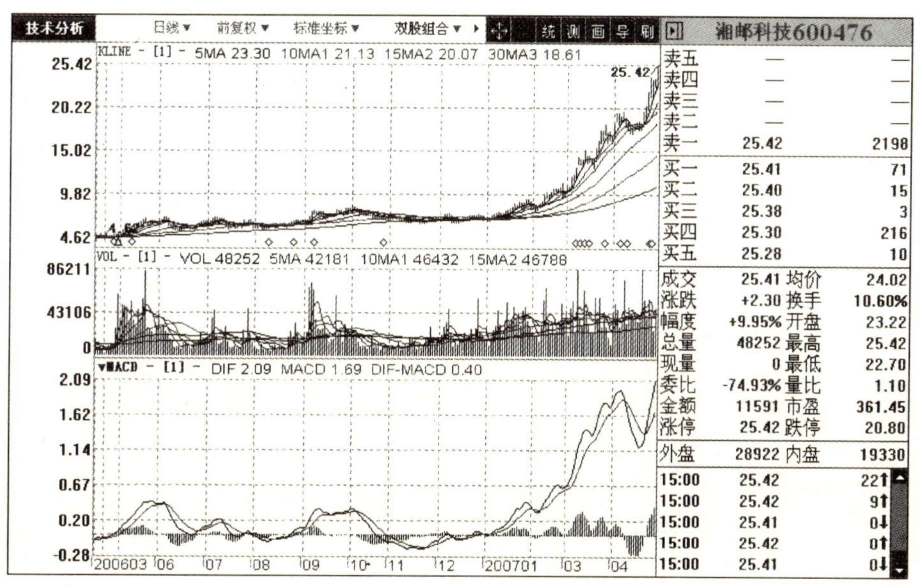

图 45（B） 涨幅可观

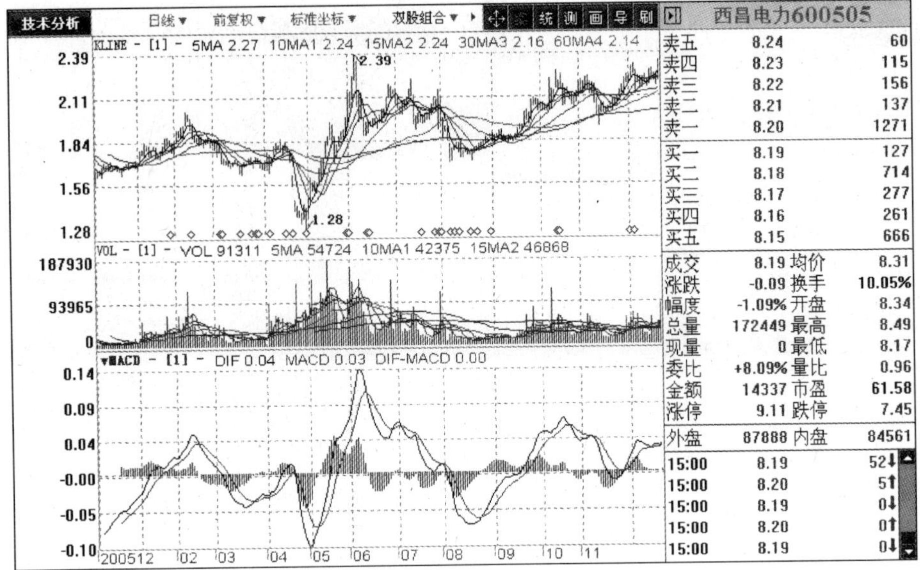

图 46（A） 底部成交量巨大

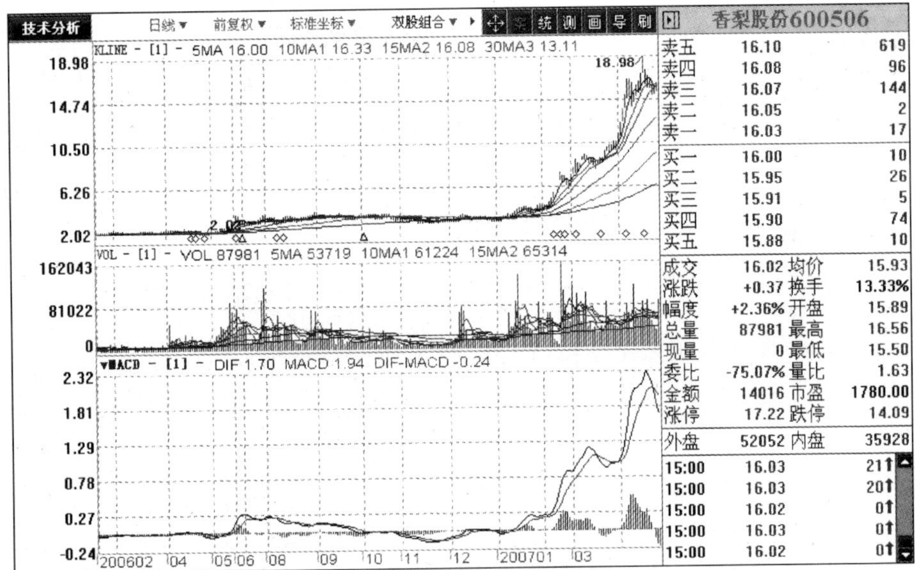

图 46（B） 上涨连贯有力

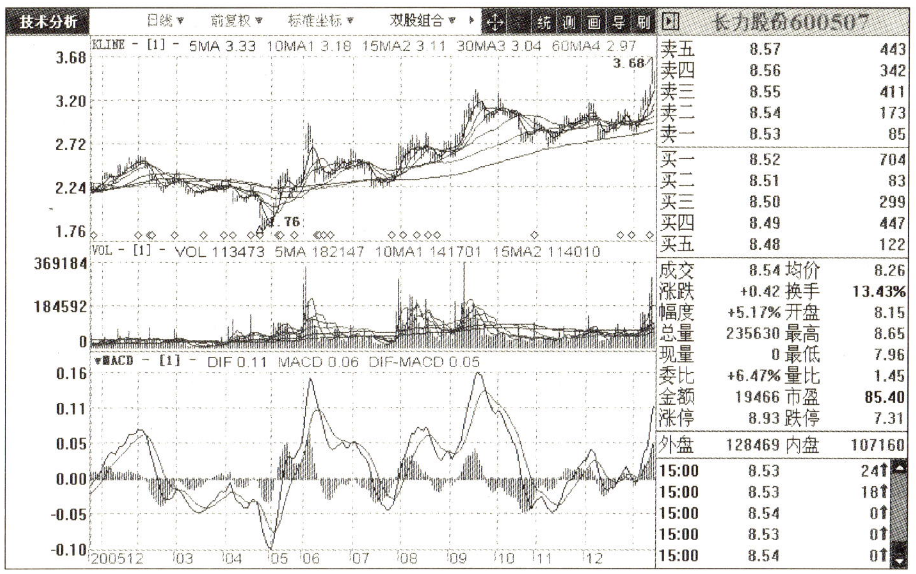

图 47（A） 建仓、回档、突破均有力度（草肚皮）

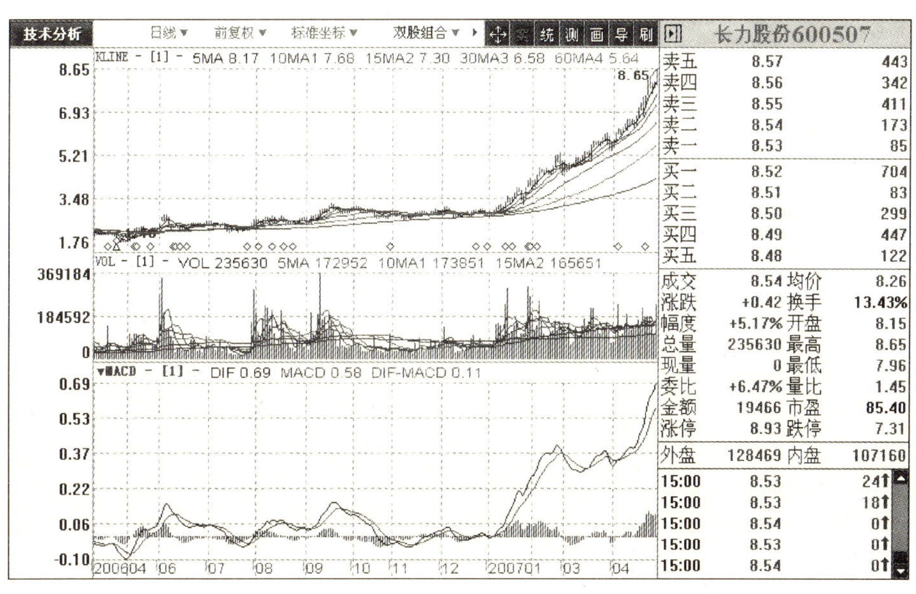

图 47（B） 涨势也比较连贯

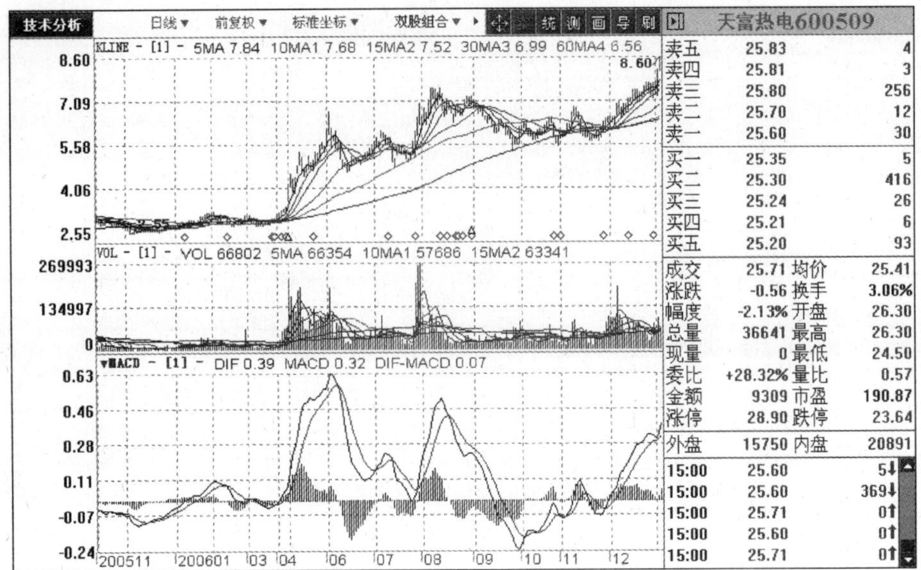

图 48（A） 底部能量形态强大（草肚皮）

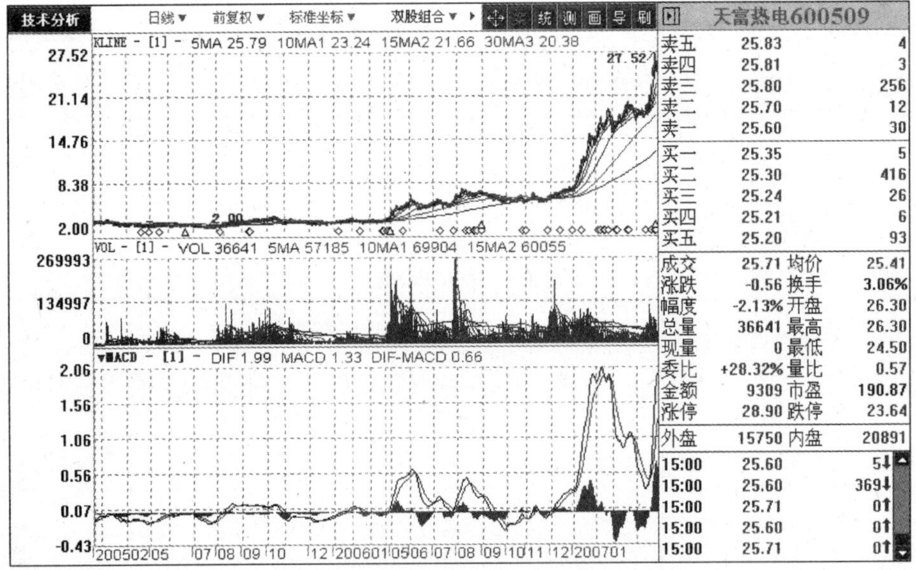

图 48（B） 涨势也比较强劲

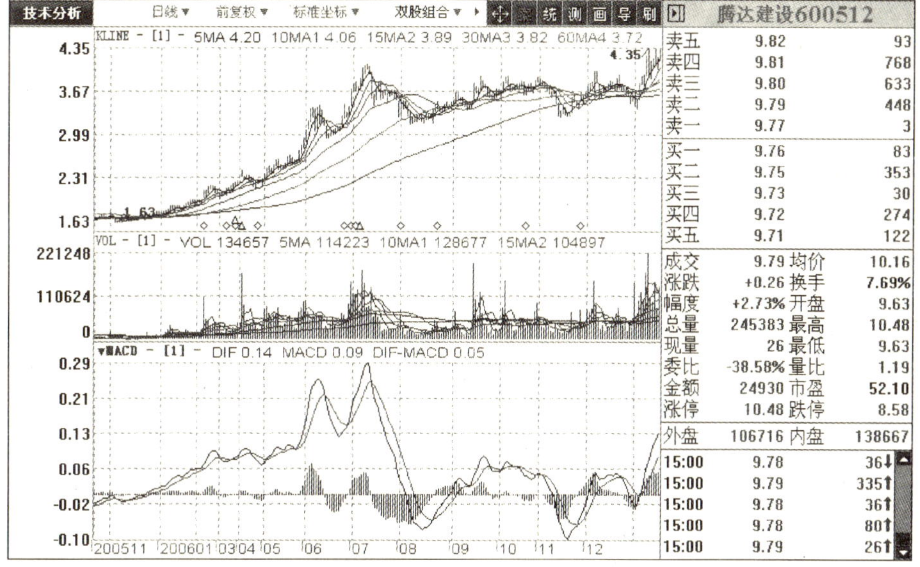

图 49（A） 超级大底

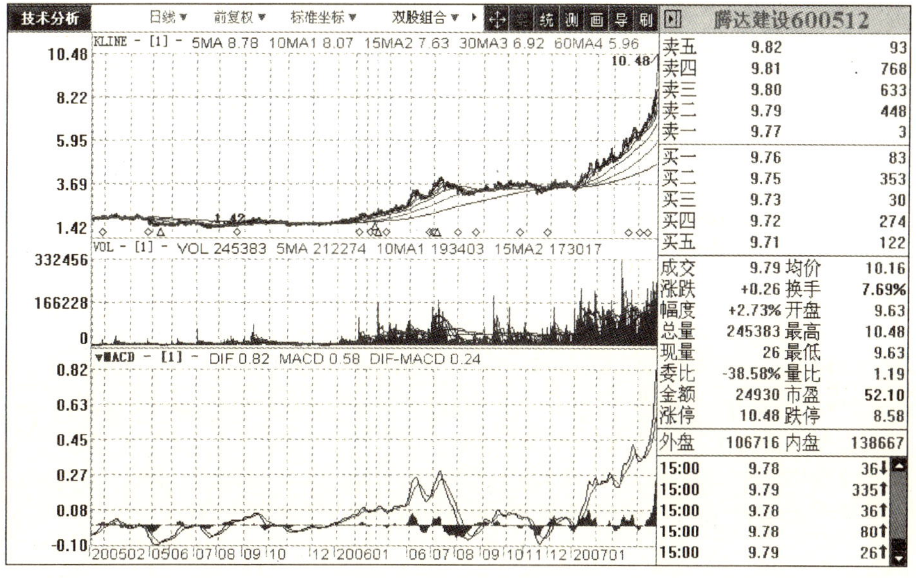

图 49（B） 涨幅巨大

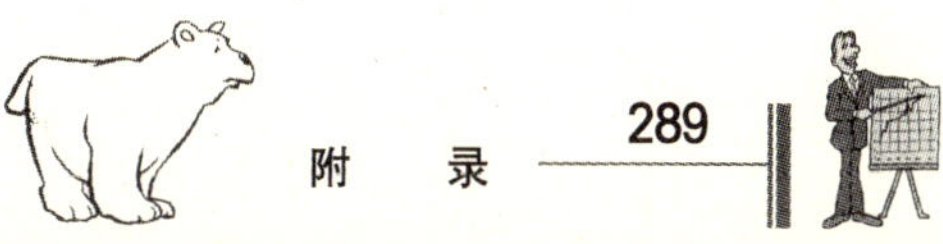

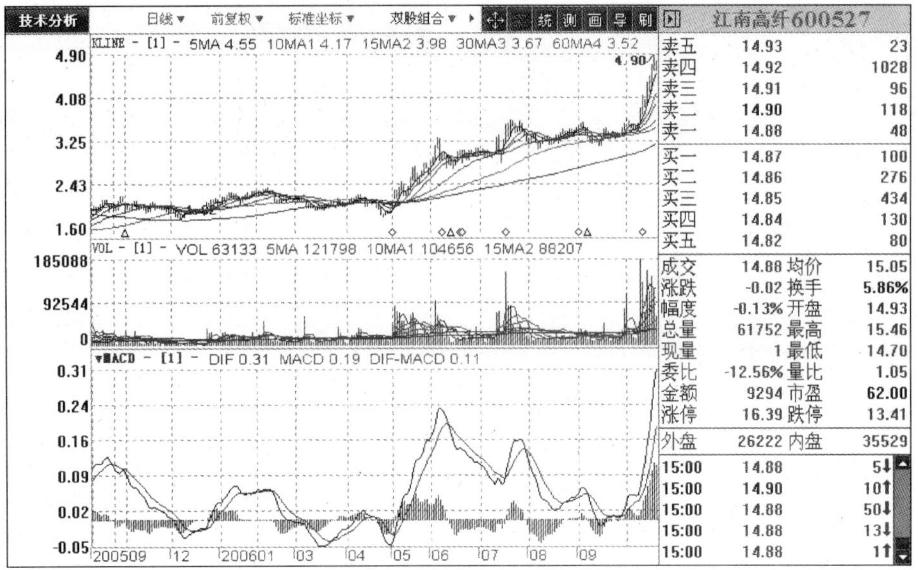

图 50（A） 涨前走势强劲，控盘良好（草肚皮）

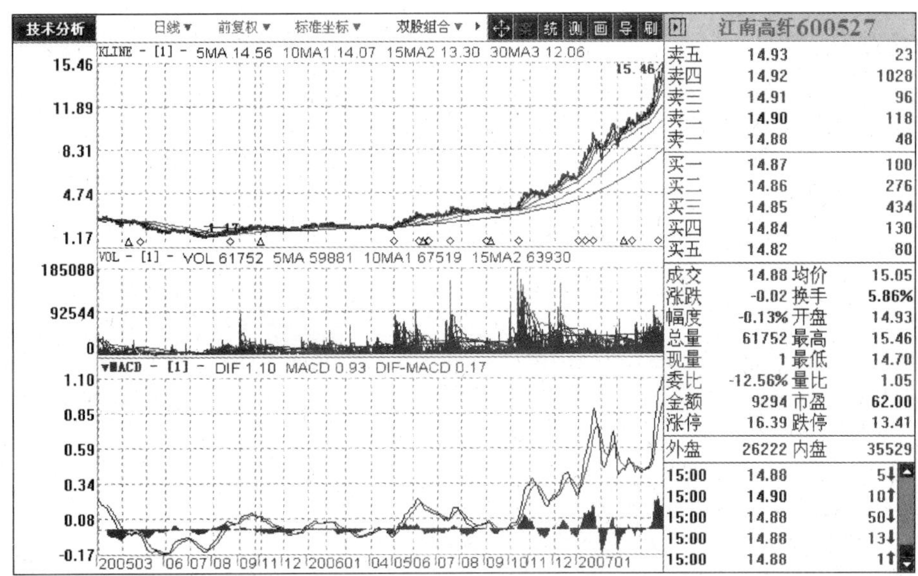

图 50（B） 涨势绵绵

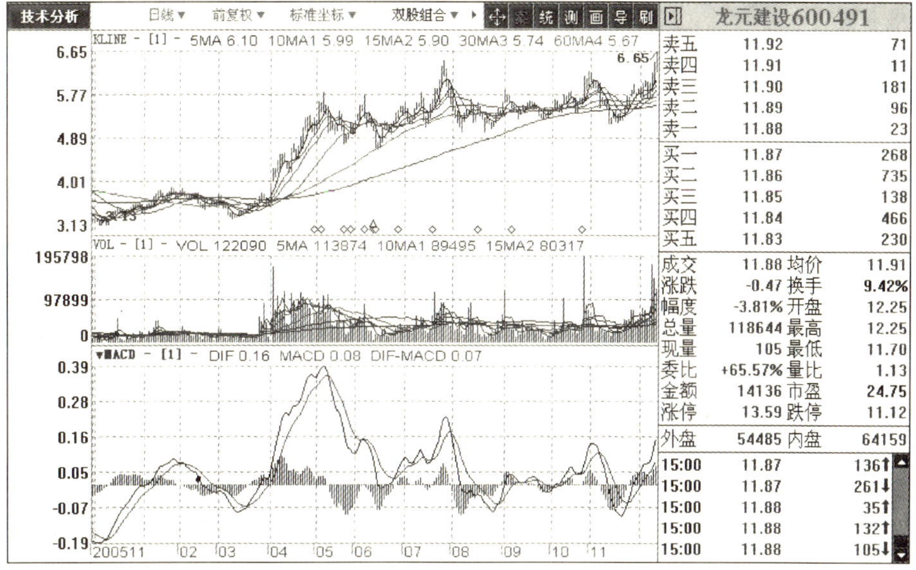

图 51（A） 底部强而厚重（草肚皮）

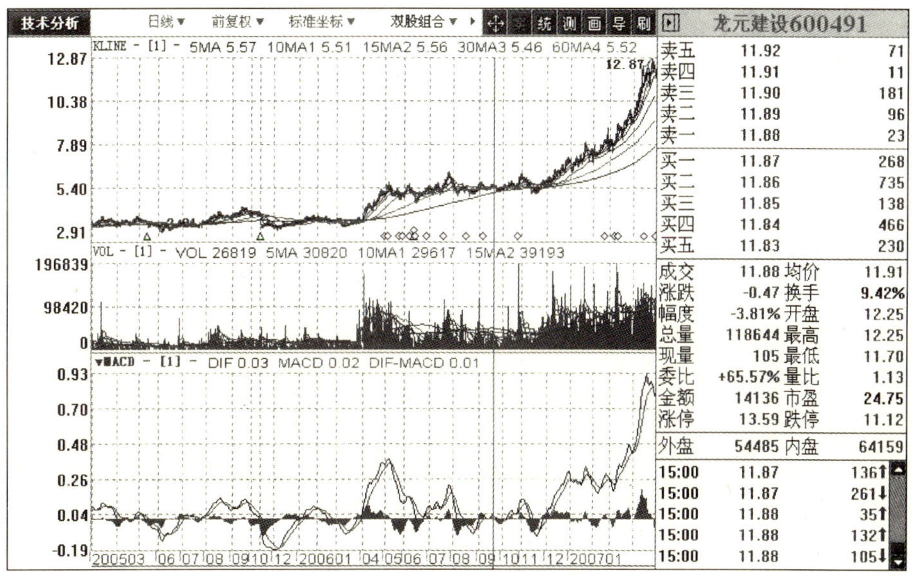

图 51（B） 涨势也工整

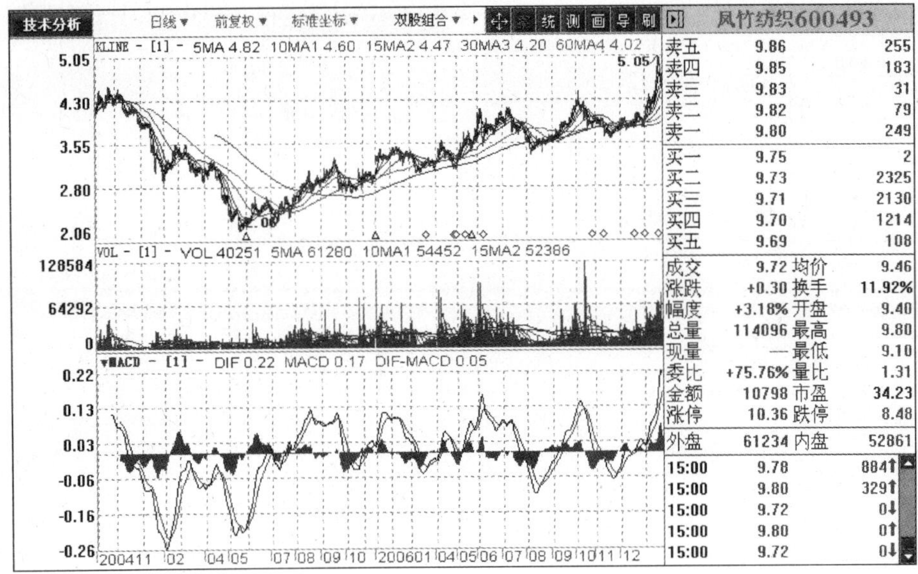

图 52（A） 长期大底，能量聚集

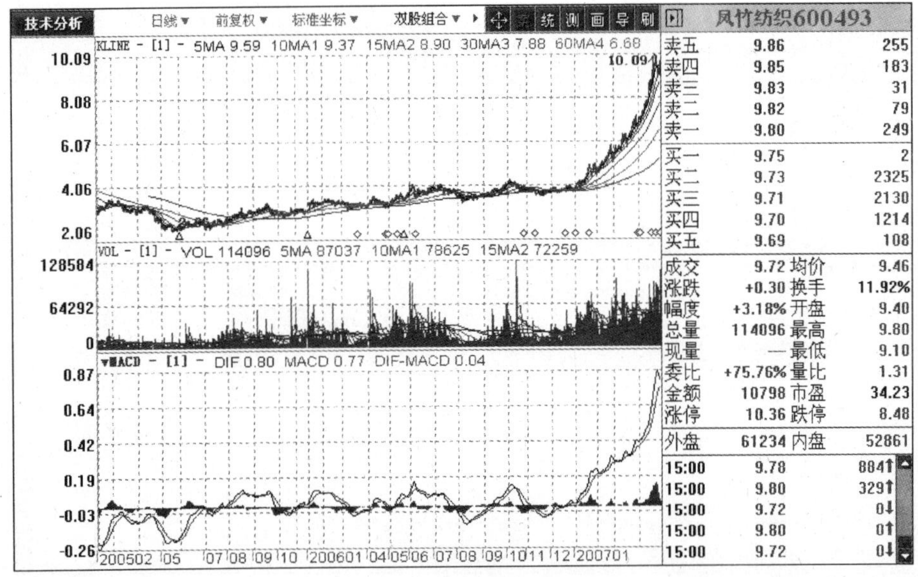

图 52（B） 涨势绵绵不绝

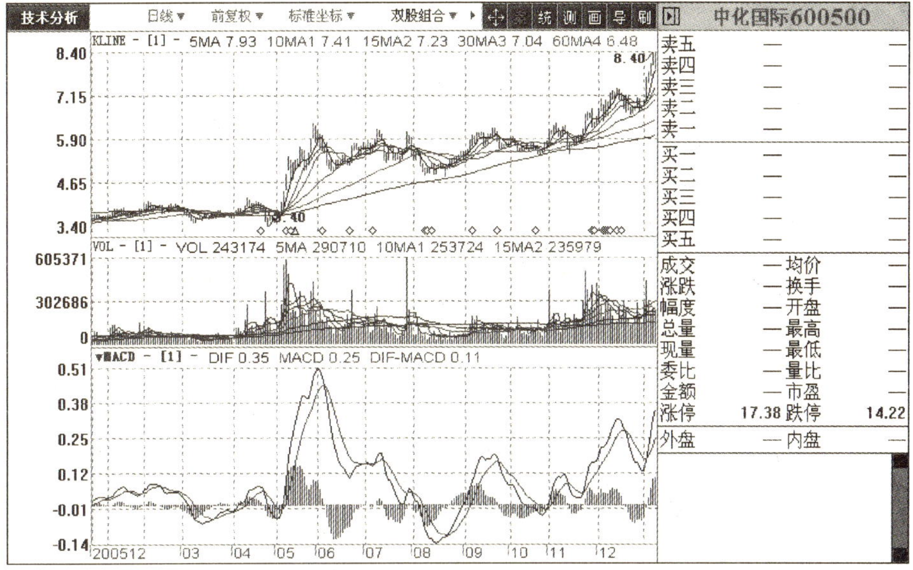

图53（A） 逐波上扬，脉络清晰

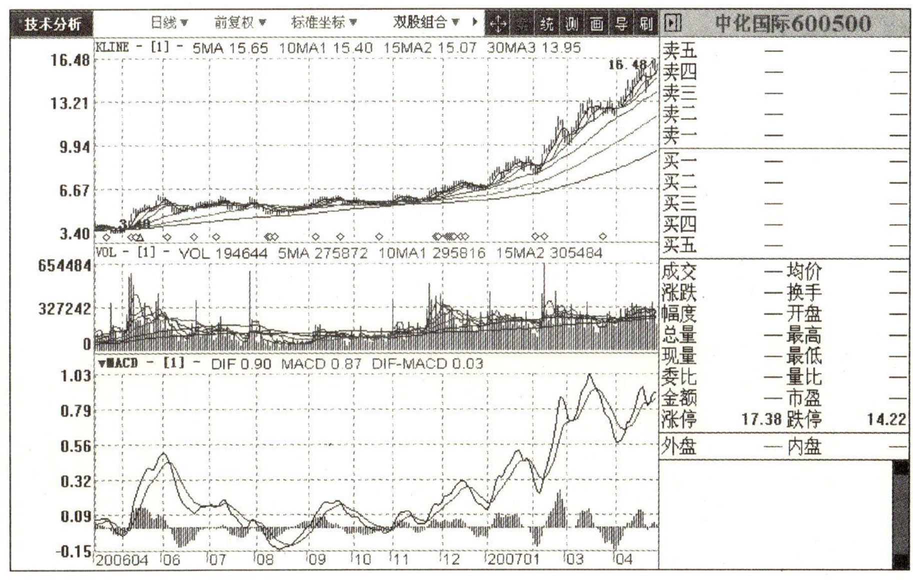

图53（B） 突破不强，涨也不顺

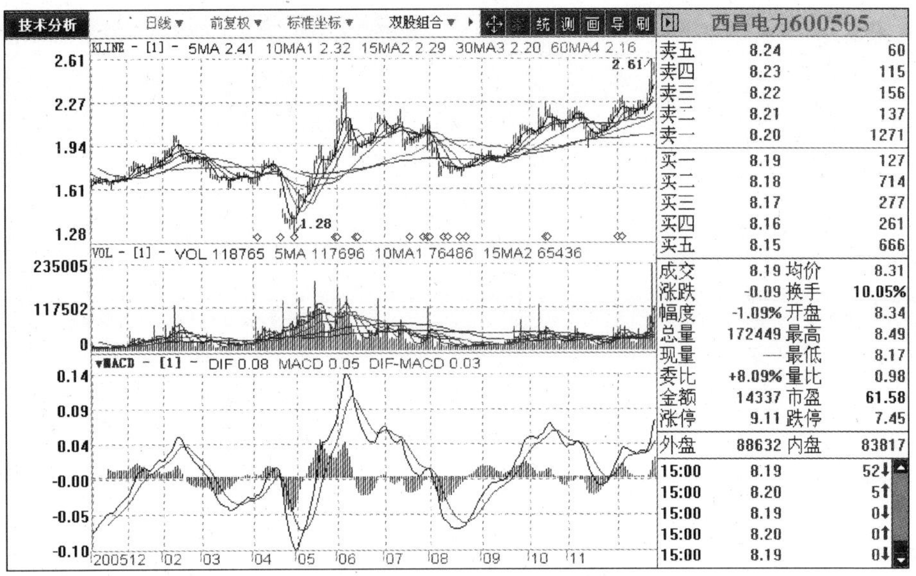

图 54（A） 底部动静结合，收发自如（草肚皮）

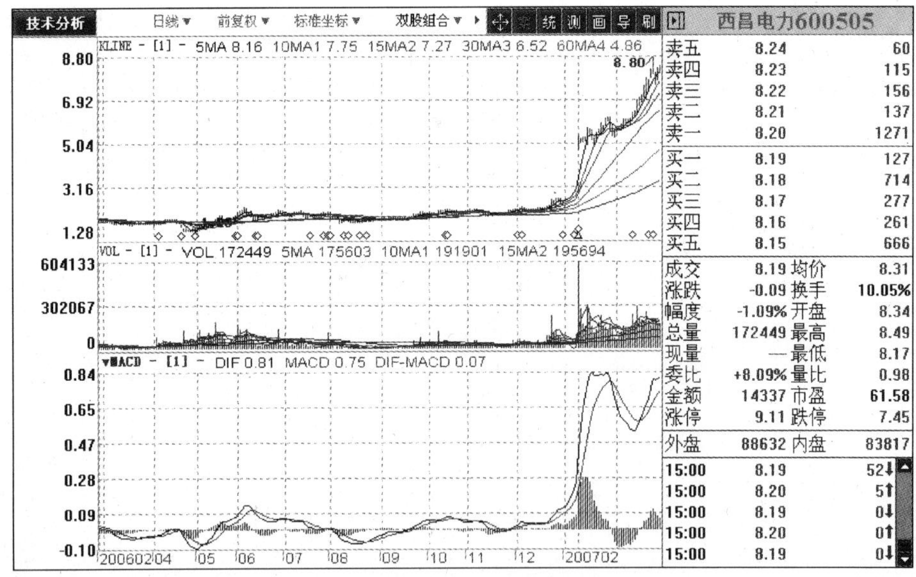

图 54（B） 涨势迅猛

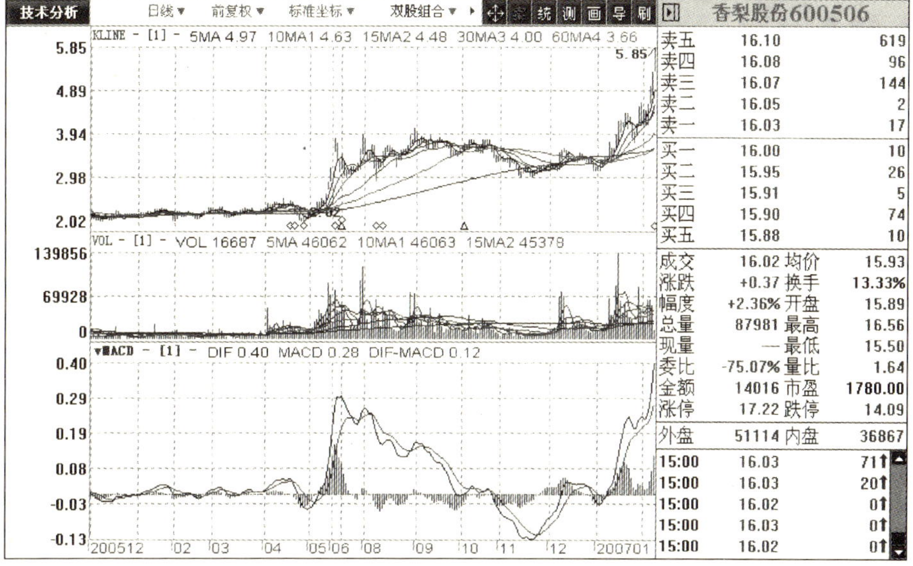

图 55（A）“草肚皮”突出

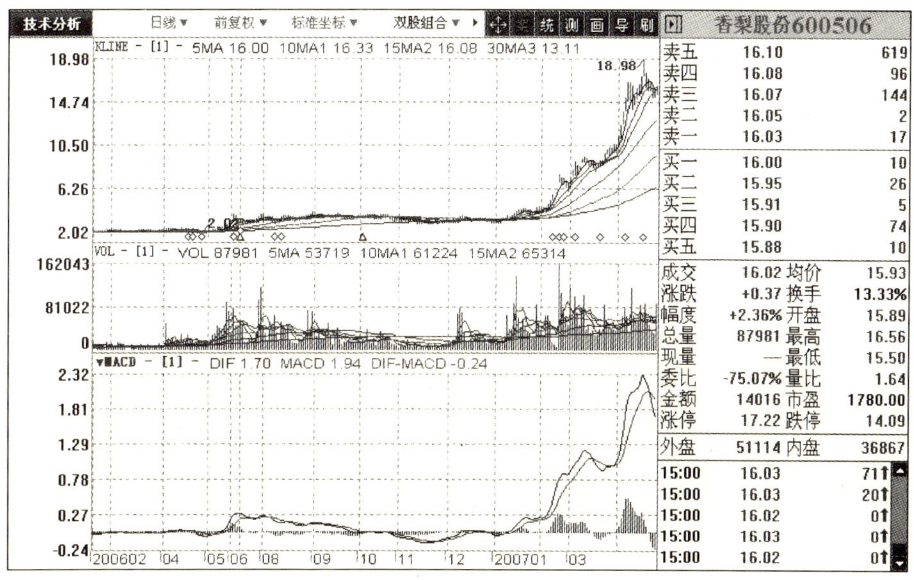

图 55（B）上涨意愿强烈

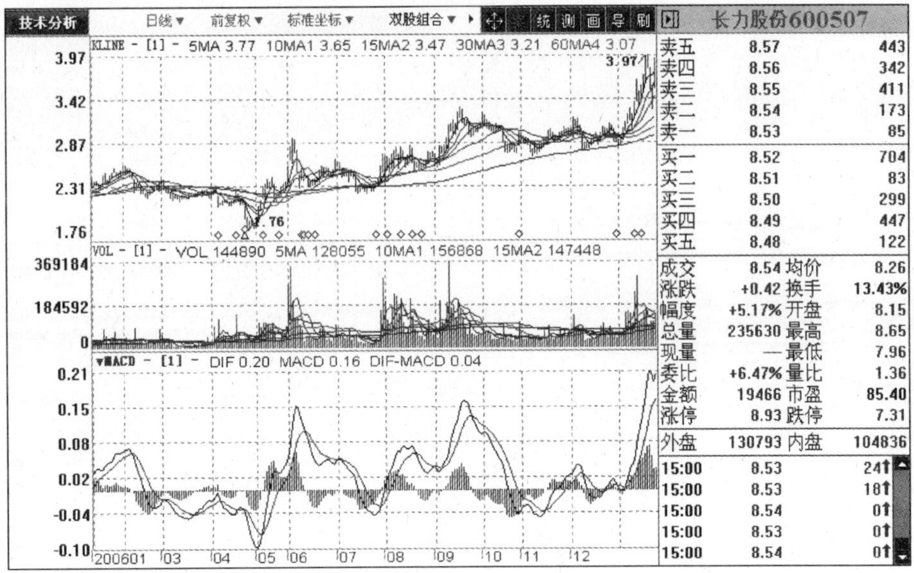

图 56（A） 建仓期动静结合（草肚皮）

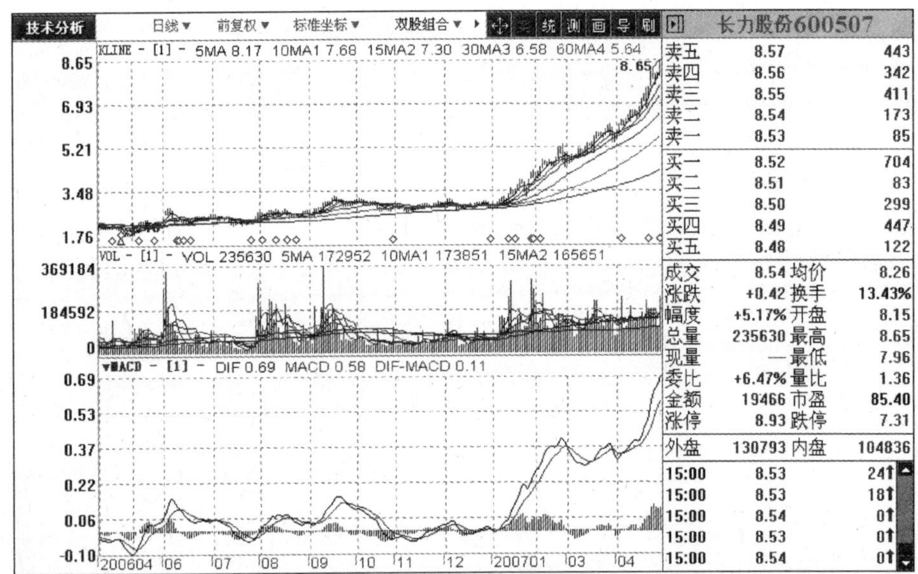

图 56（B） 涨势也比较持久

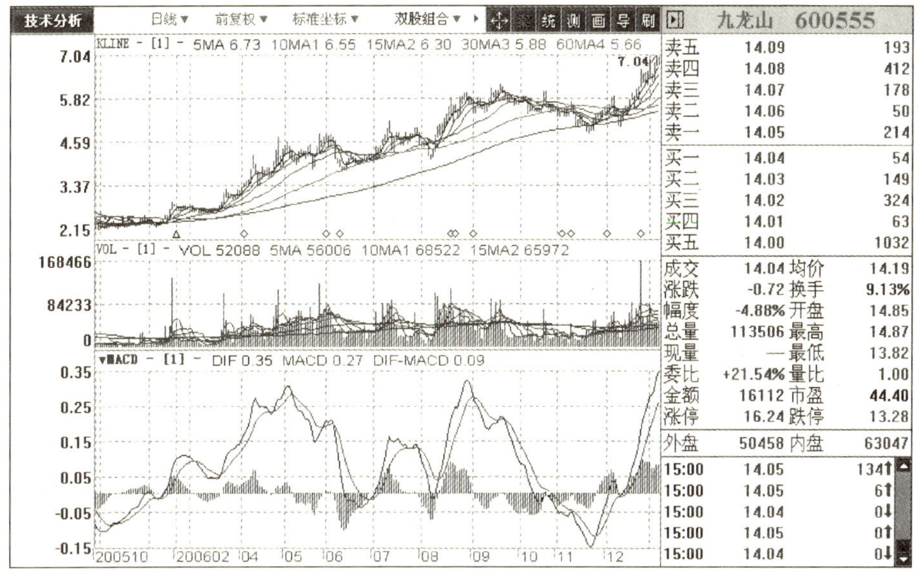

图 57（A） 大型“复合草肚皮”

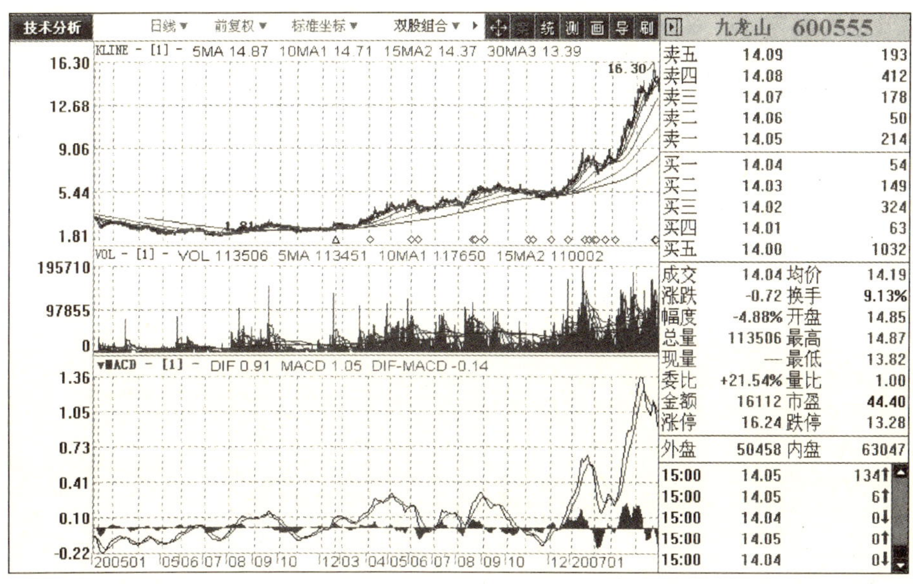

图 57（B） 上涨巨大

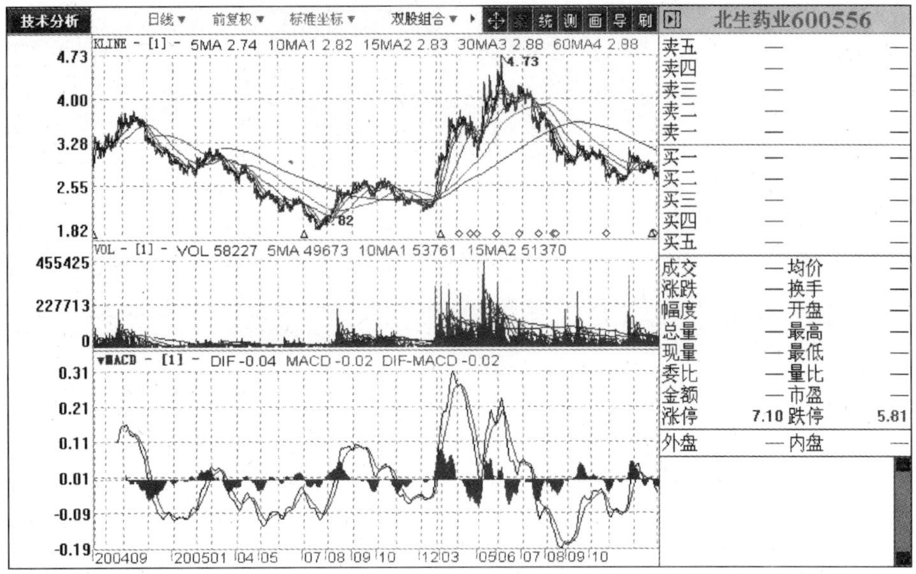

图 58（A） 建仓过于强硬有拉升性质

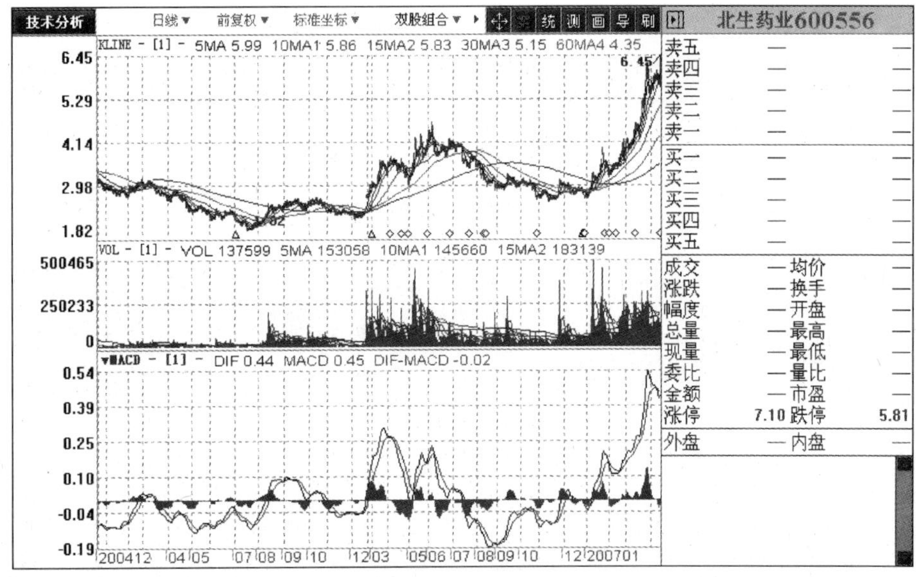

图 58（B） 后继无力

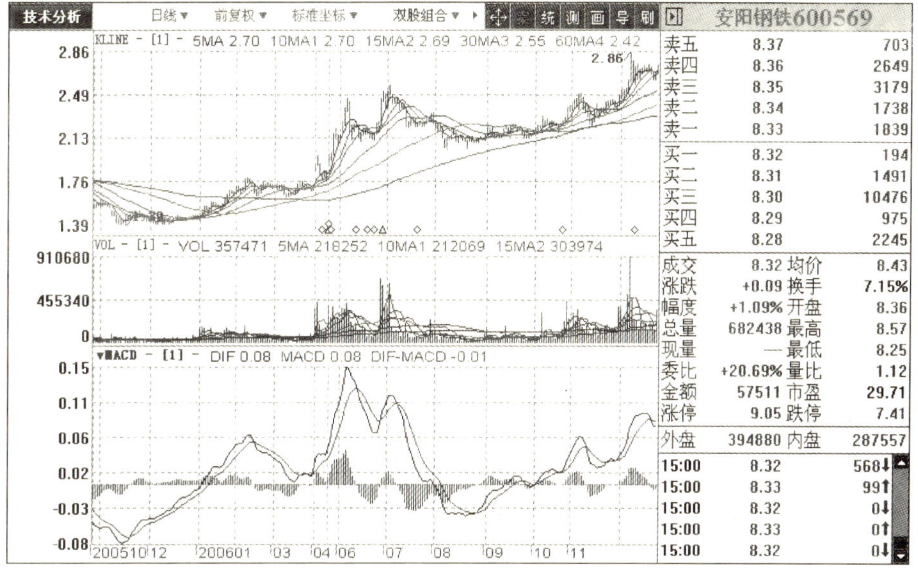

图 59（A） 持久的运作

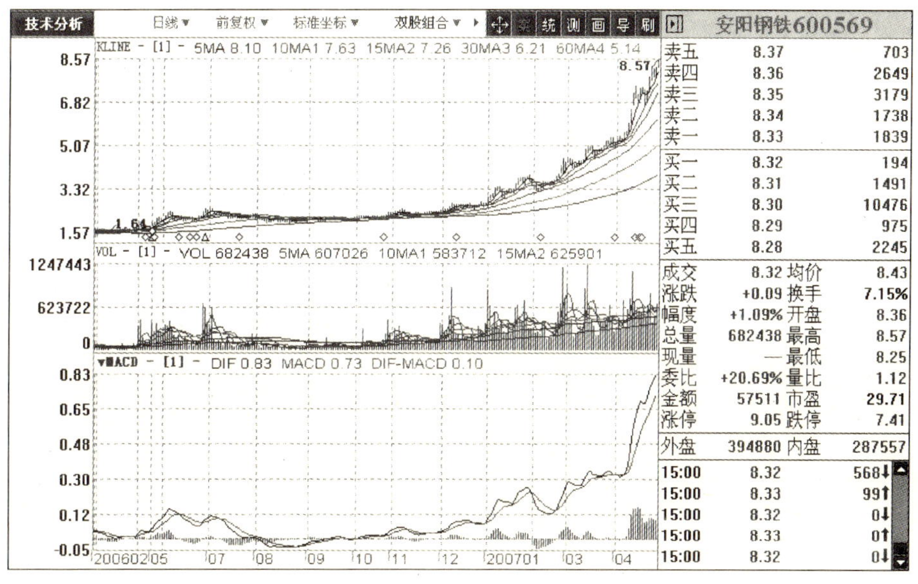

图 59（B） 涨势绵绵

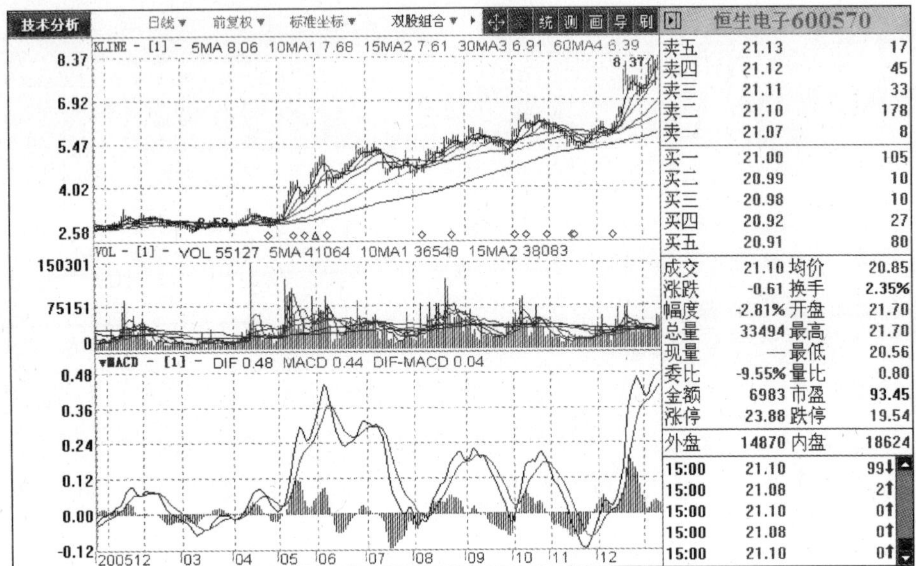

图60（A） 大型底部（草肚皮）

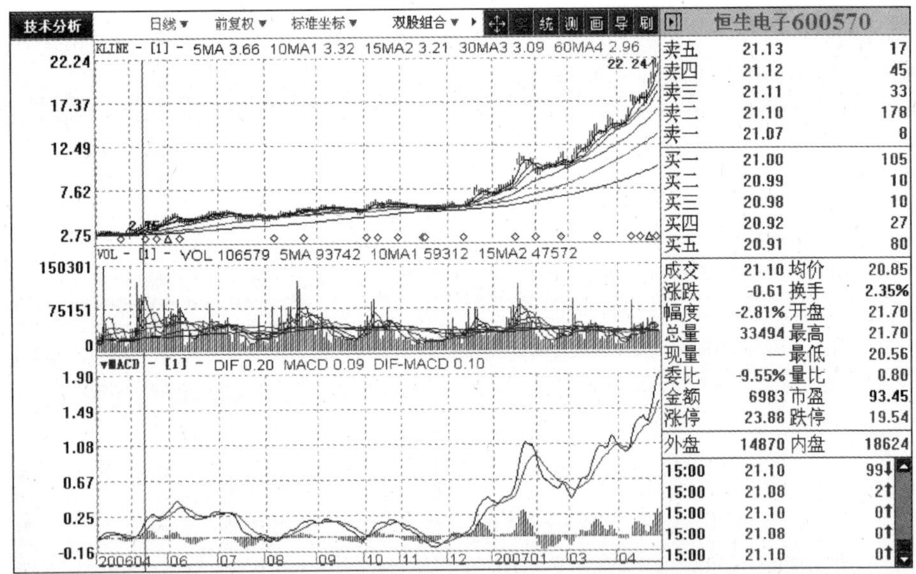

图60（B） 涨势强劲

后记

本书写到这里也基本上告一段落，由于本人水平有限，在编写过程中难免会有疏漏及不妥之处，希望广大读者能够谅解并多提宝贵意见（电子邮箱：lnxcw@ yahoo. com. cn），以便以后有更好的作品奉献给大家。

本书在写作过程中曾先后得到不少朋友的大力支持。特别值得提及的有：李兵、孙家宾、徐凤平、石岩山、张淑清、杜古良、王涛、邵丹、孙锐、石淑静等提供了丰富的资料；贾芳宇、董立新、张永久、赵云福、栗启林、刘立军、汪社秋、张启洪、宋丽红、种柳青、汤长征、邹本彦等给予了写作上的帮助；徐晓宁、李玉民、王晓贤、王健、王良、梵学、陈小莉、薛向伟、陈香君等提出了有益的思路，在此，表示衷心的感谢。

另外，喜爱本书的朋友也可以到本人的小站进行交流与学习，及获取更多的实战信息，这里聚集着几百名热心读者，本站也常年向广大新老读者提供《股市天元》系列丛书（《股市天元——骑马十三招》、《股市天元——准确捕捉黑马股》等股市实用书籍）。

股市天元证券网：http：//www. gsty. com. cn

股市天元证券网论坛：http：//www. gsty. com. cn/bbs/index. asp

最后，感谢中国财政经济出版社经济理论出版中心张立宪主任和同仁的帮助才能顺利出版此套丛书，在此谨致上衷心的感谢。

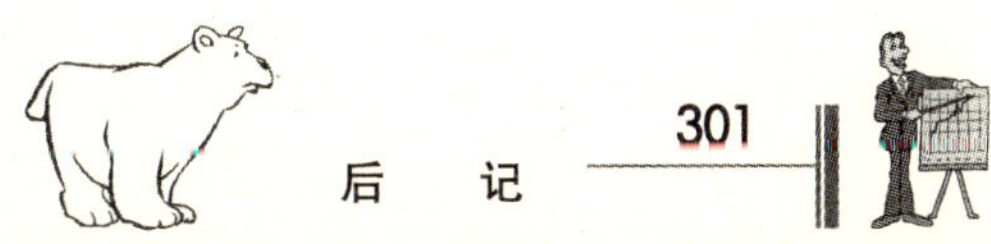